本书为中国社会科学院 2024 年度"长城学者计划"、中宣部 2019 年文化名家暨"四个一批"人才工程、国家自科基金面上项目"多中心群网化中国城市新体系的决定机制研究"（71774170）的阶段性研究成果。

智库中社 年度报告
Annual Report

统一发展经济学研究系列

全球城市统一发展

理论与事实

Unified Development of Global Cities:
Theory and Reality

倪鹏飞　徐海东　郭　靖　曹清峰　等著

中国社会科学出版社

图书在版编目（CIP）数据

全球城市统一发展：理论与事实／倪鹏飞等著．
北京：中国社会科学出版社，2024. 9. -- ISBN 978 - 7
- 5227 - 4203 - 8

Ⅰ．F299.1

中国国家版本馆 CIP 数据核字第 2024ZX8927 号

出 版 人	赵剑英	
责任编辑	周　佳	
责任校对	胡新芳	
责任印制	李寡寡	

出　　　版	中国社会科学出版社	
社　　　址	北京鼓楼西大街甲 158 号	
邮　　　编	100720	
网　　　址	http：//www.csspw.cn	
发 行 部	010 - 84083685	
门 市 部	010 - 84029450	
经　　　销	新华书店及其他书店	

印刷装订	北京君升印刷有限公司	
版　　　次	2024 年 9 月第 1 版	
印　　　次	2024 年 9 月第 1 次印刷	

开　　　本	710×1000　1/16	
印　　　张	20.5	
字　　　数	326 千字	
定　　　价	108.00 元	

凡购买中国社会科学出版社图书，如有质量问题请与本社营销中心联系调换
电话：010 - 84083683
版权所有　侵权必究

目　　录

第 一 章

城市统一发展经济学框架

城市是人类文明发展的主要标志和人类文明发展的重要载体。一部人类文明和经济史就是一部人类城市发展史。"城市的演进展现了人类从草莽未辟的蒙昧状态到繁衍扩展至全世界的历程。"[1] 尽管城市从古代到现代绵延发展数千年，展示了气象万千的经济现象，也蕴藏了亘古不变的经济发展规律。经济学尤其现代经济学业已建立了庞大的理论体系，发展经济学和城市经济学亦获得了较大的突破，但是关于城市发展的理论（尤其解释城市长期发展的理论）还没有得到系统的构建。本书尝试使用自主创新的统一发展经济学框架，形成城市统一发展经济学的推论。基于城市统一发展经济学的推论，对全球城市长期发展的历史与未来做出新的解释。与以往的发展经济学和城市经济学不同，统一城市发展理论突破以往经济学分析框架。更一般的分析，这里是市场与非市场组合分析。更长期的分析，统一解释各个时代城市的发展。更新颖的分析，使用统一发展这一创新理论分析框架。

第一节　城市发展的理论回顾

现有关于城市发展的研究尽管很丰富，但仍然比较零散，本书基于广义城市发展的视角，从五个方面对城市发展理论进行了梳理。

---

[1]　Joel Kotkin, *The City: A Global History*, New York: Modern Library, 2006, p. 5.

一 城市起源的经济学解释

"城市"是"城"与"市"的连用。"城"与"市"二字连用，在中国最早见于《韩非子·爱臣》，有"是故大臣之禄虽大，不得藉威城市；党与虽众，不得臣士卒"之语。关于城市与城市化起源有多种理论解释，主要包括以下几个方面。

第一，防卫管理说。安全防卫说认为城市起源于居住在一起的人们的安全防卫需要。①

第二，文化宗教说。这一观点认为文化和宗教在城市起源中十分关键，如 Gideon Sjoberg 等从理论和考古证据中强调宗教在城市起源时的重要性。②

第三，农业剩余说。城市化进程与灌溉农业的发展密切相关。例如，K. A. Wittfogel 认为，城市是随着灌溉农业的发展而发展的；③ V. G. Childe 认为，农业产品剩余需要行政管理者把越来越复杂的社会组织结构建立在城市中。④

第四，分工交易说。例如，托马斯·霍布斯认识到分工、市场和交易效率影响城市的规模和体系。⑤

第五，聚落衍化说。一些学者从聚落的角度解释城市的起源，认为城市聚落是村落的进一步发展，是聚落的高级阶段。例如，让·白吕纳、沃尔特·克里斯塔勒、阿·德芒戎分别从人类学、地理学和经济学角度

---

① Gideon Sjoberg, *The Preindustrial City*, New York: Free Press, 1960, pp. 97 – 100; James Mellaart, "The Earliest Settlements in Western Asia: From the Ninth to the End of the Fifth Millennium BC", CUP Archive, 1967.

② Gideon Sjoberg, "The Rise and Fall of Cities: A Theoretical Perspective", U*rbanism and urbanization*, Brill, 1964, pp. 7 – 20; Lewis Mumford, "Utopia, the City and the Machine", *Daedalus*, 1965, Vol. 94, No. 2, pp. 271 – 292; R. Hassan, "Islam and Urbanization in the Medieval Middle-East", *Ekistics*, Vol. 33, No. 195, 1972, pp. 108 – 112; 唐晓峰、齐慕实：《〈四方之极〉一书的简介》,《中国史研究动态》1984 年第 2 期。

③ K. A. Wittfogel, "Chinese Society: An Historical Survey", *The Journal of Asian Studies*, Vol. 16, No. 3, 1957, pp. 343 – 364.

④ V. G. Childe, "The Urban Revolution", *Town Planning Review*, No. 21, 1950, pp. 3 – 17.

⑤ ［英］托马斯·霍布斯：《利维坦》，黎思复、黎延弼译，商务印书馆 2009 年版，第 27 页。

对农村聚落区域分布和形态变迁进行解释。[①]

第六，内生聚散说。内生聚散说用集聚和扩散等第二自然地理名词解释城市的产生。例如，E. S. Mills 等都将规模经济和空间成本所形成的集聚力和分散力作为城市形成的来源。[②]

此外，技术进步说用生产力解释城市的产生，社会制度说用生产方式解释城市的产生，人口过剩说用人口过剩解释城市的产生，多样需求说认为城市能够满足人们的多样化需求，等等。从上述理论回顾可以发现以下几点。首先，城市起源众说纷纭，各有道理。所有上述各种起源学说的列举，几乎囊括影响一般事物发展的各种要素。这些因素之间并不矛盾，只是重要性不同。其次，单一因素似乎无法解释城市起源。再次，不同类型、不同时代、不同区域的城市起源似有不同。最后，各种学说都离不开技术进步、剩余产品和劳动分工。上述各种假说的论述中都不同程度地提到了技术、农业剩余和分工等因素，但是到目前还没有形成解释城市起源及各个时代城市形成的统一框架。

二　单一城市发展的经济学解释

第一，对于城市结构静态分析主要集中在空间领域。早期学者从现象出发，提炼定性理论。H. Hoyt 提出扇形结构理论，即城市土地利用功能分带是从中心商业区沿交通线向外放射，形成楔形地带。[③] 随着城市的发展，城市规模在扩大，出现了多核的城市现实。C. D. Harris 和 E. L. Ullman 发展出城市空间有多个中心，不同中心有不同主导功能的多核

① ［法］让·白吕纳：《人地学原理》，任美锷、李旭旦译，钟山书局 1935 年版，第 16 页；［德］沃尔特·克里斯塔勒：《德国南部中心地原理》，常正文等译，商务印书馆 2010 年版，第 158 页；［法］阿·德芒戎，《人文地理学问题》，葛以德译，商务印书馆 1993 年版，第 281 页。

② E. S. Mills, "An Aggregative Model of Resource Allocation in a Metropolitan Area", *The American Economic Review*, Vol. 57, No. 2, 1967, pp. 197 – 210; J. V. Henderson, "The Sizes and Types of Cities", *The American Economic Review*, Vol. 64, No. 4, 1974, pp. 640 – 656; M. Ben-Akiva, A. De Palma, J. F. Thisse, "Spatial Competition with Differentiated Products", *Regional Science and Urban Economics*, Vol. 19, No. 1, 1989, pp. 5 – 19; P. Krugman, "Increasing Returns and Economic Geography", *Journal of Political Economy*, Vol. 99, No. 3, 1991, pp. 483 – 499.

③ H. Hoyt, *The Structure and Growth of Residential Neighborhoods in American Cities*, US Government Printing Office, 1939.

心城市理论。[①] 由 W. Alonso 等创立[②]的经 M. Fujita 发展的单中心城市增长理论,[③] 奠定了城市经济学的基础理论,解释了城市空间结构和空间形态的变化规律。

第二,动态的城市经济、人口、空间规模与结构。关于城市规模的动态分析,也是从单个城市和城市体系两个维度进行的。其一,从单个城市的视角,传统的城市经济增长理论没有将空间维度放入模型,后逐渐重视动态环境下对空间聚集的研究,再之后学者强调人力资本、产品和工艺创新[④]或者技术[⑤]的作用,认为通过城市内部和城市之间个人及互补知识形式的互动和外溢,促进城市经济、人口和空间的增长。其二,从城市体系的视角,单个城市是整个城市分工网络上的节点,城市具体功能和外部网络效应决定具体城市及其体系净收益,城市规模是动态变化的。Z. Eckstein 和 J. Eaton 等[⑥]基于知识外部性的内生增长理论,建立迭代结构的城市体系增长模型。城市内部和城市之间个人及互补知识形式的互动和外溢,促进了城市经济、人口和空间的增长。关于城市结构动态分析,一些学者着眼于从现象定性提炼观点,一些学者进行模型分析。例如,H. Hoyt 认为随着城市活动和人口增长,在城市空间向外蔓延的同时,高租金地区便沿着某道路向外移动,新增的居民活动附着在城

① C. D. Harris, E. L. Ullman, "The Nature of Cities", *The Annals of the American Academy of Political and Social Science*, Vol. 242, No. 1, 1945, pp. 7 – 17.

② W. Alonso, *Location and Land Use: Toward a General Theory of Land Rent*, Cambridge: Harvard University Press, 1964; R. F. Muth, "The Urban Land Market: An Equilibrium Theory of the Location of Residential and Commercial Activities", *The Journal of Political Economy*, Vol. 76, No. 3, 1968, pp. 395 – 418; E. S. Mills, "An Aggregative Model of Resource Allocation in a Metropolitan Area", *American Economic Review*, Vol. 57, No. 2, 1967, pp. 197 – 210.

③ M. Fujita, *Urban Economic Theory: Land Use and City Size*, Cambridge: Cambridge University Press, 1989.

④ G. M. Grossman, E. Helpman, "Trade, Knowledge Spillovers, and Growth", *European Economic Review*, Vol. 35, No. 2, 1991, pp. 517 – 526.

⑤ K. Desmet, E. Rossi-Hansberg, "Analyzing Urban Systems: Have Megacities Become too Large?", World Bank Policy Research Working Paper, No. 6872, 2014.

⑥ Z. Eckstein, J. Eaton, *Cities and Growth: Theory and Evidence from France and Japan*, National Bureau of Economic Research, 1994; D. Black, V. Henderson, "A Theory of Urban Growth", *Journal of Political Economy*, Vol. 107, No. 2, 1999, pp. 252 – 284; E. Rossi-Hansberg, M. L. J. Wright, "Urban Structure and Growth", *The Review of Economic Studies*, Vol. 74, No. 2, 2007, pp. 597 – 624.

市周边。① Lewis Murnford 等认为从空间结构上看，城市将从单中心的城市发展到多中心的大都市区，再到城市群进而到大都市带，最后到城市网络。② M. Fujita 和 H. Ogawa 建立了一个封闭的多中心模型，刻画了交通成本决定单中心向多中心衍化的过程。③ Masahisa Fujita 等发现多中心结构是系统性的，子中心分布符合等级大小法则。④ R. Louf 和 M. Barthelemy 则证明交通拥堵引发了单中心系统的不稳定性，城市规模内的次中心数量和总通勤距离与其人口呈线性关系。⑤ 总体上来说，从单中心的小城市的同心圆，向多中心的大城市、大都市区、城市群发展，都有相关的理论进行解释。基本的解释是一个空间的成本和收益权衡，影响了城市相关主体的角色，进而影响了城市的结构。

第三，统一的规模增长和结构转型。关于城市经济、人口、空间的总量增长与结构转型之间的长期相互作用关系，目前已经有一些局部的研究。⑥ 关于城市经济的长期发展和经济增长促进结构转型，C. C. Au 和 J. V. Henderson 建立了最优城市规模同制造业增加值与服务业增加值比例的关系的模型，显示随着服务业增加值比重提高，最优城市规模也会相应提高。⑦ 关于短期与长期规模和结构的关系，杜兰顿（G. Duranton）认为，城市

---

① H. Hoyt, "The Structure and Growth of Residential Neighborhoods in American Cities", US Government Printing Office, 1939.

② Lewis Murnford, "Utopia, the City and the Machine", *Daedalus*, Vol. 94, No. 2, 1965, pp. 271 – 292; A. J. Scott, "Globalization and the Rise of City-regions", *European Planning Studies*, Vol. 9, No. 7, 2001, pp. 813 – 826.

③ M. Fujita, H. Ogawa, "Multiple Equilibria and Structural Transition of Non-monocentric Urban Configurations", *Regional Science and Urban Economics*, Vol. 12, No. 2, 1982, pp. 161 – 196.

④ Masahisa Fujita, Jacques-François Thisse, Yves Zenou, "On the Endogeneous Formation of Secondary Employment Centers in a City", *Journal of Urban Economics*, Vol. 41, No. 3, 1997, pp. 337 – 357; N. B. Anderson, W. T. Bogart, "The Structure of Sprawl: Identifying and Characterizing Employment Centers in Ppolycentric Metropolitan Areas", *American Journal of Economics and Sociology*, Vol. 60, No. 1, 2001, pp. 147 – 169.

⑤ R. Louf, M. Barthelemy, "Modeling the Polycentric Transition of Cities", *Physical Review Letters*, Vol. 111, No. 19, 2013, p. 198702.

⑥ W. Walker Hanlon, Stephan Heblich, "History and Urban Economics", *Regional Science and Urban Economics*, Vol. 94, 2022, p. 103751.

⑦ C. C. Au, J. V. Henderson, "Are Chinese Cities too Small?", *The Review of Economic Studies*, Vol. 73, No. 3, 2006, pp. 549 – 576.

处于均衡状态可能规模太大了，但"大角色者"能够将城市缩小到最佳规模。[1]

虽然上述城市发展模型讨论了规模增长与结构转型的关系，但是没有更多体现要素结构的变迁，尤其是人口结构的转型。例如，在外生增长模型中，劳动力是驱动经济增长的主要生产要素。而在内生增长模型中，人力资本是主要生产要素，但上述多个具体模型都是假定城市人口同质，没有在一个模型框架内讨论城市人口规模与城市人口结构转型，及其与经济增长和结构转型的关系。同时，目前有关城市总量增长和结构转型的模型，是在完全市场经济制度、主体同质以及偏好和预期不变的隐含假定下，没有考虑到城市发展过程中的各种要件的内生变换，进而统一地解释城市长期的规模增长和结构转型。

三 城市体系发展的经济学解释

关于城市体系的形成及其演变，是城市发展的重要理论问题，前人已经有许多研究。具体而言已经从静态理论发展到动态理论，并在长期衍化上有所突破。

第一，城市体系静态的规模与结构。关于城市人口规模体系，齐普夫法则从最初现象中发现，到反复进行经验验证，最后在理论上得到证明。之后学者从现实角度对齐普夫法则进行验证。[2] 随后也有学者解释城市系统的规模和空间布局及其嵌套结构，后经过地理学家以及经济学家完善而成为城市体系理论的重要来源。P. Krugman 等将中心地理论思想引入经济一般均衡的框架，论证均衡唯一的城市的等级关系和最优规模

① G. Duranton, "Labor Specialization, Transport Costs, and City Size", *Journal of Regional Science*, Vol. 38, No. 4, 1998, pp. 553–573.

② R. Taagepera, E. Kaskla, "The City-country Rule: An Extension of the Rank-size Rule", *Journal of World-systems Research*, Vol. 7, No. 2, 2001, pp. 157–173; K. Behrens, G. Duranton, F. Robert-Nicoud, "Productive Cities: Sorting, Selection, and Agglomeration", *Journal of Political Economy*, Vol. 122, No. 3, 2014, pp. 507–553; E. Rossi-Hansberg, M. L. Wright, "Urban Structure and Growth", *Review of Economic Studies*, Vol. 74, No. 2, 2007, pp. 597–624; X. Gabaix, "Zipf's Law for Cities: An Explanation", *Quarterly Journal of Economics*, Vol. 114, No. 3, 1999, pp. 739–767.

体系。①

第二，城市体系的规模与结构的动态衍化。在静态的中心地基础上，Roger W. White 发展了一种零售行为与消费者相互作用而产生中心地体系的"动态"中心地理论，说明单个中心可能会增长和衰落。② 关于城市体系动态的人口结构、功能结构和空间结构，基于知识外部性的内生增长理论，D. Black 和 V. Henderson 等建立了动态的城市体系规模分布模型。③ 基于城市内部和城市之间个人及互补知识形式的互动和外溢，城市数量以与人口相同的速度呈指数增长，均衡城市规模不变。基于新经济地理理论，藤田昌久（Masahisa Fujita）提出了一种城市体系理论的衍化方法，解释今天观察到的作为历史进化过程结果的经济的特定空间配置。④ 随后，藤田昌久建立了关于城市体系的空间模型，证明随着经济人口规模的逐渐增加，城市体系自组织成为一个高度规则的克里斯塔勒的等级体系。⑤

第三，统一的城市体系规模增长和结构转型。关于城市体系规模和结构的同步衍化，专门的研究会比较少见。Gilles Duranton 构建模型研究了城市在城市体系中的变化，认为小的、创新驱动的冲击导致各行各业在城市中搅动，随着产业的收益或损失，最终城市缓慢增长或下降。⑥

① P. Krugman, "Confronting the Mystery of Urban Hierarchy", *Journal of the Japanese and Information Economies*, Vol. 10, 1996, pp. 399 – 418; R. González-Val et al., "Size Distributions for All Cities: Which One is Best?", *Papers in Regional Science*, Vol. 94, No. 1, 2015, pp. 177 – 197; K. Behrens, G. Duranton, F. Robert-Nicoud, "Productive Cities: Sorting, Selection, and Agglomeration", *Journal of Political Economy*, Vol. 122, No. 3, 2014, pp. 507 – 553.

② Roger W. White, "Dynamic Central Place Theory: Results of a Simulation Approach", *Geographical Analysis*, Vol. 9, No. 3, 1977, pp. 226 – 243.

③ D. Black, V. Henderson, "A theory of Urban Growth", *Journal of Political Economy*, Vol. 107, No. 2, 1999, pp. 252 – 284; J. M. Favaro, D. Pumain, "Gibrat Revisited: An Urban Growth Model Incorporating Spatial Interaction and Innovation Cycles", *Geographical Analysis*, Vol. 43, No. 3, 2011, pp. 261 – 286; G. Duranton, D. Puga, "Urban Growth and Its Aggregate Implications", *Econometrica*, Vol. 91, No. 6, 2023, pp. 2219 – 2259.

④ Masahisa Fujita, Tomoya Mori, "Structural Stability and Evolution of Urban Systems", *Regional Science and Urban Economics*, Vol. 27, No. 4 – 5, 1997, pp. 399 – 442.

⑤ Masahisa Fujita, Paul Krugman, Tomoya Mori, "On the Evolution of Hierarchical Urban Systems", *European Economic Review*, Vol. 43, 1999, pp. 209—251.

⑥ Gilles Duranton, "Urban Evolutions: The Fast, the Slow, and the Still", *American Economic Review*, Vol. 97, No. 1, 2007, pp. 197 – 221.

总之,有关城市体系的理论尽管比较成熟,但大多是基于中心地理论的思想,所以从起源上存在致命的问题,已有学者对此表示了质疑。即现有研究解释了城市体系在每个空间和经济形态下的均衡分布,以及平衡增长路径下的稳态均衡。但是,由于没有构建城市体系规模增长与结构转型相统一的理论框架,所以不仅不能解释在结构转型中的规模增长,也无法解释城市体系空间结构的不断演变,更不能解释城市体系从单一形态分布到多形态嵌套分布的关系。

四 城乡体系变化的经济学解释

城乡关系发生即城市化出现的经济学解释。关于城乡关系(即城市化)的起源,也就是城市的起源,前述已进行了详细的理论回顾,有多种解释,此处就不再赘述。本部分对城市化过程及城市化终点的相应文献进行回顾。

第一,城乡关系中城市化过程的经济学解释。首先,古典经济学对城市化的解释蕴含了深刻的内涵。例如,马克思指出,城市与乡村的相互关系经历了三个阶段,乡村是城市的诞生地和载体,乡村在整个人类社会系统中占据主导地位;[①] Allen Young 提出,城市化程度由社会分工水平决定,分工水平由市场大小决定,且分工一般取决于经济发展,有自我强化的过程。[②] 其次,新古典二元经济理论从劳动力由传统部门向现代部门的转移来解释城市化过程。W. Arthur Lewis 的"二元经济"发展模式认为,[③] 发展初期农业部门会出现大量剩余劳动力,可为城市工业部门的扩张提供无限的劳动力供给,直到将农村剩余劳动力全部吸收完并达到拐点。此后随着农业生产效率的提升,农村剩余劳动力进一步转移,传统部门与现代部门的边际产品相等,城乡劳动力工资相同、市场一元,"第二拐点"到来,经济进入一元状态。费景汉(J. C. H. Fei)和古斯塔

---

① 《马克思恩格斯全集》,中共中央马克思恩格斯列宁斯大林著作编译局译,人民出版社1979年版,第480页。

② Allen Young,"Increasing Returns and Economic Progress",*Economic Journal*,Vol. 38,1928,p. 152.

③ W. Arthur Lewis,"Economic Development with Unlimited Supplies of Labour",*The Manchester School*,Vol. 24,No. 2,1956,pp. 139 – 191.

夫·拉尼斯（G. Ranis）的二元结构理论认为,[1] 受工业利润增长率和农业盈余增长率所限定的工业资本储备的增长率, 工业技术进步的性质和倾向, 以及人口增长率, 决定劳动力转移和再配置的数量与时间, 最终决定工业化和城市化。Douglas Gollin 证明, 农业生产率增长状况决定工业化发展的不同日期和发展的速度。[2] Guy Michaels 等研究表明,[3] 根据农业和非农业之间生产力动态的差异, 解释系统性偏离不变比例增长的 Gibratís 定律的现象。A. Kelley 和 J. Williamson 假定, 城市化就是一国产出构成从农业部门转向制造业和服务业的过程, 城市化是外在技术变化、贸易等迎合城市部门需要的过程。[4] 再次, 新经济地理学通过讨论在一个国家的两个地区在什么条件下工业化或城市化, 来解释城市化的过程。例如, 在克鲁格曼（P. R. Krugman）和维纳布尔斯（A. J. Venables）的模型中,[5] 规模经济和运输成本变化被作为"世界历史"的基础, 逐渐下降的运输成本使世界自发分化为高工资的工业"核心"和低工资的农业"边缘", 最终导致边缘的工业化。复次, 内生增长理论通过人力资本集聚外溢效应理论与新增长理论解释城乡空间结构的演变。例如, 卢卡斯（Robert E. Lucas）强调, 城市是新移民积累先进生产技术所需要技能的场所, 进而把城市化视为传统的土地密集型技术向具有无限增长潜力的人力资本密集型技术的转移。[6] 最后, 新兴古典经济学家通过分工和专业化来解释城市化中城乡空间结构的演变, 说明城市化和工业

---

① J. C. H. Fei, G. Ranis, "Capital-labor Ratios in Theory and in History: Reply", *The American Economic Review*, Vol. 54, No. 6, 1964, pp. 1063 – 1069.

② Douglas Gollin, Stephen L. Parente, Richard Rogerson, "The Role of Agriculture in Development", *American Economic Review*, Vol. 92, No. 2, 2002, pp. 160 – 164.

③ Guy Michaels, Ferdinand Rauch, Stephen J. Redding, "Urbanization and Structural Transformation", *The Quarterly Journal of Economics*, Vol. 127, No. 2, 2012, pp. 535 – 586.

④ A. Kelley, J. Williamson, *What Drives Third World City Growth?: A Dynamic General Equilibrium Approach*, Princeton: Princeton University Press, 1984; C. M. Becker, E. S. Mills, J. G. Williamson, "Dynamics of Rural-urban Migration in India: 1960 – 1981", *Indian Journal of Quantitative Economics*, Vol. 2, No. 1, 1986, pp. 1 – 43.

⑤ P. R. Krugman, A. J. Venables, "Globalization and the Inequality of Nations", *Quarterly Journal of Economics*, Vol. 110, No. 4, 1995, pp. 857 – 880.

⑥ Robert E. Lucas, "Life Earnings and Rural-Urban Migration", *Journal of Political Economy*, Vol. 112, No. S1, 2004, pp. S29 – S59.

化的不同。①

　　第二，城乡关系中城市化终点的经济学解释。除了经济学者统一解释了城市化的产生、过程和终点，还有一些经济学、政治学、建筑学、地理学者对城乡关系（即城市化）的终极趋势进行了描述和预判，普遍认为城乡最终将走向一体和融合。首先，发展视角下的城乡一体观。例如，马克思认为，② 在人类历史的发展过程中，城市与乡村的相互关系经历了辩证发展的阶段：乡村是城市的诞生地和载体，乡村在整个人类社会系统中占据主导地位。其次，城市视角下的城乡一体。例如，芒福德认为，城市与周边地区的关系是相互支撑、相互依存、长短互补的唇齿关系，城市与乡村是一个整体，谁也离不开谁。再次，网络视角下的城乡一体思想。例如，伊利尔·沙里宁（Eliel Saarinen）认为，③ 城市发展和自然界的所有生物一样，都是有机的集合体。复次，巨型区域视角下的城乡融合。例如，T. G. McGee 认为，④ 城乡融合是城乡统筹协调发展的超级区域，即村庄城市；比尔·斯科特提出全球城市区域概念，多个大都市区交错形成连绵的城市区域。最后，全面城市化视角下的城乡一体。例如，亨利·列斐伏尔认为，⑤ 城市将超越传统城乡二分，成为全球化社会形态，最终实现完全城市化；Neil Brenner 将城市视为社会空间关系的结晶，适用于全球空间，反映现代社会的创造性毁灭进程。⑥

---

① X. Yang, R. Rice, "An Equilibrium Model Endogenizing the Emergence of a Dual Structure between the Urban and Rural Sectors", *Journal of Urban Economics*, Vol. 25, 2000, pp. 346 – 368; Douglas Gollin, Remi Jedwab, Dietrich Vollrath, "Urbanization with and without Industrialization", *Journal of Economic Growth*, Vol. 21, 2016, pp. 35 – 70.

② 《马克思恩格斯全集》，中共中央马克思恩格斯列宁斯大林著作编译局译，人民出版社1979 年版，第 480 页。

③ ［美］伊利尔·沙里宁：《城市：它的发展、衰败与未来》，顾启源译，中国建筑工业出版社 1986 年版，第 14 页。

④ T. G. McGee, "Urbanisasi or Kotadesasi?: Evolving Patterns of Urbanization in Asia", *Urbanization in Asia: Spatial Dimensions and Policy Issues*, 1989, pp. 93 – 108.

⑤ ［法］亨利·列斐伏尔：《空间的生产》，刘怀玉等译，商务印书馆 2021 年版，第154 页。

⑥ Neil Brenner, *New Urban Spaces: Urban Theory and the Scale Question*, Oxford: Oxford University Press, 2019.

五　城市发展的统一解释

关于所有城市经济发展问题，包括城市的起源和发展、城市体系的形成和发展、城乡关系（即城市化）的起源和发展，以及城市对经济发展的影响，实际上都是城市发展这一个问题。在此前学者进行分别研究的同时，已经有一些学者尝试将这些纳入一个框架进行研究。

第一，城市发展的理论基础。城市综合发展涉及经济主体、要素、产出在时间、空间和部门的配置、流动、选择和交互，相关理论建立和发展，为城市发展理论及其发展奠定了基础。其一，产业组织理论。即在完全竞争、规模报酬不变、局部均衡的基础上，逐渐发展出不完全竞争、垄断竞争、寡头竞争、规模报酬递增、一般均衡等理论。[①] 其二，空间贸易理论。探讨了各国资源要素禀赋构成的外生比较优势对空间分工与贸易的影响。[②] 其三，空间竞争理论。例如，Charles M. Tiebout 等研究空间上的政府竞争、税收竞争、制度竞争等问题。[③] 其四，空间聚散理论。涵盖人口集聚、产业集聚等方面。其五，经济增长理论。古典经济增长理论，虽然强调物质、外生和静态，但也蕴藏着技术、分工、创新等城市发展及其作用的基本和关键要素；现代经济增长理论经历持续发展，更加凸显技术等城市发展及其作用的要素与均衡和最优的动态发展机制。经济增长理论从强调物质要素、外生变量和静态分析，逐步向强调知识要素、内生变量和动态不断发展。所有这些可以成为统一解释古代和当代城市经济发展

[①]　Arinash Dixit, Joseph Eugene Stiglitz, "Monopolistic Competition and Optimum Product Diversity", *The American Economic Review*, Vol. 67, No. 3, 1977, pp. 297 – 308.

[②]　W. Isard, "Location Theory and Trade Theory: Short-run Analysis", *The Quarterly Journal of Economics*, Vol. 68, No. 2, 1954, pp. 305 – 320; A. G. Wilson, "A Family of Spatial Interaction Models, and Associated Developments", *Environment and Planning A*, Vol. 3, No. 1, 1971, pp. 1 – 32.

[③]　Charles M. Tiebout, "A Pure Theory of Local Expenditures", *Journal of Political Economy*, Vol. 64, 1956, pp. 416 – 424; J. Mintz, H. Tulkens, "Commodity Tax Competition between Member States of a Federation: Equilibrium and Efficiency", *Journal of Public Economics*, Vol. 29, No. 2, 1986, pp. 133 – 172; J. D. Wilson, "A theory of Interregional Tax Competition", *Journal of Urban Economics*, Vol. 19, No. 3, 1986, pp. 296 – 315.

的重要工具。

第二，城市发展的驱动因素。有关城市、城市化、城市体系发展的影响因素与作用机制，除了前述系统的模型分析，也有对一些关键要素和关键机制专门的关注，尤其在技术、制度和人口等及其关系方面。其一，关于技术进步、人口增长和城市发展的历史关系，有两种作用路径，导致人口从农村重新分配到城市。一是城市化与技术进步的一种关系侧重于城市增长的来源，技术进步导致人口增长进而导致城市增长，人口增长驱动了城市增长，城市增长是人口增长的副产品。二是城市化和技术进步之间的紧密关系主要体现在它们如何影响特定人口在空间上的分布。技术进步在提高农业生产率和降低农产品运输成本方面发挥了至关重要的作用，这两个因素在限制城市规模扩张方面起到了关键作用。[①] 具体而言，技术进步降低了为城市提供食品的成本。这种成本降低效应成为一种关键的"拥挤力"，与城市发展的集聚力相互平衡，共同决定了城市的最终规模。其二，关于制度对城市发展的影响。德隆（De Long）等定量分析发现，[②] 工业革命前欧洲城市由于宪法对王室的严格限制，或者因为统治精英由商人而非王室组成，以财产安全为前提的经济应该繁荣发展。Vernon Henderson 等发现，[③] 民主化程度和技术进步对城市数量和单个城市规模的增长都有很大影响。

第三，城市发展的统一解释。J. V. Henderson 在新古典框架下引入外部规模经济和城市空间成本概念，通过分析城市内部集聚与分散力以及城市间吸引力与排斥力的均衡，试图综合解读城市形成与发展、城市体系构建、城市化进程及其对经济的影响。[④] X. Yang 和 R. Rice 构建了一个一般均衡模型，通过交易效率提升引发市场结构变化的比较静态分析，

① P. Bairoch, *Cities and Economic Development: From the Dawn of History to the Present*, Chicago: University of Chicago Press, 1988; G. Duranton, "Labor Specialization, Transport Costs, and City Size", *Journal of Regional Science*, Vol. 38, No. 4, 1998, pp. 553 – 573.

② De Long, J. Bradford, Andrei Shleifer, "Princes and Merchants: European City Growth before the Industrial Revolution", *Journal of Law and Economics*, Vol. 36, No. 2, 1993, pp. 671 – 702.

③ Vernon Henderson, Hyoung Gun Wang, "Urbanization and City Growth: The Role of Institutions", *Regional Science and Urban Economics*, Vol. 37, No. 3, 2007, pp. 283 – 313.

④ J. V. Henderson, "The Sizes and Types of Cities", *The American Economic Review*, Vol. 64, No. 4, 1974, pp. 640 – 656.

解释了城市和城市化的产生过程。① 此外，模型探讨了最优城市规模和城市体系的形成原理。J. V. Henderson 等进一步基于内生增长理论，构建了城市化进程与相应城市数量和人口规模增长的模型，指出城市相对规模分布随时间保持稳定，城市数量增长由国家人口增长和技术进步决定，并影响城市化进程。② 随后，J. V. Henderson 和 A. J. Venables 进一步阐述了外部性内部化及新城的有效形成离不开地方政府的干预、融资和有效的制度。③

总体上，关于城市起源、城市发展、城市体系、城乡体系及经济影响的诸多因素，甚至制度和政府主体都有所论述，一些学者也在城市发展的统一解释上做出了努力，所有这些对城市发展及规模的揭示都越来越客观。由于还没有形成统一发展经济学的基础框架，因此，有关城市长期发展的解释因素比较零散。强调互享，忽视了共享；强调物质，忽视了知识；强调空间接近的聚集，忽视了空间远离的分散；强调生产、交换，忽视了消费、生产和交换的叠加。关键因素没有涉及（如行为主体的预期收益和欲望偏好）或没有内生化（人口资本、物质资本都假设是外生的，制度也假定是不变的市场制度），这些要素相互作用和地位变化（要素重要性变化引起的要素变化和预期及偏好变化）的机制没有探讨，所以城市总量增长和结构转型还没有做出统一的解释。

为此，将创新的统一发展基础理论应用到城市发展的分析上，形成关涉城市发展的总量增长和结构变迁规律的创新性解释。具体创新包括以下几点。

第一，使用统一发展一般均衡体系。增加公共部门主体，由两主体变为三主体。要素完全内生，将人口资本、制度文化、物质资本内生进模型。将知识产品作为最终产品纳入模型。

第二，构建城市发展一般解释框架。对不同时间维度、不同空间尺

---

① X. Yang, R. Rice, "An Equilibrium Model Endogenizing the Emergence of a Dual Structure between the Urban and Rural Sectors", *Journal of Urban Economics*, Vol. 25, 2000, pp. 346 – 368.

② J. V. Henderson, H. G. Wang, "Urbanization and City Growth", Processed, Brown University, 2003.

③ J. V. Henderson, A. J. Venables, "The Dynamics of City Formation", *Review of Economic Dynamics*, Vol. 12, No. 2, 2009, pp. 233 – 254.

度、不同制度文化、不同发展水平和知识技术的城市发展做出统一解释。

第三,概括城市发展的主要内容。使用时地人事框架,将经济、人口、空间和时间结合在一起,统一讨论城市起源形成、总量增长与结构转型,城市体系形成、总量增长与结构转型,城乡体系形成、总量增长与结构转型。

第四,构建以聚落为枢纽的经济体系。以城市为中观、枢纽和桥梁,构建微中宏观相结合的经济学体系。行为主体基于最大化的微观交互决策,基于交互规模经济和交互规模力量,形成聚落等自然经济单元。通过和借助不同尺度的聚落单元,微观个体实现更大交互决策,形成宏观的总量和结构。

第二节 统一发展的理论框架

经济发展涉及经济结构的优化、经济质量的提升和经济总量的增长。查尔斯·金德尔伯格等定义经济发展为物质福利的改善、贫困和相关社会问题的消除、从农业向工业的生产结构转变、劳动力的生产性就业,以及更广泛的社会参与决策以增进公共福利。[①] 衡量经济发展的指标包括人均收入、文盲率、寿命、蛋白质消耗量、医疗资源比例和能源消耗等。统一发展经济学视角下,经济发展被看作人口资本、物质产品、科技、人力资本、制度文化的增长和质量提升,涵盖家庭、企业、政府目标和互动行为的变化,以及产业、空间和时间维度的综合变革。该领域旨在构建一个简洁的分析框架,内生化并兼容经济发展的关键因素及其相互作用,为不同经济体的微观行为和宏观经济变化提供统一解释。

一 分析工具:三角形生产函数为核心

从物理学的"大统一"概念汲取灵感,统一发展经济学引入"力"的分析工具来阐释经济发展。此理论认为经济力量,源于经济主体间不平衡的分布,表现为经济行为的动力和能力。动力源自主体的偏好和预

---

① [美] 查尔斯·P. 金德尔伯格、[美] 布鲁斯·赫里克:《经济发展》,张欣译,上海译文出版社 1986 年版,第 3 页。

期，而能力则与资产的规模和结构相关。这一观点将经济力量视为主体行为的结果，其中包括偏好、预期收益与资产负债的交互作用。此时，生产函数由新古典经济学中从投入直接到产出的生产函数，转变为投入—主体偏好和预期—产出这一三角形的生产函数。

经济力量具有相互性、矢量性和同时性，缺乏独立性，反映在经济活动的多元交织上。例如，预期收益影响偏好和资产负债结构，资产负债又反作用于预期和偏好，形成一个动态的相互作用网络。这种力量分为源能动力和生能动力，前者指个体内在欲望与外部机会的互动，后者则是需求偏好与预期收益相互作用的结果。

源能动力和生能动力分别代表原生和衍生的经济活力，形成多样化的经济行为和产出。经济能动力通过动力和能力的结合，推动主体行为，影响经济结构和物质流动，促进知识创新和物质资源的优化配置。经济力量的这种表现不限于单一经济主体或活动，而是贯穿于个人、企业、政府等不同主体和生产、消费、交换等经济活动之中，表现为集聚力、分散力及吸引力、排斥力等空间力量。

综上所述，经济发展力量作为一种综合的能动力，不仅能推动经济主体的行为和决策，还能塑造经济结构的演变和资源的动态平衡。通过源能动力与生能动力的相互作用，经济系统展现出复杂的动态变化，其中力量的方向和大小直接关联到经济发展的速度和质量。这种力量的理论框架为理解经济现象提供了一种新视角，强调了经济活动中力量相互作用的重要性。

二　基本假设

人类经济行为是人类行为的一部分，人类行为是自然运动的一部分，因此，人类经济行为服从的经济法则，也部分地一致于人类法则和自然法则。

人体内物质的无限缺乏决定需求内生边际递增。物质间的不平衡分布，源于基本粒子所具有的自旋、质量和电荷的内禀性。这种内禀性决定了物质间的自旋粒子不平衡分布，形成力量，促使物质的持续重组。这种不平衡驱动人的需求从基本向更高层次转变，反映在预算增长下人们追求满足需求的连续扩展上。

人体内意识物质的质能不守恒推动供给内生边际递增。人体内分布的外界所不具有的特殊物质（尤其人脑等），形成了人的生理力和心理动力，支配人具有能动性和创造性的经济身体行为和心理行为，创造的经济意识物质及能量，向外输出经济自然物质、体能和经济意识物质及智能。而意识物质转化方面的不守恒特性（即一旦产生被合理保存将永不消逝）不会因为作为投入创造或复制新物质而转化及消失，由此决定经济意识物质无限增长和"一劳永逸"边际报酬递增，进而决定自然物质和意识物质供给内生边际增长。

协同效应决定经济交互规模报酬边际递增。在物质的变化中，多个元素的互动效果超过它们各自效应的总和，显示在经济领域中的规模经济或规模报酬递增上，随着交互参与者的增加，这种效应的边际变化成为关键。随着参与交互组分的增加，交互的正负经济效果在发生不同的边际变化，交互的正负协同力也在发生不同的边际变化。交互的净规模正经济效果一般从边际增加转向边际减少。

自然均衡法则决定期望动态内生一般均衡。基本粒子的特性引发物质分布的动态均衡与不平衡，宏观上体现为人类社会与自然环境的相互作用，形成经济系统内外平衡与不平衡的动态调整。

吸引法则决定人与物的交互需要考虑空间成本。协同效应与空间的能量消耗决定自然物质相互吸引。牛顿万有引力定律强调，任何两个质点都存在相互吸引力，引力大小与两者质量的乘积成正比、与两者距离的平方成反比。托布勒（W. R. Tobler）的"任何事物都是空间相关的，距离近的事物比距离远的事物的空间相关性更大"定律，[1] 以及维达尔·白兰士（Vidal de La Blache）提出的社会集聚与分散的地理现象，[2] 表明人类对空间距离和环境容量的感知定义了社会经济活动的空间布局。这反映在城市规划、居住空间标准和通勤时间接受度等方面，指明人类社会与自然空间相互作用的复杂性。

---

① W. R. Tobler, "A Computer Movie Simulating Urban Growth in the Detroit Region", *Economic Geography*, Vol. 46, No. 2, 1970, pp. 234 – 240.

② Vidal de La Blache, *Principes de Géographie Humaine*, Paris: Armand Colin, 1921.

三 构成要件

在三大规律的基础上，本书提出了"3N53"的分析框架，直接将政府视为三大主要经济主体之一，但不认为政府应过度干预经济。

（一）N类经济主体

经济主体，包括个体和组织，是经济系统的关键参与者，负责配置资源和推动经济活动。这些主体在经济规模效应的影响下趋向于互动，以更有效地利用资源。技术进步、制度变革和经济发展不断塑造这些主体（主要分为政府、家庭和企业三类）的角色和规模。

政府作为行政管理和公共服务提供者，通过提供公共产品（包括制度文化）和汲取资源，影响其他经济主体的偏好、预期和资产。它旨在实现公共利益最大化，并通过税收等方式，从企业和家庭中汲取资源，投入公共服务和产品供应中，促进经济增长。

家庭则主要涉及人口生产、物质与知识的消费和投资。家庭的经济活动受其成员偏好、预期收益和资产状况的影响。随着资源水平的提升，需求从基础转向高层次和多样化。家庭既是生产单元，也是消费和投资的主体，通过与企业和政府的互动，参与经济的多方面活动。

企业则是生产、交换和服务的主体，通过配置劳动力、物质、技术和资本等资源，生产商品和服务以获取利润。企业的活动受其资产状况、供给偏好和预期目标的影响，不同企业在生产供给和要素需求方面呈现异质性和分层性。企业不仅推动物质和知识资源的再生产，而且通过与家庭和政府的互动，促进经济资源的循环和经济结构的发展。

这三大经济主体相互影响，通过行为和交互，共同推动经济发展。政府、家庭和企业在经济系统中的作用和互动，决定了资源配置的效率和经济发展的路径（见图1-1）。这种互动不仅反映在资源交换上，也体现在经济决策和策略的形成上，共同塑造经济的宏观和微观结构。

（二）新古典经济学中三重行为是割裂的

经济行为分为具体行为、抽象行为和关系行为，涵盖经济个体在组织中的活动。

具体行为，包括经济主体的生产、消费和服务活动，涉及物质、技术、人力资源和制度的动态互动。政府行为涉及公共和私人资产的管理，

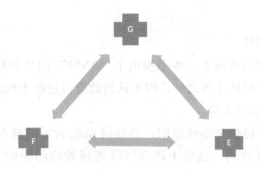

图1-1 家庭、企业和政府三主体的多重交互

家庭行为主要包括消费和投资，而企业行为则专注于产品的供给和服务。

抽象行为，包括创新、学习和重复，影响资产种类和总量的增长。创新行为尤其关键，它促进技术和人力资本的发展，从而加速经济总量的增长。经济主体的抽象行为也决定了资产的多样性和经济的综合增长能力。

关系行为，体现为经济主体间的互动（如合作和竞争）以及在供需框架内的交换行为。这些互动不仅限于直接的经济活动，还包括通过政策和公共产品影响各经济主体的能动力和行为。例如，政府的政策可以影响企业的生产决策和家庭的消费行为，而企业的供给能力和产品创新可以影响政府和家庭的决策。

经济主体的行为不是孤立的，它们相互依存和影响，形成一个复杂的经济互动系统。在这个系统中，政府、家庭和企业通过各自的具体、抽象和关系行为相互作用，共同塑造经济结构和发展趋势。这些互动不仅影响了经济的短期表现，也决定了长期的发展路径与经济体的适应性和创新能力。最终，这些行为和互动促成经济的循环再生与创新，推动人口、物质、技术、人力资本和制度在不同部门和空间的有效配置和优化，驱动经济向更高效率和更广泛福利的方向发展。通过这种方式，经济行为和互动的综合效应不仅促进了经济的量化增长，也促进了经济结构的优化和性质的提升。

（三）五种资产决定空间分布

基于资产（资产可分为制度、人口、人力资本、物质、技术）初始空间分布以及利益和力量的权衡，任何经济主体的资产及行为都分布在一定部门、空间和时间，从而构成经济部门结构、空间结构和时间结构。

经济部门结构是指参与经济发展的要素资产、产品资产、经济主体及其行为在不同部门和领域的分布。部门内部，个体和组织的偏好与预期集合形成部门的偏好与预期，形成部门经济主体的各种行为能动力，影响部门内外的经济行为和资产循环。

随着五种资产、N 类主体及三重行为的循环再生，分工越来越多样，经济部门越来越多样。意识物质的不断积累和规模效应，决定经济分工是加速多样化的，因此，经济在加速增长。

随着经济发展，分工的加深与专业化促进了部门结构的扩展。意识物质和技术的积累加速了这一过程，推动了经济的多样化和增长。经济主体的活动影响资产再生的速度和部门间的资产分布，进而影响经济结构的优化和资产的增长速度，例如丹尼森（E. Denison）等的研究表明，[①]经济结构的优化通过提高资源配置效率来促进资产增长。

在时间维度上，经济主体的资产、偏好和预期随时间变化，反映在经济的时间分布上，这影响了资产和行为的跨期分布以及经济增长的长期趋势。经济主体基于跨期最大化预期收益的决策，影响其资产和行为的时间分布，进而影响资产的跨期再生产和经济部门结构及空间结构的动态变化。经济总量及其组成部分的时间变化展现了增长的波动性，这在部门和空间结构的演变中尤为显著。总的来说，经济的部门结构、空间结构和时间分布共同塑造了经济的整体形态和发展轨迹。

四　作用机制

（一）经济体系的形成

人类的本能决定个体行为力，并支配个体行为，即人物交互。人体内外物质的无限不平衡分布形成人的不断增长的经济行为供求能动力，支配人与自然交互的经济身体行为和心理行为。人的行为使人口、物质、

---

① E. Denison, "Why Growth Rates Differ", *Brookings Institution*, Vol. 16, No. 2 - 4, 1967, pp. 87 - 99; S. Kuznets, J. T. Murphy, *Modern Economic Growth: Rate, Structure, and Spread*, New Haven: Yale University Press, 1966; R. J. Barro, "Government Spending in a Simple Model of Endogenous Growth", *Journal of Political Economy*, Vol. 98, No. 95, 1990, pp. 103 - 125.

技术和人资相结合。人口与物质结合的行为，实现人口、技术、物质、人资和制度的再生。

规模效应决定交互行为力，并导致人人以及人物交互行为。一方面，人体内部物质分布的无限缺乏决定人体内对外部物质的最大化需求。另一方面，需求内生边际增长的必然性和交互带来的规模报酬边际递增的结合，决定两者结合形成的更大交互行为能动力，支配经济个体的供需交互行为，形成报酬递增的经济效果。不同个体与主体交互是不同空间人口、物质、知识和制度的交互。空间交互经济和空间交互成本影响空间竞合交互。规模经济在空间上表现为三个方面，即区位抽象比较优势、具象比较优势和关系比较优势，以及四个空间集聚规模经济，即空间集聚的互享、分享、共享、多享（空间聚散）规模经济，当然交互也带来了空间成本，包括空间占用成本和空间距离成本。

协同法则和吸引法则决定部门和空间的集聚与分散。经济行为及其产出的空间结构是由规模经济与交互成本（尤其空间成本）及其变化决定的。规模经济与空间运动成本所形成的集聚力大于分散力，决定经济主体在部门与空间集聚的消费与投资、生产与服务、创新与学习、竞争与合作的经济行为选择，进而决定集聚的产出。规模经济与空间占用成本所形成的吸引力大于排斥力，决定经济主体在部门与空间分散的消费与投资、生产与服务、创新与学习、竞争与合作的经济行为选择，进而决定分散的产出。规模经济决定经济主体的交互，运输成本决定经济主体可以节约空间运输成本，但当空间占用成本使空间集聚的成本大于规模经济时，将导致空间分散。规模经济、空间运输成本与空间占用成本所形成的空间聚集力与分散力、吸引力与排斥力，决定经济主体在部门与空间分散和集聚的消费与投资、生产与服务、创新与学习、竞争与合作的经济行为选择，进而决定经济部门和空间分散集聚的产出结构。不同类型的产出规模经济、要素和产品的占用和运输成本不同，总体上形成多层的部门和空间分散集聚结构体系。

经济交互决定构成要件，形成经济体系。个体交互行为导致经济主体的发展。组织内交互成本低而组织外交互成本高将产生经济组织主体，我们称之为经济主体。个体交互行为决定经济制度的产生。为了规范经济个体的交互行为，制度文化随交互而产生。由于组织产生后，经济交互分为组织内外的交互，规范经济交互行为的制度文化也就分为组织内外的制度文化。个体交互行为完善经济体系的构件。个体交互也需要通过制度将一定空间上财产的权利主体、要素的配置手段和产出的分配主体做出界定。经济要素和经济产品成为经济主体的资产。

　　个体交互导致个体的分层和异质。个体交互以及需求内生增长、供给报酬递增，决定经济个体和主体异质，因为只有异质的物质才能最大化平衡经济主体内外的物质分布，以满足异质的最大化预期收益，形成异质的供需行为能动力，决定经济主体异质行为、产出与更强的交互，如此循环往复。经济主体通过差异化行为形成异质的资产结构、偏好结构和预期收益，从而决定主体空间的差异。偏好结构差异化是指，不仅组织主体的每一个成员处在竞争状态下有差异化偏好强度和偏好选择，而且不同主体也有差异化偏好强度和结构的动机。预期收益差异化是指，不仅组织主体的每一个成员处在竞争状态下对未来需要保持差异化的信心和预期，而且不同主体也有差异化偏好强度和结构的预期和信心。要素结构差异化，一是指组织内个体异质性的偏好结构、预期收益和体智禀赋等决定的各个个体的制度竞合能动力，从而决定组织主体制度文化的竞合行为；二是指个体和组织主体趋异的偏好结构、预期收益与自身体智禀赋结合，在开发物质、积累知识和生育人口上存在差异。与此同时，正在形成的差异化制度反过来影响物质、知识和人口结构。交互导致主体空间的差异。由于经济主体占据一定的空间，所以交互导致主体偏好结构、预期收益和资产结构的差异，也意味着导致主体所占据空间的偏好结构、预期收益和资产结构的差异。

　　(二) 经济要件的作用

　　统一发展经济学关于经济发展的核心思想表现为三角形生产函数 (见图 1-2)。经济发展和经济增长不是简单的要素投入和产品产出，而是要素投入转变产品产出的行为过程，行为受需求偏好和预期收益的影响，而决定偏好和预期的又是投入资产和产出资产等。基于前提假定，分布在一定时空及部门的经济资产通过影响经济主体的预期和偏好，并与偏好及预期一起形成多重行为能动力，支配经济主体的多重行为，决定资产在不同时空及部门的循环。

　　一方面，经济体系的各要素资产与产品资产在相互转化中存在不同

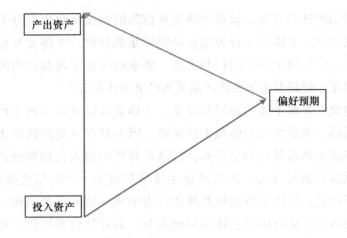

图 1-2　三角形生产函数：统一发展经济学核心框架

的直接相互影响。自然物质与人口劳动作为直接要素结合可以转化等量的自然物质和劳动人口产出，人力资本与科学技术作为直接要素结合可以创造更多的人力资本和科学技术产出。自然物质和人口劳动相结合的生产过程，需要人力资本和科学技术的支持。人力资本和科学技术相结合的生产过程，需要自然物质和人口劳动支持，因此提升了劳动能力，可以将更多自然物质和劳动人口转化为经济要素。

　　另一方面，经济体系的各资产通过影响经济主体及其行为间接影响资产的相互转化。投入资产和产出资产不仅直接相互转化，而且通过联合影响组织资产转化的行为主体的行为，决定转化、再生和创造的状况（包括方向、种类、程度）。不同性质和类型的资产联合，影响和决定经济主体及其需求偏好和预期收益。经济主体的投入资产与需求偏好、预期收益结合形成经济主体的能动力（包括能动力的种类和能动力的大小），支配经济主体的行为，决定投入产出的转化（见图 1-3）。

　　总体而言，经济体系的"3N53"要件相互作用决定经济发展：3 个假定即需求内生增长、知识质能不守恒和交互规模效应，引致 3 重行为（具体、抽象和关系）、N 类主体（具有偏好和预期的政府、家庭和企业，以下简称"三大主体"）、5 种要素（制度文化、物质、人口、人力资本、技术）、3 个分布（部门、空间和时间）的逐步形成。N 类主体、3 重行

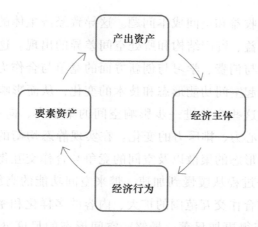

图1-3　人类聚集的动力条件及其作用机制

为、5种要素、3个分布通过质、能、力、功的传递和转化相互作用，导致3重行为、N类主体、5种要素和3个分布的内生发展，以及加总的要素产出总量增长和品类多样化。

（三）从要素资产到产出资产整个过程的经济各要件联合作用

制度、人口、人力资本、物质和技术五类资产的空间分布决定了经济主体在使用五类资产时的能动力与（具体、抽象和交互的）交互行为。交互也导致主体异质性，决定经济主体分层需求行为（即分别从事创新、学习和模仿消费）以及分层供给行为（即分别从事创新、模仿和重复行为）。

经济主体的具体、抽象和关系交互行为决定了五类资产的转换。人物交互支持下的人人交互行为决定一定空间的创新、模仿和重复的制度文化，人人交互影响的人物交互行为决定一定空间的属于一定主体的创新、模仿和重复的人力资本、劳动人口、经济物质、科学技术产出以及所属主体，决定部门、空间经济主体的差异化。

第三节　空间统一发展的假说

在空间发展的上述框架中，设想在一个均匀的球体上分布着众多个体，这些个体面临着边际递增的需求再生、知识报酬的增长以及因空间交互规模带来的收益和空间成本问题。这导致经济主体的形成，及其偏好结构、预期收益、资产结构和所处空间差异的出现。这些差异决定了经济主体在生产与消费、学习与创新方面的竞争与合作力量、行为及变化。交互作用引起空间功能形态和技术的变化，从而影响规模经济与空间成本的变动。这些变化进一步影响空间的集聚力、向心力、吸引力，以及分散力、离心力、排斥力的变化。在实现静态均衡的过程中，空间功能的异质性、形态的聚散以及空间的竞争与合作交互得以体现；在动态均衡中，这一过程从缓慢到加速，带来空间功能的高级化和多样化。随着空间竞争与合作交互范围的扩大、内容的多样化和密度的增加，空间差异的波动变得更加显著。最终，空间形态的尺度变大且结构更加复杂。

一　经济空间的本质

　　空间由无数点构成，其特征通过方位、距离和关系来定义，体现为长、宽、高的三维结构。这不仅是物质存在和运动的场所，也展现了物质的广延特性。经济空间特指经济资产、主体、行为和部门在空间中的存在形式和活动场所，承载着经济发展的关键要素。经济空间因空间分布和相互作用的特性，表现出差异性、唯一性、层次性、包容性和动态性。作为经济实体、行为和资产相互结合与循环的媒介和平台，经济空间是这些要素在空间上的集成和耦合，其核心在于经济空间成本（包括承载物质、空间占用和移动的成本）在经济要素的相互作用和影响中起着决定性作用，塑造了经济实体的空间偏好、集体预期和行为动力，并催生了聚集力与分散力等空间相互作用力。

　　经济空间的类型多样，包括物理空间和虚拟空间，进一步划分为私人和公共空间。这些分类基于承载物质的性质和是否参与经济活动，反映在不同的空间使用和经济活动中。经济空间内的互动主要通过空间成本来体现，如占用、运输和相互作用的成本，这些因素影响经济活动的空间布局和效率。运输成本特别重要，它随着距离的增加而上升，形成所谓的"冰山运输成本"。这一概念在经济学中用来描述物质流动的成本，决定了空间经济活动的联系强度和效率。通过这种方式，经济空间成为分析经济行为和结构的一个关键维度，其内在机制和外部影响共同塑造了经济地理的复杂图景。

二　经济空间的决定

经济空间作为资产存在的形式和交互的载体，本质上是经济发展关键要素的耦合。每个经济要素都对整体耦合状态产生影响。资产的空间分布决定经济主体的空间选择偏好与预期，以及空间交互偏好与预期，从而促成经济主体在空间选择和交互中的动力。这包括集聚力与分散力、吸引力与排斥力，它们驱动经济主体的空间选择和交互行为，并影响空间资产的再生和交互。这也决定了经济空间的形态、结构和交互方式，具体分解如下。

经济资产对经济空间的形态、结构和联系的影响。经济资产是经济空间的核心，其特性（如收益、占用和运输成本及其空间分布）决定了规模经济和交互成本。这些因素影响经济主体的空间收益预期和行为动力（如集聚力和分散力）进而塑造空间结构和经济空间的形态。资产的收益与空间成本比例影响经济空间的密度和尺度，高收益低成本资产促使空间密度增加、尺度扩大，反之则导致密度降低、尺度缩小。这些特性决定空间单元的质量、数量差异及其互动频率和距离。

经济主体对经济空间的形态、结构和联系的影响。经济主体在空间中的分布、占用成本和迁移成本影响空间的形态和结构。高占用和迁移成本导致经济空间的密度低、尺度小，而低占用和迁移成本则促成高密度、大尺度的空间。经济主体的空间选择受其偏好、预期收益和资产状况的影响，决定其在空间中的行为和位置。这些选择影响空间形态，反映在空间的密度、尺度和主体间的联系上。主体的空间偏好和能动力由其经济状况和预期驱动，影响其在经济空间中的互动和联系方式。经济主体的集体空间选择构成经济空间的结构，影响空间中资产、行为和主体分布的均衡性。主体间的空间互动基于其经济动机和能动力，形成空间的互动模式和网络，进而决定空间的整体关系和连接性。这些互动和选择的集合体现在经济空间的动态衍化和结构调整上。

经济行为对经济空间的形态、结构和联系的影响。经济主体的行为及其产生的空间占用和运输成本对经济空间的形态、结构和联系有决定性影响。行为内容的差异导致空间形态的密度和尺度变化，而行为的抽象性与具体性决定了空间的质量和数量。主体间的互动是连接空间的关键，涉及资产的替代弹性。低替代弹性资产的家庭或企业倾向于在较宽广的空间内进行低替代弹性产品的生产和消费，利用创新利润和规模效应抵消高交互成本。零替代弹性产品的经济主体因创新利润高和交互成本相对低而参与全球交互。高替代弹性产品的生产和消费因交互成本高而局限于次级空间。完全替代弹性的活动若面临高空间交互成本，则局限于本地交互。这些因素共同塑造经济空间的互动模式和网络结构，影响经济主体的空间策略和结构布局。

经济部门对经济空间的形态、结构和联系的影响。经济部门的要素、主体、活动和产出所带来的收益，以及空间占用和运输成本，共同塑造经济空间的形态、结构和联系。经济部门如果收益较低而空间占用和运输成本较高，则导致经济空间形态密度低、尺度小，空间单元的质量和数量差距较小，联系距离较短，频率也较低。相反，经济部门若收益高而空间占用和运输成本低，则会导致经济空间形态密度高、尺度大，空间单元的数量和质量差异较大，联系距离较长，频率也较高。

三　经济空间的作用

经济空间作为资产的存在形式和交互的载体，是经济发展中各要素耦合的重要平台。经济空间通过其对经济要素的占用、移动和交互成本，对经济发展的其他要素产生影响。

经济空间的形态、结构和联系对主体的影响。具体的经济空间以及整体的经济空间结构及其变化，作为主体间交互和要素结合的集合，对三大主体的性质特征及其变化产生重要影响。对家庭而言，区位是核心因素，影响其形成、发展和迁移。优质区位吸引家庭聚集，促进人口增长，而不利区位可能导致家庭迁移。区位决定家庭成员的经济活动参与情况，形塑人力资本、行为认知和地域文化，如沿海与内陆家庭的生活方式有差异。同时，整体经济空间的结构影响家庭的空间分布和差异。随着经济空间及其结构的变化，特定区域内的家庭特征以及整体空间结构也会持续变化。对企业而言，区位的重要性同样突出，影响企业的形成、聚集、发展和迁移。良好区位可促进企业集群形成，不利区位则可能导致企业流失。此外，区位还塑造企业的行为模式和文化特征，不同空间环境下的企业在生产方式和企业文化上存在显著差异。同时，整体经济空间的结构影响企业的空间集聚和结构差异，随着经济空间及其结构的变化，企业的特征和空间结构也将持续演变。对政府而言，经济空间影响政府的特征和要素。政府在其辖区内提供公共产品和服务，并据此征税。这既涉及物质资源，也包括精神和文化层面。城市政府主要负责地方事务，支持创新和学习，为居民提供必要的基础设施和服务。这些活动不仅能提升日常管理和服务效率，也能鼓励创新和知识的积累。部分服务可能由私营部门提供。政府的这些职能强调了在特定经济空间内平衡具体与抽象行为的重要性，以促进社会经济发展，增进居民福祉。

　　经济空间的形态、结构和联系对资产的影响。空间区位影响流动性物质的流动和空间再配置。它由固定要素、主体及行为和其关联的不易流动要素、主体及行为组成，在每个特定空间内，这些要素组合影响物质产品的生产和流动。例如，某些产品只能在特定气候条件下生产，这促使相关生产要素向该区域集中，形成物质产业集群。因此，空间区位的特性和空间结构的差异对物质要素的集聚和流动有直接影响。空间区位影响人口资源的栖息规模和分布结构。适宜的气候和生产条件吸引人口聚集，如两河流域的肥沃土地促进了文明的发展。反之，不利的生产条件会导致人口迁移。这些区位条件对人口生产活动和居住选择有重要影响。空间区位影响人力资本的栖息规模和分布结构。不同水平的人力资本对环境有不同需求，高人力资本群体更倾向于选择具有优质气候和科技环境的区域，而较差的条件可能不利于吸引这些人群。空间区位影响科学技术的规模和分布结构。一个区域内集聚的综合环境决定了其科技创新能力，进而影响科技创新的特性、规模和结构。同时，每个区域形成的综合环境及整个空间体系共同决定科学技术创新能力，从而影响科技要素的空间分布和结构。空间区位影响制度文化的个性和分布结构。地理区位的特殊性和差异性决定了空间上的行为特性，进而影响文化和制度的形成和发展。不同空间区位拥有的风俗习惯和文化传统体现了这种空间环境的影响。中国有句谚语——"三里不同俗，十里改规矩"，意味着不同空间区位拥有不同的风俗习惯和文化传统，这在很大程度上归因于空间环境的差异。

　　经济空间的形态、结构和联系对行为的影响。具体经济空间的主体交互和要素结合，以及整体经济空间结构及其变化，对三大主体的性质、构成和变化产生了重要影响。经济空间影响交互主体的具体经济行为。特定经济行为依赖相应的要素和空间条件。因此，空间的固有和后天发展的差异造就各地区的比较优势，决定经济行为的特异性。例如，气候和土地肥沃的区域适宜农业，河流交汇地利于贸易，资源丰富地区偏向矿业，教育和科技资源丰富的区域则倾向于吸引相关经济活动。经济空间同样影响交互主体的抽象经济行为。这些行为依赖特定的空间条件和要素，形成区域的抽象行为比较优势。知识密集和创新驱动的地区因环境优势持续吸引创新活动，而后发区域通过学习和积累创新要素逐渐转向创新经济活动。经济空间还决定交互主体的关系经济行为。区位特性影响主体间的竞争、合作关系。例如，物质资源同质的区域可能经历激烈竞争，而差异化资源促进合作或产生垄断行为。制度和文化也塑造经济交互，如为竞争或合作的开展提供制度条件。总之，经济空间的固有和后天发展差异不仅塑造了具体、抽象和关系经济行为的多样性，也决定了区域间合作或竞争的经济互动模式。这些互动最终形成了区域间的经济行为差异，推动了整体经济空间的发展和变化。

经济空间的形态、结构和联系对部门的影响。经济空间的要素、主体及其行为的变化是塑造经济活动竞合能动力的关键因素，这些因素影响生产、消费、创新和学习的竞合行为，进而决定空间的产出类型和数量。经济空间中的不可移动要素和主体行为分布定义了这些活动的空间分布，影响了经济主体的地理布局，形成了特定的经济空间结构和部门分布。经济空间的主导元素和行为驱动经济部门的差异化和高级化。当空间被物质要素和重复行为主导时，经济部门倾向于同质化和低级化，而人力资本和创新行为的主导则促进经济部门的差异化和高级化。经济空间的集聚规模对部门结构和增长产生显著影响。小规模集聚限制了经济互动和知识增长，约束部门的多样化和高级化；大规模集聚扩大经济互动，加速知识增长，促进经济部门的多样化和高级化。经济空间交互的范围直接影响部门结构，更广阔的交互范围意味着更大的市场规模和更细致的经济分工，而狭窄的交互范围则导致更粗略的分工和单一的部门结构。随着交互范围的扩大，经济部门结构逐渐多样化。

四　经济空间的表现

经济空间作为经济的资产、主体、行为和部门的体现，主要呈现为三个方面：空间形态（体现为空间单元的尺度和密度）、空间结构（体现为空间单元之间的数量和质量差异）、空间联系（体现为空间单元之间的距离和密度），总体上表现为空间的分散与集聚。

（一）静态经济空间的决定

经济空间结构是由空间分布的资产共同作用而形成的，赋予了经济个体和组织空间集聚力与分散力以及吸引力与排斥力。这些力量影响经济主体的聚集和分散分布及其相互作用，从而塑造经济要素的空间形态、差异和交互模式。

个体内外的物质不均衡分布推动了经济需求和供给的增长，形成经济行为的供需动力，并主导人类与自然的互动及经济活动。这种互动促进了各项资源的发展。在初始阶段，个体的人力资本限制了供给能力，未能满足基本需求，影响物质平衡和个体生存。协同法则决定交互行为力并影响人与人、人与物及空间的互动。人体对外部物质的需求旨在实现内外物质平衡，交互规模效应增进经济活动的规模报酬，满足物质需求，推动经济个体的供需互动，产生递增的经济效益。个体和主体占有的特定空间定义了交互的范围，涉及人口、物质、知识和制度的空间互动。

经济主体、资产、行为和部门的空间形态的尺度、密度聚散形态的决定。交互规模经济、交互成本、空间占用成本、空间运输成本决定空间聚集力、分散力、吸引力和排斥力。规模报酬递增推动经济主体进行互动，以实现规模经济增长，但同时产生协调成本，包括空间占用和运输成本。根据距离衰减原理，增加交互距离会提高运输成本，因此，缩短物质交互距离能降低成本并利用规模经济。经济要素的空间集聚性和吸引力因规模报酬递增和运输成本降低而增强。当集聚收益超过成本，特别是当占用成本低于运输成本时，经济要素倾向于向特定空间集聚，形成产出集聚区。这些区域的规模和密度取决于规模收益与集聚成本的平衡。相反，当交互的收益不足以覆盖成本，尤其是当占用成本高于运输成本时，经济空间倾向于分散。这促使经济主体在更广泛的空间内分散开展活动，导致经济要素的空间分散布局。总之，经济空间的聚集与分散、吸引与排斥力量由规模经济、交互成本及空间成本共同塑造，这决定了经济主体在不同部门和空间中的行为模式，最终形成了经济空间的结构。不同的产出结构反映了各种经济活动的空间分布和集聚趋势，构成了复杂的部门和空间分散集聚结构体系。

经济主体、资产、行为和部门的空间结构的数量和质量差异的决定。不同甚至相同的空间资产导致不同的空间主体及空间特性。假设空间中人和物完全均质，那么自给自足通过知识积累可让交互收益超越成本，激励交互成为可能。稀缺性增加消费者剩余，驱动对独特稀有商品的追求，而差异化提高生产者剩余，促进供给侧差异化。这些因素激励经济主体追求偏好、预期收益和资产结构的差异化，促使经济组织形成并追求规模收益最大化。经济主体在不同空间的偏好、预期收益和资产结构差异决定空间内的竞合动力。资产的空间差异影响经济行为动力，而经济主体间互动会加剧这种动力差异。不同空间主体的动力差异决定其经济行为的多样性，如消费、投资、生产、服务、创新等。资产差异形成的能力差异决定空间内不同经济行为的选择。经济主体的动力（包括需求偏好和预期收益）在空间内导致不同的经济行为选择。资源丰富区域的偏好结构和预期收益决定资源的利用。低替代弹性要素的空间缺乏创新偏好则不利于创新行为。这些经济行为的空间选择差异决定产出规模和结构的差异。空间主体的异质性通过经济行为影响产出多样性，空间主体间的互动展现异质性影响产出异质性，由此构建了复杂的经济空间结构。

经济主体、资产、行为和部门的空间交互的距离和密度的决定。规模报酬递增和利益最大化推动经济个体与其他个体及空间互动，以实现更大的规模经济效益。这种互动需要协调多种要素，带来空间成本，包括占用和运输成本。这些成本影响互动的决策、距离和频率。当互动收益超过成本，且空间占用成本低于运输成本时，经济空间的集聚力超过分散力，促使经济要素向某一空间集中。反之，若占用成本高于运输成本，即使互动收益超过成本，经济要素也倾向于分散，以降低空间成本。增加的交互距离提高运输成本，降低规模收益，减少区位间的净吸引力，增强排斥力。若交互收益不足以覆盖运输成本，经济要素的分散力将超过集聚力，排斥力大于吸引力，导致经济要素不发生交互。经济要素的类型决定其规模经济和交互成本的差异，进而形成不同的空间聚集力、分散力、吸引力和排斥力。这些力量的差异促使经济主体在空间上呈现分散、集聚或不互动的状态，构成复杂的多层经济互动体系。

（二）空间静态一般均衡

经济均衡是世界及其构成部分达到的基本状态，其中自然和社会系统的相互关联与对立元素相互作用，推动系统内的对立力量达到平衡、稳定与静态状态。当考虑空间要素时，经济体系的均衡体现为，在资产规模和结构确定的情况下，多个经济主体的预期收益和成本在总体及空间层面达到平衡。在经济资产的影响下，经济主体的产业和空间预期收益及成本塑造其在生产、消费、创新等方面的动力，驱动其在空间中的决策和行为，通过博弈达到一个稳定的均衡状态，这也决定了经济要素在不同部门和空间的分布。

空间单元内部和单元之间的利益均衡。微观主体视角下，经济主体根据比较规模经济、交互规模经济、内生规模经济以及交互的协调和空间成本来做出空间选择，进而形成具有空间差异化的经济特征，包括主体、要素、行为和产出，构建空间经济结构体系。当经济主体在特定部门和空间的边际收益等于边际成本时，达到最优均衡。在空间层面，每个区位的边际收益等于边际成本，且所有区位边际收益相等时，空间实现均衡。部门层面也是如此，每个部门的边际收益等于边际成本，所有部门边际收益相等时，部门间达到均衡，形成最优的部门结构。经济系统达到最优均衡状态是指所有经济主体的综合边际收益等同于边际成本，且任何变动都不会提高总收益。这样，经济主体在部门和空间的决策共同构成了一个多层次、最优的经济空间结构。

空间单元内部和单元之间的力量均衡。经济部门和空间结构的形成受到公共部门的影响，通过消费者和企业者的推拉力平衡实现，体现为聚集力和分散力。家庭、企业和政府等微观主体依据比较规模经济、交互规模经济、内生规模经济及协调和空间成本做出空间选择，形成具有空间差异的经济特征，包括主体、要素、行为和产出的分布，构建空间经济结构体系。当经济主体在部门和空间中的边际动力等于边际阻力时，达到均衡状态。经济空间上，当集聚区的边际聚集力等于边际分散力时，空间实现均衡。若所有空间的边际聚集力平衡,各空间之间的吸引力和排斥力达到均衡,就会实现空间整体均衡。部门层面上,当集聚部门的边际聚集力等于边际分散力时,部门达到均衡。所有部门的边际聚集力平衡时,部门间均衡。部门与空间结合时,各部门和空间的边际聚集力平衡,实现整体均衡。当经济系统中所有主体的边际动力与边际阻力相等,无力改变状态时,系统达到最优均衡。

空间单元内部和单元之间的资产均衡。总体来看,物品市场、货币市场、综合市场、人力资本市场、科技资本市场、物质资本市场、人口资本市场、制度资本市场、公共产品市场的总供给与总需求相等,意味着各要素和产品市场均处于均衡状态。在结构上,每个空间和部门的物品市场、货币市场、综合市场、人力资本市场、科技资本市场、物质资本市场、人口资本市场、制度资本市场、公共产品市场的供需平衡,保证了所有部门和空间中要素和产品市场的均衡状态。

空间单元内部和单元之间的一般均衡。价格作为调节机制,能够协调利益、力量和市场,在空间、部门和总量层面实现均衡。当产品市场不平衡时,价格的调整将影响供需,以达到均衡状态。价格变动同时作用于边际收益和边际成本,以及边际动力和边际阻力,从而驱动均衡的实现。当利益、力量和市场在部门、空间和总体上达到均衡时,经济便处于一般均衡状态,此时的价格即为均衡价格。

(三) 动态经济空间的决定

再生需求的边际递增、知识积累的报酬递增、规模报酬的递增以及协调空间成本的交互作用,共同决定了经济总量的跨期增长和部门及空间结构的变化。随着参与经济活动的资产位置、规模和结构的变化,以及物质空间占用和空间交互的变化,经济空间在位置、规模、结构和形态上也持续发生变化。空间规模不断扩大,密度增高,经济空间位置经历了从流动到固定,再回到流动的变迁。空间形态经历了从分散到集聚的转变,具体为流动的分散集聚到固定的分散集聚,然后是固定的集中集聚,最终形成流动的集中集聚。

空间形态从小尺度、低密度到大尺度和高密度的空间聚散形态增长的决定。空间交互、知识积累和需求再生导致要素结构、偏好结构和预期收益的变化,增强了经济主体在空间上的集聚和辐射能力。知识积累和需求再生不仅促进了物质和知识产品数量和种类的增长，也导致了物质和人口占比下降，同时科技和人力资本的比重上升，使人力资本和科技变得越来越重要。同时，制度和文化的变革及其稳定性也在影响偏好结构和预期收益的变化；空间交互、需求再生与知识积累促进了交互规模经济的增长，同时降低了空间占用和运输成本，增强了空间的集聚和辐射动力。一方面，随着规模经济的报酬递增和较低交互成本的知识交互占比上升，高运输成本的物质交互占比减少，这增加了空间规模经济并降低了空间交互成本。另一方面，通信和交通技术的不断发展扩大了交互规模经济，降低了空间交互成本。随着制度文化的改进，进一步增加了交互规模经济并降低了交互成本；空间集聚力和辐射力的增强促使生产与消费、创新与学习、竞争与合作在更广阔的空间内集聚和跨更远距离扩散，使物质、知识和人口产出在扩大的集聚空间和增长的间隔距离上实现。因此，集聚与分散的规模持续扩大，集聚空间不断增大，分散的间隔距离也逐渐加长。

空间结构从质量和数量相近到质量及数量收敛同质到质量及数量分化异质的轮回转变的决定。空间交互、需求再生和知识积累导致不同空间经济主体的竞合力在不同时间尺度上呈现波动性变化。这些变化受潜在物质资源的空间差异和知识条件的影响，例如，随着知识的增长，物质要素的实际开发和利用导致经济主体的竞合能动力不断演变。历史上，资源的种类和价值随着社会进步而改变，从采集时代的森林资源到农业时代的土地、工业时代的矿产，再到知识时代的生态环境，不同空间的资源价值和经济主体的活动焦点随之变化。空间交互、需求再生与知识积累使不同空间经济主体的竞合力呈现趋同、趋异和轮转的增长动态。这种动态不仅体现在物质资源的开发和利用上，也体现在经济主体制度竞合力的形成上，通过内部和跨空间的博弈，影响不同空间的制度文化和经济活动的预期。空间交互、需求再生和知识积累使不同空间的经济主体的竞合力从缓慢的趋同变化为快速的趋异。物质要素的规模报酬递减和交互成本的变化初期导致竞合力缓慢趋同，但知识积累和技术进步加快了经济主体在不同空间的竞合力趋异，特别是在生产、消费、创新和学习方面。技术的发展降低空间交互成本，进一步强化了这一趋异，使空间经济主体的行为和产出水平差异显著增加，展现出快速的变化动态。

空间联系从近距离、低频率到远距离、高频率的发展的决定。空间交互、需求再生与知识积累促进了偏好结构、预期收益与成本效益的差异化,增强了经济主体的空间分工与专业化互动能力。这推动了经济主体在生产、消费、创新和学习方面的专业化,激发了空间的竞争与合作动力,同时知识积累降低了交互成本,增强了经济主体的竞合能力。空间交互、知识积累和需求再生影响了要素结构、偏好结构与预期收益,增强了经济主体在空间交互中的能动性。在促进物质与知识产品增长的同时,知识积累和需求再生导致物质、人口占比下降,而使科技与人力资本的重要性上升。制度文化的变化及其稳定性同样影响着偏好结构与预期收益的演变。空间交互、知识积累和需求再生导致经济空间交互规模经济的增加和成本的调整,增强了空间交互的动态性。知识交互的增值和低成本促进了其比重上升,而物质交互的成本上升导致其比重下降。技术进步增加了交互规模经济,降低了空间交互成本,推动了经济主体在更广泛空间的竞争与合作。

(四) 空间动态一般均衡

在空间发展中,需求升级、技术进步和制度变革共同影响经济主体在产业和空间上的选择及其预期收益和成本的权衡。这种权衡促使产生生产、消费、创新、学习、竞争和合作的行为动力,并影响具体和抽象的空间选择,促成一个动态的一般均衡状态,其中经济主体的交互选择既定而不易改变。物质、人口、科技、人力资本、制度文化等要素的增长从缓慢到快速变化,促进了经济部门和空间分布的动态均衡调整。

空间单元内部和单元之间的利益均衡增长。微观层面上,经济主体达到最优均衡增长状态是在其每一决策的边际收益等于边际成本时实现的。在空间维度,当各区位的经济主体边际收益等于边际成本且互相持平时,空间之间实现均衡增长。这种均衡指示集聚规模达到最优,如果所有空间的边际收益一致,便会展现最优的空间分散与集聚平衡。部门层面上,边际收益与边际成本的平衡确保部门间均衡增长,反映最优的部门规模。当部门与空间的边际收益相等且与边际成本平衡时,表明了部门与空间的最优均衡状态。总的来说,当所有决策的边际收益等于边际成本时,经济系统就处于最优均衡,不会有任何变动增加总体收益。

空间单元内部和单元之间的力量均衡增长。在微观层面，经济主体在每个部门和空间的竞合动力与阻力平衡时，达到长期均衡。经济空间维度上，当集聚空间的边际集聚力等于边际分散力时，该空间实现均衡。空间区位的边际集聚力一致时，空间之间力量平衡，实现均衡变化。部门层面上，集聚部门的边际集聚力与分散力一致时，部门实现均衡增长，部门间的边际集聚力平衡导致部门间均衡。部门空间层面上，各集聚部门和空间的边际集聚力与分散力平衡时，实现均衡增长；部门和空间的边际集聚力一致时，保持相互吸引力与排斥力平衡，实现均衡增长。宏观上，所有经济主体的总边际动力与总边际阻力平衡，无额外动力改变现状时，经济达到最优均衡增长。

空间单元内部和单元之间的资产供求均衡增长。宏观层面上，物品、货币、人力资本、科技资本、物质资本、人口资本、制度资本、公共产品等市场的总供需，在达到均衡的前提下，按相同的增长速度发展；结构层面上，每个空间和部门的物品、货币、人力资本、科技资本、物质资本、人口资本、制度资本、公共产品市场，在保持供需平衡的基础上，以相同的速度增长，保证不同空间、不同部门间的要素和产品供需一致。

空间单元内部和单元之间的一般均衡增长。通过价格调整，利益、力量和市场之间的增长可实现协同，从而在空间、部门和总量层面达成均衡增长。如果产品市场增长不均衡，价格变化将调节供需，以实现均衡增长。价格变动同时作用于边际收益和边际成本，以及边际动力和边际阻力，影响其均衡增长的动态。当收益、力量和市场在部门、空间和整体层面均实现均衡增长时，经济便保持平衡转移增长状态，此时的价格增长即为均衡价格增长。

第四节　城市统一发展的推论

一　城市的本质特征

城市经济空间是经济资产、经济主体、经济行为和经济部门的存在形式和活动载体，即是资产、主体、行为及产业等经济发展的各种要件的空间存在和耦合状态。

作为经济要件存在的形式和活动的场所，经济空间除了具备空间聚落的基本特征，还具有聚集性。城市聚落是生活和生产的综合集聚空间，与小尺度的专业性集聚尤其是与游猎部落和村落不同，其由于土地不是非农生产和生活的直接投入要素，因此，不仅生产、生活而且生产与生活的集聚交互的规模收益大于交互的协调和空间成本，综合空间集聚力大于空间分散力。相对于工作的集中集聚，生活是分散集聚，所以城市聚落多是固定而非流动的空间。作为工作集聚区与生活集聚区的复合，城市聚落不仅集聚着数量较大、居住空间集中和构成多样的工作和生活的人口（他们从事多样化的非农活动），而且需要构建大量的供长期使用的相对完备的居住、交通、给排水等基础设施。为了共享这些基础设施规模经济，人口和非农活动需要固定在拥有基础设施的城市空间。城市聚落多是非农的空间。在城市空间的所有资产、主体、行为和部门主要不是农业或采猎的，而是自然物质或意识物质的加工制造或服务。城市聚落多是交互共享的空间。非农经济主体主要是为了分享要素和产出以降低成本，获得规模经济而集聚，包括劳动力等要素的分享、制度文化与基础设施的分享、产品市场的分享。城市聚落多是特定区位的空间。经济主体依据具体城市聚落的一些不可移动的要件以及对运输成本的权衡，而选址特定区域，即便在均质空间中，经济主体也会为了节约移动成本或者根据自身偏好而选择特定的空间。城市聚落多是双重的空间。一方面，在城市聚落空间内部经济主体发生交互而共享；另一方面，城市聚落内的经济主体与城市聚落外经济主体发生交互，即形成腹地空间。城市聚落是多样的集聚空间。城市是众多非农专业性小尺度集聚区多样性的叠加，拥有更加多样的非农甚至农业功能。城市聚落是开放交互的空间。非农经济具有交互，同时"市"也是物质、人口和信息交互的空间。

物体及运动的复杂性决定空间的复杂性。基于承载的物质，分为自然物质存在的物理空间和意识物质存在的虚拟空间。基于参与经济活动与否，分为经济空间和非经济空间。基于经济行为和交互的内容，可以分为生活空间、工作空间、交换空间或服务空间，也可分为创新、学习和重复空间。基于权属关系，可以分为私人空间和公共空间。

二　城市的形成机制

（一）非城要件及其空间成本决定游猎部落与村落发展

第一，资产、主体、行为与分布的联合作用决定游猎部落的发展。

人类起源之后，个体需求的内生增长、有限的知识报酬递增以及交易规模经济和交互成本，共同决定了游猎生活的空间单元和体系。

初始要素资产衍生采猎经济要件。在要素资产方面，人类早期以氏族为经济单元，劳动力、人力资本和技术有限，制约了经济活动乃至自然食物的获取。氏族部落主导的交互组织形式塑造了初期的社会制度和文化。在经济主体层面，要素资产驱动了氏族间的交互与经济组织的形成，旨在实现规模经济和降低交互成本，形成了以采猎为核心的生产消费模式。这些活动反映了氏族在生产、消费、知识传承、竞争与合作方面的行为动力。在经济行为方面，氏族经济组织的采猎活动有生产与消费、知识重复与学习、竞争与合作等。在产出资产方面，氏族经济行为围绕维生食物获取与人口繁衍展开，促进了基本技术和社会知识的积累。尽管这些知识增长缓慢，但为未来经济活动奠定了基础。在部门维度上，经济组织的能动力和行为受其初始资产组合的影响，这导致了经济部门的形成。初始经济部门主要包括采集和渔猎部门。

采猎经济要素的空间耦合形成了游猎部落生活单元。采猎生产要素的空间耦合导致了小规模、流动性强的分散生产空间。劳动人口的流动性、生存条件、旧石器时代的生产技术和有限的人力资本，以及天然食物的生长对土地的密集需求和显著的空间差异，导致高昂的土地使用和流动成本。这一切共同影响了采猎经济的生产要素，在空间上形成流动的、小规模的、低密度的分散分布，并推动经济组织在气候适宜、天然食物丰富的地区进行自给自足的分散式生产。采猎生活要素的空间耦合导致了小规模、流动的集聚生活空间。人口的流动性、对适宜生活环境的需求，以及有限的社交和生产技术，在空间上促成了高密度的集聚分布。这种集聚有利于共享住房、生活和防御设施，构建规模经济，节约空间和运输成本，增强整体的生存和安全能力。因此，在有限的知识和技术支持下，小规模的空间集聚成为可能，生产空间的流动进一步促进了以集聚生活空间为核心的分散生产布局。经济主体的空间选择和交互活动揭示了经济空间中的竞争与合作关系。

多个游猎部落空间单元形成了游猎部落空间体系。在人类发展的初期，广阔空间中那些气候适宜、天然食物丰富的异质区域，孕育了众多小规模、流动性强、相互隔离且具有差异性的集聚生活和分散生产区域，构成了一个由小规模、分散且动态的游猎部落生活空间主导的经济空间结构。随着外部条件的变化和内生增长，许多游猎部落族群的经济和空间结构被新兴的经济部门和空间形态替代，尽管如此，一些部落族群依然长期存在。天然食物等资源的稀缺及面临自然和外来的威胁导致相互隔离的游猎部落空间之间产生了竞争与合作，进而形成了松散的部落经济政治组织。游猎部落空间体系内部的多样性由自然条件差异塑造，影响着资源、人力和技术分布，进而影响经济活动偏好和能力，诞生了不同类型的游猎部落空间，如采集和渔猎区。游猎部落空间结构随需求增长、知识积累和规模经济的推动而发展，人口流动范围扩大，生产活动扩展，聚落规模和生活空间随之增长，但保持一定距离。此阶段，自然空间占主导，人工和虚拟空间作用有限。游猎部落经济的平衡状态依靠各聚落间的自我调节实现，通过自给自足维系供需平衡，规模受食物资源和聚集能力限制，技术制约了聚落扩张，而聚落规模的最优状态由成本和收益的平衡决定。各游猎部落间的分布间距，由一天内人们可接受的最长通勤距离决定，形成了自然状态下的均衡分布。

第二，资产、主体、行为和分布的联合作用决定村落的发展。

扩大的采猎生产循环促进了农业经济要素的形成，为农业要素资产的孕育奠定了基础。在采猎过程中，人们通过实践学习创造新技术，如新石器，并积累了关于动植物生长和养殖与种植的经验，促进了人力资本和技术的发展。这些间接生产要素的积累实现了从采猎经济向农业经济的转变，影响了人口劳动力、土地利用和自然资源的配置。这些资产共同决定了经济组织的农业需求偏好和预期收益，进而影响其农业行为动力。当农业生产规模扩大，其预期收益超过预期生产成本时，专业农业组织的动力超过混合组织，促使原本从事采猎和渔猎的经济组织转变为专门的农业经济组织。农业主体的供需驱动决定了其专门化的农业活动。随着需求的多样化和知识的积累，农业生产者利用积累的技术和人力资本进行播种、管理、收割等农作物活动。农业组织不仅消费采猎产物，还消费农业食品，追求最大化效用，并提供公共基础设施和进行事务管理，形成了供需的再生循环。专门的农业生产主体、生产要素和行为共同定义了农业部门。这些主体利用农业要素进行专业化的生产活动，从而再生农业资产，并推动农业的革命或农业化进程。

农业产出的变动引发经济要素的转变。人力资源和资产的积累促进了农业物质生产的增加，从而产生了农业食物剩余。这不仅促进了人力资本和技术的进一步积累，还引发了制度文化的变革，表现为从物质短缺的公有制向物质剩余的私有制转变。此外，农业剩余促使经济组织的演变。氏族经济组织开始分化为私人产品生产的家庭和专责公共产品供给的公共组织，前者规模缩小，后者规模扩大。家庭主体利用自然资源进行生产和人口生养，同时参与公共产品的创造和消费，而公共部门则负责不同空间尺度的公共产品供给。最终，农业剩余促进了非农经济要素的发展，推动了经济结构的多样化和复杂化。

农业经济要素的空间耦合形塑了村落的空间布局和发展。农业生产要素的空间耦合导致了以小规模分散生产空间为特征的农业模式。在人力和技术资源有限的条件下，土地和劳动力的密集利用和不可移动性导致集聚生产的规模收益低于其成本，使生产空间倾向于分散。人口的通勤极限和经济因素进一步促使生产空间分散，限制其规模。农业生活要素的空间耦合促使小规模、固定的集聚生活空间的形成。生活要素的低土地密集度促使私人产品消费、人口再生产和生活公共设施（如防卫设施）的空间集中。这样不仅能实现规模经济效益，还能节约空间和降低运输成本。由此，生活空间的集聚力超过了分散力，表现出吸引力大于排斥力，进而确定了生活的集中模式。生产空间的固定性促成了生活空间的固定性。由于农业土地的永续利用和资源的可再生性，固定生产的预期收益高于流动生产的，导致生产倾向于固定。生产与生活间的通勤成本限制也使生活空间需要在生产空间周围固定，而农业基础设施的特性和规模经济效应进一步促使生活空间的集聚和固定。分散的生产空间围绕集聚的生活空间布局。经济主体在没有特殊空间偏好且空间均质的条件下会选择最大化净收益的位置，导致生活空间集中于生产空间中心。这种布局最大化了生产空间的效用，同时最小化了通勤成本。随着知识积累和需求增长，生产和生活空间逐步扩展，推动村落空间单元的成长。

农业经济要素的发展塑造了村落的空间和发展。随着知识的积累、需求的增长以及因此导致的交互规模和空间成本的变化，单位生产空间的产出持续增加，导致分散生产空间的规模扩大，人口规模增长，集聚生活空间也相应扩大，进而促进了村落空间单元的扩展。

众多村落空间单元的聚散构成了村落体系及其发展模式。

众多村落聚散单元构成村落体系。这些单元由农业化的人力资源和技术塑造，推动人口及其技术向适宜农业的区域聚集，形成或扩展村落单元。这些单元的规模受土地、劳动通勤极限影响，形成相邻的村落体系。村落聚散单元的发展共同推动了村落体系的进化。知识和需求的增长促使更多土地转为农业资产，影响人口的农业动力和空间选择，形成更多村落单元。村落间的最短间隔距离随之增大，推动村落体系向更大规模转变。

村落主导的空间结构形成及发展。村落出现，促成了村落主导的空间结构的形成与发展，其中分散流动的游猎部落空间体系与分散固定的村落体系并存，形成以众多小规模、相互隔离的流动游猎部落为主导的空间结构。随着知识的积累，农业经济要素的增长促进了固定村落空间结构的扩大，流动游猎部落空间比例减少，最终形成以固定村落为主导的空间结构。

村落空间体系及其增长的均衡由多个因素决定。当村落经济要素确定、边际预期收益等于边际成本、空间吸引力等于排斥力时，村落空间达到均衡状态。随着知识的积累和需求的增长，村落体系跨期内的边际收益与成本平衡，以及公私资产供需平衡，维持着经济空间结构的动态内生均衡。村落空间体系的均衡由经济要素决定。当村落单元的边际预期收益和边际空间吸引力相等，并且人口、土地、人力资源、技术等要素，以及私人和公共产品的供需平衡时，达到均衡状态。随着知识和需求的增长，空间结构适应这些变化，维持边际效益和供需平衡，确保经济空间结构的均衡发展。

（二）农业剩余带来非农经济要件的形成及农业经济要件共存

需求内生增长、知识报酬递增和交互规模的经济效益驱动农业生产与人口增长的循环，促进农业人力资本和资产的积累。当农业食物与人口增长达到临界点时，会导致农业食物供应相对需求产生剩余。这个过程催生了非农经济要素，进而引发了非农革命。

农业食物的相对过剩促使了非农产品的需求增长。人体内外物质分布的不平衡，表现为内部物质层次的无限稀缺，激发了对外物质不同层次的需求。农业食物满足基本需求后，非农产品稀缺性凸显，导致更高层次需求的产生，从而形成对非农产品的需求。农业食物的相对过剩促成了非农劳动人口的形成。农业产出超额满足了需求，导致劳动力向非农领域转移，非农产业对劳动力的需求随之增加。非农产品生产的需求决定了非农物质要素资产的形成。这种生产不仅增加了对非农物质要素的需求，而且促使适合制造非农产品的自然资源的供给。非农产品的供需平衡是决定非农行为动力的关键。农业食物的过剩平衡了人体对它的需求，激发了对非农资源的需求，影响经济主体的非农消费和供给行为。此外，非农公共需求和要素定型了非农经济主体对公共产品的需求偏好与预期收益，创造了非农公共产品的供需动力。非农资产促使兼业和专业经济主体的出现。具有非农资产的主体开始从事非农生产，当非农活动的收益超过成本时，促使某些经济主体从兼业转向专业非农生产。同时，当公共产品供给的社会收益超过其社会成本时，专门从事公共产品供给的公共部门会出现。非农的行为能动力支配非农行为出现。经济主体的非农需求和供给动力影响其消费和生产行为，同时决定公共产品的供需关系。非农活动促进了非农技术和人力资本的发展。非农需求激发了非农技术和人力资本的供给，从而推动非农技术和人力资本的供给行为及其产出。在非农供需活动中，非农"主产品"的再生产过程不仅促进了"学以致用"的实践，也催生了经济和技术方面的非农人力资本"副产品"。非农兼业和专业活动促成了非农制度的形成。这些制度覆盖财产权利、资源配置和收益分配，体现在政府对非农活动的支持与限制上。非农部门的形成取决于非农要件的完备性。当农业经济主体的非农资产产生的预期收益超过预期成本，并且高于农业生产时，会促使专业非农主体的出现。这些主体的形成推动了非农生产活动。随着更多经济主体投身非农领域，非农经济部门逐渐形成。

（三）非农要件及其空间成本决定城市空间的出现

非农要件交互的规模经济与成本（尤其空间占用成本和移动成本）导致非农经济空间出现，带来城市革命。首先，非农生产要件及其空间成本决定大规模集聚生产空间的形成。非农的资产、主体和行为等生产要件耦合交互能够带来更大的规模经济。非农要件通常不占大量固定空间且具有流动性特点，使集聚生产的预期收益超过成本，从而增强了空间集聚趋势，引导非农经济主体向高密度、大尺度的空间集聚布局发展。自然资源分布更具优势的区域，因可能带来的更高收益或符合需求偏好，会吸引更多非农主体选择集聚，由此催生了非农生产集聚空间，如交易、服务和生产等各类集聚区。其次，非农生活要件及其空间成本决定大规模集聚生活空间的形成。私人产品消费、人口再生产以及生活公共设施的空间集聚可以共享规模经济，又能节约预期的空间占用、通勤和运输成本。因此，当生活空间集聚力大于分散力、吸引力大于排斥力时，家庭等生活主体会选择空间集聚。最后，城市综合要件及其空间成本决定综合经济空间的形成。不同生产集聚区基于交互的空间成本节约和经济要件的共享形成多种生产部门的集聚。生产与生活交互可以创造规模经济，通过要件共享可以降低生活和生产成本，生产与生活也将趋向集聚，决定城市有可能形成。非农生产和生活要件的空间集聚不仅带来了规模收益，也带来了规模成本（包括空间占用和空间运输成本）。在非农要件空间耦合的规模经济小于其产生成本时，城镇将不能完整产生；而当城市综合集聚的规模收益大于其成本时，综合非农空间将出现。

经济主体主营农业兼营非农活动导致临时的单一非农空间萌芽。农业盈余催生市场并在村落或特定地点逐步发展为单中心的市镇。当农民主要务农的同时参与非农贸易、服务和制造活动，并住在分散的农业社区，长途跋涉至特定场所从事非农活动时，生活区与非农活动区逐渐分离，形成诸如非农市场、服务和制造区等单一非农空间。经济主体重心转向贸易和服务业等非农领域，与生活区的融合催生了贸易城市和服务制造中心。当生活和非农活动紧密整合时，便形成了非农城市，从专业市镇发展成综合性城市。非农经济要素的聚集影响着空间占用、通勤成本及城市聚散趋势，城市规模和密度随产业变化，从乡村到城市，受技术、环境适应度和通勤条件制约。非农活动根据经济规模、替代难易度和物流特性，形成不同规模的聚集。固定的生产要素和生活基础设施偏好促使经济主体选择稳定位置，以优化生产与生活空间，降低通勤成本。城市内部，高效生产区趋向中心，而生活区位于外围，二者间分布着多个生产区，通过基础设施相连，形成相互依赖、资源共享的单中心城市体系。

（四）非农要件及其空间成本决定城乡体系的形成

非农经济要件形成决定城市经济要件城乡空间耦合形成。城市聚落形成的过程中伴随着城乡单元体系、多个城市和多个城乡单元的形成。这意味着整个经济空间出现了城乡的分工，一些空间成为非农集聚的城市，另一些空间成为农业分散的乡村和游猎分布的空间。经济空间单元的结构从原来的村落转变为城市聚落。在城市聚落主导的空间结构下，自然物理空间与人工物理空间相结合，虚拟空间为辅助。主营分散的农业兼营集聚的非农促使临时的城乡空间体系的萌芽。经济主体主营农业生产，兼营贸易、非农服务、非农制造，小规模生活集聚在分散的农业生产中心，经常在生活集聚周边分散地进行农业生产，偶尔前往贸易、服务或制造空间进行交换或提供服务。生活集聚与非农贸易集聚、非农服务集聚、非农制造集聚空间分离，促使单一的贸易城乡体系、服务城乡体系、制造城乡体系萌芽。主营聚集的非农和兼营分散的农业导致持久的城乡空间体系的萌芽。经济主体主营贸易、非农服务、非农制造，兼营农业生产，小规模生活集聚在贸易、服务、制造空间周边，主要在贸易、服务、制造集聚空间进行持久的交易，偶尔到分散农业空间生产。生活集聚与非农贸易集聚空间接近，经济主体向一定规模的农业腹地及自身集镇交换要素和产品，促使复合持久的贸易、服务、制造城乡体系萌芽。专营聚集的非农和专营分散的农业导致持久的城乡空间体系的形成。贸易主体、服务主体和非农制造主体专营自身，相应人员集聚生活在相应的空间周边并进行持久的活动；同时向农业地区提供一定的产品、要素、服务和非农制造，促使复合持久的非农城乡体系形成。

规模收益和空间成本决定城乡空间单元规模与结构。不同产业规模经济、替代弹性、空间成本不同，辐射城市及腹地乡村的空间尺度不同，因而决定城乡单元不同。基于产业规模经济、替代弹性、空间成本的状况，城乡单元从地方到区域到国家到洲际甚至到全球。但是，一般城乡经济单元决定于基本非农产业的空间辐射尺度。城市的聚散力和城乡竞合力决定城乡单元和总体空间结构。在每个城乡经济单元，存在城市聚落空间单元、村落空间单元和城乡空间单元，其中城市聚落空间单元由集聚的非农生活空间围绕着集聚的非农生产空间构成，其规模结构受城市集聚力与分散力影响；村落空间单元由分散的农业生产空间围绕集聚的非农生活空间构成，其规模结构由村落的集聚力与分散力决定；城乡空间单元则由多个村落空间单元围绕一个城市聚落空间单元构成。

城市的聚散力和城乡竞合力决定城乡单元与总体空间规模。城市的聚散力还影响预期的规模经济和运输成本，决定非农产品覆盖范围和城乡单元规模。不同产品的规模经济、替代弹性和运输成本影响集市交易规模和分布间隔，形成不同尺度的集聚与分散。主导产业及产业环节的平行六边形的空间范围就是城乡单元。而总体城乡空间则是被所有城市非农产业覆盖的城乡空间，是所有城乡单元空间的加总。

城市的聚散力和城乡竞合力决定城乡单元与总体空间竞合。城乡农业和非农产业不同的规模经济、替代弹性、空间成本，决定城乡经济主体的空间竞合交互能动力的不同，也决定城乡空间竞合交互的内容和尺度的差异。当城乡要件交互范围重叠时，可实现城乡要素和产品的双向输出。

城市的聚散力和城乡竞合力决定城乡单元与总体空间差距。在城市出现的同时，均质的空间也存在差异。城市空间要件，城市要件以及在此基础上形成的城市主体及其资产收益、预期收益和需求偏好与农村不同，因而形成城乡不同行为能动力，决定城市经济主体的非农行为与农村经济主体的农业行为不同，同时决定城市产出资产（包括私人资产和公共资产）的不同。城市私人产出资产是非农制造和服务，农村则是农业制造和服务。与此同时，服务非农生产和服务的城乡公共产品（包括基础设施与制度文化）也完全不同。城乡空间上的资产、主体、行为和产出的不同决定着城乡空间的差异。

（五）非农要件及其空间成本决定城市体系的形成

在多个城市聚落和城乡单元形成的过程中，所有城乡单元的城市构成城市体系。一方面，由于需求有多样化动机，企业有差异化动机。另一方面，干中学形成的技术进步及制度变革，决定政府、家庭和企业的预期收益及交互行为能动力，以及与相邻城市的企业、家庭和政府之间的交互行为，从而形成相互联系的城市体系。

当经济主体完成从事贸易、服务与制造等非农活动，不从事农业生产时，城市体系开始形成。

需求升级、资产积累、交互规模经济导致城市体系的形成。起初，各村落独立且生产同质，随后因产品差异化开始局部贸易。随着贸易网络扩展，乡村与城市间形成初级交换，城市逐步升级为四级、三级、二级乃至顶级中心，分别代表地区、全国、洲际及全球交流节点，形成无层级到有层级的结构。每级城市与其周边城市交错互动，市场范围逐级扩大，产业与环节依据各自规模经济、替代弹性、消耗特征及运输成本，在不同层级城市聚集，形成特定的市场辐射范围。这些层级叠加，最终构建了涵盖全球的错综复杂的多层级城市体系，反映了不同产业的集聚与辐射特点。

基于不同空间叠加的城市体系构成了全球城市体系。首先，村落自己生产产品，接受各层级城市的产品。其次，中心镇除了生产当地产品供腹地农村消费、与腹地农产品交换外，承担将上层城市产品销售当地及腹地，以及将当地农产品通过上层城市输往更远的地方的责任。再次，区域城市一方面向区域农村和中心镇提供自己生产的非农产品，另一方面中转上级城市生产或交换来的产品。最后，全球城市向全球提供唯一性产品。由此形成极少数全球联系尺度、四层次、多中心、大规模的都市，少数国家联系尺度、三层次、多中心、大规模的城市，一些区域联系尺度、二层次、单中心的小城市，众多当地联系尺度、一层次、单中心、小规模的小城镇。

由于城市不仅存在层级，而且每个层级产品重要性不同，因此，各种尺度的城市体系，不是层级分明的单中心的体系，而是多中心层级边际变化的体系。从而将导致城市人口规模、土地规模和经济规模形成一个齐普夫分布。当两个城市的不同产业复合范围呈现空间重叠时，意味着城市交互。一个最高层级的城市将承受最大产业的劳动人口以及与之相应的以下各大替代弹性产业的人口、经济和空间，从而产生共享和互享的规模经济体系，以及与此对应的成本体系，集中表现为地租和通勤成本体系，以及相应的运输成本体系。城市引力论决定城市体系的人口、产品和空间联系。

（六）城市空间的均衡决定

在城市起源之后，城乡资产联合决定经济体系中所有政府、家庭和企业等经济主体,根据产业、空间等的预期收益和预期成本,塑造经济主体的生产与消费、创新与学习、竞争与合作的行为能动力,支配经济主体的具体、抽象和空间及其交互选择,并在相互博弈中实现每个经济主体的选择既没有能力也没有动力改变的一般均衡,决定经济要件的农牧及非农部门与城市内部、城乡之间和城市之间的空间均衡分布。

城市内部、城乡之间、城市之间的收益均衡。城内的预期边际收益等于预期边际成本。就微观主体而言,在需求和供给确定的条件下,城内的家庭、企业和政府所拥有的资产决定经济主体的部门及城内空间选择和交互的需求偏好与预期收益,并与它们一起决定经济主体的部门及其区位选择和交互的能动力。这种能动力博弈决定了城内经济主体的空间选择和交互行为,使城内经济要件达到一般均衡分布,实现边际收益与成本的相等。城乡的预期边际收益等于预期边际成本。与上述类似,城乡的家庭、企业和政府所拥有的资产决定经济主体的部门及城乡空间选择和交互的需求偏好与预期收益,并与它们一起决定经济主体的部门及其城乡空间选择和交互的能动力。通过能动力博弈,经济主体在城乡或城市之间的空间选择和交互行为得以实现,并达到一般均衡分布,使边际收益与成本相等。城市之间也是如此,城市的预期边际收益等于预期边际成本。总体而言,无论是城内、城乡之间还是城市之间,所有经济主体的预期边际收益都等于预期边际成本,实现收益均衡。

城市内部、城乡之间、城市之间的力量均衡。单个城市的边际集聚力等于边际排斥力。就微观主体而言,在需求和供给确定的条件下,城内的家庭、企业和政府所拥有的资产决定经济主体的部门及城乡空间选择和交互的需求偏好与预期收益,并与它们一起决定经济主体的部门及其区位选择和交互的能动力。这种能动力博弈主导了城内经济主体的空间选择,形成经济要件的均衡分布,确保边际集聚力与分散力相等。当每个城市集聚空间的集聚力与分散力平衡时,集聚空间便实现均衡。城市间相互吸引力与排斥力相等时,城市区位间也实现均衡。城内经济主体间的相互作用力合力为零,实现力量均衡。城乡之间的边际集聚力等于边际排斥力。与上述类似,城乡的家庭、企业和政府所拥有的资产决定经济主体的部门及城乡空间选择和交互的需求偏好与预期收益,并与它们一起决定经济主体的部门及其城乡空间选择和交互的能动力。这种能动力博弈主导城乡空间选择，形成城乡经济要件的均衡分布，确保边际空间吸引力相等。城乡经济主体间相互作用力合力为零，实现力量均衡。城市之间的边际集聚力等于边际排斥力。就微观主体而言，在需求和供给确定的条件下，城际的家庭、企业和政府所拥有的资产决定经济主体的部门及城乡空间选择和交互的需求偏好与预期收益，并与它们一起决定经济主体的部门及其城际空间选择和交互的能动力。这种能动力博弈决定了城际空间选择，形成城际经济要件的均衡分布，确保边际空间吸引力相等。城际经济主体间相互作用力合力为零，实现力量均衡。

城市内部、城乡之间、城市之间的资产均衡。城内的要素和产品资产的供需均衡。就微观主体而言，在需求和供给确定的条件下，城内的家庭、企业和政府所拥有的资产决定经济主体的部门及城内空间选择和交互的需求偏好与预期收益，并与它们一起决定经济主体的部门及其区位选择和交互的能动力。这种能动力博弈决定了城内经济主体的空间选择和交互行为，实现城内物质、人口、技术、人资和制度等要素及产品的供需均衡。城内各市场（如物品、货币、人力、科技等）的总供给与总需求也达到平衡状态。城乡之间的要素和产品资产的供需均衡。与上述类似，城乡的家庭、企业和政府所拥有的资产决定经济主体的部门及城乡空间选择和交互的需求偏好与预期收益，并与它们一起决定经济主体的部门及其城乡空间选择和交互的能动力。这种能动力博弈支配城乡空间选择和交互行为，确保城乡间物质、人口、技术、人资和制度等要素及产品的供需平衡。城乡间各市场的总供给与总需求也达到平衡。城市之间的要素和产品的供需均衡。城际的家庭、企业和政府所拥有的资产决定经济主体的部门及城乡空间选择和交互的需求偏好与预期收益，并与它们一起决定经济主体的部门及其城际空间选择和交互的能动力。这种能动力博弈主导城际空间选择和交互行为，确保城市之间物质、人口、技术、人资和制度等要素及产品的供需平衡。城际各市场的总供给与总需求同样达到平衡状态。

城市内部、城乡之间、城市之间的一般均衡。就微观主体而言，在需求和供给确定的条件下，家庭、企业和政府所拥有的资产决定经济主体部门空间选择和交互的需求偏好与预期收益，并与它们一起决定经济部门空间选择和交互的能动力。基于能动力的博弈，支配经济主体的城内、城乡及城际空间选择和交互行为，决定经济要件的城内、城乡和城际一般均衡分布，实现城内的边际成本等于边际收益、城际边际收益相等和城乡边际收益相等。每个经济主体城内的边际集聚力等于边际分散力、城际的边际吸引力相等、城乡的边际吸引力相等。每个经济主体的城内、城际和城乡的要素和产品的供需相等。就总量空间而言，所有经济主体在城内、城乡和城际，其边际收益等于预期边际成本、边际集聚吸引力等于边际分散排斥力、要素及产出的供求相等。所有经济主体没有改变城内、城乡和城际空间的能力和动力，包含城内、城乡及城际经济体系处在最优均衡状态。若在市场经济制度下，价格是空间经济一般均衡的中介杠杆和枢纽。通过价格中介机制，不仅经济主体的利益、力量和市场可以实现联动，而且总量、部门结构和城内、城乡、城际空间结构也可以实现均衡调整。价格变动引起预期收益变动，也引起经济主体市场力量的增减，进而影响要素和产品市场供求数量的变动。与此同时，决定了城内、城乡和城际经济部门的均衡调整，以及城内、城乡和城际空间结构的均衡调整。当收益、力量和物品都处在总量、经济部门、城内、城乡及城际空间并同时均衡时，经济处在一般均衡状态，此时的价格也是均衡价格。

三　城市的发展机制

（一）需求升级与资产积累决定城乡要件的发展

需求升级与资产积累，决定城乡资产规模和结构的变化，进而决定城乡政府、家庭和企业经济主体及其行为能力的变化，支配城乡经济主体行为的变化，决定农业和非农部门的规模及结构变化。

需求升级与资产积累决定城乡资产的发展。需求升级与资产积累决定城乡资产规模的发展。城乡经济领域不断融入新物质资产和人口，同时先进的制度文化、人力资本和技术通过干中学、创中创被内生及积累并进入经济循环。科学技术和制度文化等意识物质方面的表现是从辅助人体的工具到替代人体的机械化、电气化与电子化，再到替代人脑的信息化、数字化智能技术。交互技术也从自然物质和意识物质的合一到分离，实现了从车船到高速交通工具、从电话电报到互联网的跨越。制度文化方面，经历了从农业社会的家庭自由市场到工业时代的企业自由市场，再到知识时代个体自由市场的演变。需求升级与资产积累影响非农资产结构的变化，使城乡资产比例逐渐改变。城市经济要件增加，乡村要件减少，乡村的物质和人口逐渐向城市转移。城市物质资产绝对和相对增加，乡村则相对减少。人口资产、技术和人资更多地在城市积累，城乡间差距逐渐扩大。总体上，物质和人口比例减少，人资和技术比例增加。城乡资产发展决定农业和非农主体的发展。城乡资产规模和结构变化决定城乡组织能动力变化及其组织的发展。城乡资产规模和结构的变化与预期及偏好一起，支配组织选择行为，促使城乡公共、生产和消费部门等组织发生变革。从农业时代到工业时代，再到知识时代，经济主体和公共部门的形态不断演变，形成多样化的城乡组织格局。城乡资产规模和结构发展决定城乡组织主体的行为能动力的发展。城乡资产规模的变化，决定经济主体的具体、抽象和关系行为的需求偏好和预期收益，进而决定私人生产、消费部门的行为能动力的种类、结构与大小。在具体行为能动力的数量增长、种类增加和结构推陈出新的同时，抽象行为能动力从重复转向学习再转向创新，关系行为能动力则从竞争转向竞合再到合作。

　　城乡主体能动力变化决定城乡经济行为的发展。相对而言，私人产品生产部门和消费部门是可以移动的，而公共部门主体是不可移动的。公共部门有多重尺度，国家政府负责全国城乡的公共产品供给，地方政府负责地方城乡的公共产品供给，单元城乡有城市政府和农村政府，分别负责部门辖区的公共产品供给，获取辖区的税收。城乡主体的具体行为能动力发展决定城乡具体行为的发展。城乡经济主体专业化发展决定城乡具体行为的专业化变化。例如，城乡私人生产和消费部门、乡村统一的公共部分等裂变出其他相关部门。此外，城乡经济主体具体行为能动力的种类多样化决定具体行为的多样化，促使城乡劳动分工日益细化。城乡主体的抽象行为能动力发展决定抽象行为的发展。城乡经济主体的变化决定抽象行为的变化，从乡村家庭的抽象行为到城乡公共部门的抽象行为。城乡主体能动力变化决定城乡经济主体的主导抽象行为的变化，从重复主导到学习主导再到创新主导。

　　城乡主体的关系行为能动力发展决定关系行为的发展。经济主体之间的关系包括同类经济主体之间和不同经济主体之间的关系。经济主体之间的竞合关系从政府与家庭的关系平行交互和相互交互关系，发展为政府、家庭、企业之间的平行交互和相互交互关系。同类组织及不同经济主体之间的关系行为从同质的完全竞争主导到异质的垄断竞争合作，再到异质的完全垄断合作主导。

资产、主体和行为决定城乡经济部门的发展。需求内生增长和知识报酬递增决定城乡的非农资产规模与结构发展，决定城乡主体及其预期和偏好变化，决定城乡经济主体行为发展及城乡产出。决定城乡资产规模扩大的同时，资产结构中规模经济小、替代弹性高、空间成本高的物质资产越来越少，而规模经济大、替代弹性低、空间成本低的知识资产越来越多。但相对于非农资产而言，乡村资产规模扩大有个先慢后快的变化过程。通过资产、主体、行为的变化决定，农业和非农经济部门从乡村手工农业主导和非农手工服务与制造辅助，到乡村手工种养为主和非农机械制造为辅，到农业手工种养为辅和非农机械制造为主，再到农业机械制造为辅和非农机械制造为主，再到农业知识制造为辅和非农知识制造为主。

（二）城市内部体系的发展：从单中心城市沂化为多中心城市，再到多中心城群和城市带

城市的发展包括老城市的发展和新城市的诞生。需求升级和资产积累及其引起的规模经济和空间成本的变化，决定老城市的发展和新城市的产生。农业时代、工业时代和知识时代的老城发展和新城产生是不同的。

非农规模扩大和结构改变决定城市空间规模和结构的发展。需求内生增长和知识报酬递增决定城市内部的非农资产规模与结构发展。城市内部的非农资产规模和结构发展决定城市经济主体的预期收益、需求偏好与资产负债的发展。城市经济主体的预期收益、需求偏好和资产负债的发展决定城市经济主体空间选择与空间交互能动力的发展。经济主体的城市空间选择和交互行为能动力发展（即集聚力和分散力发展），决定从分散聚集到集中聚集，再到聚中有散（大聚小散、高聚低散），城市要件空间耦合的规模扩大、密度提升和结构重塑。

从中小城市向大城市扩展。中小城市向大城市的扩展是由需求内生增长、资产积累（如机械和马车时代）以及报酬递增导致的城乡经济循

环驱动的。非农活动的规模经济优势导致了非农技术的快速积累，例如机械化，促进了非农生产和交互技术的重大突破。非农剩余产品和资产的增长增强了非农经济主体的能动力，包括对非农制度的需求。在非农制度供求的博弈中，当非农制度的总体供需动力超过总体阻力时，非农制度文化（即企业自由经济制度）得以形成。城市资产规模和结构的变化，以及与之耦合的经济主体需求偏好和预期收益的变化，导致越来越多的乡村经济主体向非农部门和城市空间转移。这种转移由土地和人口等物质资产的外生转移及非农人力资本与技术的内生增长驱动。非农技术的创新，特别是在空间占用和运输方面，持续推动非农规模经济增长；同时增加城市空间的使用密度和通勤距离，降低城市空间的预期占用成本，增强城市经济主体的空间集聚力。随着技术进步、需求升级和制度变革，非农部门规模不断扩大，非农结构持续升级，城市规模由中小向大城市转变。城市空间的不断扩大和重新配置，基于成本收益权衡，导致高盈利性、高可达性要求、低空间占用的经济部门向城市中心集聚，而其他部门分布在周边区域。这种多样化的经济部门类型和同心圆模式的形成，决定了城市规模的持续扩大。

从单中心大城市向多中心都市圈蔓延。在单中心大城市的基础上，需求升级、技术进步和制度变革（如电气和汽车时代）引发了城乡资产结构的变化，促进了城乡体系和城市体系的发展。这些变化增强了非农供需的动力，超过了农业领域，促使农业要素向非农转化，非农要素在城市中内生增长。随之，非农部门规模扩大、非农结构升级，同时空间技术的发展降低了空间占用和通勤成本。其一，农业要素转化和非农要素增长导致非农部门扩展，增强了城市空间扩大的供需动力。其二，随着非农结构的升级，规模经济大、替代弹性高和空间成本低的经济部门增加，空间技术限制下空间占用和通勤成本有限降低，提升了城市空间的集聚力，降低了分散力，引发了城市空间的扩展和结构变化，使城市由单中心同心圆向多中心、多心圈转变。具体表现为，新兴的高规模经济部门集聚于城市中心，而较低规模经济部门形成次中心，最低规模经济部门则迁移到城市的更外围，形成多中心的都市圈结构。这些中心服务本地同时辐射更广区域。中心间的互动和空间联系成本决定了它们的相互位置。随着技术进步和需求升级，非农部门规模持续扩大、非农结构升级，推动都市圈的持续扩张和次中心的增多。

从多中心都市圈向多中心城市群蔓延。在多中心都市圈的基础上，需求升级、技术进步（如信息技术和城际快轨）以及制度变革促进了城乡资产结构的转变，并进一步推动了城乡和城市体系的发展。这一过程中，农业要素向非农转化，非农要素在城市中内生增长，导致非农部门的扩张和结构升级，同时空间技术的提升降低了空间占用和通勤成本。农业要素的非农化和城市内非农要素的增长扩大了非农部门的规模，增强了经济主体对城市空间扩张的推动力。同时，非农结构的升级和空间技术的进步促进了经济主体向都市圈外围甚至新城空间的转移，形成了由乡村空间隔离的城市群。具体来说，随着新兴非农产业的集聚和增长，都市圈内部某些经济主体的集聚力逐渐减弱，促使它们向周边或次级都市圈转移。这一过程不断重复，形成相互隔离但连接紧密的多中心城市群。这些城市群中的城市不仅服务于本中心，还辐射周边地区，形成相互依赖的网络。随着技术进步和需求变化，非农部门持续扩张，城市群的规模增大，城市间的经济部门变得日益多样化，加入城市群的城市数量增多，从而推动了城市群的持续发展和空间结构的变化。

从多中心城市群向多中心城市带蔓延。在多中心城市群的基础上，需求升级和资产积累（包括数字和高轨技术、企业和市场制度改变）导致城乡资产结构变化（包括制度文化变化），继续促进城市体系发展。这一过程中，农业要素向非农转化，促进了乡村城市化和城乡一体化，同时非农部门规模扩大、结构升级、空间技术进步，降低了空间占用和通勤成本。非农要素的增长和向乡村的转移提升了经济主体的空间供需动力，推动了城市空间的一体化和城市群的扩张。非农结构的升级和空间技术（特别是交互技术，如高速、地铁）的发展增强了城市群内的空间集聚力，促进了城市群的同城化和经济带的形成。具体来说，高规模经济部门在都市圈中心集聚，而次级的经济部门则形成新的次中心，或迁移至周边地区，形成多中心都市圈。这些都市圈中，各经济部门根据规模经济、替代弹性和空间占用成本的不同进行空间分布，促进了区域间的互动和相互联系。随着技术进步和需求升级，非农部门的持续扩张和结构升级推动了城市密度和通勤距离的增加，进一步促进了城市群的扩张和同城化进程，形成了互联互通的城市带。这一过程中，城市群不仅服务于本地区域，还辐射更广的区域，推动了区域间经济和文化的交流，加强了城市间的经济联系和空间互动。

城市的集聚力和分散力先慢后快的提升决定了城市先慢后快地从小规模、低密度向大规模、高密度发展。随着技术进步、需求升级和制度变革，城市经济部门经历了从传统制造到高端服务和智能化制造的转型，其规模经济增长和空间成本降低。这一过程中，经济部门的空间需求和预期收益增长加速，推动经济活动从手工制造到数字和智能制造服务的演进。经济主体的空间集聚力增强，促进城市内部的经济多样化和层次化发展。同时，技术在空间占用和通勤方面的进步扩大了城市的密度和面积，加快了城市化进程。这些变化影响了经济主体的空间偏好，促进了城市经济结构的动态增长，体现在人口规模、土地使用和经济部门的快速扩张中。

城市集聚力和分散力提升决定城市形态和结构先缓慢后加速从单中心、单形态向多中心、多形态发展。随着需求升级、技术进步和制度变革，城市体系和城乡一体化发展，城市中心聚集了高规模经济和低替代弹性及低空间成本的经济部门，而规模经济较小、替代弹性和空间成本较高的部门则向城市外围转移。城市密度和扩张受限于空间占用技术和人类的容忍度，导致新兴的高规模经济部门向大城市集聚，形成多中心都市圈。随着城市群的发展，更高规模经济部门向这些都市圈集聚，而规模经济较小的部门向外围转移，形成城市群。这些城市群随技术和制度进步向同城化发展，最终形成多中心的城市带。城市内部、城市及都市圈的规模遵循齐普夫法则分布，展现出城市发展的层次性和空间结构的多样性。

城市吸引力和辐射力提升决定城市先慢后快地从小尺度、少尺度、低层次、少层次向大尺度、多尺度、高层次、多层次发展。随着需求升级、技术进步和制度变革，城乡体系单元的扩展和城市体系层级的增长促进了城市经济的多样化与层次化发展。城市内部，不同规模经济、替代弹性和空间成本的经济资产集聚和内生化，加速了城市经济主体多样化及其空间吸引与辐射能力的层次化发展。这种变化增强了城市经济主体的空间互动尺度和层次，推动城市经济部门向更多尺度和更多层次转变。同时，随着高规模经济资产的增长，城市主导经济主体的空间吸引力和辐射力加速提升，推动城市经济部门从小尺度、低层次向大尺度、高层次发展，表现出城市经济动态发展的层次性和空间多样性。这一过程不仅体现了城市内部结构的转变，也反映了城市与周边地区互动关系的深化。

（三）城乡空间体系的发展：人口与产业城市化分步推进

城乡的发展包括老城乡单元的改变和新城乡单元的诞生。需求升级和资产积累及其引起的规模经济和空间成本的变化，决定了老城乡的改变和城乡单元的产生。农业时代、工业时代和知识时代的老城乡单元变化导致原有城乡关系的改变与新的城乡单元的产生。

城乡经济要件规模扩大和结构改变决定城乡要件耦合的空间规模和结构的发展。需求内生增长和知识报酬递增决定城乡资产规模和结构发展。城乡之间的资产规模和结构发展决定城市经济主体的预期收益、需求偏好和资产负债的发展。城市经济主体的预期收益、需求偏好和资产负债的发展决定经济主体的城乡空间选择行为能动力和城乡空间交互行为能动力发展。经济主体的城乡空间选择行为能动力和城乡空间交互行为能动力发展决定经济主体的城乡之间空间选择和空间交互发展。经济主体的城乡之间空间选择和空间竞合交互发展决定城乡要件空间耦合的空间规模与结构的发展。

从城乡一体一元乡村主导的城乡到城乡二元分割乡村主导的城乡发展。城乡单元形成之后，城乡需求的内生增长与资产积累共同决定了非农产品需求的规模与种类的增加，同时也影响了农业物质和人口的循环增长。农业领域的技术积累和报酬增加促进了农业剩余和劳动力的增加，这反过来又影响了非农劳动力的潜在供给。同时，在非农领域，生产过程中技术的积累和报酬的增加促进了非农规模经济的发展。然而，由于资产增长缓慢，非农需求和预期收益受到限制。这影响了非农制度的供需平衡，使家庭经营和政府强制制度得以长期存在。在这一过程中，经济主体的竞争和选择决定了资源从农业向非农业的转移，以及城乡之间人口和资产的流动，持续引致非农主体、行为和产业缓慢增长。多数非农行为能动力较低，而非农行为能动力相对较高的农业经济主体继续从事选择在农业部门和农村空间。

从城乡二元分割乡村主导的城乡到城乡二元分割的城乡发展。需求内生增长、资产积累和报酬递增推动城乡经济循环，促进资产结构和物质、人口规模的扩大。非农经济因规模经济和技术突破（如机械化）而快速发展。非农剩余和资产增长增强非农主体的能动力，使非农制度文化在供需博弈中形成。城乡经济主体的需求偏好和预期收益随资产结构变化而变化，导致越来越多乡村主体转向非农部门，促进土地和人口向城市转移，促使非农人资和技术内生增长。同时，农业资产积累提高效率，影响劳动力需求和产出，农业劳动人口相对减少，而村落空间单元扩大。城乡之间在资产、主体、行为和产业上的差异持续扩大。

从城乡二元分割的城乡到城乡一体、城乡融合、城市主导的城乡发展。需求增长和资产积累推动城市经济发展，扩大非农部门，导致农业劳动力短缺，触发刘易斯第一拐点，使农业劳动力成本上升，促进农业生产率提升。非农技术的快速积累向农业扩散，进一步提高农业效率。农业成本上升与效率提高减少了农业与非农部门在需求偏好、预期收益和资产负债方面的差异，促进城乡经济行为趋同。当城乡经济要素和活动完全一致时，达到刘易斯第二拐点，城乡产业和空间差异消除，实现城乡融合。

城乡聚散力和城乡吸排力提升决定城乡单元规模从小城乡向大城乡的发展。随着需求升级和资产积累及其引致的城乡规模经济增长与替代弹性及空间成本下降，城乡集聚力不断增长，分散力不断下降，吸引力增长，排斥力下降。这决定了村落集聚和城市聚落集聚规模从缓慢到快速扩大，村落单元和城乡单元规模从缓慢到快速扩大。

城乡聚散力与城乡吸排力提升决定城市经济要件包括空间的比例发展。随着需求升级和资产积累，非农部门的规模经济和资产弹性导致其空间成本变化明显超过农业部门，推动非农需求和供给从缓慢到快速增长。这一变化不仅体现在非农产品供给的加速上，也反映在城市空间的扩张和非农要素需求的增长上。相对地，在农业部门，规模经济和资产弹性较低，导致其需求和供给增长速度不如非农部门。这种差异促进了从农村到城市的要素流动，加速了城市化进程。同时，农业部门和农村的非农化也随着资产积累和需求升级而加速，表现为农村接纳更多城市要素和非农产业的兴起。这一过程中，城市和农村的互动加强，推动了整体经济结构的转型。

城乡吸引力和城乡辐射力变化决定城乡空间差异从扩大转向缩小的发展。城乡发展是动态变化的,城市的先发优势和乡村的后发劣势使两者的差异经历从稳定到快速分化的转变。非农需求的增长促进了城市生产和空间供给能力的提升,同时也推动了经济制度从传统向市场导向的转变,加速了人口和土地资源向城市集中。这一过程中,城市和非农部门经历了快速的增长,而农业与乡村空间则因需求、资产和制度因素而缓慢发展。随着非农部门的扩大和城市化的深入,乡村的要素和产出资产逐渐城市化,城乡经济主体和行为趋于一致,促进了乡村空间的非农化和经济主体的市民化。这反映了城乡之间在经历了长期的差异化后,开始向相互融合和趋同转变。

城乡要素供需交互能动力提升决定城乡要素资产城乡空间将从单向到双向交互。随着需求升级和资产积累,城乡供求关系趋于复杂,产品和要素在城乡间双向流动。消费者对农业和非农产品的偏好及预期收益影响产品供需,同时,人口和土地的偏好及预期收益推动农业人口与土地资源向城市转移。进一步的需求升级和资产增长促进城乡更深层次的互动,人力、技术要素的偏好和预期收益影响城乡间的人力和技术资源流动,城市的人资、技术和制度也逐渐向农村扩散。

(四) 城市外部体系的发展:城市体系是多中心、多层嵌套的

需求升级和资产积累及其引起的规模经济与空间成本的变化,决定了老城市体系的改变和新城市体系的产生。

随着需求提升和技术快速进步(尤其是交互技术的发展),那些规模经济效益显著、替代弹性小、空间密度高、运输距离长但空间成本低的非高端农业部门比重逐渐增大。这一变化影响了城市经济主体的空间决策和交互方式,使他们更倾向于生产消费规模经济高、替代弹性低和空间成本低的产品。因此,城市经济辐射范围扩大,城市间经济联系增多,更多城市从小规模生产消费向大规模、从地方性向全国乃至全球性转变。同时,高端经济部门逐渐集中在高级别城市,低端部门则扩散至低级别城市,导致部分中小城市成长为大城市,小城镇升级为中小城市,甚至村庄演变为大中城市。

城市体系经历了从小城市、地方主导模式向大城市、区域主导模式的转变,随着需求升级、技术革新、制度变化和非农交互经济的发展,

非农部门的数量和种类增加，重化工等部门取代轻工业成为主导，远程交通技术机械化，促使经济主体的空间选择和交互发生变化。在这个过程中，农业经济主体从乡村转移到城市，农业生产资源转化为非农生产资源，乡村变城市，城市规模扩大。此外，高端经济部门向高级别城市聚集，低端经济部门向低级别城市扩散，原有的城市体系随之调整，形成了多层次、大中小城市相互联系的格局。

进一步的需求升级和技术进步促使城市体系由大城市、区域化主导转为都市圈、国家化主导，最终迈向都市圈主导体系，形成多个层次、不同尺度的城市集群。城乡一体化进程加速，城市关系由外部联系向内部联系深化，最终演变至城市带、全球化主导的体系。在这个过程中，城市体系逐步从以多中心都市圈为主导转变为以多中心城市群为主导，最高级别的城市带在全球范围内发挥主导作用，依次向下涵盖洲际城市群、国家级都市圈、区域级大城市和地方中小城市，形成一个多元互补的城市体系结构。

城市规模经济与空间成本变化决定城市体系结构和规模的发展。不同产业及环节及其集聚力和辐射力的变化导致更多层级的经济部门在不同空间范围的城市间交往。需求升级、技术进步和制度变革促使非农经济部门从低层级规模经济向高层级、低替代弹性、低成本转变，这导致城市间不同层级经济部门的交往增多。随着空间成本普遍降低，经济主体的空间交互需求和预期收益发生变化，空间集聚力和辐射力层级增加，城市间联系网叠加，交互频繁，产业资产和行为分工不断扩大。这一系列变化促使城市规模体系从中小城市逐层发展为大城市、都市圈、城市群和城市带。需求和技术变革带动非农部门增多，规模经济提高、替代弹性降低和空间成本减少，促使经济主体更倾向于集聚，城市人口也随之增长。同时，各产业及环节的辐射合作力加强，城市间的联系从地方扩展至区域、国家、洲际乃至全球，主导部门朝着更高规模经济、更低替代弹性、更低空间成本的方向衍化。城市经济主体要素集聚和产品辐射空间不断扩大，同一产业在不同城市间的产品辐射空间相互重叠，推动高端产业在更广泛的地域出现。此外，相同产业及环节间的排斥和竞争加剧，导致城市间空间距离动态拉大。需求和技术进步改变同类经济主体的空间交互需求与预期收益，使其空间排斥力和竞争力发生变化。

同类产品的生产集聚规模和市场覆盖面扩大，导致拓扑网络中相邻城市间实际距离变远。

（五）城市内外一体的发展

需求升级、技术进步及制度变革导致城乡资产结构发生变化。人力资本与技术加速相互转化和循环积累使意识物质（即知识）加速上升，从而改变需求偏好和预期收益及其供需能动力，支配供需行为结构的变化，导致人资和技术从辅助变成主体资产，自然物质和人口从主体转变为辅助资产，知识资产成为城乡资产结构的主体。

资产结构的变化决定个体及能动力的发展。资产结构调整影响个体及其经济行为的发展。知识资产的重要性增加，加上技术进步和制度变革，降低了交易成本，个体经济行为的预期收益增加，个体能动力超越组织能动力，促使经济主体从传统的企业、家庭和政府组织转向自主的经济个体。这些经济个体既是产品和服务的消费者，也是生产者，其拥有的知识资产决定了他们的供需行为，包括具体的生产消费行为、抽象的创新和学习行为，以及关系行为中的竞合现象。

经济个体及能动力支配经济行为的发展。经济个体及其内在动力驱动着经济行为的发展。经济自由人在消费和生产活动中展现活力，他们既消费多样化的商品与服务（包括流动与非流动产品），又从事不同产品的生产和细分环节的供给。在具体行为上，每个人都参与特定的生产和多样化的消费行为；在抽象行为层面，大家专注于生产、交换、分配和消费领域的创新，并同时进行学习和重复实践；在关系行为上，个体间相互提供公共或私人产品和服务，彼此间展开供给竞争、需求竞争以及供需协调。

随着个体创新引领下的全球供需竞争加剧，不可替代的产品、服务及环节的数量和种类持续增长。当越来越多的经济主体通过专业知识生产获取的收益超出成本时，对专业知识的需求偏好和预期收益形成的驱动力超越其他需求，社会逐渐形成以知识经济为核心的经济结构。这种结构以科技和人力资本为基本要素，以脑力劳动为主导，以教育和研发为核心部门。在经济完全分工的情况下，所有资产的交互成本趋于零，资产替代弹性亦趋近于零，全球的经济主体能够在一定程度上共享或相互利用他人无法替代的资产。

规模经济与空间成本决定城市内外一体的空间发展。在城市演进为全球城市网络的过程中，需求升级、技术进步及制度变革使经济个体的交互成本大幅降低（特别是空间占用和运输成本接近于零），从而促使经济主体在全球范围内实现大规模集聚，并形成强大的空间集聚力和吸引力。城市不再局限于垂直层级结构，而是趋于扁平化，每个城市都有可能成为全球服务中心，直接或间接服务于全球客户。随着全球化发展，越来越多的产品将实现全球生产和消费布局。理论上，全球城市带通过超高速交通和信息技术联结成一个整体网络，资产在全球范围内高效流动并与不可移动资产紧密结合，人类聚落逐渐形成大规模流动的集聚形态。城市、城乡体系逐渐走向一体化，城市单元全球化，规模经济大、替代弹性低和空间成本低的个体及知识部门占据主导地位。城市体系趋向"一城化"，多个城市通过空间一体化形成庞大的城市网络，外部体系转为内部体系，城乡界限逐渐模糊，最终全球城市网络连接成一个"全球城市"。

规模经济与空间成本决定城市内外一体的规模和结构。全球经济资产根据移动性分为可动资产和不动资产，尽管技术进步使许多资产变得更易于移动，但仍有一部分资产不易移动或运输成本极高。这些资产的空间分布和占用、运输成本影响经济主体的空间选择和交互行为，进而决定了全球城市的空间集聚与分散趋势以及整体规模。全球移动资产和不动资产的结构不仅决定了全球城市的规模，还影响了经济个体在不同空间层面的需求偏好和预期收益，决定了其空间集聚力，进而决定了经济部门的空间分布，形成了全球城市内部资产、主体、行为和部门的空间布局。随着社会发展，全球经济个体的交互空间尺度不断拓展至全球范围，每个经济个体都需要全球其他个体提供的产品，并向全球供应产品和服务，最终形成全球唯一层级的交互网络，即城市内部的交互关系覆盖全球。

（六）城市空间动态的均衡

在城内、城乡和城际发展过程中，需求升级、技术进步及制度变革联合决定，经济主体基于产业、空间等选择及交互的跨期预期收益和预期成本权衡，及其所形成的生产与消费、创新与学习、竞争与合作的行为能动力的博弈，达到每个经济主体的跨期选择和交互既没有能力也没有动力改变的动态一般均衡，决定经济要件由慢到快增长，以及在农牧和非农部门与城市内部、城乡之间和城市之间的分布由慢到快的动态均衡变化。

城内、城乡及城际的预期收益均衡增长。从微观主体角度看，在城内、城乡和城际的发展过程中，需求升级、技术进步及制度变革叠加影响经济个体的组织偏好和预期收益，进而决定组织的向心力和离心力。这些力量的博弈决定了政府、家庭、企业和个体等经济组织的变化，也影响了经济主体在各部门空间内的聚散等行为，最终决定了城内、城乡及城际要素的供需均衡。当各部门空间的边际收益与预期边际成本相等时，各经济主体的预期收益达到动态均衡状态。从宏观总体上看，上述向心力和离心力变化，决定了所有经济主体及需求偏好和预期收益的变化，进而决定聚散、吸排行为力的变化，最终决定城内、城乡和城际要素及产出资产的供需均衡。当所有经济主体跨期加总的经济部门空间边际收益等于边际成本，且任何变动都无法增加收益时，城内、城乡及城际的预期收益达到动态一般均衡的最优状态。

城内、城乡和城际的力量均衡增长。微观上，城内、城乡和城际发展过程中的需求升级、技术进步和制度变革影响经济个体的组织偏好与预期收益。这些因素综合决定组织向心力和离心力的变化，进而决定经济主体的变化，以及它们在不同部门空间内的聚散和吸排行为，最终影响成本和要素的供需均衡。当每个经济主体跨期的城内部门空间的边际聚散力相等、城乡部门空间的边际吸引力始终相等和城际部门空间边际吸引力始终相等时，各个经济主体的城内、城乡及城际在力量上处于动态均衡状态。宏观上，上述相同的因素也决定组织向心力和离心力的变化，进而导致经济主体及偏好和预期收益的变化，决定所有经济主体基于城内、城乡和城际部门聚散、吸排行为力的变化，最终决定城内、城乡及城际要素及产出资产的供需均衡。当所有经济主体跨期加总的城内的边际集聚力始终等于边际分散力、城乡部门空间的边际吸引力始终相等和城际部门空间的边际吸引力始终相等时，城内、城乡及城际经济的力量始终处在动态一般均衡的最优状态。

城内、城乡和城际的资产均衡增长。微观上，城内、城乡和城际的发展中，需求升级、技术进步和制度变革共同影响经济个体的组织偏好和预期收益，进而改变组织的向心力和离心力。这些力量的相互作用决定了政府、家庭、企业和个体等经济组织的变化，以及它们在各部门空间内的聚散和吸排行为，最终影响成本和要素的供需均衡。当各经济主体在各部门空间的资产相等时，它们在市场上呈现动态均衡状态。宏观上，同样的因素也影响所有经济组织的向心力和离心力，决定经济组织的变化及其在各部门的聚散和吸排行为，最终影响要素的供需均衡。当所有经济主体在各部门空间的资产供求相等时，城内、城乡及城际的市场达到动态一般均衡的最优状态。

城内、城乡和城际的一般均衡增长。就微观主体而言，在城内、城乡和城际发展过程中，需求升级、技术进步和制度变革决定经济个体的组织偏好与预期收益，进而影响组织的向心力和离心力。这些力量的博弈决定了各类经济组织的变化及其聚散、吸排行为，最终影响要素的供需均衡。当各经济主体在各部门空间的预期收益与成本相等时，经济处于动态一般均衡状态。就宏观总体而言，在城内、城乡和城际发展过程中，同样的因素也影响所有经济组织的向心力和离心力，决定经济组织的变化及其聚散、吸排行为，最终影响要素的供需均衡。当所有经济主体在各部门空间的边际收益与成本相等时，城内、城乡及城际经济处于动态一般均衡状态。若在市场经济制度下，价格是空间经济一般均衡的中介杠杆和枢纽，那么通过价格中介机制，不仅经济主体的利益、力量和市场可以实现联动均衡增长，而且总量、部门结构和城内、城乡、城际空间结构也可以实现均衡增长。当产品市场出现不均衡增长时，价格变动影响供求调整实现均衡增长。价格变动同时影响边际收益和边际成本变动，以及边际能动力和边际能阻力变动，从而影响两者均衡增长变动，反过来又影响要素和产品市场供求数量的增长。与此同时，这决定了城内、城乡和城际经济部门的均衡调整与城内、城乡和城际空间结构的均衡调整。当收益、力量和物品都处在城内、城乡及城际空间，同时均衡增长时，经济处在动态一般均衡状态，此时的价格也是动态均衡价格。

第二章

数字时代的全球城市发展[*]

第一节 全球城市发展：新型全球城市

正如前文所述，城市经济空间是经济资产、经济主体、经济行为和经济部门的存在形式与运动载体，即是资产、主体、行为及产业等经济发展的各种要件的空间存在和耦合状态。数字化阶段城市发展呈现出产业数字化重构、治理方式转型、区域协同发展的突出特征。从三大主体来看，这些变化的根本原因在于，政府推动数字基础设施建设，利用大数据等技术实现政务服务智能化，提高工作效率，增加与公众的互动；企业实现数字化转型，电子商务、共享经济等新业态蓬勃发展；居民通过网络实现线上消费、社交、娱乐，生活和工作方式发生翻天覆地的变化。从生产与消费、学习与创新、竞争与合作三重交互来看，电子商务等业态催生的生产与消费变革、线上与线下深度融合的新模式，以及互联网信息爆炸式增长带来的学习与创新加速，都是这些变化的重要原因。同时，在数字化浪潮下，企业间竞争日趋激烈，也加强了跨界合作。从五种要素来看，数字技术与产业深度融合引领经济发展，数字人才成为必不可少的关键资源，新技术革新不断涌现，政府也推出了更多支持数字经济的政策法规，等等。这些要素的变化是形成数字化阶段特征的关键支撑。从时间、空间与部门三大耦合来看，数字技术与传统产业的融合催生了种种新业态，推动产业升级；不同区域之间也在数字基础设施建设等方面加强了合作，缩小了差距；各要素流动和配置的速度都有了

[*] 李博（天津理工大学管理学院）、马洪福（天津财经大学经济学院）对本章亦有贡献。

质的提高，助力城市快速迭代。正是这三大耦合效应的综合作用，形成了数字化时代城市发展的新特征。

一　人力资本逐渐替代人口资源，城市分化加剧

人口规模变化决定于人口规模边际增长的收益与边际增长的成本。城市人口的规模和素质由家庭最大效用决策决定。同时由于收入及偏好不同，不同家庭人力资本投资是不同的，从而决定集聚人口的人力资本及其结构整体提升的同时也在不断地变化。

数字化时代，全球人口增速逐放缓，2010—2021 年，全球人口的年均增长率为 1.07%，较上一个十年（2000—2010 年）的 1.24% 有所降低。人口增速的放缓源于人口资源作用的下降。随着产出和消费结构中物质产品占比的降低，作为普通劳动力的人口资源对产出的作用越来越小。这导致家庭从新增人口中获得的收益越来越小，故而开始逐步减缓人口生产。与此同时，随着产出和消费结构中知识产品占比的持续提升，知识对产出的作用逐步增加，故而家庭更加关注对于人力资本的培育，从而使全球成人识字率持续上升（见图 2-1）。

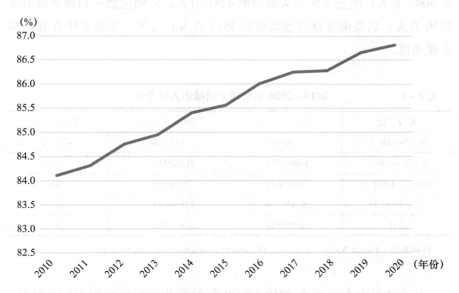

图 2-1　全球成人识字率（占 15 岁以上人口的百分比）

资料来源：世界银行。

从时空维度看，全球城市人口规模增长率呈现大城市高于小城市的特征。根据联合国数据中较为完整的 1248 个代表性城市人口数据，2010—2020 年，人口规模在 50 万—100 万的城市整体缩减了 25.58%，人口规模在 100 万—500 万的城市缩减了 1.4%，而 500 万以上人口规模的城市扩张了 9.01%，特别是 1000 万以上人口规模的城市扩张了 19.75%。大城市和城市群区域，由于有最优质的公共产品、最便利的国际联系、最具竞争力的企业和就业市场，是吸纳和承载高端人力资本的主要空间。人才在大城市和城市群的集聚带来了知识经济的规模效应，从而进一步形成了对人口的吸引，导致在全球人口增速放缓的同时，人口依然在向大都市区和城市群流动。

这其中，城市群作为城市化进入中后期的重要的空间形态，既是经济密度较高的城市集聚区，也是人口集聚区，虹吸效应持续。全球人口规模较大的城市群有北美地区的美国东北地区城市群 4776 万人、美国中西部城市群 3334 万人、墨西哥城市群 2769 万人、南加利福尼亚州 2914 万人；东亚地区的中国长三角城市群 6493 万人、珠三角城市群 4983 万人、京津冀城市群 3892 万人，印度孟买城市群 2776 万人，韩国首尔城市群 3092 万人；南美圣保罗大都市圈 4241 万人；欧洲伦敦—利物浦城市带 2346 万人；以及南亚雅加达城市群 4537 万人；等等。主要集中在北美和东亚地区。

表 2 – 1　　　　　　　　2010—2020 年全球分组城市人口变化

人口变化	2020 年人口	2010 年人口	变化（%）
50 万—100 万	2467435	3315360	– 25.58
100 万—500 万	208663358	211629009	– 1.40
500 万—1000 万	87177677	79969983	9.01
大于 1000 万	267657404	223504600	19.75
总计	565965874	518418952	9.17

资料来源：United Nations Statistics, Division Demographic Yearbook System。

从全球城市人口密度 2010—2020 年的变化，可以观察出四个特征：扩张的南亚与非洲；不平衡的东亚；收缩的东欧；分化的美洲。在全球尺度上看，非洲、南亚人口增长较快，特别是印度以及东非、西非部分国家，而东欧（包括部分西欧）普遍处于收缩状态。中国人口在向沿海地区和中西部重点城市继续流动集聚的同时，广大的内陆腹地出现了大范围的收缩。日本呈现东京单极化的演变。东南亚（特别是菲律宾和印度尼西亚）人口持续扩张。美洲整体呈现分化，收缩与扩张并存。

二　数字化带来了业态重塑、治理转型与中小城市的发展机遇

（一）数字化驱动城市经济业态和流程重塑

在信息化时代，人们的活动在物理世界进行并借助信息技术提高效率。信息化是为物理世界活动服务的。而在数字化时代，人们通过构建数字世界映射出物理世界。活动是在数字世界进行的，物理世界的物是为数字世界服务的。数字化意味着"数字业务化"，是把信息化过程中长期积累下来的各类数据不断融入企业的经营管理中，通过数据发现问题、商机，使用数据优化业务组合，其核心和本质是运用大数据、云计算等数字技术，实现企业的业务创新，其重点关注的是"数据驱动业务"。在信息化阶段，技术还是业务的支撑和协作工具。而数字化转型的本质，是利用技术使业务产生创新变化，将技术与业务融为一体。所以，从技术与业务的协作关系上说，在数字化阶段，技术对业务起到引领、共创的作用（见图2－2）。

从信息化到数字化转型是信息技术与产品、业务深度融合的结果。在信息化阶段，信息技术与生产业务还是相对独立的两套体系，信息技术对生产业务起着提升效率的作用。而数字化转型带来的技术与产品、业务的深度融合贯穿整个业务流程，并催生出新的商业模式以及业务架构体系。数字化的重点在"数字"（即数据价值挖掘和业务赋能及创新）上。

（二）数字化带动城市发展和城市治理转型

与信息化阶段侧重于关注物质世界与虚拟世界的具体融合不同，数字化强调数据的应用、流程的优化、目标效率的提升。全球城市人口多、流量大、功能密，具有复杂巨系统的特征，城市建设、发展、运行、治理各方面情形交织、错综复杂。数字化方法的流程思维、数据思维、抽象思维能有效应对全球城市的上述特征，有效发挥数字化对于全球城市发展的先导作用、支撑作用、驱动作用，因此数字化是提升全球城市核

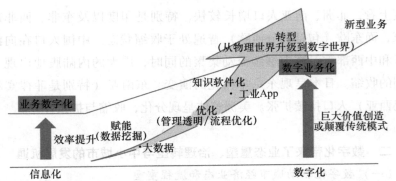

图 2-2　信息化与数字化

资料来源:大数据 DT。

心竞争力和治理能力现代化水平的关键之举。

　　城市政府通过构建数据驱动的政务新机制、新平台、新渠道,可以优化调整政府内部组织架构、运作程序和管理服务,全面提升政府的履职能力,可让政府运行摆脱手工操作,提高办事效率,降低行政成本;数据跨层级、跨部门更高效流转,促进政府实现整体协同;政府与市民之间信息通畅,促进政府开放。在建设"数字政府"、实现"数据治理"的过程中,逐步实现物理空间的数字化、政务数据的集合化、城市功能的整体化。

　　(三) 数字化带来中小城市发展的机遇

　　全球的城市化均呈现类似特征,即大城市产业、人口高度集聚,发展迅速;多数中小城市人口外流、人口老龄化加剧、产业相对传统,发展速度和竞争力落后于大型城市。而数字化正在成为产业升级和重构的重要驱动力,也成为可以帮助中小城市的传统产业突破时间、空间限制,融入全国乃至全球市场、扩大交易规模和覆盖面、降低营销和交易成本、提高特色产品的品牌影响力的关键。例如,在中国山东的莘县,当地农户已可以通过电商直播向全国销售自己种植的蔬菜;同在山东的曹县则借助互联网营销平台,占有了全国 1/3 的汉服市场。通过数字化改造,中小城市可以创建适合中小企业落户和特色产业发展的营商环境；通过经济和社会方面的数字化转型，能够提供更加高效和高品质的公共服务、生活环境，从而更好地满足人们的生活和工作需求，对抗大城市对人才的虹吸效应，良性地促进城市的经济和社会发展。

三　非物质生产创新了劳动关系，积累了社会公共财富，激化了资本主义体制矛盾

在数字化时代，人们不再像过去一样依赖于资本来规划、组织他们之间的合作，其自身直接就能够为生产过程的顺利开展进行交流与沟通。非物质劳动①尤其体现了这种内在合作性。基于这一特征变化，非物质劳动下的生产合作已经变得外在于资本。然而，资本由于制度的保护和惯性，并没有因自身在劳动合作关系构建中的缺席，而放弃对剩余价值的分配。由此，即便数字化创造了新的劳动关系，资本也未能为新型劳动过程提供纽带，但它依然居于支配合作成果的地位。

此外，随着新型劳动关系的形成，非物质生产促进了经济生产与社会生产、政治生活与社会生活的高度融合。劳动可以体现为提出一种想法、创造一种关系。这种劳动不再仅限于工厂或办公室，也不再仅限于上班的八小时，劳动时间与非劳动时间、劳动空间与非劳动空间的界限趋于模糊。同时，资本为了对新型劳动进行有效剥削和高效控制，必须调整自己的策略，凭借生命政治权力对劳动进行全时空的监控与渗透。此时，受资本盘剥的主体不再仅限于直接和具体的劳动者，而是扩及所有屈从于资本主义生产框架的人。

与传统的具有鲜明排他性的劳动产品相比，非物质性产品在很大程度上已不再具有排他性和专享性。这些呈现为公共知识、网络公开信息、情感互动、交流合作等可以由社会公众共享之物的不断累积，导致了社

---

①　非物质劳动（immaterial labor）是由意大利学者毛里齐奥·拉扎拉托（Maurizio Lazzarato）率先提出并使用的一个概念，意指一种"生产商品信息和文化内容的劳动"。哈特（Michael Hardt）和奈格里（Antonio Negri）又将其界定为"提供特定服务、生产文化产品或知识、发起信息交流等非物质商品的劳动"，并划分出三种不同类型：一是融会在物质生产过程中的智能化和信息化活动，二是生产具有创造性和象征性功能的符号和文化产品（包括生产思想、规范、语言、形象等）的非物质劳动，三是涉及情感的生产和控制的情感经济或服务业。

会公共财富（尤其是精神财富）的持续增长，进而导致资本主义越来越难以对剩余价值进行榨取。然而，资本没有因劳动价值难以被盘剥而放弃对其吸榨的努力；相反，随着合作性劳动所创造的价值在网络流通中的扩散与转移，资本对劳动价值的盘剥也愈趋普遍化，而大众对其所进行的反抗也随着剥削的普及而普遍化，导致了数字化时代劳动合作的内在性和劳动价值的公共性的增强，与资本主义私有制的矛盾越发尖锐。

四　非物质生产日趋成为全球城市经济的核心

资本主义社会的后现代转向，伴随着生产分工在世界范围内的变革与重组，非物质生产在发达的全球城市的经济发展中日趋成为核心。相应地，传统的物质劳动逐渐被非物质化劳动统领，并越来越受制于信息、智能、技术、交往等非物质因素；而非物质生产对于物质劳动的大规模取代引发了经济领域的深刻变革。

第一是转化了其他劳动形式。在数字化时代，计算机成为人们必不可少的使用工具，各种具体的劳动都迁移到计算机上。具体劳动的异质性被大大降低。尤其是非物质生产部门对新型通信及信息技术的广泛运用，使信息、知识、沟通、情感等要素被越来越多地引入生产过程，对劳动过程、劳动关系以及延伸的社会实践和社会关系进行了改造，并影响了人们的思维方式，使人们日益像计算机一样思考。

第二是改变了劳动分工状况。一方面，模糊了体脑分工的界限。从事非物质生产的劳动者在运用新信息技术的过程中，已不再像传统意义上的体力劳动者那样付出繁重的体力，而是像脑力劳动者那样付出一定的脑力（例如美术设计师、游戏工程师等），使体脑劳动之间不再明确可分。另一方面，改变了全球范围内的劳动分工。虽然非物质生产在生产过程中表现出鲜明的去地域化特性，但从全球范围来看，由于非物质生产在不同区域经济中所占比例并不相同，生产形式在不同地区的分布依然是不均衡的。具有较高利润和附加值的非物质性生产形式依然大多集中在经济强势地区（例如大城市、全球城市），较低端的部门则分布在经济从属地区（例如小城市、普通城市）。

第三是一定程度上消解了信息垄断。在数字化时代，每个人都是信息生产者，同时也是信息消费者，从而使信息生产者与消费者之间的传统界限消弭，一定程度上消解了信息的垄断。但在资本主义私有制的背景下，资本依然维持着对信息平台的控制，并借由私有产权框架对专利、版权等保持私有。信息垄断依然存在。

五　城市规模大型化、形态虚拟化、功能复合化

（一）知识产品和非物质生产的规模经济特征引发城市大型化

其一，大城市数量快速增加。20世纪以来，城市人口快速增加，城市化水平快速上升。1900年世界城市人口只有2亿人，占世界总人口数量的1/8。到2009年城市人口数量超过农村。2018年城市人口为42亿人，占世界总人口数量的55%。预计到2050年，城市人口占比将达到近70%。在世界城市化进程中，大城市数量和人口规模不断增加是极其显著的特征。从大城市人口规模来看，世界上人口在500万—1000万人的大城市从1950年的7个增长到2018年的21个，增加了14个；人口1000万人以上的大城市从1950年的1个增长到2018年的30个，增加了29个。人口增长最为迅猛的时期为1994—2018年，大多数500万人以上的大城市的人口数量都将近翻了一番。

其二，大城市人口规模不断增加的同时，城市空间也在加速扩大。核心大城市和周边城市与区域的联系更加紧密，往往超越城市行政区域范围，与周边城市及区域共同形成了都市圈或都市带。然而，人口和空间的增速并不同步，大城市房价的极化成为一个突出的现象。这种现象的产生原因主要在于对大城市空间争夺的白热化，而空间争夺的白热化源于生产和消费中，知识产品和非物质生产占比的上升。知识产品生产在大城市具有极强的规模经济。交互规模经济是指两个以上不同物品的组合能够获得更大的产出或效用，而知识产品的生产具有鲜明的交互规模经济，即体现为通过交互行为，不但有利于现有知识的低成本复制与扩散，也有利于新知识的创造与产生。具体来说，知识的传播是一种公用共享，知识的搜寻是一种匹配分享，知识的专业化是一种分工互享，不同知识的偶发性、无目的交流会带来多样多享。交互不仅获得规模经济，而且会产生交互成本，包括交易成本和交互空间成本。对于大城市来说，地理位置的邻近和便捷的基础设施，降低了空间运输成本；公平、规范、有序的交易环境降低了外部交换成本；遵守契约的精神与相似的

文化，降低了内部协调成本。但是，人口和经济活动的聚集使空间占用成本（通常指租金成本）不断提高。在收益与成本的权衡之下，大城市的边际空间成本越发由最高效的交互边际收益决定，从而导致全球大城市普遍性的空间争夺的白热化与房价的极化。

（二）生产、消费方面的复合功能空间越发多见

从生产环节来看，数字化阶段的产品生产呈现三个特征：第一，服务化转向，使经济生产的核心由产品生产转向服务价值的创造；第二，数字化转型，即采用数字化和信息化技术实现生产过程的智能化与数据化；第三，非物质生产兴起，即生产和生活服务等业态在大城市集聚并越发成为生产的主要形式。

从消费环节来看，新型消费模式需要新型消费空间。信息网络和新型供应链塑造出新型消费模式，体现为具有非同步性的线上导流线下消费型（理发店、美甲店），以及具有非集中性的线上导流物流配送型（外卖与中央厨房）。与此同时，新型消费模式造成了消费群体与在场性消费空间的分离，既保留了传统的显性消费空间，例如常见的临街商铺，又产生了隐形消费空间①，即不位于街边或商场，而是隐形于高层建筑中可见性、可达性较差的消费空间。隐形消费空间是互联网技术与传统产业相结合的产物，其空间特征是，服务/产品本身对外部环境要求不高，但需要交通便利、邻近客户市场。其主要空间分布于居民楼、写字楼、商住公寓、老旧小区等。

生产和消费的新变化，引致了城市空间功能的复合化。城市空间功能的复合化呼唤城市土地管理从类型管理走向功能管理。既有城市规划体系是以二维平面作为基础，以用地类型及单一定量控制指标作为城市空间营建的依据。而在新生产、新消费的推动下，用地空间复合、功能混合、边界模糊已成为共性特征，旧有的规划管理体系已不能对其进行有效的指导。新的城市空间特征也要求规划逻辑，从领地空间"刚性规划"到关系空间"柔性规划"。当前大城市的空间分布从由土地、资本驱动到技术、创新驱动，空间的形态布局基本定型，但其所承载的功能在持续更迭、置换，如何以政策创新重塑空间价值，是未来规划的核心关

---

① 隐形消费空间的概念来源于华中科技大学刘合林教授 2023 年 5 月公开演讲材料。

注点。城市空间将由地理空间转换到"地理＋网络"空间，把握城市空间的显隐互动逻辑，关注网络空间与物理空间的互动衍化趋势，做好规划政策精准响应。城市空间规划是调配城市空间供给的重要手段，其规划逻辑应该从基于"空间资源分区"的刚性规划，走向基于"产权关系"与"价值关系"的制度创新和政策创新。

总之，产业演进更迭是城市空间衍化的核心动力。城市空间衍化过程是空间供给与社会经济活动不断适配的双向过程。在城市空间需求端，技术进步正重塑城市经济活动的逻辑；在城市空间供给端，处于城镇化的下半程的头部城市，空间供给将主要来自更新改造和功能置换。更新改造是旧空间不适应新经济业态条件下的必要形式；功能置换是旧空间自适应经济新业态的功能再生。

深圳：制度创新驱动数字化转型，推动科技和产业数字化

综合成就：以数字化转型推动经济高质量发展。在数字化转型战略驱动下，深圳大幅压缩了城市发展和产业升级的时间，数字经济成为引领经济高质量发展的新引擎。2021年，深圳数字经济核心产业营收占GDP的比重超过50%，新增了93家独角兽企业，科技和产业数字化能力显著提升。经过多次数字化驱动的产业升级，深圳如今已然成为全球影响力巨大的科技和创新之城。

总结：制度创新驱动科技和产业数字化。作为中国的改革排头兵，深圳持续推进顶层设计，构建数字经济创新生态，并以此为支撑主动开展制度创新，破解数字化转型过程中的难题，助推科研机构和企业的科技数字化，支持实体经济数字化转型，使制度创新、科技创新和产业升级并驾齐驱。

第一，深圳多次以制度创新推动数字化建设和应用。各类数字化转型成果的取得都源自深圳市场化机制。深圳率先在全国推进的市场化体制改革为企业和创新主体在数字化进程中提供了良好的政策环境与市场环境。深圳率先提出并建立完整的数字经济创新生态链，形成基础研究与产业化相结合、技术研发与应用推广相结合、政产学研用相结合的政策体系和产业体系。

第二，深圳构建系统的顶层设计，推动数字化进程。深圳数字化建

设始终坚持顶层设计引领实施。深圳率先提出"四个深圳"和"三步走"目标规划,明确要推动深圳建设成为全球科技创新之城,并制定数字经济中长期发展规划纲要,成为国内率先制定数字经济发展规划纲要的城市之一。深圳还率先提出全面推进数字化转型倡议,并相继出台数字政府白皮书、数字化转型三年行动计划等,形成数字化转型工作的系统化推进路径。

第三,深圳构建开放数字生态,吸引要素集聚。深圳数字建设始终坚持开放原则。通过利益和制度设计,吸引腾讯、华为等一大批世界一流科技企业落户深圳,并代表国家积极参与国际数字经济治理,主动融入全球创新网络。目前,深圳在物联网、云计算、大数据、人工智能、区块链等数字技术应用上全球领先,已成功打造湾区(深圳)科技创新中心和科技城数字经济创新集聚区。在支持实体经济数字化转型上也取得了重大进展。

成就:建成面向全球的开放型数字经济新体制。在数字化战略指引下,深圳通过科技和制度双轮驱动,已初步建成开放、阵地高端、结构优化、动能强劲的数字经济新体制,是正在崛起的全球数字经济新高地。2021年,深圳数字经济规模位居全国第一。

启示:制度创新是推进数字化的关键。40多年改革开放历程充分证明,科学的顶层设计和制度创新是推进城市数字化转型的关键所在。深圳通过制度供给,持续激发数字化发展的内生动力,并借助开放形成产学研用新生态,全面推动科技和产业实现深入的数字化应用,是数字化时代政府推动高质量发展的典范。

广州:数字化时代的老城新生

背景

广州,中国历史悠久的商业中心之一,近年来在数字化转型方面取得了显著成就。随着全球经济逐渐进入数字化时代,广州市政府意识到,要维持其作为国际商业中心的地位,必须加快数字化进程。这一转型不仅是对新技术的应用,更是对城市整体经济结构和发展模式的深刻变革。

发展策略

广州的数字化转型以其深厚的商贸历史和经济发展基础为背景。城市经历了从商贸流通业、轻型工业、重型工业到服务经济的转变。在 21 世纪，面对数字经济的全球趋势，广州将数字化转型作为推动经济高质量发展的关键策略。政府与市场在这一转型过程中发挥了重要作用。政府通过制定策略和提供支持引导经济发展，而市场主体则在释放经济活力中推动创新。广州明确提出了打造先进制造业强市和现代服务业强市的目标，将制造业视为立市之基，重视其发展。此外，还实施了现代服务业、先进制造业和战略性新兴产业"三轮"驱动策略，以推动经济结构的优化和产业升级。

数字化发展成效

传统产业数字化改造：广州推进了 6000 家规模以上工业企业的数字化转型，带动 20 万家企业上云用云。这表明广州在制造业领域的数字化转型上取得了显著进展，尤其是在传统产业（如纺织服装、美妆日化等领域）的数字化改造。例如，依布云服装赋能中心是纺织服装集群数字化转型的标杆企业。该企业围绕"小单快反"目标，实现了订单到成品的全流程智能化管理。数字化转型后，依布云的面料采购成本平均降低了 20%，设计爆款率提升了 20%，小订单生产效率同比增长 30% 以上。再如，广州中浩控制技术有限公司推动了美妆日化产业集群的数字化转型，打造了工业互联网平台，提供了数字化整体解决方案。在数字化改造后，参与企业的生产周期缩短了 2%，良品率提升了 13%，营业收入增长了 20%，人力成本降低了 20%，实现了全产品全过程的 100% 可追溯。2022 年，广州市实现地区生产总值 28839.00 亿元，现代服务业增加值为 13825.27 亿元，生产性服务业增加值为 11245.04 亿元。"3 + 5"战略性新兴产业合计实现增加值 8878.66 亿元，占地区生产总值的 30.8%

政务服务数字化转型：广州市在政务服务数字化转型方面通过整合资源、提升基础设施、推进一网通办服务、电子证照应用以及智慧城市管理平台的建设，取得了显著成效。这些举措极大地提高了政务服务的效率和便利性，为市民和企业提供了更加高效、便捷的服务。广州市成立了"数字政府"改革建设工作领导小组，优化整合各部门信息技术资源，组建了数字政府运营中心，负责日常管理，并在各区成立了区级"数字政府"改革建设工作领导小组，形成了全市协同、统筹推进的"一盘棋"工作格局。在基础设施方面,广州市建成了统一的"云、网、数"等政务服务信息化公共支撑平台,实现了市电子政务网的全面提速扩容,大数据中心在全省居于前列,形成了多源汇聚、关联融合、高效共享的数字资源体系。此外,还建立了全市一体化行政审批系统,实现了市级政务服务事项的 100% 网上办理,98% 实现"零跑动"。同时,推出了政务服务移动端总门户"穗好办"App,提供"随身办、移动办"的服务,累计实名用户超 1300 万,线上服务事项超 3000 项。并且创新打造了"穗智管"城市运行管理平台,率先建成了"人、企、地、物、政"五张城市基础要素全景图,努力探索超大城市的数字化、精细化治理模式。

发展中的挑战与前景

广州在数字化发展方面尽得了许多显著成效,但在数字化转型过程中也面临着一些挑战。其中最主要的是数字核心技术创新能力不足和专业技术人才缺乏。为了应对这些挑战,广州提出多领域、深层次、立体化推动数字赋能实体经济发展的建议,为"老城新生"提供源源不断的动力。

第二节 全球城市体系:城市群的体系

一 全球城市人口分布及其增长正重塑全球城市体系的基本格局

全球城市人口主要集聚在北纬 40 度附近的沿海区域,全球城市体系人口分布的重心向亚洲移动。联合国发布的 2014 年修订版《世界城市化展望》报告数据显示,2014 年全球城市总人口为 39 亿人,其中,亚洲人口占全球城市总人口的一半。从国家分布来看,全球城市总人口也是高度集聚的,中国人口占全球城市总人口的 20%,其次是印度和美国,其城市总人口分别为 4.1 亿人与 2.63 亿人,这三个国家以及巴西、印度尼西亚与俄罗斯人口总数占全球城市总人口的一半。2014 年全球人口规模最大的城市为东京,其人口为 3783.3 万人,其他排名前十的城市分别为德里(2495.3 万人)、上海(2299.1 万人)、墨西哥城(2084.3 万人)、圣保罗(2083.1 万人)、孟买(2083.1 万人)、大阪(2012.3 万人)、北京(1952 万人)、纽约(1859.1 万人)、开罗(1841.9 万人)。可以发现，在排名前十的城市中，亚洲城市占了 6 个。同时，从排名前十的城市来看，北纬 40 度附近的沿海地区分布了众多大城市。

全球城市人口增长呈现出不平衡的态势，加剧了全球城市体系的内部分化。全球区域间人口增长速度存在明显差异。《全球城市竞争力报告（2015）》显示，南亚和西亚的内陆城市人口增长速度最快，其次是非洲城市、北美洲城市、西欧和南欧城市。同时，同一经济体内部城市人口增长率也存在较大差异，出现部分城市人口增长与人口减少并存的情况。例如，欧洲城市人口增长率呈现出由东向西递减的趋势；俄罗斯近半数城市出现了接近 1% 的人口负增长；东亚中国的东北地区城市（如鸡西、伊春、辽源）以及摩洛哥的阿加迪尔等城市人口增长率则呈现出接近 2% 的负增长。

全球城市人口存在向城市群集聚的趋势，城市群是全球城市人口密度最高的区域。从全球来看，城市群对人口仍然有很强的吸引力，城市群人口增长速度要显著高于全球城市平均水平。从目前全球最主要的城市群来看，其人口规模都超过了千万级别。

全球城市人口存在向竞争力强的城市集聚的趋势，人口规模小的城市往往在全球城市体系中处于竞争力较低的地位。本书利用《全球城市竞争力报告（2017）》提供的全球 1007 个城市的竞争力数据，将全球城市按照竞争力的高低分为十个等级。具体来看，城市竞争等级较低的第七层级至第十层级的城市人口规模和城市竞争力等级之间呈现出明显的正相关关系，即人口规模越小的城市，等级往往越低，而位于较高竞争力等级的纽约、伦敦、洛杉矶、旧金山、香港等城市都有较大的人口规模。当然，人口规模越大的城市未必是等级最高的城市。因此，人口规模是影响城市竞争力水平的必要条件。

进入数字社会以来，全球城市体系人口分布及其增长的上述特征是由数字技术变革、制度环境等因素对人口集聚与迁移共同作用的结果。一是数字技术的进步显著降低了人们间的交流与通勤成本，加强了人口的流动性，促进了人口向自然环境更好、经济更活跃、竞争力更强的城市集聚，这使全球城市体系人口分布的不平衡性增强。同时，数字技术进步导致的区域间运输成本的下降也促进了区域市场一体化，促进了大城市与城市群的发展，有利于形成更大范围的空间规模报酬递增，从而吸引人口向大城市与城市群集聚。数字技术还增强了少数大城市在全球城市体系内的控制力,数字技术放大了传统全球中心城市(如纽约、伦敦等)在科技、金融方面对全球城市体系的控制力与支配力,这也使部分全球中心城市尽管人口规模不是最大的,但竞争力仍然很强;对于属于发展中国家的大部分竞争力较低的城市而言,其在全球城市体系中的支配力被削弱,从而只能集聚更少的人口。此外,数字技术在全球范围的扩散促进了东亚新兴经济体经济的发展,加速了其城市化进程、城市人口规模扩大,特别是中国的一批全球城市的崛起,促进了全球城市体系人口分布的重心向亚洲移动。二是金融体系、营商环境等制度性因素的改善也引起了全球城市人口分布的重塑。在数字时代,全球金融体系的一体化程度加深,特别是发展中国家金融深度不断提高,极大提升了发展中国家城市的资源配置效率;同时,全球营商环境持续改善,特别是发展中国家城市发展的交易成本下降,上述因素都加强了发展中国家的城市化进程,促进了发展中国家城市人口的集聚与增长。此外,人口增长的惯性也对全球城市体系的人口格局产生了影响。一方面,收入较高的发达国家由于城市化率较高,城市人口增长主要受人口自然增长率影响,而发达国家长期形成的较低人口出生率也导致其城市人口增长率较低;另一方面,人口向大城市与城市群集聚趋势除了大城市人口出生导致的人口自然增长外,还因为大城市可利用其较大的初始人口规模形成的集聚正外部性吸引更多人口迁入,通过人口机械增长保持较高的人口增长率。

二　数字技术进步加强了全球城市体系的联系

数字技术进步极大降低了全球城市体系的联系成本,使全球城市体系内部联系更加紧密。数字技术的普及从多方面改变了全球城市体系的联系:数字技术的普及提高了全球城市体系内部的联系强度,数字技术的使用使区域间信息传播、交流成本下降,增强了城市间原有的联系强度;数字技术的应用拓展了全球城市间联系的范围,将更多城市纳入全球城市体系中,特别是对于传统交通基础设施相对落后的发展中国家而言,互联网等数字通信技术的进步使其以更低的成本接入全球城市体系,使全球城市体系的覆盖范围变得更大。因此,数字技术进步重塑了全球城市体系的内部格局，特别是为发展中国家的全球城市崛起提供了赶超机遇；数字技术的进步引起了城市体系形态的变化，传统以纵向联系为主导的城市等级体系正在变革，而城市间横向联系的网络关系在强化，全球城市体系的联系变得更加扁平化。这意味着在传统城市等级体系中，低等级的城市有更多与其他城市直接联系的渠道，这种横向联系的加强也会进一步导致城市群、城市内部规模结构的变化。

数字技术促进了新知识、新信息、新思想在全球范围内的扩散。除了传统的产品贸易、人口迁移等有形的联系外，数字技术的一大优势在于以极低的边际成本促进了知识与信息等无形产品的流动。因此，数字时代的全球城市体系与之前相比最大的区别在于城市间信息、知识的交互力更强，全球城市体系内部不同价值观、思维方式等相互碰撞，呈现出明显的多元化发展趋势。国际电信联盟（ITU）的数据显示，2021年全球使用过互联网的人数从2019年的41亿猛增到2021年的49亿，互联网使用的人口普及率为63%。互联网普及率的提升主要是由发展中国家的增长推动的，其互联网普及率攀升了13个百分点以上。在联合国确定的46个最不发达国家中，互联网普及率平均增幅超过20个百分点。因此，发展中国家数字技术普及率的快速上升，将有利于缩小"信息鸿沟"，为发展中国家城市发展提供更多发展机遇。

数字技术推动了全球城市体系的重心由沿海向内陆、由欧美向亚太地区转移。数字技术使全球城市不同主体间的交流更加方便，引起全球城市体系的总体格局由等级体系向扁平的网络体系演变。在这个过程中，一些传统全球城市体系中的边缘区域与边缘城市被纳入全球城市体系中，从而引起了全球城市体系规模的扩张与重心的变化。具体来看，在人类进入数字时代之前的发展阶段，海运时代全球城市体系的重心一般都位于港口城市，典型的有纽约、伦敦、洛杉矶、东京、新加坡等临海的港口城市。这些城市往往占据了有利的港口区位，具有典型的"以港兴城"的特点，并成为所在国家开展国家贸易的重要中心，并逐渐发展成为全球中心城市。同时，海运时代全球中心城市之间的联系主要依赖于船运，并以货物贸易为主。在该阶段，一国内陆地区城市往往由于地理区位的限制很难直接参与到全球体系中，主要通过港口城市来间接参与全球城市体系。因此，全球城市体系在该阶段具有典型的等级体系特征。随着人类进入航空时代，全球城市体系的联系更加紧密，特别是位于内陆地区的城市在全球城市体系中迅速崛起。例如，莫斯科在航海时代由于不是港口城市，与全球城市体系的联系较少，处于全球城市体系的边缘地位，但是在航空时代，凭借自身地处欧亚大陆中心的地理区位，成为连接欧亚大陆的重要航空枢纽。这也导致其在全球城市体系中的地位迅速提升，一跃成为全球中心城市。另一个典型的例子是美国的孟菲斯市，该市地处美国地理中心，到美国东部纽约城市群、北部芝加哥与西南沿海的航空距离基本相同。凭借这一地理区位优势，在航空时代孟菲斯成为全球重要的航空物流枢纽城市，从而大大提高了自身在全球城市体系中的地位。在数字时代，数字技术进步及其大规模应用又引起了全球城市体系格局的变化，特别是全球城市体系内部的联系不再完全由大城市主导，中小城市可以利用数字技术与全球城市体系中的其他城市直接联系。这也使部分传统全球中心城市在全球城市体系中的支配力被削弱，取而代之的是一个更加扁平的全球城市网络体系。其中，随着数字技术向发展中国家扩散，发展中国家城市迅速崛起，成为全球中心城市的新生力量，拉美、南亚、东亚、非洲等地区的城市在全球城市体系中的地位提升明显。

数字科技企业正在主导全球城市经济体系。由于跨国公司是当前全球城市经济体系的主要参与者，因此我们用全球财富 500 强企业的数据来描述全球城市经济体系的变化。具体而言，2007 年全球财富 500 强企业名单中，排名前十的企业分别为沃尔玛（Wal-Mart Stores）、埃克森美孚（Exxon Mobil）、皇家壳牌石油（Royal Dutch Shell）、英国石油（BP）、通用汽车（GM）、丰田汽车（Toyota Motor）、雪佛龙（Chevron）、戴姆勒—克莱斯勒（Daimler Chrysler）、康菲（ConocoPhillips）、道达尔（Total）。其中，石油、汽车这两个传统行业占比最高，达到了 90%。同时，传统行业的盈利能力也非常高，埃克森美孚、皇家壳牌石油、联合航空、英国石油、花旗集团、美国银行、通用电气、俄罗斯天然气工业、辉瑞、雪佛龙等石油、航空、金融、汽车行业企业的利润位居前十。更进一步地，从全部 500 家企业的行业分布来看，占比最高的为银行业（59 家），其次依次为保险业（45 家）、石油业（41 家）、食品业（31 家）、汽车业（27 家）、零售业（21 家）、电信业（20 家）。可以发现，传统行业仍然占据了主要地位，而属于新兴行业的计算机、互联网等数字技术企业非常少。因此，在2007年，全球城市经济体系仍然是由传统行业所主导，新兴数字技术行业仍然处于萌芽状态。但是，到了2017年全球财富500强企业名单中数字技术企业迅速崛起，作为移动通信技术行业领头羊的苹果公司进入前十，其他数字技术企业（如亚马逊、谷歌、微软、软银等）也进入全球500强名单。值得关注的是，发展中国家也出现了一批数字技术企业进入全球500强，例如中国的阿里巴巴、腾讯等，这表明数字科技企业在全球城市经济体系中的影响力越来越大。此外，全球城市体系中的财富也正在向数字科技型企业集聚。表2-2报告了2007年和2017年福布斯上市公司市值前十名单。可以发现，2007年市值最高的企业主要属于能源、金融企业，特别是金融业，属于传统全球中心城市的一个重要功能。而到了2017年数字技术企业在十强中占了6席，涉及移动通信、软件、电子商务、即时通信等数字技术的各方面。由于企业市值反映了市场对其未来收益的预期，这也表明数字技术在全球城市体系资源配置中将发挥更加主导的作用，数字技术及其衍生的数字经济对全球城市经济体系的影响将涉及方方面面。表2-3报告了世界品牌实验室（WBL）发布的2004年和2016年世界品牌前十名单。可以发现，在12年间，全球品牌的名单发生了巨大变化。在2004年前十名名单主要为食品、手机、汽车等消费类品牌，但到了2016年前十名中有超过50%的品牌都属于数字科技类企业，其中前4家企业都属于数字科技类企业。进一步地，表2-4报告了Brand Finance所发布的2007年和2017年全球最具价值品牌前十名。可以发现，十年来数字科技类企业的品牌价值上升明显。因此，数字技术正在对全球城市经济体系产生深刻影响，哪个城市把握了数字技术革命的契机，就有更多机会从当前全球城市体系中脱颖而出。

表2-2　　　　　　　2007年和2017年福布斯上市公司市值Top10

排名	2007年	排名	2017年
1	ExxonMobil	1	Apple
2	General Electric	2	Alphaet

排名	2007 年	排名	2017 年
3	Microsoft	3	Microsoft
4	Citigroup	4	Amazon. com
5	Gazprom	5	Berkshire Hathaway
6	PetroChina	6	Facebook
7	ICBC	7	ExxonMobil
8	Bank of America	8	Johnson & Johnson
9	AT&T	9	JPMorgan Chase
10	BP	10	Tencent

资料来源：http：//www. forbes. com。

表 2 - 3　　　　　　　2004 年和 2016 年的世界品牌 Top10

排名	2004 年	排名	2016 年
1	Coca-Cola	1	Apple
2	McDonald's	2	Google
3	Nokia	3	Amazon
4	Pepsi	4	Microsoft
5	Apple	5	Coca-Cola
6	SONY	6	Facebook
7	Microsoft	7	Mercedes-Benz
8	IBM	8	Walmart
9	Mercedes-Benz	9	GE
10	BMW	10	McDonald's

资料来源：http：//www. worldbrandlab. com。

表 2 - 4　　　　　　2007 年和 2017 年的全球最具价值品牌 Top10

排名	2007 年	品牌价值（＄1M）	排名	2017 年	品牌价值（＄1M）
1	Coca-Cola	43146	1	Google	109470
2	Microsoft	37074	2	Apple	107141
3	Citi	35148	3	Amazon. com	106396
4	Walmart	34898	4	AT&T	87016

续表

排名	2007 年	品牌价值（＄1M）	排名	2017 年	品牌价值（＄1M）
5	IBM	34074	5	Microsoft	76265
6	HSBC	33495	6	Samsung Group	66219
7	GE	31850	7	Verizon	65875
8	Bank of America	31426	8	Walmart	62211
9	HP	29445	9	Facebook	61998
10	Marlboro	26990	10	ICBC	47832

　　资料来源：Brand Finance。

　　数字技术进步对全球城市体系的影响与全球人力资本的提升、营商环境的优化密切相关。一方面，数字技术属于知识密集型行业，其技术的研发与创新需要高素质的人力资本支撑。在数字经济时代，全球人力资本存量持续增加，特别是发展中国家教育、医疗与卫生条件的改善为数字经济的进步及扩散提供了人力资本基础；同时，数字技术的应用往往需要较大的人口规模才能形成规模经济，因此中国、印度与美国等人口大国也为数字技术衍生的新业态、新技术提供了市场需求。另一方面，数字技术在全球城市体系内的扩散与全球范围内营商环境的持续改善密切相关。在数字时代，全球几乎所有城市都纳入全球城市经济体系中，因此营造开放、平等、包容与多元的营商环境几乎成为所有经济体的共识，从而降低了全球范围内数字技术进步与扩散的交易成本。

三　全球城市体系的金融中心与科技中心城市呈现融合的趋势

　　金融与科技功能的融合是当前全球中心城市发展的新趋势。在数字时代，传统以金融功能为核心的全球中心城市的支配力下降。例如，在工业与信息化时代形成的纽约、伦敦、东京、香港等全球中心城市是全球重要的金融服务中心，肩负着全球市场的核心功能。但是，随着数字技术革命的到来，科技创新型城市在全球城市体系中崛起。同时，传统全球金融中心城市也在积极谋求转型，大力增强自身的科技创新功能。以纽约为例，作为传统的全球金融中心城市，金融业一直是纽约的支柱产业；但是，在 2008 年国际金融危机后，纽约高科技行业就业人数增长迅速，到 2016 年已经超过金融业的就业人数。另一个典型的例子是伦敦，面对其科技创新产业较弱的不利局面，从 2010 年开始大力发展与吸引高科技企业入驻，并取得了巨大成效。在 Startup Genome（创业基因组）2022 年发布的全球十大创业生态系统排名中，伦敦并列第 2 位。一个成功的例子是东京，除了金融功能以外，东京通过实施"工业分散"战略将一般制造业逐渐从东京中心城区迁移至横滨市、川崎市，使东京形成以对外贸易、金融服务、精密机械、高新技术等高端产业为主的产业格局。因此，传统全球金融中心城市正加速向科技创新中心转型。

新型的全球科技创新城市在崛起的同时，其金融功能也在不断完善。科技创新力强的城市往往都有较高的经济发展水平，表 2-5 报告的 2015 年全球人均 GDP 排名前十位的城市中，圣何塞这一新兴全球科技创新中心城市的人均 GDP 排名第一。同时，《全球城市竞争力报告（2017）》的数据显示，全球 1007 个城市的科技创新指数得分与其人均 GDP 呈现高度正相关性，且综合竞争力强的城市几乎都具备很强的科技创新能力。最具代表性的例子是美国的旧金山与圣何塞，这两个城市通过集聚谷歌、Facebook、苹果、惠普、英特尔、思科、英伟达、甲骨文、雅虎等一大批世界顶级的科技型企业，已经成为全球重要的科技创新中心城市。同时，为了满足科技创新型企业的融资需求，旧金山与圣何塞还集聚了美国绝大多数的风险投资基金，因此其金融功能也不断完善。另一个典型的例子是中国的深圳，作为中国以及全球重要的科技创新中心城市，深圳在全球城市体系中的地位迅速崛起，其城市竞争力排名不断上升，并集聚了大量的风险投资基金，其金融中心的功能也不断完善。

全球中心城市科技创新与金融服务"虚实融合"的这一趋势本质是由数字技术革命驱动的。近十年来以大数据、云计算、物联网、区块链为核心的数字技术革命正在引爆新一轮的产业周期，一部分传统产业在数字化转型过程中消亡，同时数字技术革命还驱动了一部分新业态的出现，由此带来的新兴产业发展为一部分产业基础好、人力资本素质高的城市崛起提供了条件。因此，那些把握住了数字技术革命机遇的城市在全球城市体系中迅速崛起。

表 2 − 5 　　　　　　　　2015 年全球人均 GDP 排名前十位的城市

排名	人均 GDP 前十位城市
1	圣何塞
2	奥斯陆
3	布里奇波特
4	旧金山
5	苏黎世
6	西雅图
7	日内瓦
8	波士顿
9	多哈
10	华盛顿特区

资料来源：中国社会科学院全球城市竞争力数据库。

四　城市经济密度及其产业分工体系与全球城市体系衍化密切相关

全球城市体系的经济密度围绕着三条经线形成了明显的空间集聚特征。通过计算《全球城市竞争力报告（2017）》提供的 1007 个城市的经济密度，可以发现全球城市体系中经济密度较高的主要有三个区域。一是东经 20 度以西的西欧地区。这一区域主要涉及西欧传统发达国家的城市，例如爱尔兰的都柏林，英国的伦敦、爱丁堡、布里斯托尔等，法国的巴黎、布雷斯特等，荷兰的阿姆斯特丹，德国的柏林汉堡、慕尼黑、斯图加特等。二是西经 100 度以东的北美大西洋沿岸区域，这一区域主要包括美国的华盛顿、西雅图、旧金山、圣路易斯—奥比斯波、洛杉矶、圣地亚哥、奥斯汀、休斯敦、迈阿密、亚特兰大、匹兹堡、多伦多和纽约等城市。三是东经 110 度以东的东亚地区，包括日本的东京和大阪，韩国的首尔，新加坡的新加坡市，中国的北京、上海、杭州、广州、深圳和香港等。可以发现，城市经济密度并不是围绕着这三条经线对称分布的，主要分布在这三条经线沿海的一侧。这是因为沿海区域往往是城市人口集聚更多的区域，其经济更为发达，城市经济密度更高。同时，这三条经线形成的历史阶段也是不同的，东经 20 度以西的西欧地区在全球城市体系中的中心地位是从第一次、第二次工业革命后逐渐形成的，历史最为悠久；而西经100度以东的北美大西洋沿岸区域在全球城市体系中的中心地位则是在第二次工业革命，特别是"二战"后逐渐形成的；东经110度以东的东亚地区在全球城市体系中的中心地位则是从20世纪80年代开始逐渐形成的，特别是中国城市则是在进入21世纪后才在全球城市体系中快速崛起的，因此这一条经线最年轻。这三条经线反映了全球城市体系中心的转移，每条经线的兴起从根本上讲都是技术革命带来的技术进步与扩散导致的；同时，东经110度线这条经线以东城市的崛起还与市场化制度的扩散有关，特别是中国由计划经济向社会主义市场经济的转型过程中，制度红利极大促进了城市经济密度的提高。

数字时代全球城市体系的产业分工已经实现了深度全球化。自20世纪80年代开始的经济全球化进程是由跨国公司主导的产业内贸易推动的。与产业间贸易不同，基于多样化偏好与差异化产品的产业内贸易使全球产业分工更为细化。形成的全球价值链分工体系将全球城市体系中的不同城市紧密联系在一起，从而引起了全球城市功能体系的巨大变化。J. Friedman的"世界城市"理论认为，世界城市的形成与经济全球化密切相关，并在全球经济体系中发挥主导作用。[1] Saskia Sassen认为，全球城市是在全球城市体系中发挥重要服务功能的城市，因此金融、通信、法律、会计等高端生产性服务业集聚水平是衡量一个城市是不是全球城市的重要标准。[2] 现有的理论与实证研究均表明，当前全球城市体系的产业联系已经高度全球化。我们进一步利用金融、法律、物流、汽车、消费与科技六大行业主要跨国公司2017年在全球不同城市分支机构的分布数量，计算得到了全球联系度指数。具体来看，2017年全球1035个城市中，94%的城市都至少有一家跨国公司总部或者其分支机构，这表明全球城市体系中的绝大多数城市都已经被纳入全球产业分工体系中。其中，跨国公司联系度最高的区域是北美、欧洲、亚洲等，跨国企业联系度最高的前十名城市分别是伦敦、纽约、香港、新加坡、上海、北京、东京、

---

① J. Friedman, "The World City Hypothesis", *Development and Change*, Vol. 17, No. 1, 1986, pp. 69 – 83.

② Saskia Sassen, *The Global City: New York, London, Tokyo*, Princeton: Pinceton University Press, 1991.

巴黎、悉尼与迪拜，这些城市基本上都是所在区域重要的全球中心城市。从不同行业来看，汽车行业中福特、通用、大众、丰田四大跨国汽车企业主要分布在上海、曼谷、东京、班加罗尔等103个主要城市；消费行业中沃尔玛、欧尚、家乐福、星巴克四大跨国消费型企业则主要分布在上海、北京、南京、成都等489个城市；物流行业中联邦快递等企业则主要集中在上海、新加坡、深圳等483个城市；科技行业中华为、微软、英特尔、Facebook四大著名高科技企业主要分布在深圳、旧金山、圣何塞、新加坡、波士顿等206个城市；金融行业中汇丰银行、花旗银行、工商银行、渣打银行等金融机构主要分布在纽约、伦敦、东京等672个城市；法律行业中四大律师事务所则主要分布在新加坡、纽约、香港、伦敦等69个城市。因此，数字时代全球城市体系内的产业联系强度显著提升，这与交通、通信等数字技术进步导致的产业分工深化以及全球范围内营商环境的改善密切相关。

五 全球城市体系形成了以城市群体系为中间环节的空间链网体系

全球城市分工体系形成了一个空间链网体系。在全球化过程中，跨国公司的发展促进了产品、资本与技术在全球范围内的流动，重塑了全球城市分工的基本格局。从分工模式来看，全球城市体系中的产业分工可以分为垂直分工与水平分工两类。在数字时代，全球城市体系中的产业分工呈现出垂直分工与水平分工交织、从垂直分工向水平分工转型的趋势。产业分工模式的变化也引起了全球城市体系结构的演变。在产业垂直分工模式下，全球城市体系以等级体系为主，在产业垂直分工中处于高附加值环节的城市将处于全球城市体系较高的等级。在产业水平分工模式下，由于不同城市可以同时参与同一产品的生产，因此城市间产业分工以强调横向联系的网络体系为主，此时不同城市在全球城市体系中的地位要更加平等。特别是基于产业水平分工的全球价值链分工的兴起，不同城市通过中间品贸易形成了紧密的横向联系，这也促进了全球城市网络分工体系的形成。总体而言，全球城市等级体系强调的是城市中心性，而城市网络体系则更多强调城市的节点性，城市间的联系通道也由单向、非对称、少量向双向、对称、多样化转变。[①] 因此，当前的全球城市体系是等级体系与网络体系结合的结果，形成了一个空间链网体系。具体来看，利用聚类方法将《全球城市竞争力报告（2017）》提供的全球 1035 个城市按照城市综合竞争力高低分为十个等级：第一级包括纽约和伦敦两个城市，第二级包括香港、新加坡、圣何塞、旧金山、洛杉矶，第三级包括悉尼、北京、上海、巴黎等 16 个城市，第四级包括多伦多、广州等 11 个城市，第五级包括墨尔本、莫斯科等 11 个城市，第六级包括维也纳等 36 个城市，第七级包括布宜诺斯艾利斯等 58 个城市，第八级包括阿德莱德等 99 个城市，第九级包括阿尔及尔等 399 个城市，其余城市归为第十级。可以发现，全球城市体系仍然存在相对明显的等级结构，由高等级到低等级城市数量的变化呈现出了金字塔的特征。但是，从跨国公司联系度这一衡量城市间联系度的指标来看，全球大部分城市都已经纳入了跨国公司的全球生产网络中，特别是等级越高的城市，其跨国公司联系度更高。例如，伦敦、纽约、香港、新加坡、旧金山、洛杉矶等高等级城市的跨国公司联系度在全球城市体系中排名前列。总体而言，全球城市体系呈现出了纵横联系交错的特征，因而更多地表现为空间链网体系。全球城市分工空间链网体系的形成与数字技术进步密切相关。随着数字技术的发展，全球不同城市间的通信成本大幅降低，极大地改变了人们的工作与生活方式，并引起产业组织形式的变化。因此，传统的城市空间形态也发生了变化，突出地表现在工业革命时代，城市以产业、人口等实体的"硬集聚"为主。这需要城市有较大的空间承载面积，因此城市表现为空间规模的急剧扩张，并容易引发交通拥堵、环境污染等一系列城市病问题。而在数字经济时代，除了传统的"硬集聚"以外，知识、信息等"软集聚"的重要性提高，特别是数字通信技术的进步使人们可以跨越空间直接进行交流，在一定程度上摆脱了对交通基础设施、地理区位等条件的依赖。人们之间的联系也由实体空间上"面对面"的联系逐渐向线上虚拟空间的"面对面"联系转变。在这种情况下，集聚经济的学习、共享与匹配效应等正外部性可以在更广阔的地理

---

① 冷炳荣、杨永春、谭一洺：《城市网络研究：由等级到网络》，《国际城市规划》2014 年第 1 期。

空间范围内实现，此时城市空间形态表现为分散化趋势，大城市过度集聚的状况得到缓解，取而代之的是由于不同城市通过高效的信息通信手段与交通基础设施形成的紧密联系的城市网络。

全球城市群体系已形成并加速衍化。城市群是城市体系发展到高级阶段的结果，从当前全球 54 个城市群的空间分布来看，全球城市群的分布呈现出明显的东西向分化特征。一是城市群呈现出经济密度上"西密东疏"、规模上"西大东小"的特征。北美的大西洋和太平洋沿岸与西欧分布了众多城市群，这些城市群的显著特点是经济密度非常高，城市群人口规模也非常大。其中，欧洲的主要城市群有意大利米兰大都会区、伦敦—利物浦城市带、波兰克拉科夫大都会区、荷兰—比利时城市群、法国巴黎—鲁昂—勒阿弗尔城市群、德国莱茵—鲁尔城市群等；北美的城市群包括南加利福尼亚州城市集群、北加利福尼亚州城市集群、美国中西部城市群、美国东北地区城市群、得克萨斯三角洲城市群、大西洋皮得蒙特城市集群、亚利桑那阳光走廊城市群、圣保罗大都市圈、南佛罗里达城市群；其他城市群包括加拿大的渥太华大都会区、卡尔卡里大都会区、多伦多大都会区以及墨西哥特大都市区，共同形成了全球的经济中心。由于上述区域城市化里程早、城市化水平高，因此形成了一系列全球重要的城市群。与此相对，全球东部与南部的城市群发展水平相对较低。其中，东亚的主要城市群有日本的名古屋都市圈、大阪都市圈，韩国的首尔国家首都区，中国的长三角城市群、珠三角城市群、京津冀城市群、中原城市群、长江中游城市群、西安城市群、山东半岛城市群、辽东半岛城市群、海峡西岸城市群、哈长城市群、成渝城市群，印度尼西亚的雅加达都市圈，印度的孟买大都会区、德里大都会区、班加罗尔大都市圈，以及澳大利亚的布里斯班大都会区。南美洲仅有两个城市群，麦德林大都会区和哥伦比亚波哥大大都会区。二是城市群的增长上呈现出"东快西慢"的特征。从经济密度的增长速度来看，全球西部区域除了少数以新兴产业为主的城市群增长较快以外，例如以圣何塞为中心的北加利福尼亚州城市群和以卡尔卡里为中心的卡尔卡里大都会区的增长率分别为 3.22%、3.4%。其他大部分全球西部的城市群增长速度都较慢，其增长率基本都在 2% 以下。例如，以华盛顿、纽约、波士顿为中心的美国东北地区城市群增长率为 1.82%，以洛杉矶为中心的南加利福尼亚州城市集群增长率为 1.6%, 以休斯敦和达拉斯为中心的得克萨斯三角洲城市群增长率为 1.59%, 以明尼阿波利斯圣保罗为中心的美国中西部城市群增长率为 1.3%, 以夏洛特为中心的大西洋皮得蒙特城市集群增长率为 1.2%。全球增长较快的城市群主要分布在东部, 特别是东亚地区的中国, 由于经历了前期快速的城市化进程, 其城市群增长速度非常快, 例如长三角城市群、珠三角城市群、京津冀城市群、海峡西岸城市群、山东半岛城市群、长江中游城市群、中原城市群、哈长城市群、西安城市群以及成渝城市群的增长速度均超过了 5%, 这是一个相当快的增长速度。这是因为近十年来中国处于城市化中期的快速增长阶段, 城乡人口转移频繁; 同时, 随着中国国内区域间交通、通信技术的进步, 国内市场一体化程度不断提高, 从而推动了一系列城市群的崛起。而全球西部发达国家的城市群已经进入城市化的后期阶段, 城市群的发展也进入均衡状态, 因此增长率要更低一些。三是城市群的空间效应呈现出扩散与极化共存的趋势。在城市群的不同发展阶段, 其主导的空间效应是不同的: 在城市群发展初期, 为了获取更大的空间规模报酬递增, 城市群内中心城市以向周边城市集聚效应为主; 而当城市群发展到一定阶段之后, 则以向周边城市扩散效应为主, 此时城市群内的一体化程度会达到较高水平。进一步地, 将城市群中心城市与城市群平均增长率之差高于 1 个百分点定义为扩散或极化速度较快的城市群, 将之差小于 1 个百分点的定义为扩散速度较慢的城市群, 表 2-6 报告了全球主要城市群的极化与扩散效应的类型。具体来看, 美国与中国大部分的城市群属于扩散型, 特别是中国的长三角城市群、珠三角城市群、京津冀城市群、中原城市群、长江中游城市群、西安城市群、辽东半岛城市群、海峡西岸城市群、哈长城市群、成渝城市群、北部湾城市群以及印度的孟买大都会区都属于扩散速度快的城市群, 这与这两个国家城市化正处于高速发展阶段有关。因此, 总体而言, 当前城市群已经成为全球城市体系的重要组成部分, 城市群中心城市往往更容易成长为全球中心城市, 即全球城市形成了以城市群体系为中间环节的城市体系。全球城市群体系的形成与蓬勃发展与数字时代以来全球城市化发展到较高阶段是一致的。2010 年全球城市化率超过 50%, 这意味着城市已经开始主导全球经济体系, 因此全球城市人口的增加为城市群的发展提供了基础条件; 同时, 数字技术带来的通勤、贸易成本的下降使城市间的联系不断加强，城市群的空间与人口规模也变得更大，这为城市群的发展壮大提供了可行性。

表 2 - 6　　　　　　　　　　全球主要城市群的类型

类型	城市群
扩散型	扩散速度较快：北加利福尼亚州城市集群、伦敦—利物浦城市带、孟买大都会区，以及中国的长三角城市群、珠三角城市群、京津冀城市群、中原城市群、长江中游城市群、西安城市群、辽东半岛城市群、海峡西岸城市群、哈长城市群、成渝城市群、北部湾城市群
	扩散速度较慢：美国东北地区城市群、南加利福尼亚州城市集群、美国中西部城市群、多伦多大都会区、德国莱茵—鲁尔城市群、米兰大都会区
极化型	极化速度较快：班加罗尔城市群、麦德林大都会区、首尔城市群、亚利桑那阳光走廊城市群、墨西哥特大都市区、阿穆达巴城市群
	极化速度较慢：圣保罗大都市圈、北加利福尼亚州城市集群、大西洋皮得蒙特城市集群、山东半岛城市群、荷兰—比利时城市群

资料来源：中国社会科学院城市与竞争力指数数据库。

第三节　全球城乡体系：城市化的世界

全球城乡体系与家庭、企业、政府三大主体，以及人口、人才、科学技术、制度文化、空间环境等要素息息相关。本部分将家庭、企业和政府这三大主体嵌入各要素和交互过程中，着重分析城乡人口人才、科学技术、制度文化、经济在时间、空间分布尺度上的格局。研究发现进入数字化时代以后，人口的非农聚集速度开始由慢变快，大部分地区处于城乡一体状态。科学技术是城乡体系发展的重要源泉，制度文化是城乡繁荣的根本动力，城市经济在全球经济中起到决定性作用，经济空间特征决定了城乡的空间特征。

典型城市——重庆：探索市场城镇化，保障新型城镇化

积极探索户籍、土地、住房和融资制度的改革创新，实现经济发展、社会进步、民生改善。一方面，让市场化在城镇化中发挥决定性作用，

促进劳动力、土地、住房、金融等要素和资产在城乡之间自由流动和转移。另一方面，围绕以人为核心的新型城镇化，使农业转移人口与城镇居民享有同等的城镇基本公共服务和住房保障。

重庆历史悠久，地处西南战略要冲，是中国最早对外开埠的内陆通商口岸。自 1997 年恢复直辖以来，重庆的 GDP 从 1525 亿元增长到 2021 年的 27894 亿元，人均 GDP 从 5306 元增长到 2021 年的 86879 元，城镇居民人均可支配收入从 5323 元增长到 2021 年的 43502 元，城镇化率从 31% 快速增长到 2021 年的 70.3%。改革开放以来，中国用几十年走完了发达国家需要几百年时间的工业化历程，创造了举世瞩目的发展奇迹，这都与中国式新型城镇化有莫大关系。中国式新型城镇化既有世界各国城镇化的一般性，更有基于中国国情的特殊性。重庆正是中国式新型城镇化的典型代表，是人口规模巨大的城镇化，是城乡居民共同富裕的城镇化，是物质文明和精神文明相协调的城镇化，是人与自然和谐共生的城镇化。其成功得益于以下几方面。

一是形成了负重坚韧、开拓创新的城市精神，农村转移人口规模大、质量高。重庆是中国人口规模最大的城市，常住人口为 3200 多万人。恢复直辖以来，1000 多万从重庆农村转移出来的剩余劳动力，既为重庆也为其他城市发展作出了重要贡献。重庆下辖 38 个区县，不少处于山区，农村地区多、农业人口多，独特的自然环境、艰辛的历史磨炼，造就了深入重庆人骨髓的"棒棒精神"，它是中国人民不怕吃苦的勤劳象征，通过"负重前行、爬坡越坎、敢于担当、不负重托"实现城镇化，推动重庆经济社会快速发展。通过户籍制度改革，深入实施以人为核心的新型城镇化战略。重庆除中心城区外的城镇落户限制全面放开，农业转移人口同等享有城镇基本公共服务。

二是通过城乡融合发展，推动"人、地、钱"等要素在城乡之间高效配置和双向流动，让农民既进得了城市，又回得去农村，没有后顾之忧。探索农村土地制度改革方面，重庆探索多种形式放活土地经营权，如农村承包土地的所有权、承包权、经营权实行"三权分置"，进一步确立了集体对土地的所有权，稳定了农民对土地的承包权，让经营权能够顺畅流动，满足农业新型经营主体对土地生产要素的需求，同时让农民能够从承包地中获得更多收益。创新实施地票制度，增加城市建设用地供给，让农民进城安居有资金保障。重庆敢为人先，2008 年创新实施地票制度，唤醒农民"沉睡的资产"，促进城乡土地资源要素的市场化配置。通过将农村闲置、废弃的建设用地复垦为耕地，腾出建设用地指标优先保障农村自身发展后，结余部分以市场化方式公开交易形成的在全市规划建设范围内使用指标。重庆的地票制度既落实了最严格的耕地保护制度，又打破了土地资源配置的空间局限，支持了新农村建设，还赋予农民更多财产性权利，进而推动农业转移人口融入城市。通过地票交易制度，农民进城有了"安家费"，相应的养老、住房、医疗、子女教育等资金问题都能得到很好的解决，可以让农民更好地融入城市。

三是构建联结紧密的利益共同体，全面推开"三社"（供销社、农民专业合作社、信用社）融合，夯实基层供销社力量，提升专业合作社质量，探索解决农民融资难、融资贵等深层次问题。2018 年起探索推进"三变"改革（资源变资产、资金变股金、农民变股东），实现"产业连体""股权连心"。全市"空壳村"基本清零，新型农村集体经济发展势头良好，农民获得感明显增强。

四是住房领域"低端有保障、中端有市场、高端有调控"；坚持"房住不炒"定位，合理供应土地，保持合理房价水平，率先推出公租房，并将外来务工人员纳入较高品质公共租赁住房体系。重庆不依赖高房价。2021 年重庆的住宅平均销售价格仅为 9678 元/平方米，低于全国平均水平（10396 元/平方米）；从购房负担来看，重庆房价收入比低于全国 50 个大中城市平均房价收入比，远低于北京、上海、深圳等一线城市。重庆按照"均衡布局、交通方便、配套完善、环境宜居"思路，在建设主城区公租房时选择邻近交通站点地段，并按 1∶3 的比例与周边商品房"插花式"分布，力争使公租房小区品质与周边商品房小区品质基本一致。并且，在公租房分配过程中，不设户籍要求，将外来务工的无住房人员也纳入重点保障人群。

一 进入城市化社会后，人口非农聚集的速度由慢变快

2007 年，全球进入了城市社会，城市人口数量首次超过农村，全球整体从农业世界进入城市世界。从 2007 年城市化率突破 50% 以后，到 2023 年，全球城市化率从 50.1% 增长到 57.5%。但是，城市化率年变化

呈现平稳下降的过程,城市化率的变化在 2010 年以后呈现波动降低状态,从 0.5 个百分点波动降低到 0.4 个百分点左右(见图 2-3)。当前城市化率增长速度放缓,城市化率基本稳定。人口及人力资本基础、物质经济发展水平、自然地理空间环境、社会文化制度(包含技术、金融等)的共性导致城市化率提升。

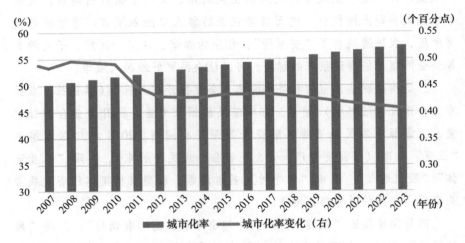

图 2-3 2007—2023 年世界城市化率及变化

资料来源:笔者根据 our world in data 数据库数据整理。

欠发达国家或地区正跨入城市社会。2022 年全球城市化率达到了 57.05%,有 45 亿多的人口进入了城市化社会。从区域来看,2022 年,南美洲和北美洲的城市化率已经超过 80%,分别达到了 84.97% 和 82.95%,欧洲的城市化率达到了 75.35%,亚洲的城市化率仅为 52.25%,即刚踏入城市化社会,而非洲的城市化率为 44.40%,仍未踏入城市化社会(见表 2-7)。

表 2-7   **2022 年全球及各区域城市化率**

区域	城市化率(%)	城市人口(亿人)	农村人口(亿人)
全球	57.05	45.38	34.17
南美洲	84.97	3.76	0.67
北美洲	82.95	3.11	0.64

续表

区域	城市化率（%）	城市人口（亿人）	农村人口（亿人）
欧洲	75.35	5.60	1.83
大洋洲	68.31	0.30	0.14
亚洲	52.25	24.55	22.43
非洲	44.40	6.30	7.89

资料来源：笔者根据 our world in data 数据库数据整理。

　　从空间分布来看，仍然有 80 个左右国家的城市化率低于 50%，而贝宁、塞内加尔、菲律宾、纽埃、索马里等国家的城市化率接近 50%，即将跨入城市社会；纳米比亚、斯洛伐克、圣文森特和格林纳丁斯、尼日利亚、土库曼斯坦、特立尼达和多巴哥、马恩岛、利比里亚、泰国、危地马拉、科特迪瓦、乌兹别克斯坦等国家与地区的城市化率刚刚超过 50%，刚进入城市化社会。但是，美拉尼西亚、圣卢西亚、斯里兰卡、马拉维、卢旺达、萨摩亚、尼日尔、列支敦士登、布隆迪、巴布亚新几内亚等国家与地区的城市化率甚至低于 20%。从城市化率的空间变化来看，这段时间城市化率增长较多的也是这些刚跨入城市社会的国家，主要分布在南美洲的南部、非洲西部沿岸以及东南亚等区域。其中，中国的城市化率增幅最大，2008—2021 年，城市化率增长了 15.97 个百分点。此外，纳米比亚、阿尔巴尼亚、阿曼、海地、圣多美和普林西比、博茨瓦纳、哥斯达黎加、图瓦卢、多米尼加、毛里塔尼亚、尼日利亚、泰国、赤道几内亚、索马里、基里巴斯、萨尔瓦多、马里等国家与地区的城市化率增长均在 10 个百分点以上。发达国家或经济体的城市化变化幅度不大，基本均在 2 个百分点以下（见图 2—4）。这是由于发达经济体基本均处于城市化的后期，本身的城市化率已经达到 80% 左右，基本处于稳定状态。

　　高端人才不断向发达城市或国家聚集，重塑城乡体系。由于城市间流动性的扩大，高端人才的流动早已不受城市或国界的限制而不断从农村向城市移动，从低端城市向高端城市移动，从发展中国家向发达国家移动。这些高端人才的流动将导致城市的不断崛起，农村的持续衰落，直接改变现在及未来的城乡体系。经合组织和联合国教科文组织统计研究所的数据显示，1975 年，出国留学的学生只有 80 万人左右，而到 2010

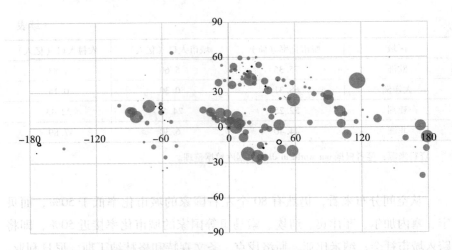

图 2-4 2008—2021 年全球各个国家城市化率增长分布情况

资料来源:笔者根据 our world in data 数据库数据整理。

年,留学生数量增长到大约 410 万人;除了教育移民,技术移民也是高端人才流动的主要形式,主要分布在欧洲、北美等发达地区。这一点从全球主要经济体和各国外来人口比重中也可以看出,主要的移民均在高收入经济体中,其移民占比呈现上升状态,从 1990 年的 7.5% 上升到 2015年的 13.3%,上升幅度显著(见图 2-5)。这表明有大量的人口转移到

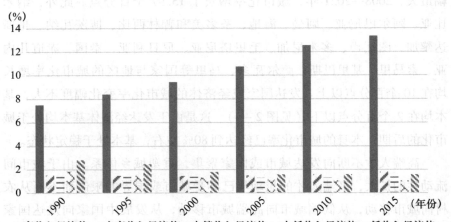

■高收入经济体 ⁄中高收入经济体 ＝中等收入经济体 ＼中低收入经济体 ※低收入经济体

图 2-5 1990—2015 年各经济体中外国人口比重

资料来源:笔者根据 our world in data 数据库数据整理。

高收入经济体中。而除此之外的其他收入类型经济体,甚至是中高收入经济体的移民人口比重均显著较低,且在近些年基本没有变化,基本均维持在 2% 以下,更不用说中低收入经济体和低收入经济体。从主要国家来看也是如此,2015 年,美国、英国、德国、法国、澳大利亚、加拿大、意大利、新加坡的移民比重分别为 14.4907%、13.2010%、14.8791%、12.0885%、28.2184%、21.8017%、9.6808%、45.3918%,而中国、印度和印度尼西亚的移民人口占比仅分别为 0.0711%、0.3998%、0.1277%(见表 2-8)。因此可以发现,高端人才流动打破了国界的限制,实现了全球流动,塑造了全球城乡体系。

表 2-8 主要国家外来人口比重 (单位:%)

国家	1990 年	1995 年	2000 年	2005 年	2010 年	2015 年
美国	9.1957	10.6848	12.3063	13.2567	14.2585	14.4907
英国	6.3917	7.1762	8.0353	9.8425	12.1253	13.2010
德国	7.5181	9.1461	10.9806	12.6764	14.4286	14.8791
法国	10.3564	10.4561	10.5725	11.0017	11.4300	12.0885
澳大利亚	23.1341	22.9152	22.9559	24.0602	26.5443	28.2184
加拿大	15.6650	16.6036	17.9530	18.8459	20.5450	21.8017
意大利	2.5053	3.1074	3.7127	6.7422	9.7132	9.6808
新加坡	24.1103	28.4696	34.4971	38.0510	42.6228	45.3918
中国	0.0326	0.0360	0.0400	0.0520	0.0634	0.0711
印度	0.8607	0.7235	0.6086	0.5177	0.4416	0.3998
印度尼西亚	0.2566	0.1924	0.1382	0.1280	0.1264	0.1277

资料来源:笔者根据 our world in data 数据库数据整理。

科技创新加速了人口聚集,改变了农村人口活动。从聚集角度看,科技创新的发展加速了全球城市化进程。全球城市化加速与信息技术发展等科技创新有重要关系,信息科技发展显著提升了城市的产业结构,催生了电子商务、软件服务、电子娱乐等高新产业,大大地促进了人才的聚集,促进了城市化进程和城市经济发展。从全球科技创新水平与城市化率的关系来看,科技创新水平与城市化率之间存在显著的正相关关系,科技创新水平越高,城市化率越高。从人类生活角度看,科技创新深刻改变了城乡居民的生活。随着科技水平的提升，城乡居民的需求也大大改变，特别是农村开始由基本的物质需求转向更高的知识、服务等精神需求。信息技术的发展导致人口非农聚集的同时，出现了真实空间聚集和虚拟空间聚集的趋势。在21世纪之前，人们的活动内容和方式仅局限于看报、看电视等，并且凡事都亲力亲为，但是随着科学技术的发展，人们的活动内容和方式得到了翻天覆地的变化，变得更加注重虚拟无形的活动。比如人们会在网络上聊天、打游戏，甚至在网络上饲养无形宠物并为其花费。特别是当前短视频和直播的兴起深刻改变了农村人口的活动内容，乡村人口即使无法流动到城市也可以享受到城市居民生活的内容。从此开始，人类存在的空间状态发生了深刻的变化，除了真实空间的聚集（如美国的"硅谷"、南加州的科技城、西雅图，以及奥斯汀等地），虚拟聚集正成为主要聚集趋势。城乡人口活动的内容已经突破了地理的限制，先于人口融为一体。

制度文化一方面促进人口集聚、城市化发展；另一方面又会加剧人口之间的冲突，不利于城市化水平的提升。良好的制度文化一直是吸引人口进入的关键，这不仅吸引农村人口向城市转移，而且更重要的是吸引城市人口向另一个城市转移。这也直接导致了全球大量的中心城市、热点城市持续崛起，人口持续拥入，城市化率不断提高；而大量的周边、外围、边缘城市持续衰退，人口持续流出，城市化率长期维持不变甚至降低的状态。但是由于无论是城乡之间、城市之间还是国家之间的制度文化都存在较大的差异，从而不同区域间又会形成无形的壁垒，显著影响城市化水平的提升。从当前城市文化多样性的角度看，欧洲、北美洲、南美洲、大洋洲地区的文化多样性较强，社会氛围相对比较包容，不断吸引人口的进入，从而保持城市化水平稳定提升；而南亚、东亚的文化多样性相对较低一些，但这些区域的中心城市的制度文化相对于其他城市的吸引力要更强，从而出现城市化分化的情况。总体而言，全球大城市与小城市在制度文化方面差异非常显著，大城市的文化比较多样化，社会包容程度较高；相反，小城市的文化比较保守，社会欠缺包容性，这也是影响城市化率分化的原因之一。

进入数字化时代以来，全球城乡人口体系的特征变化主要是由人口流动、经济发展、科技创新和制度文化等共同作用的结果。人口在经济利益和制度文化的驱动下，不断向中心城市、发达城市以及发达国家聚集，从而造成城市人口无论是数量还是质量均有显著的提升，但是城市人口也会在成本效应的驱动下，不断向城市周边或乡村流动，不断影响城乡体系的变化。而在数字化时代，科学技术发展带来的信息、基础设施改善无疑为城乡体系的不断衍化提供了加速器，使现有城乡人口体系的变化速度更快。

二　科技进步是城乡体系发展的重要源泉，促进城乡融合更加紧密

信息技术使全球城市联系、全球城乡联系、全球乡乡联系由个别联系、间接联系、松散联系、高成本联系变为全面联系、直接联系、紧密联系、低成本联系。科学技术通过知识媒介、信息网络等无形载体加速新思想的形成、新技术的传播和新观念的流动，实现信息、思想和技术等生产要素的分享，使全球各地人与人之间的联系更多、更密、更普遍。这也进一步促进了通过物流、人流等有形载体来实现信息和技术分享的"硬联系"的需求，使"硬联系"也变得更加紧密。另外，原有城市之间的间接联系正在变成直接联系，联系网络更加扁平化、便利化，过去只是服务于同一区域内高层级城市的低层级城市在逐步加入全球城市的联系网络中。低层级城市增加了与其他区域高层级和低层级城市的联系，由过去间接融入全球城市体系转变为直接融入全球城市体系，从而使全球城市联系网络更加扁平化。特别是 21 世纪，人类进入信息科技时代，人与人之间的交往已经超越了城乡的地理距离，做到随时随地沟通交流。目前，利用信息科技加入全球联系网络的人数正在不断增加，全球越来越多的乡村加入全球联系的行列，全球城市之间、城乡之间、乡村之间的联系也更加平等，整体呈现扁平化、网络化的趋势。但是由于全球不同地区的经济发展存在显著的差异，城乡的技术水平同样也存在显著差异，所以还有很多国家的城乡没有融合。

信息科技正在改变全球城乡网络体系的重心，总体上正由沿海地区向内陆地区转移，由欧美地区向亚洲地区转移，由城市地区主导向城乡一体主导转移。信息科技使人与人之间的交流更加方便快捷，一方面大大改变了全球城乡之间的联系格局，由树状结构向扁平结构转变；另一方面，改变了不同城市、乡村在联系网络中的地位，使全球城乡联系网络的重心发生变化。随着科技的发展，联系方式不断便捷化，不仅越来越多的城市加入全球城乡联系网络中，越来越多的乡村也加入其中。进入 21 世纪，信息科技的大规模爆发使全球城乡联系格局又一次发生巨大改变。越来越多的中小城市或中小乡村加入全球联系网络中来。大城市与中小城市之间、不同的中小城市之间、乡村与城市之间，不再像过去那样必须通过中心节点城市来连接，它们之间的联系变得前所未有的紧密，原有中心节点城市在全球联系网中的地位有所下降，层级化现象大大减弱，全球联系网络更加扁平化。许多发展中国家的城市甚至乡村都成为全球联系网络的新重心，虽然欧美城市仍在全球联系格局中占据主导地位，但拉美、南亚、东亚、非洲等地区的城市在全球城市联系格局中的地位明显提升。

信息科技塑造"软联系""硬联系"正在改变全球城乡的空间形态，创造新的城乡空间体系。"硬联系"是有形的联系，即各种交通运输联系，是指借助公路、铁路、汽车、高铁、航运的物理基础设施将经济主体联系在一起，联系内容主要表现为商品、货物、资源等有形物质。从"硬联系"的性质和表现形式来看，其更容易随着时间的推移而变化并最终消失。"软联系"是无形的联系，即各种信息科技的联系，是指借助于通信、信息科技、数字网络等设施将经济主体联系在一起。语言、文字、数据、电话、网络等的发展，使软产品的服务更容易保留和共享，从而导致"软联系"在时间上更持久，在空间上更广泛和便捷。总的来说，互联网、物联网等信息技术的发展，使无论是"硬联系"还是"软联系"，都发生了翻天覆地的变化，并且"软联系""硬联系"也变得日益密切。虽然"硬联系"也变得更加便利，但是"软联系"已经突破"硬联系"的时空限制。此外，从通信到电报，到固定电话和移动电话，再到计算机和互联网的兴起和普及，联系内容表现为知识、思想、通信、信息等无形资产，并且"软联系"不受空间的限制。无论是在城市之间还是在城市内部，抑或是城乡之间，"软联系"均表现为同种形式和内容。随着科技水平的提升，其载体也由电报、移动电话变为计算机、互联网，信息知识的媒介也变为从书籍、报纸刊物到广播、电视，最后由电视广播到现在的互联网等。当前的"软联系"不仅继承了以往"硬联系"的资源和经验，而且比"硬联系"更具时效性、广泛性、丰富性、影响性。由于受到"硬联系"的限制，一方面所有城市并没有参与到全球城市体系中；另一方面也是最重要的，是作为承载大部分人口的乡村空间仍然很难融入全球城乡体系中。全球城乡空间格局也限于各个国家或区域中心，处于有限分割状态，如马车"硬联系"时代，各国首都作为政治中心联系国内的一些城市；铁路"硬联系"时代，城市稍微打破区域限制成为区域的中心，此时城市格局总体均处于分散、分割状态。而"软联系"压缩时空距离，虚拟活动赋予城市新内涵。随着科学技术的发展，人、物、城之间的联系大大加强，人类、物品、城市存在的空间状态都发生了深刻的变化。信息科技衍生的全球"软联系"突破时空状态，不仅可以使城市内部城乡之间，而且使城乡可以快速与世界上其他城乡进行交流、合作，取其精华、去其糟粕，加快城乡内涵的形成并变得更加多样化、包容化。

科学技术对城乡体系发展的影响还与城乡经济发展水平密不可分。城乡经济发展水平的差异性决定了科学技术影响的差异性特征，更是最终决定了城乡体系的异质性特征。在发达区域由于城乡之间经济发展水平较低，从而随着信息科学技术水平的提升，乡村地区进一步融合进城市地区，进而已经呈现城乡一体的特征。对于发展中城市而言，城乡差异仍然较大，信息科学技术也率先由发达国家城市传入发展中国家城市，并且率先在发展中国家中心城市或城市中心进行发展，从而在此条件下，城乡的差异可能还在不断扩大。

三　制度文化是城乡繁荣的根本动力

制度文化作为人类社会的基础性制度，潜移默化地影响一个城乡的每一个居民。制度文化是城乡价值的灵魂，是城乡价值的体现，也是城市区别于其他城市的根本所在。它在城乡体系的形成和发展过程中发挥着不可忽视的作用，特别是对城市而言，其作用更为明显。先进的城市往往具有一整套先进的制度文化作为支撑，它是一个城市能够历经历史的磨炼而不衰的根本原因。例如，一个城市的营商环境会与其人均收入存在显著的正相关关系，营商环境越好，市场就越活跃，进而人均收入也就越高。从当前城市营商环境的角度看，北美洲、欧洲、大洋洲地区法制比较完善，营商环境也相对较好；而东亚地区、南亚地区和南美地区在这方面不太健全，有待进一步完善。从历史的角度看，制度文化对一个城市的长远发展同样至关重要。公元 8 世纪时，中国是当时世界上最发达的国家，中华文明盛极一时，无论是制度还是文化都是当时世界最先进的，这也使长安成为世界上最大的都市之一。公元 11 世纪，经过几个世纪的战乱以后，中国再次成为全世界经济上最富足、文化上最繁荣、制度上最先进的国家，中国著名史学家陈寅恪称曰："华夏民族之文化，历数千载之演进，造极于赵宋之世。"此时，中国的首都汴京也顺理成章成为最繁华的大都市之一。公元 17 世纪，凭借资本主义制度的崛起和文化的繁荣，工业革命随之发生，工商业的繁荣使伦敦人口急剧膨胀，并逐步发展成为世界的中心城市。20 世纪 80 年代初期，深圳还是香港附近的一个小渔村，但是借助于中国改革开放的东风，成为四个经济特区之一，随后深圳开启了快速发展的模式，经过近 40 年的发展，深圳已经成为中国最富裕也是最有活力的城市之一。通过以上几个例子，我们同样可以发现，先进的制度文化是城市发展的重要条件。

制度文化对城乡的影响与人口的迅速扩散和信息技术的高速发展息息相关。一方面，随着城市化的不断推进，各国的城市、城乡人口已经进行了大范围流动，这无疑会推动制度文化的不断变革。另一方面，信息技术的高速发展又会加快这一人口扩散趋势并造成新的问题，从而也会推动制度的革新。

四 城市生产总值在全球经济中起决定性作用

城市经济是伴随着农业与手工业的分离和商品交换的发展，引起城乡分离而产生的。工业革命发生之前，城市是商业和手工业荟萃之地。城市作为当时的政治、军事、宗教中心，在世界经济中并不耀眼。机器大工业出现后，工业日益集中在城市使其规模不断扩大，与世界贸易共同促成了国内市场和世界市场的形成，城市成为工业生产、商业、金融、交通的中心，城市经济占世界经济的比重不断提升。科技革命以后，随着第三产业的高度发展，经济结构的转变让城市更加成为经济集聚之地，不仅大幅度拉开了城市与农村的经济距离，而且城市成为全球经济的指挥中心，支配着全球经济的发展。从产业发展来看，城市经济的重要作用也是如此。全球非农业增加值占 GDP 的比重在 2019 年为 95% 左右，农业增加值仅为 4% 左右，并且仍在逐年上升之中；而非农产业主要集中在城市，城市经济与全球经济紧密相连并支配全球经济的走向，形成了"一荣俱荣，一损俱损"的联动效应。从全球主要国家的农业增加值比重来看，大部分国家（多达 127 个国家）的农业增加值均在 10% 以下，即城市经济在国家占据主导地位。从农业从业人口占比来看，大部分国家的农业从业人口占比也均低于 20%，更有 122 个国家的农业从业人口占比低于 10%，这同样表明城市经济的重要性。2022 年，全球生产总值排名前十位的城市（纽约、洛杉矶、东京、巴黎、伦敦、上海、北京、旧金山、芝加哥、费城）的产值占全球 GDP 总量的 7.51%（见表 2-9）。以纽约、洛杉矶、东京等城市为例，其城市的经济达到了"富可敌国"的程度。经济发达的城市已成为国家代表参与到全球经济与竞争之中，并发挥着重要作用。

表 2-9　　　　　　　　**2022 年世界 10 个大都市生产总值**　　　　　（单位：亿元）

国家	城市	2022 年生产总值	国家	城市	2022 年生产总值
美国	纽约	76200	中国	上海	44000
美国	洛杉矶	71000	中国	北京	41800
日本	东京	64100	美国	旧金山	40300
法国	巴黎	47100	美国	芝加哥	37500
英国	伦敦	46400	美国	费城	36500

资料来源：笔者根据 our world in data 数据库数据整理。

人口不断向城市聚集，促使城市经济地位越来越重要。农村人口不断向城市聚集（即城市化率提升），将导致农业从业人口占比迅速下降。从农业从业人口占比与城市化率的关系可以看出，当主要国家的城市化率在 80% 以上时，农业从业人口占比已经低到 10% 以下；而当城市化率在 40% 以下时，大部分国家的农业从业人口占比均在 40% 以上。大量的农业从业人口意味着无法发挥人口的潜力，导致城市经济占比不高。这一点从经济增长与城市化率之间的关系中也可以看出，城市化率越高的国家，人均 GDP 也相应越高。据麦肯锡"全球城市 600"研究成果预测，从全球城市的规模来看，全球 GDP 超过 50% 的增量来自中等城市，11%的增量来自巨型城市，最后 30% 的增量来自其他城市和农村地区；从发展程度来看，发展中地区的城市贡献了 73% 的全球增长，所以城市化是全球经济增长的最大引擎。

随着经济的发展，当前的经济还表现为有形的产品和无形的产品。无形的产品包括知识、数据、思想、信息服务等看不见、摸不着的产品，经济主体感觉不到它的存在。既用手触摸不到它。也凭视觉看不到它，这些产品不受人力、机器等有形物质资本空间的限制。特别是相对于有形产品的实际物质性和价值的确定性，无形产品的作用特征表现为通过无形的联系把经济事物联系起来。而无形产品的价值具有不确定性，相对于有形产品而言，无形产品的价值更大，其创造出的价值具有显著的规模报酬递增趋势，并且这一价值还具有显著的扩散效应。信息技术的发展，导致无形产品在人类活动中（即无形产品的生产、运输、消费与储存）的占比越来越大了，专利、商标等无形资产（知识产权）在社会经济中的成分大大增加。世界知识产权组织对各企业产品生产的全球价值链进行研究后，得出全球销售的制成品近 1/3 的价值源于品牌、外观设计和技术等"无形资本和服务"。其中，2000—2014 年，无形资本和服务平均占所销售制成品总值的 30.4%；无形资本和服务份额从 2000 年的27.8% 上升到 2007 年的 31.9%，并一直保持稳定。总的来说，无形资本收入在 2000—2014 年实际增长了 75%。从服务角度看，传统的服务基本都是低效率产业，如送报、送信、办事等均是同时同地的面对面、人对人进行服务，又如看电影、看球赛只能到电影院和体育馆等。但随着这40 多年网络和信息技术的发展，软件、电影、音乐、电子读物、信息服务等数字化产品的应用导致服务水平获得巨大提升。服务或产品信息可以非常便捷、低成本地送给消费者，人们也可以非常便捷、低成本地得到所需要的信息、电影、球赛和产品，也可以非常快捷地解决要处理的事务，可以说无形产品和服务得到了迅速发展。

金融资本为现代城乡发展提供关键动力。金融是现代经济的血液，其不仅决定了城市地区经济发展的高度，更决定了农村地区经济发展的高度，某种意义上说金融资本对乡村发展而言更为重要。从金融水平和人均收入的关系来看，金融水平越高的城市，其人均收入也往往越高，两者存在较强的相关性，这也间接说明了金融在促进经济发展过程中的重要作用。从当前全球主要证券市场的分布来看，由于全球金融市场存在分割性，当前世界的金融体系基本上是若干主要全球性金融中心和若干区域金融中心并存的格局。全世界共有 60 个主要股票交易所，其股市交易额占据全球交易额的93%。在这些股票交易所中，又有 16 个交易所的市值超过 1 万亿美元，占全球总市值的87%，它们组成了股票交易市场的"1 万亿美元俱乐部"。其主要分布在三大地区：北美地区、西欧地区和东亚地区。在北美地区，纽约证券交易所的市值达到惊人的 18.486 万亿美元，高居榜首，纳斯达克和多伦多证交所的市值紧随纽约证交所之后，分别为 7.449 万亿美元和 1.697 万亿美元。在西欧地区，就市值而言，前五大交易所分别是泛欧交易所（3.379 万亿美元）、伦敦证交所（3.272 万亿美元）、德意志证券交易所（1.738 万亿美元）、瑞士证券交易所（1.479 万亿美元）、纳斯达克 OMX 交易所（1.253 万亿美元）。在东亚地区，日本证券交易所集团的总市值达 4.9 万亿美元，位居东亚地区首位，其次是上交所、深交所、港交所，其市值分别为 4.46 万亿、3.42 万亿、3.17 万亿美元。从全球金融资源的变迁来看，目前世界经济的中心持续东移，基本形成了北美、西欧、东亚三足鼎立的局势；与此同时，三大板块也基本形成了各自的全球金融中心，如北美的纽约、西欧的伦敦、东亚的东京和香港。另外，许多地区或国家又存在各自的金融中心，如中国的上海、印度的孟买、东南亚的新加坡、法国的巴黎、德国的法兰克福、加拿大的多伦多、澳大利亚的悉尼等，这些全球和区域金融中心城市形成了一个层次分明、布局合理的全球金融体系。这些金融集聚的城市经济发展水平处于全国甚至全球的前列，导致大量的农村地区缺少金融资本进入，使发展持续低迷，城乡差距不断加大。

经济发展对城乡体系的影响与城乡人口、空间环境、科学技术等方面息息相关。在城乡经济体系的发展过程中，一方面，在交通技术的加持下，城市人口的不断聚集带来城市经济的持续繁荣和农村经济的不断衰退，进而形成以城市为主体的城乡经济体系；另一方面，在城市经济发展到一定程度以后，在成本收益的决策条件下，城市中心的人口、技术又会向农村进行转移，促进农村经济的崛起与发展，从而形成城乡一体的城乡经济体系。上述这一过程由于不同国家、不同区域等空间环境存在的差异，而呈现不同状态。

五　经济的空间特征决定城市化的空间特征

高收入经济体的城市化显著高于中低收入经济体。根据世界银行的划分标准，高收入经济体是人均 GNI 大于 13205 美元的国家，人均 GNI 少于 1085 美元的国家为低收入国家（LIC），人均 GNI 介于 1086 美元与 4255 美元的为中等偏下收入国家（LMIC），人均 GNI 介于 4256 美元与 13205 美元的为中等偏上收入国家（UMIC），目前高收入经济体主要包括北美、欧洲等区域的发达国家，中低收入经济体包含亚洲和非洲等区域的主要国家。从表 2 - 10 中可以看出，2022 年高收入经济体的城市化率已经达到了 82.24%，而中低收入经济体、低收入经济体的城市化率分别仅为 42.60%、34.14%。这是由于高收入经济体的城市化始于 18 世纪 60 年代英国的产业革命，18 世纪中叶到 19 世纪末为起步发展阶段，到 1900 年城市化率已经达到了 31%，19 世纪末到 20 世纪中期为高速发展阶段，到 1955 年城市化水平已达到 61%。而中低收入和低收入经济体城市化进程起步晚，1950 年中低收入经济体的城市化率为 17%，低收入经济体的城市化率仅为 9%，2000 年中低收入经济体的城市化率为 33%，低收入经济体的城市化率也仅为 25%。此外，新兴经济体国家陆续进入城市化社会。2022 年中等收入经济体的城市化率为 54%，在 2014 年刚超过 50%，随着世界城市化率的不断上升，多数人进入了城市。中等收入经济体城市人口聚集比重较大。从人口总量来看，2022 年高收入经济体和中高收入经济体的城市人口数量分别为 10 亿人和 18.8 亿人，而中等收入经济体的城市人口为 32.7 亿人，中低收入经济体、低收入经济体的城市人口数量分别为 13.9 亿人、2.6 亿人，农村人口也分别达到了 18.8 亿人、5.1 亿人。总体而言，中等收入经济体的人口聚集比重较大，且大部分人口仍处于低收入状态。从区域来看也是如此，亚洲地区非农人口聚集最为明显，因为亚洲地区分布较多新兴经济体，经济发展活跃，城市发展较为迅速。

表 2-10　　　　　　2022 年各收入层级经济体城市化率

类型	城市化率（%）	城市人口（亿人）	农村人口（亿人）
高收入经济体	82.24	10.01	2.16
中高收入经济体	69.69	18.79	8.17
中等收入经济体	54.86	32.71	26.93
中低收入经济体	42.60	13.92	18.75
低收入经济体	34.14	2.63	5.07

资料来源：笔者根据 our world in data 数据库数据整理。

全球城市用地占比仍然较低，城乡土地空间与城乡人口不匹配。人类对城市的开发和建设，直接体现在地表景观上，从古至今城乡用地结构发生了巨大的变化。随着城市的不断扩张和发展，城市用地占全球开垦数量的比重越来越高。但是当前全球城市用地占比仍然较低，城乡土地空间与城乡人口不匹配。2015 年，从全球各类型土地利用及占比角度看，城市用地面积为 224 万平方千米，占比仅为 0.017，处于相当低的水平。即使是除去不可利用的土地（永久性结冰、半天然土地、荒无人烟、野生林地），城市用地面积占耕地、牧场、村庄、城市总面积的比重也仅为 0.034 左右，大部分用地均为农业用地。此外，从表 2-11 中同样可以看出，村庄面积为 937 万平方千米，占比为 0.0711。村庄面积是城市面积的 4 倍多，这与城乡人口的空间分布格局完全不匹配，当前全球城市化率已经达到了 57%，即表明有超过一半的人居住在 3% 左右的土地面积上（可利用土地），另一半人居住在 14% 的土地面积上（可利用土地），城乡空间面积利用显著不平衡。

表 2-11　　　　　　2015 年全球各类型土地利用及占比

类型	利用面积（平方千米）	占比	类型	利用面积（平方千米）	占比
耕地	19379053	0.1470	城市	2237074	0.0170
牧场	34900571	0.2648	村庄	9365333	0.0711
永久性结冰	2558174	0.0194	荒无人烟	16001211	0.1214
半天然土地	31963461	0.2425	野生林地	15399162	0.1168

资料来源：笔者根据 our world in data 数据库数据整理。

　　不同经济体和不同区域的城乡用地结构存在显著的差异。2010 年，从不同区域和不同经济体来看，同样存在城市用地占比相对较低的状态。但是，不同经济体和不同区域又存在一定的差异。其一，高收入经济体的城市用地面积占比显著高于低收入经济体。高收入经济体的城市用地面积占比为 0.508，而低收入经济体的城市用地占比仅为 0.0037，中等、中低、中高收入经济体的城市面积占比基本在 0.022 左右。其二，北美、欧洲和中亚等地区的城市用地占比要显著高于其他地区。北美的城市用地占比为 0.0513 左右，而中东和北非、东亚等地区的城市用地平均占比要低于 0.03，特别是撒哈拉以南非洲城市用地占比仅为 0.0059。从各个国家来看，不同经济体城市用地占比分化显著。发达经济体的城市用地面积占比基本均处于较高水平，如日本、意大利、英国、韩国、德国、法国等国家的城市面积占比均在 0.15 以上，日本更是达到了 0.2982；美国虽然城市用地面积最大，但是由于其总体面积较大，城市用地面积占比为 0.0877。新兴经济体的城市用地面积占比普遍相对较低，如印度、南非、中国、菲律宾、印度尼西亚等国家的城市用地面积占比要低于 0.08，特别是部分人口大国的城市用地面积还要低于人口小国的城市用地面积。

表 2 - 12　　　　　　2010 年全球各类型和各区域城市用地及占比

类型	城市用地面积（平方千米）	土地面积（平方千米）	占比	区域	城市用地面积（平方千米）	土地面积（平方千米）	占比
高收入经济体	1773492	34935560	0.0508	欧洲和中亚	861358.9	27443590	0.0314
中等收入经济体	1766132	79098640	0.0223	中东和北非	261305.5	11223642	0.0233
中高收入经济体	1182050	53581312	0.0221	北美	928603.4	18113064	0.0513
中低收入经济体	584081.8	25517328	0.0229	东亚	701588.1	24423342	0.0287
低收入经济体	55284.54	14953457	0.0037	撒哈拉以南非洲	140495	23852708	0.0059

续表

类型	城市用地面积（平方千米）	土地面积（平方千米）	占比	区域	城市用地面积（平方千米）	土地面积（平方千米）	占比
				拉丁美洲	462259.6	20041784	0.0231

资料来源：笔者根据 our world in data 数据库数据整理。

表2－13　　　　　　全球主要国家与地区城市用地及占比

	城市用地面积（平方千米）	土地面积（平方千米）	占比		城市用地面积（平方千米）	土地面积（平方千米）	占比
日本	108678.2	364500	0.2982	墨西哥	102418.1	1943950	0.0527
意大利	73540.88	294140	0.2500	南非	53460.31	1213090	0.0441
英国	58698.75	241930	0.2426	伊朗	69242.77	1628760	0.0425
韩国	21922.02	97200	0.2255	中国	380679.3	9424701	0.0404
德国	62374.2	348570	0.1789	菲律宾	10817.37	298170	0.0363
法国	86463.06	547557	0.1579	埃及	24270.23	995450	0.0244
西班牙	69794.59	500010	0.1396	印度尼西亚	42076.83	1811570	0.0232
欧洲联盟	489212.7	3999060	0.1223	阿根廷	55032.2	2736690	0.0201
波兰	30501.34	306280	0.0996	沙特阿拉伯	41223.74	2149690	0.0192
美国	802053.6	9147420	0.0877	尼日利亚	17196.23	910770	0.0189
印度	222688.2	2973190	0.0749	巴西	134981.4	8358140	0.0161
芬兰	20052.17	303900	0.0660	加拿大	126511.2	8965590	0.0141
南亚	273701.7	4771577	0.0574	俄罗斯	187538.1	16376870	0.0115
土耳其	44090.16	769630	0.0573	澳大利亚	36745.7	7682300	0.0048

资料来源：笔者根据 our world in data 数据库数据整理。

第 三 章

农业时代的全球城市发展[*]

第一节 全球城市发展：全球的中心的中心

非农要件交互的规模经济与交互成本（尤其是空间占用成本和移动成本），导致非农经济空间出现，带来城市革命。而全球中心城市是全球价值链中心和全球发展的火车头。自"城市革命"以来，全球中心城市经历了不同区域城市不断接棒的过程，具体如表3-1所示。

表3-1 全球中心城市的主要活动

时间（年）	城市	中心活动	人口（人）	面积（平方千米）
BC7000	耶利哥（杰里科）	商业、宗教中心	1000	
BC3700	埃利都	城邦、宗教中心	6000	0.1
BC2900	乌鲁克	政治、宗教中心	80000	
BC2500	拉格什	政治中心	60000	1.94
BC2400	马里	政治、贸易中心、交通中心	50000	
BC2300	吉尔苏	宗教或仪典中心	80000	
BC2100	乌尔	政治中心、贸易中心	100000	0.89
BC2000	拉尔萨	政治中心	40000	
BC1900	伊辛	政治中心	40000	
BC1800	马里	政治、贸易中心、交通中心	60000	
BC1700	巴比伦城	政治中心、文化中心	60000	9

---

* 李博（天津理工大学管理学院）、马洪福（天津财经大学经济学院）对本章亦有贡献。

续表

时间（年）	城市	中心活动	人口（人）	面积（平方千米）
BC1500	底比斯	古埃及的宗教、政治中心	60000	
BC1300	殷墟	政治、经济、文化、军事	120000	
BC1200	培尔—拉美西斯	政治中心	160000	15
BC1000	底比斯	古埃及的宗教、政治中心	120000	15.2
BC800	镐京	政治中心、文化中心、经济中心	125000	
BC700	底比斯	政治中心	100000	
	临淄	政治、商业中心	100000	
	巴比伦	政治中心、文化中心、贸易中心	100000	9
	孟斐斯	政治、宗教、文化中心	100000	7.2
	尼尼微	政治、经济中心、贸易中心	100000	7.2
BC600	洛阳	政治、文化中心	200000	9
BC500	洛阳	政治、文化中心	200000	
	巴比伦	政治中心、文化中心、贸易中心	200000	8.99
BC300	迦太基	首都、贸易中心、文化中心	500000	3.15
BC200	长安	政治中心、文化中心、经济中心	400000	36
	亚历山大	政治中心、交通中心	600000	
AD100	罗马	政治中心、文化中心、经济中心、宗教中心	1000000	14
AD500	君士坦丁堡	政治、经济、文化中心	500000	23
	长安	政治中心、文化中心、经济中心	600000	87.27
AD700	长安	政治中心、文化中心、经济中心	1000000	87.27
AD800	长安	政治中心、文化中心、经济中心	750000	87.27
	巴格达	政治中心、经济、贸易、交通和宗教中心	700000	30
AD1000	科尔多瓦	政治、文化、宗教中心	450000	
	巴格达	政治中心、经济、贸易、交通和宗教中心	1200000	
	开封	政治、经济、文化、交通中心	1000000	27.37
AD1100	开封	政治、经济、文化、交通中心	1500000	27.37
AD1200	杭州	政治中心、经济中心、商业城市、交通中心	1000000	17.5

时间（年）	城市	中心活动	人口（人）	面积（平方千米）
AD1300	杭州	政治中心、经济中心、商业城市、交通中心	1500000	17.5
AD1300	开罗	经济中心、商业城市、交通中心	500000	
AD1400	南京	经济中心、政治中心、文化中心	1190000	230
AD1500	北京	经济中心、政治中心、文化中心	706000	60.06
AD1700	伊斯坦布尔	政治、经济、文化中心	700000	

资料来源：笔者整理。

从上述农业化时代全球中心城市的演变可以看出，在农业化时代，城市的产生和发展紧密依赖于政治力量、农业生产和技术进步。这一时期的城市，主要由统治者、军队、僧侣、手工业者等少量非农业人口构成。农业生产剩余的增加与农业技术的发展（如耕种方式和农具的改进）是支撑城市规模扩大和非农人口增长的关键因素。同时，运输体系的效率（特别是运河和陆海运输的发展）也在城市规模和范围的确定上发挥了重要作用。在这一阶段，政治制度的变迁对城市发展产生了深远影响。帝国的出现与扩张加速了城市的形成和大型化，城市逐渐成为政治、文化和经济的中心。随着商业资本主义的萌芽，城市的兴衰开始逐步摆脱政治权力的直接控制，经济功能开始取代政治功能，反映了生产力发展和社会结构变化的深刻性。

政府的强大政治力量是这一阶段城市形成和发展的主导因素。企业活动主要围绕权力中心展开，与政治力量紧密结合。家庭在这一时期的作用相对较小，主要从事农业生产和为城市提供基本服务。城市生产与消费活动依赖于农业剩余和手工业产品。学习与创新主要体现在文化和宗教领域。城市间的竞争与合作主要体现在帝国间的政治和经济互动。城市的人口资源和人力资本集中在精英阶层。科技（特别是农业技术）进步，对城市规模和人口支撑能力有重要影响。物质资本和土地资本的增长与农业剩余密切相关。制度文化在城市治理和文化传播中体现。产业耦合反映在政治、农业和手工业之间。空间耦合体现在城市与其农业腹地之间的互动中。时间耦合体现在城市发展的历史进程中。综上所述，农业化时代的城市发展是一个由政治力量主导的过程。随着农业生产技术的进步和社会结构的变化，城市逐渐从单纯的政治中心转变为经济和文化中心，这一变化预示着城市发展模式的根本转变。

一　人口：低效的农业仅能支撑少量精英非农人口，城市规模长期徘徊在较低水平

由于早期城市主要为统治者所建，故而最早一批脱离农业生产并能够聚集于城市的人，主要是阶级社会中的统治者，以及为统治者服务的军队、僧侣、随从、手工业者等。所以，最早的生产剩余除了一部分流入市场用于交换外，很大一部分被统治阶级占有。统治者用这些剩余去养活自己的军队、神职人员、随从、工匠。也就是当人们被迫将农业剩余交到统治者手中的时候，城市便开始兴起了。

在全球城市的产生期（公元前 35 世纪到公元前 6 世纪），全球中心城市的人口从不足 1 万人徘徊增长到 20 万人。大量的当地居民与少量的外地居民构成城市人口，官员、军人、宗教人员、商人、手工业者等非农业人口是主体。公元前 3700 年，埃利都（Eridu）的 0.6 万居民中已经有少量从事非农生产的商人、织工、铁匠、工匠等。乌鲁克（Uruk）在公元前 3500 年和公元前 2900 年两个强盛期，人口从 1.4 万人左右增长到 8 万人。马里（Mari）在公元前 2400 年的强盛期，人口规模曾达到 5 万人。巴比伦城在公元前 1700 年和公元前 6 世纪是世界上最大的城市，人口也从 6 万人波动增长到 20 万人，成为第一个人口突破 20 万人的城市。在东亚，公元前 1300 年的殷墟、公元前 800 年的镐京、公元前 600 年的洛阳人口分别达到 12 万人、12.5 万人、20 万人。

全球城市的发展期（公元前 5 世纪到公元 15 世纪），不断变迁的全球中心城市人口在波动中增加（见图 3－1），规模上限从 20 万人增长到 100 万人，各类精英人口来自帝国各地及其周边的广大区域。公元前 5 世纪，雅典城邦人口达 25 万人；公元前 300 年，迦太基（Carthage）的人口达 50 万人；公元前 200 年，长安人口达到 40 万人。公元 100 年的罗马人口达 100 万人，500 年的长安、君士坦丁堡的人口分别为 60 万人、50 万人，700 年的长安人口突破 100 万人，1000 年的巴格达人口达 120 万人，1300 年的杭州人口达到 150 万人，1400 年的南京人口突破 100 万人。

这些城市人口除了来自帝国统治区域，还有一定比例来自更远的欧亚甚至非洲各地。除了商业和手工业者，这些城市也会聚了当时世界的政治、文化、商业精英。在帝国政治中心（如罗马、君士坦丁堡、巴格达等），政治权力以及利益诱导使各类政治、经济、科技、文化、艺术等专业人才高度聚集。在经济贸易中心（如迦太基、开封、杭州等），除了政府官员外，商业精英数量众多。而在宗教文化中心（如罗马等），宗教、文化和思想精英会聚。

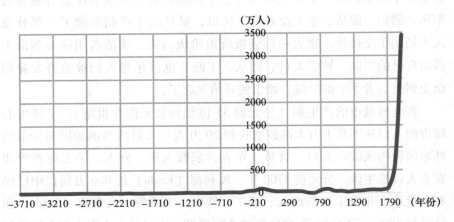

图3-1 全球最大城市人口变化

总体上，农耕文明时代，农业生产的剩余仅能支撑有限的非农人口，全球中心城市的人口规模长期徘徊在较低水平。全球城市聚集着最高素质的时代精英，从事政治治理、有形与无形产品的创造，以及商业贸易和知识交流。

二 技术：农业生产技术与运输体系效率极大影响着城市的规模与范围

前文已述，大都市繁荣的经济活动是以强大的权力为后盾的。在农业时代，市场经济还未得到充分的发展，要维持大规模人口的日常生活，除了要有一个强权控制物资供应和征收农业剩余外，物资生产和运输的技术也对城市的发展和规模具有重要影响。

在农业社会，即使在相当繁荣的地区，要让一个人脱离土地生活，就需要超过 10 个人的供养。城市文明在初期就是靠着这样少量的农业生产剩余来支撑的，而这点剩余完全可能因为干旱、水涝、瘟疫、社会混乱或战争而遭到破坏。所以，城市的人口规模与农业生产力的发展息息相关，也与供养这个城市的农业腹地范围相关。波尔顿曾经计算，一座 3000 人口的城镇每年至少消费掉 1000 吨谷物，这就相当于 4500 英亩耕地的年收成。如按二圃制生产，这个面积加上休耕地，共需耕地 9000 英亩；如按三圃制生产，也需要 7500 英亩的耕地来供养。

毫无疑问，农业生产技术的发展对农业剩余产出与可供养非农人口具有重大影响。作物种植活动是农业活动最早发展的一类，与土地和水资源的调动有着密切的联系。农业技术发达的地区更容易供养出大型城市。以中国为例，原始的农业耕种方式即刀耕火种，而原始的农业劳动协作形式为集团式协作。刀耕火种时期，农业工具以兽骨与石器类为主。而且在刀耕火种阶段，生产工具最主要的变化在于石器耕锄的改善。参与农业生产的石器越来越多，耒耜的出现是最重要的标志，刀耕火种时期逐渐结束，华夏文明开始使用工具开垦农田。在商周时代，农业的生产模式开始出现早期变革。青铜农具的出现终结了古老的刀耕火种，而春秋战国时期的铁农具与牛耕使小农经济得以出现，农作物方面，先秦时期已经出现了传统五谷，按照汉朝给出的分类，大概有稻、黍、稷、麦、菽五种。

汉王朝时期，大一统社会促进了农业的飞速发展。耕地方面，汉代兴盛时期的耕地面积在 57700 万亩左右，人均耕地量大概为 9.68 亩，平均亩产 140 市斤。汉代的农业工具出现了除牛耕之外的犁耕，耦犁出现带来了二牛三人一组的耕地组合方式，还有二牛抬杠法等，与之配套的还有楼车、翻车等翻土、灌溉工具。除草收割工具方面，基本也是改进原先的常用铁农具。石榴、葡萄、大蒜、黄瓜、苜蓿、葵、蚕豆、胡桃、胡椒、苡薏等作物被引进，这个亩均产量水平一直维持到隋唐。

两宋时期由于科技进步，生产力有了大幅度提升，平均亩产达到了 220 市斤左右。耕地播种基础工具方面，进一步改进了耕犁，甚至在犁床上加装了除草的一些装置，另外还出现了镗头等新的翻土工具，秧马等水田播种工具也在此期间出现。灌溉技术方面，麦田的灌溉技术进一步细致化，另外南方水田在发展收割农具方面突飞猛进，有芟麦器等发明。

宋代时期引入的越南占城稻大大促进了南方水田的发展，此外胡萝卜也在这个时期传入中原。元朝时期虽然短暂，但农业生产力也有提升，主要体现为宋时期的很多农业工具都被改造完善。

明清时代，农业生产力进一步发展，进入了中国小农经济最高峰，亩产达250—280市斤。耕地播种基础工具方面，基于对唐代耕架的改良，制作出了带动犁的传动工具。灌溉技术方面，基础的引水灌溉方式更加合理化，常见的灌溉工具也得到了改进。除草收割工具方面，种类更加全面。加工方面，石磨碾具等物品的普及率变得更高了。此外，由于航海时代到来，许多新的种植物品流入，比如红薯、玉米、菠萝、烟叶、番茄、苦瓜等。

农业时代的大城市和特大城市必须靠权力来获取农业剩余支撑。唐代长安盛期的人口数量为100万人左右；北宋开封、南宋杭州盛期的人口数量为150万人左右；北京历元、明、清三代都是帝国的首都，其人口规模在元朝盛期约为95万人，明朝和清朝盛期均为100万人左右。虽然农业技术的发展是亩产增加，农业剩余增多，但要供养人口如此众多的城市，仅靠本经济区域内的农业生产是无法维持的，城市需要从远方运输粮食。唐都长安从关东输入的粮食，每年都有数十万石，多时达数百万石。北宋开封仰赖于江淮漕粮，每年漕额为600万石左右。元、明、清时期，京师人口全赖江南粮米接济。从江南调运北京的粮食，元朝时期每年少则100余万石，多则300余万石；明朝初期数额不固定，每年少时100万石，多时达500万石，明中叶以后至清朝则固定在400万石左右。除政府调运外，商人每年也向首都贩运大量粮食。长距离的粮食转运，需要有一个比较便利的运输体系。除元朝主要依靠海运外，其他朝代都主要依赖运河向首都漕运粮食。因此，历代政府都很注意运河的开浚与维护，其中京杭大运河对首都的粮食供给发挥了长久而关键的作用。在人类历史上，运河为促进农业、商业和工业文明的发展贡献了重要力量。据统计，全球目前有1000余条运河，沿线坐落着4000多座城市，占全球城市数量的近30%。运河城市在促进贸易、发展经济、支持灌溉和排涝的同时，也支撑了大城市的繁荣。

除运河外，其他运输方式的进步也在支撑城市发展方面起到重要作用。公元初，罗马有将近100万人，小麦的消费总量约为4000万摩底

（1 摩底约为 8.75 升），其中，75%—95% 的数量是从意大利以外的地方输入的。其中既有陆运，也有海运，并且整体上海运更为普遍。罗马城依靠强权和运输网络解决了粮食供应问题，其消耗的粮食来自埃及、西西里、非洲、高卢和西班牙等国家与地区，使罗马城里的非农从业者和宫廷得到充足的粮食供应。

三　制度：帝国的出现加速了城市的形成和大型化，商业资本主义萌芽促使城市的兴衰开始摆脱权力变化

农业时代的城市普遍具有政治性质。事实上，正是因为城市里有强大、稳定的政治力量，工商业才欣欣向荣。早期城市中的工商业是以权力为基础而发展起来的，并主要为统治阶级服务。在古代的两河流域，工匠和商人的职业活动依赖于城市统治者，有些贸易（如对武器制造极为重要的金属贸易）甚至为王室所垄断。与权力有联系的商人集团推动了对武器和奢侈品的贸易，从而也催生了独立的工匠，他们聚集在城市，进行生产与交易。

在全球城市的产生期（公元前 35 世纪到前 6 世纪），中心城市大多集跨国的政治、商业和祭祀功能于一身。一些中心城市通过征战主导与贸易辅助聚集周边的要素、商品和财富，同时促进物质和精神产品的生产活动。乌尔作为城邦中心（公元前 3000 年）和王朝首都（公元前 2111—前 2003 年），通过权力聚集其统治地区的资源，制造手工产品、发明楔形文字和泥板书，并传播到地中海、小亚细亚、印度河流域甚至更远的地区；马里在公元前 2400 年是美索不达米亚平原上最鼎盛的中心城市，在公元前 1800 年是拥有 42 所古兰经学校的文化和宗教中心。腓尼基城邦公元前 1200 年到前 800 年成为地中海及欧亚非一定区域的象牙、乌木、棉布、粮铁贸易中心。雅典从公元前 8 世纪到前 4 世纪不仅是希腊城邦联盟的政治中心和工商业中心，而且是辐射欧洲、北非和亚洲部分区域的贸易和金融中心，同时也为文化创造和传播中心，影响世界深远。

农业时代城市的繁荣程度，往往与城市作为政治中心在整个权力层级中所处的地位相联系，地位越高，城市也相应的更加繁荣。在全球城市的发展期（公元前 5 世纪到公元 15 世纪），帝国频频出现，帝国首都凭借军事与政治力量强夺要素和财富，一些具有生产及交换优势的城市，

借助帝国的军事和统治力量，成为生产与贸易物质产品及精神产品的中心。中国古代的长安（今西安）、洛阳、南京、北京作为曾经的帝国首都，其政治治理和跨国交往范围与朝代强盛程度相匹配；同时其汇聚顶尖人才等要素，以及所从事的国际化生产和贸易也与帝国权力强度相匹配。在元大都（今北京），"凡世界上最为珍奇宝贵的东西，都能在这座城市找到，这里出售的商品数量，比其他任何地方都多"。而开封与杭州不仅是宋朝的经济、政治、文化中心，而且是"万国咸通"的国际大都市。在农业时代，凡是大城市多为一国的首都，罗马、长安、开封、杭州、巴黎、伦敦等均是如此。同时，大都市还为工商业发展带来了更多的机会，比如巴黎作为法国的政治和文化中心，创造了相应的奢侈品市场与经济生活。法国最重要的统治机构都在首都，这些机构的存在，意味着有大批的官僚及相关人员在巴黎集中。据估计，1515年，巴黎的行政系统需要5000名王室官员，另需8000名"技术专家"。朝廷和各类官僚机构集中，达官贵人及其家眷云集。这意味着在巴黎，他们除了日常的消费，还有大量的奢侈品需求。仅此一个方面的消费需求，足以使首都形成一个档次较高、规模不小的消费市场。巴黎作为文化中心也带动了当地的经济，巴黎的大学吸引了一些教师和学生，并支撑起一些相关的经济活动，如印刷业。

再以罗马为例，这个从台伯河边七座小山中发展起来的"七丘之城"，最初只是几个小村落，而到公元2世纪时，它的人口至少有100万人，成为西方世界的大都市。罗马不断扩大与罗马政治体制的演变和帝国的扩张紧密地联系在一起。随着罗马城邦建立以及帝国崛起和强盛，罗马城借助帝国的政治和军事力量分配帝国的财富，指挥帝国的物质和精神产品生产，也随着帝国的灭亡而没落。借助罗马帝国的军事和政治权力，亚历山大港曾经是欧亚非的生产和贸易中心。

而罗马帝国在对外扩张中，也客观加速了帝国内部城市的产生。罗马帝国统治地区城市的形成，其中一个主要原因就在于帝国在军事征服和政治统治方面的需要。为有效统治庞大的帝国，罗马需要在其领土上广泛地建立起权力中心。这些权力中心往往首先作为军事据点或战略要地而建立起来，并在后来发展为管治一方的政治中心。比如在英国，在罗马人到来之前没有真正的城镇，罗马人通过对英国的征服，建立了四个城镇作为当地的行政中心，其中包括伦敦。欧洲在罗马帝国的统治下城市化效果明显，据估计，欧洲的罗马城市起码有300个以上。虽然其中的大部分城市规模很小，但的确也有很多大城市，其中有的城市的人口已超过50000人。罗马统治下的欧洲城市人口总计有100万—140万人，城市化水平为8%—15%，在那个时代，这个比例已经相当高了。相反，在当时没有受到罗马帝国统治的欧洲地区，并没有什么城市，这从反面说明了帝国在欧洲城市化过程起到了很大的推动作用。

在前殖民时期的南美，城市也符合权力主导的规律。城市人口的集聚与增长，不是简单地因为有了更高的农业生产水平和更密切的商业交往，而是为了更高效合理地利用劳动力、土地和水资源，以服务新的政治组织。例如在墨西哥中部高地出现的特奥蒂瓦坎，在佩腾的蒂卡尔，在瓦哈卡的蒙特阿尔邦，在玻利维亚高地的蒂亚瓦纳科，等等。而当需要扩大或重建一个城市的时候，总是由国王、高级僧侣或某位有权势的人下令进行的。帕查库提作为曾经印加帝国的皇帝，领导重建了库斯科的中心。阿兹特克也是蒙提祖马一世的杰作。像这样由一位掌权者改造或建造城市的事情不胜枚举。

到城市复兴期（公元15世纪到1750年），城市商业资本主义的发展，促使城市的兴衰开始摆脱权力变化，经济功能逐步取代了政治功能的主导地位。与此同时，全球中心城市经历了多轮变迁。16—17世纪，世界贸易由地中海转向北海沿岸。贸易成为全球中心城市的核心功能，里斯本在16世纪曾为西欧北海沿岸各地与地中海区域间及东西方贸易的枢纽。阿姆斯特丹在17世纪成为欧洲的金融商业中心和知识中心。所以，对于早期的城市来说，权势居于核心地位，但随着人类生产力的发展，工商业逐渐发达，在城市生活中的影响力在不断扩大。在城市的这种转变过程中，城市工商业者作为政治力量与之相伴逐步兴起。12—13世纪，在欧洲，工商业的发展使城市工商业者成为一个很有实力和影响力的阶层。到13世纪，制造业首次成为欧洲城市中一个重要的财富创造行业，而商人则在很多城市里成为特殊的群体。长期的聚居、共同的利益和经验在工商业居民中间养成了一种强烈的共同意识。新形成的资产阶级要求"权利"与"自由"，不再愿意服从封建主的权力。尽管西欧那时依然处在封建主义之中，但工商业者逐步作为一个重要的社会力量出现在城市生活的中央。他们所从事的活动不再仅围绕封建权力，也不再仅是为当地居民的生活提供服务，也为遥远的国际市场组织生产，从事长途贸易，他们是正在形成中的资产阶级，创造并生存于具有世界性的资本主义经济体系中。

正是新兴的资本主义赋予新生的资产者日益强大的力量，并且使城市的命运逐渐摆脱对政治权力的依赖。城市兴衰的逻辑从这里开始，从受位于城市中的政治权力的变化的影响而逐步转向取决于城市在资本主义经济体系中的位置。从 13 世纪中叶开始，意大利的城市由于区位优势成了欧洲国际贸易的中心，先是热那亚，后来是威尼斯，在两个多世纪的时间里，它们先后成为欧洲乃至全球无可匹敌的中心城市。新航路开辟以后，国际贸易的中心从地中海转向大西洋和波罗的海沿岸。结果，1570—1578 年以后，阿姆斯特丹成为最主要的国际贸易中心。经历了大约两个世纪以后，阿姆斯特丹的国际贸易中心位置又让位给伦敦。从权力创造城市并决定城市的命运，城市生活围绕权力而发展，到城市的兴衰取决于城市在资本主义世界体系中所处的位置，这一变化体现了资本的力量。

然而，在商业资本主义阶段，资本的力量还没有发展到能够独立于封建的权力体系的程度，商业资本仍然需要借助于现存的、为封建统治服务的城市体系和从过去留下来的权力中心来发展和壮大自己。资本创造城市的力量要等到工业化时期才充分地展现出来，那时，资本创造并推动着欧洲新兴的工商业城市蓬勃发展。那些虽然有着悠久的甚至辉煌的历史，但不能适应资本扩张需要的旧的权力中心，残酷地在此过程中被边缘化了。在未来资本主义占统治地位的城市里，权力与工商业的关系已经颠倒：以前，工商业围绕权力而发展；现在，则是权力屈从于资本。

总之，全球中心城市始终承担着在当时全球最重要、最高端、影响最深远的价值创造功能，即政治、经济和文化功能。这些全球功能不仅在空间上被不同城市接力、逐渐转移，而且在不同时间上地位不同。在城市产生时期，城邦的政治、经济、文化是三位一体的；在城市发展时代，受帝国政治权力膨胀挟持，政治功能似乎成了全球中心城市的主导；而随着商业资本主义的发展，城市的兴衰逐步取决于城市在资本主义世界体系中所处的位置。

四　部门分布：政治功能是城市兴起的核心，经济功能追随其发展与兴衰

在全球城市的产生期（公元前 35 世纪到前 6 世纪），城市普遍地由统治者的权力所缔造，作为政治中心的城市是如此，工商业较为发达的城市也是如此。城市是各种非农业活动的汇聚之地。其中，政治及与政治相联系的军事、宗教活动对于城市的兴起最为重要，工商业活动追随权势而发展，围绕权势的消长而兴衰。

农业时代的城市首先是一个政治中心。古代城市的政治性质突出地反映在城市主要功能上——对外防御和对内实行统治。两河流域最早的人类聚落杰里科就建造了防卫设施，城镇周围有开挖的壕沟，城墙高 12 英尺。这说明城市出现以后，为了防止外来侵略，大规模的防御成为一个现实和迫切的需要。世上第一座城市——乌鲁克的防御功能十分突出，现已发掘的城墙就有 9.5 千米长。随着农业生产的发展和工商业的活跃，城市人口不断增加，城市面积不断扩大，但新扩的城区依然需要修筑城墙以防卫。早期城市的另一个基本功能是实行统治。因此，统治者及为统治阶级服务的人员构成城市中的居民主体。在两河流域，城市作为统治中心突出地体现在神庙和宫殿等建筑上。在苏美尔城邦时期，城市中有神庙、寺塔、王宫、城墙和房屋等建筑，而神庙作为积聚和再分配财富的机构，一般位于城市的中心。公元前 3500 年的乌鲁克城里，神庙是实质上的管理机构，最早的文字、艺术、建筑等都在这里兴起。乌鲁克城的统治者也是神庙的负责人，承担了世俗和神圣领袖的双重角色。后来城邦间的战争使军事首领的地位日益提高，军事首领的办公居所（类似于王宫）也开始广泛出现，并与神庙争夺或共享城市中心的地理位置。

在农业文明中，任何城市都存在较为活跃的工商业。在两河流域的乌鲁克，商人和工匠的社会地位尽管不高，但他们与渔夫、农民、水手、奴隶一起，构成了城市中的绝大多数人口。在公元前 3000 年，苏美尔人的小城市拉伽什中，手工业分工十分明确，仅在巴乌的庙宇中工作的就有面包师、啤酒师、剪羊毛女工、女纺线工、女织布工、男金属匠以及奴隶等若干。在公元前 2500 年前后印度的一些城市遗迹中，人们能发掘商店和作坊，并且有证据表明，当时存在砖匠、木匠、陶工、铜匠、釉工、石匠、金匠和珠宝匠等不同工种。在美洲，特奥蒂瓦坎城曾累计兴建过 600 座金字塔、500 个作坊区、2000 座住宅以及广场和市场，工匠和商人生活在各自的区域里。在全球城市产生时期的城市中，不仅有了繁荣的工商业，而且不同地区和城市之间的贸易往来也十分密切。公元前 3000—前 2000 年，现位于黎巴嫩境内的古比布罗斯，就已经与两河流域、埃及和塞浦路斯等中东地区有经常的贸易往来，而两河流域的城市与尼罗河、印度河流域的城市也都有贸易往来。

到全球城市的发展期（公元前 5 世纪到公元 15 世纪），城市的工商业活动更加兴旺，一些城市甚至呈现出工商业城市的面貌。英国的莱斯特就是这样一个例子，公元 1 世纪时由罗马军队建立为军事要塞，7 世纪时成为一个主教驻地的宗教中心，再后来，莱斯特又成为莱斯特郡的行政首府。但是到 13 世纪中叶，莱斯特逐渐演变成工商业发达的城市。在中世纪的巴黎，仅手工业就有一百多种职业。1291 年的一份材料表明，当时的行业达 128 种，所含范围极广，包括纺织、皮革、建筑、五金、零售、餐饮业。因为人口众多，巴黎的商业贸易不仅兴旺发达，而且影响力广大。伦敦作为英国的政治中心对于英国经济生活的影响，一如巴黎对于法国。13 世纪下半叶，伦敦的工商业已十分发达，不仅行业众多，而且都形成各自的组织。中国古代的城市在其发展过程中也出现了商业化的趋向，其中最值得注意的变化就是在唐宋之际，中国城市内部的坊墙逐渐被拆除。唐代中期以前，城市内部还都是划分为若干个里或坊，四周筑以高墙，夜晚关闭坊门，实行宵禁。居民经商只能到官府设立的官市进行，不得随意开门设店。随着城市经济的繁荣和发展，居民迫切需要扩大商业市场和活动空间。在由唐至宋的社会变革过程中，"里坊制"和"官市制"逐渐被废弃，坊墙被拆除，城市居民可以自由地沿着街道布置住宅，开设店铺，城市面貌因而大为改观。宋代以降，这种新的空间结构和市井面貌已成为城市的常态。

在农业时代，经济生活首先是围绕着权力而发展起来，并在权力的支撑下繁荣、兴旺，因此，权势的消长往往就决定了城市工商业的兴衰。权力缔造了城市，权力的大小决定了城市的规模和影响力。正是从这个意义上讲，在农业社会里，尤其在较早的历史时期，城市主要是政治的中心。但是，这一说法并不是想否定政治性质的城市同时也可以成为工商业中心；相反，作为政治中心的城市并不排斥经济功能，只要在那里集中了一定数量的非农业人口，那里就必定有对商品的需求，形成相应的手工业和商业活动。同时，城市里的市场也为周围农村地区提供了一个稳定的交易场所。而且，发展城市经济本身也给城市当局带来利益。这样，从权力中心发展出工商业活动就成了一件十分自然的事情。但是，对农本经济时代的大多数城市来说，它们的政治作用是主要的，而经济功能则是从属的。因为有市场就会形成城市这种说法在农业时代并不成立。单从商品交换这个角度看，简单的、偶然的商品交换，并不能形成城市，甚至定期的、大规模的交易也不一定形成城市。从历史上看，这种交易活动充其量只能形成市集。12—13 世纪，欧洲工商业兴盛，到处都形成市集，其中最有名的市集当数香槟市集。12 世纪和 13 世纪的香槟市集吸引了整个欧洲的商人，香槟市集大约在 13 世纪下半叶发展到了高峰，但到 14 世纪初便开始衰落。香槟市集优越的地理环境和交通运输条件，加上它在长期的贸易活动中形成的交易规模和影响力，都没有使当地形成重要的商贸城市，那么在更早的古代，在经济不够发达的条件下，仅仅依赖当时那种水平和规模的工商业，是很难形成城市的。

五 空间分布：全球中心城市从单中心向多中心变迁，地理分布上从唯一的"新月沃地"到全球多个地区转移扩散

从全球中心城市的空间形态方面，城市边际地租与边际成本相等决定城市的边界，而竞价地租决定城市内部的空间形态。由于三主体交互和五要素结合导致土地的边际收益与边际成本不断变化，均衡的空间规模和结构也在不断演变。城市空间形态从单中心小城镇到单中心中小城市，再到多中心大城市和都市区，从简单结构功能到复杂结构功能不断演变。

在全球城市的产生期（公元前 35 世纪到前 6 世纪），全球中心城市大都处在最优自然历史地理区位上，空间规模很少超过 10 平方千米，空间结构多是多层同心圆，空间形态多呈放射状。例如公元前 3000 年的乌鲁克，鼎盛时期的面积达 450 公顷（约 4.5 平方千米），人口为 5000 人，古城整体格局分内城和外城两部分，由厚厚的防御墙分隔。内城中心区坐落神殿、王宫和塔庙，周围建有实施经济社会管理的税收、法律等官署，还有商业设施、手工作坊和仓库等，城市内部普遍被分成很多小区域。公元前 17 世纪到前 16 世纪的巴比伦，面积约达 9 平方千米，也由内外两道城墙围成，内城主要包括王宫、空中花园以及通天塔等。公元前 6 世纪的雅典卫城是由坚固的防护墙壁拱卫着的山冈城市，面积约为 4 平方千米，中心是神庙，邻近地区有市集。

　　到全球城市的发展期（公元前 5 世纪到公元 15 世纪），全球中心城市的空间结构在单中心基础上出现多中心，空间形态呈现放射状和棋盘状的多样化。公元前 2 世纪的长安是当时世界面积最大的多中心城市之一，其整体空间结构呈前朝后市格局，城北以市为主结合手工作坊等成为集中的经济区，城南以宫室为主联系相关的官署形成政治区。公元前 1 世纪的古罗马城最初建立在七座山顶上，帕拉丁为七丘之心，有三条主干道从中心向四周放射。帕拉丁山顶是政治中心，图拉真市场是商贸中心，奥里里安城墙长 20 千米，高 6 米，有 18 座门。公元 4 世纪建立的君士坦丁堡面积达 8 平方千米，是欧洲地中海世界中古城市之最，挂冠数百年。在三角形城区东部的顶端是政治核心，城区偏西北是方圆数里的商业区。官办作坊和工场大多集中在大皇宫内或附近地区，民营各类手工作坊则散布在全城不同地方。城防坚固"三面靠海"，城墙伸延约 4300 米。公元 12 世纪的开封总面积约为 32 平方千米，全城呈一个方形，三道城墙将城市分成皇城、内城和外城。皇城主要是全国的行政中心，内城主要承担与政治相关的宗教文化功能，而一般居住区、手工作坊、商业区和仓储在外城。宽大整齐的 4 条御街，分别通往城南、城西、城北和城东，次级街道纵横交错，将街区割成方格状，十分整齐。

　　此外，从全球中心城市的地理分布来看，在全球城市的产生期，全球价值链中心从唯一的"新月沃地"城市到全球多个地区的城市，文明价值创造水平是波动的增长。全球最早的价值创造、分配和实现中心主要在两河流域上的埃利都、乌尔、马里等城邦间持续转移两千年，之后转向北非底比斯（BC1500）、中国殷墟（BC1300）、希腊雅典（BC800）、墨西哥特奥蒂瓦坎（BC700）等城市，进而形成全球城市价值链的"多中心"分布。在全球城市的发展期，全球价值链中心从欧亚非多中心并存或交替，变为先在亚洲多中心并存或交替后向欧洲转移。公元前 5 世纪到前 2 世纪轴心时代，人类精神基础价值同时或独立地在中国、印度、波斯、巴勒斯坦和古希腊开始创立。公元前 2 世纪到公元 4 世纪，基于帝国的兴衰交替，全球价值链中心在欧洲的罗马及北非的亚历山大，西亚的巴格达、苏萨、泰西封，印度的华氏城，中国的长安、洛阳等价值中心同步或交替出现，形成四大区域中心格局。公元 4—13 世纪，随着欧洲进入黑暗的中世界，西亚的君士坦丁堡、巴格达和中国古代的长安、洛阳、开封、杭州等构成价值链双中心。13—15 世纪，欧洲地中海的热那亚、威尼斯逐步走向全球价值链中心，南京、北京以及伊斯坦布尔、巴格达等价值中心地位逐渐丧失。

　　总体上，全球中心城市在全球版图中有着合适的地理位置及较为适合人类生存与发展的气候条件，城市地理分布上从唯一的"新月沃地"到全球多个地区转移扩散；城市空间形态基本呈现单中心，空间结构主要停留于单圈层的放射状。

古罗马帝国与古罗马城的兴衰

　　古罗马最初只是几处散落于台伯河边七座小山上的村落。公元前 509 年，传说中的建城英雄罗慕路斯创建罗马共和国，标志着强权初立。为巩固统治，罗马发起了连番征战。据历史学家蒂托·李维的记录，公元前 396 年"意大利全境已为罗马所有"。随着军事征服和领土扩张，罗马逐渐成为地中海世界的霸主，这一过程中，古罗马城人口数字持续攀升。帝国时期，罗马的城市化达到顶峰。罗马城成为世界上最大的城市之一，人口可能超过一百万人。

　　城市的发展需求推动了农业的变革，例如引入灌溉和农业工具的改进。同时，罗马帝国对农业的依赖导致其政治结构和经济系统紧密围绕农业展开。例如，为了确保粮食供应，罗马对其领土内的粮食生产进行了严格的控制和管理。在罗马共和国时期，农业是经济的基石，大多数罗马人都是农民。随着罗马的扩张，土地被集中到富有的贵族手中，形成了大型庄园。这些庄园主要依靠奴隶劳动，导致小农经济的衰落。小农的减少以及对外战争的需要，推动了城市化的发展。罗马城和其他城市成为贸易、手工业和政治活动的中心，同时也是农产品的集散地。

　　然而，农业时代的生产能力与管理成本，导致了维持罗马庞大帝国的脆弱性。随着帝国疆域的不断扩张，管理和保护如此广阔领土的难度加大，加之内部政治腐败和经济问题，帝国的基础开始动摇。农业生产的下降，特别是在帝国晚期，加剧了经济的衰退。此外，由于农业技术的停滞不前，罗马未能有效应对自然和社会环境的变化，这进一步削弱了帝国的经济基础。最终，当无法维持其庞大的行政和军事机构时，帝国崩塌。作为其统治系统核心的古罗马城也随之衰落，这标志着古典时代的结束和中世纪的开始，同时也是古罗马城和古罗马帝国的终章。

第二节　全球城市体系：从地方到洲际发展

一　全球城市人口规模缓慢增长

在城市体系的产生期（公元前35世纪到前6世纪），全球城市体系以地区性的小城邦体系为主。小城邦间人口的流动以征战与贸易目的的区域性迁移为主，也存在少量的洲际性迁徙。公元前35世纪到前25世纪，由一系列城邦组成的区域性城市体系在两河流域首先出现。公元前3000年，苏美尔已经成为一个城邦文明，其城邦体系由1000多个城市组成，稍大的城邦包括埃利都、基什、拉格什、乌鲁克、乌尔和尼普尔，这些城邦间进行了长达一千年的战争。公元前2800年，两河流域人口数量超过1万人的城市有14个，一些中心城市的人口已达1万人，最大的两个城市乌鲁克和拉瓦可人口分别达到了8万人和4万人。公元前20世纪到公元前6世纪，作为当时全球文明中心的两河流域城市体系伴随古巴比伦、赫梯、亚述和新巴比伦等国家交替而不断解体和重构。公元前25世纪到公元前15世纪，在两河流域的城邦体系之外，印度河谷出现了哈拉帕和摩亨佐·达罗两个大城市以及100多个较小的城镇和村庄。公元前21世纪到公元前16世纪，黄河流域的夏朝出现表明作为王朝基础的城邦和城邦联盟（方国）已大量存在，夏朝都城的迁移比较频繁。中国的商朝（公元前17世纪到前11世纪）和西周（公元前11世纪到前8世纪）王朝下的城邦（邦国）、城邦联盟（方国）数量更多，并且形成了严格的城邑等级体系。公元前6世纪印度进入十六雄国的城邦混战时代，这十六雄国一般指迦尸、憍萨罗、鸯伽、摩揭陀、弗栗恃（跋耆）、摩罗、支提、跋蹉、俱卢、般遮罗、摩差耶、修罗色那、阿湿波、阿盘底、犍陀罗和甘菩遮（剑浮沙）。公元前 8 世纪到前 6 世纪，古希腊各地出现了 200 多个城邦。公元前 6 世纪人类文明中人口超过 3 万人的城市有 11 个，其中尼尼微、克巴坦纳、洛阳人口分别超过 12 万、9 万和 20 万人。

　　在城市体系的发展期（公元前 5 世纪到公元 15 世纪），全球各地区城市人口规模仍然较小，各地区城市人口规模主要受行政等级影响，并随着国家的兴衰而不断重塑，全球城市人口体系的重心几经变迁。公元前 5 世纪到公元 4 世纪，随着人类文明的扩散，全球城市人口分布的重心从最早的两河流域扩散到多中心共存。公元 1 世纪时，全球城市中有 20 个城市的人口在 10 万人以上，最大的两个城市罗马、西安分别达到了 80 万和 40 万人。公元 5 世纪到 10 世纪，全球城市人口体系的重心在亚洲徘徊。在经历西罗马帝国灭亡前后的人口大迁徙后，欧洲城市数量和城市人口显著减少，城市人口增长陷入长期停滞状态。例如，罗马从公元 100 年的约 100 万人缩减到公元 500 年的 10 万人。此外，拜占庭、唐、阿拉伯、宋等帝国的统一分别形成了庞大的国内城市体系。非洲东南沿海区域在公元 7 世纪形成一些商业城市，阿拉伯人开始到此经商和定居。公元前 2 世纪到公元 9 世纪，全盛期的玛雅文明发展建立了包括数百个城邦的城市体系，最大的城市蒂卡尔人口有 10 万—20 万人。公元 11 世纪到 15 世纪，随着国家的兴衰交替，中国城市数量和城市人口增长在宋朝达到巅峰，之后开始逐渐下降，欧洲城市人口开始崛起。公元 11 世纪，欧洲出现了一系列新兴的工商业城市，包括意大利的威尼斯、热那亚、佛罗伦萨，法国的巴黎、马赛，英国的伦敦，等等。12—13 世纪的意大利、德国等都形成了城邦体系，14—15 世纪的北欧城邦形成了汉萨同盟。14 世纪从中亚暴发的"黑死病"沿地中海城市先后传播到法国的马赛、巴黎，英国的伦敦，德国的汉堡、不来梅等城市，并向南传到印度，向西传到俄国，导致了全球城市人口的锐减。公元 1300 年，全球人口最多的前 4 个城市杭州、北京、开罗、巴黎的人口分别达到 150 万、40 万、50 万、23 万人。此外，有 15 个城市的人口在 10 万人以上，165 个城市的人口为 1 万—10 万人。

　　在城市体系的复兴期（公元 16 世纪至 1750 年），全球城市体系的人口分布重心向欧洲转移。随着新航路的开辟，全球城市规模扩大、城市数量增加，全球城市之间人口交流逐步覆盖全球各大洲大多数国家与地区,各城市之间交往更加频繁。到 18 世纪中叶第一次工业革命爆发前夜,全球超过 300 个城市人口在 1 万人以上,超过 40 个城市人口在 10 万人以上。

总体而言,在农业社会,自城市产生以来,全球城市的人口规模经历了城邦、小城市、中城市到大城市的逐步衍化过程,城市体系内部的人口经历了城邦间、国家间到洲际的流动过程,全球城市人口规模在曲折中缓慢增加,并最终形成了全球城市体系的雏形。全球城市人口规模的缓慢增长与农业社会技术进步较慢有关,农业生产技术较慢使农业部门的剩余产品较少,难以支撑较大的城市人口规模;交通技术的落后使城市空间规模有限,城市间的联系难以长期持续,往往会因交通条件的恶化而中断。此外,农业社会政治制度经历了奴隶社会、封建社会等不同的形态,在大多数时期个人权利受限,城市人口无法自由迁徙;同时,战争等因素也会导致文明的毁灭与重构,这也使城市人口在一定时期内减少,从而使全球城市人口在曲折中缓慢增长。

二 交通技术对全球城市体系的影响

全球城市体系的早期发展高度依赖交通条件(特别是陆路交通条件)的改善。公元前 30 世纪至前 10 世纪,跨区域的交通道路设施最早在两河流域及其周边地区出现:东线的两河流域伊朗高原(中转站)—亚美尼亚高原和印度河流域商道大约 3000 千米,西线由两河流域向西直到叙利亚、东地中海沿岸,包括埃及、塞浦路斯岛以及希腊。公元前 1600—前 1200 年,迈锡尼王国统治下的城邦建立了地中海沿岸航线,并在黑海沿岸建立了一系列殖民据点,北线的古亚述跨境商路从波斯湾到安纳托利亚纵贯大约 3000 千米;南线从两河流域向南经波斯湾,沿印度洋向西经波斯湾,到达阿富汗、印度河流域地区。

公元前 10 世纪到前 3 世纪,亚述帝国修建了四条御道,都城尼尼微是三条御道和多条普通道路的交会点,行省省会和属国都城则是交通网上的重要节点。波斯帝国可能是近东地区第一个大规模、系统化地建设道路的国家,波斯在"亚述御道"基础上开辟"波斯御道",从萨尔迪斯向南经尼尼微,再向南抵达巴比伦,后向东到首都苏萨,然后一路再往东南到达波斯波利斯,另一路向东北再向东经过埃克巴坦那连接到中亚和中国。波斯信差可以在 7 天内完成从萨尔迪斯到苏萨全长约 2699 千米的路程。秦汉统一中国后，建立了以首都咸阳、西安、洛阳等为中心的包括驰道、直道、新道、五尺道等全国道路网络。罗马帝国以首都罗马为中心逐步扩建了西至摩洛哥、东至巴格达、南至埃及孟菲斯、北达英国的帝国道路网，其中帝国内的 372 条大道总长度超过了 40 万千米。

公元前 3 世纪至公元 15 世纪，"丝绸之路"等将欧亚非主要城市连通起来。公元 7 世纪，唐朝建设了以长安、洛阳为中心，以其他重要城市为枢纽的发达交通网，通过以长安为中心的七条放射状的驿道通往全国各地，将全国城市联系起来，这七条驿道分别为从长安到西域的西北驿路、从长安到西南的驿路、从长安到岭南的驿路、从长安到江浙福建的官路、从长安到北方草原地区的驿路、从长安到山东的驿路与从长安到东北地区的驿路。从公元前 3 世纪到公元 5 世纪，陆上丝绸之路逐渐兴起，以长安或洛阳为起点，经过河西走廊到达西域，然后分为北道、中道和南道西行到达西亚，沿用亚述御道和波斯御道连接通往东地中海各国城市的陆上通道，后来出现通往南亚的西南丝绸之路。陆上丝绸之路在 6 世纪前期因突厥族兴起占领中亚地区而暂时中断；6—8 世纪唐朝进入繁荣鼎盛时期，并进一步在沿线各地建立许多分支线路；9—11 世纪路上丝绸之路因宋辽时期西域的战乱而衰落，再到 13 世纪蒙元时期再次畅通并扩展驿站网络，最后从 14 世纪中期因明清闭关政策而最终衰落。路上丝绸之路先后形成了以长安、洛阳、巴格达、君士坦丁堡等城市为中心，沿线主要城市为枢纽，沿线国家重要城市为节点的交通网络。路上丝绸之路最初是丝绸等高端商品生产与贸易的网络，随后由商贸逐渐演变为以宗教、文化交流为主要内容的交通和通信网络，骆驼、马匹、马车等是陆上丝绸之路的主要交通工具。同时，全球也逐渐形成了一个连接欧亚非 100 多个国家与地区城市的海上交通网络。其东段的主体是以中国为起点的海上丝绸之路，海上丝绸之路在 9—13 世纪中国宋代、元代达到强盛，14 世纪前期达到鼎盛后逐步衰落；西端以地中海为中心的航线在 10—15 世纪从繁荣走向鼎盛，之后走向衰落。广州、泉州、刘家港、巴格达、亚历山大、比萨、热那亚、威尼斯依次成为国际航运中心，吉隆坡、雅加达、加尔各答、巴士拉、安条克、内罗毕、凯鲁万、撒马尔罕、雅典等港口城市都曾是东西方贸易的重要商埠。

16—17 世纪新航路开辟后，欧亚陆上交通网络逐步衰落，海上航线成为全球城市交通网络的骨架和主体，人类开始进入航海时代。新航路与原有的海上丝绸之路结合，人类首次构建跨越三大洋、连通五大洲的以远洋航运为骨干、以陆上道路和内河航运为延伸的全球交通基础设施网络体系。全球城市体系的中心也由地中海转移到大西洋。在交通和通信工具上，尽管造船、航海、造车的技术有很大的改进，但仍然主要依靠非机动力来驱动。

交通成本一直是早期城市发展的主要制约因素。在农业社会中，水力、畜力、风力等自然力一直是交通工具的主要动力来源。交通技术的进步长期以来以道路交通设施的建设与改善为主，政治军事等制度因素在这里面发挥了巨大的作用。当一国政治体制运行良好、军事能力强盛的时候，往往会主动开展大规模的交通基础设施建设，以加强对本国的治理与开展对外贸易活动。此外，已有的道路基础设施也可能会因战争等因素而中断。

三 制度文化与政治军事制度对全球城市体系的影响

制度文化的扩散加强了早期全球城市体系的联系。区域间在文化、制度上的隔阂是全球城市体系早期发展的重要制约因素。在城市产生期，几乎每个城邦和城邦联盟都有神灵崇拜和思想表达。城市的宗教与文化功能对于维系社会凝聚力与思想价值观念的统一具有重要作用。公元前6000—前1000 年，两河流域、古埃及、小亚细亚、希腊、罗马、印度和波斯等文明中都有自身的原始宗教。在公元前5000 年前后，美索不达米亚平原南部已经在兴建神庙作为皇室居住地和宗教祭祀的圣地。古埃及文明的孟斐斯也修建了众多宫殿、神庙以及金字塔等，形成了深厚的历史文化根基，使孟斐斯成为当时古埃及重要的宗教文化中心。中国的殷墟也作为重要的政治中心、文化中心和宗庙中心。早期的希腊城邦宗教色彩十分浓厚，泛希腊地区中最具影响力的宗教中心有三个，即德尔斐的阿波罗神庙（希腊人求神谕的圣地）、伯罗奔尼撒的奥林匹亚（通过奥林匹亚竞技会敬拜宙斯）与厄琉西斯的祭典仪式（对农业女神德墨忒耳的神秘崇拜）。公元前1200 年，古埃及的首都培尔—拉美西斯城人口超过16 万人，是当时古埃及乃至北非地区最繁华的城市，也是当时埃及重

要的政治中心。文字、技术、宗教与思想等制度文化的传播和扩散对早
期全球城市的发展产生了重要影响。

　　一是文字以及技术的传播与扩散。公元前 3000 年前后，苏美尔人发
明的楔形文字在西亚广泛传播。公元前 2000 年以后，两河流域及西亚的
金属冶炼技术与羊、羊毛、牛、牛奶、马、马车等技术一起经高加索或
伊朗传入东亚的夏商周。公元前 1600—前 1200 年，迈锡尼王国治下的城
邦出现文字、青铜器、陶器、金银制作等技术，并进一步通过贸易传播
到整个地中海沿岸。公元前 800—前 600 年，希腊的先进文化随着贸易货
物也传播到地中海和黑海沿岸。此外，中国的造纸术、印刷术、火药、
指南针也通过贸易与人口流动被传播到周边以及更遥远的南亚、西亚、
欧洲和北非。二是宗教等精神产品的传播。公元前 5 世纪前后，东西方
共同进入精神产品集中产生的"黄金时代"，出现了中国的孔子、老子，
印度的释迦牟尼，古希腊的苏格拉底、柏拉图，波斯的琐罗亚斯德和以
色列的先知等一大批第一流的思想家，并产生了希腊的希腊哲学、印度
的印度教和佛教、中国的儒教和道教、波斯的琐罗亚斯德教、以色列的
犹太教等精神产品。雅典、马其顿、罗马、长安、开封、君士坦丁堡、
巴格达、开罗等在不同时期都是全球重要的文化中心。上述精神产品的
传播，有助于促进人们在更大范围内形成知识、信仰和价值观念的认同，
从而为全球城体系的形成奠定了意识形态基础。三是新思想的传播。起
源于欧洲的文艺复兴、宗教改革和启蒙运动的新思想深刻影响了城市体
系的发展。文艺复兴与宗教改革主张人生的目的是追求现世的幸福，倡
导个性解放，反对盲从，通过解放思想释放了人类的高层次需求。基于
人类最基本的自利、效用最大化的动机，为不断满足自身需求而进行的
各类创造性活动为人类发展提供了源源不断的内生动力，这也是推动全
球城市体系发展的原始动力。人类的需求具有层次性，马斯洛的需求层
次理论将人类需求由低到高分为生理需求、安全需求、社交需求、尊重
需求和自我实现需求五类。由于人类欲望是无限的，当低层次需求被满
足之后，高层次需求会出现，从而激励人类不断满足新的需求。需求升
级带动城市生产体系的扩大和升级。例如，新兴的市民阶层更多样化与
高层次的需求也会刺激威尼斯、佛罗伦萨、热那亚、布鲁日、安特卫普、
阿姆斯特丹等城市工商业的繁荣。同时，人类满足自身需求的动力具有

一般性与普适性。在不同的地理环境、生产技术与经济制度下，人类都存在满足自身需求的内在动力。文艺复兴以来，新兴的资产阶级在生产与生活中需要更多科学与文化知识，并要求在思想上摆脱封建主义的束缚，这促进了人类在思想和艺术上的突破。

政治军事等制度因素对早期全球城市体系的影响具有多重性。在全球城市的早期发展过程中，政治军事等制度因素在资源配置中有着重要地位。一方面，良好的政治制度会促进城市的发展。例如，两河流域的城邦乌尔编纂了人类历史上最早的一部成文法典——《乌尔纳姆法典》，再加之其是乌尔王朝的中心，拥有良好的军队和官僚机构，为城市贸易与文化发展提供了安定有序的环境。但另一方面，在一些极端情况下政治与军事上的冲突甚至会导致原有城市体系的解体甚至消亡。例如公元4世纪，中国北方众多游牧民族在中国华北地区建立起数十个政权，并陷入长期的混战阶段，导致中原人口锐减，城市经济、社会与文化出现了倒退。类似的例子还有公元5世纪前后，日耳曼人入侵导致西罗马帝国灭亡，欧洲历史进入中世纪。在此期间，欧洲城市在政治、文化、科技方面陷入了长期的停滞甚至倒退状态。其他例子还包括公元13世纪，蒙古帝国从东亚向中亚、西亚和东欧的军事入侵。在其扩张过程中大量古代文明遭到毁灭，原有的科技成果（例如水利灌溉系统）被彻底毁灭，大量城市也被摧毁，人口剧减。此外，政治军事因素还影响了城市体系的功能分布。例如，通过政治和军事权力等非市场化分配方式将更多重要资源聚集到等级更高的政治或军事中心城市是一种常见的现象。在城市发展早期，各国的政治中心城市与经济中心城市往往重合，例如罗马、长安、巴格达、君士坦丁堡、大都等。此外，军事因素还可以直接影响城市体系的空间范围。古埃及帝国的范围向东北扩张到叙利亚、巴勒斯坦，向南扩张到努比亚，从而形成以都城为中心、其他城市为外围的城市体系；古巴比伦征服了美索不达米亚南部的所有城市，包括伊辛、拉尔萨、乌尔、乌鲁克、尼普布尔、拉加什、埃利都、基什、埃什南纳、阿克沙克、阿卡德、舒鲁帕克、巴德·提比拉、西帕尔和吉尔苏等城市；罗马自公元前5世纪初开始到前1世纪前后扩张成为横跨欧洲、亚洲与非洲的庞大帝国；在东亚的朝贡体系下，中国与周边国家城市也形成了明显的等级关系。

在全球城市早期发展过程中，随着人类生产、生活以及军事技术逐渐进步，城市人口数量缓慢上升。尽管早期的城市人口规模都不大，但仍然创造出了璀璨的城市文明。例如，航海技术的进步促进了地中海一系列早期人类文明的发展，并诞生了最早期的一批工商业城市；此外，地理大发现也与航海技术的进步有关。道路交通技术的改进也促进了全球城市间在文字、宗教与技术等方面的交流。但总体而言，农业时代人类技术进步缓慢，特别是政治军事等制度性因素往往对已有的城市发展成就造成冲击，因此全球城市发展的波动性明显。

四　商品贸易活动在全球城市体系资源配置中的作用越来越强

农业社会时期全球城市体系中资源配置方式主要有三种：商品贸易活动、政治军事手段（例如战争）以及社会文化手段（例如宗教、血缘关系等）。在城市形成与发展初期，这三种手段各有侧重、相互影响。但总体而言，全球城市体系形成过程中商品贸易作用不断增强，具体可分为三个发展阶段。

全球城市体系的产生时期（公元前 35 世纪到前 6 世纪）。该时期全球城市商品贸易体系从最初两河流域城邦间的地区性商品贸易体系，发展成为以两河流域为中心辐射印度河、黄河流域、尼罗河、爱琴海城市的洲际商品贸易体系。以商品交换经济为核心的国际贸易活动将南亚、东亚、中亚和地中海的城市联系在一起，从而建立了以两河流域为中心的松散的全球城市贸易体系。公元前 3000 年，美索不达米亚的苏美尔人与位于印度河谷的哈拉巴人进行贸易，在西亚及其附近地区形成了以红铜、锡、铅、青铜、粮食、雪松、马匹、红玉髓、黄金和珍贵木材为主要商品的长距离贸易网络。在此基础上，全球城市贸易体系进一步延伸到更广阔的地域范围内。例如，公元前 1500—前 1300 年东部扎格罗斯山区（今伊朗）的马匹被出口到亚述，并转运到米坦尼王国以换取手工艺品。公元前 1600—前 1200 年，迈锡尼王国统治下城邦的产品出口到整个地中海沿岸。公元前 1200—前 800 年迦太基依赖与塔特索斯和其他伊比利亚半岛城邦间的贸易，垄断了大西洋锡贸易，一度成为地中海西部城市贸易的中心。公元前 8—前 6 世纪，希腊城邦成为地中海周边区域的手工业制造和商品贸易中心。公元前 6 世纪，印度进入列国时代，商业也开始繁荣，以八个国家的王城为商业中心形成国内城市之间及与斯里兰卡、缅甸、西亚的商品贸易体系。公元前 11—前 6 世纪，以中国为中心的围绕着陶瓷、香料等高端商品的商品贸易体系也不断扩大。

全球城市体系的发展期（公元前 5 世纪到公元 15 世纪）。尽管受到战争等不利因素的冲击，全球城市的商品贸易体系仍然在曲折中发展。公元前 5—前 3 世纪，波斯帝国内部形成以巴比伦为中心、横跨三大洲的原料与制成品贸易体系。巴比伦、希腊的雅典、巴基斯坦的塔克西拉、巴林等中心和枢纽成为橄榄油、黄金、象牙、芳香油、玛瑙、绿松石等产品的贸易中心。公元前 3 世纪开始，帕提亚帝国、罗马帝国与汉朝中国分别从事丝绸等奢侈品的国际交易。以麦鲁哈、西安、君士坦丁堡、亚历山大和罗马为中心，丝绸之路沿线各国重要城市形成了围绕丝绸、陶瓷等产品的全球贸易体系。例如，从印度运来的香料、棉花、宝石等原材料在罗马帝国东部行省城市（如亚历山大）加工制造成香水、丝织品和珠宝，然后再销往罗马各地和印度；中国的福州、泉州、广州等城市的商人可与南亚的吉隆坡、雅加达、加尔各答，非洲的内罗毕，欧洲的雅典等城市进行国际贸易。公元 6—15 世纪，洲际的城市贸易进一步扩大，并诞生了一系列全球贸易中心城市。一方面，一些政治中心城市成为贸易中心，例如洛阳、长安、罗马、亚历山大、开罗、巴格达等政治中心城市在不同时期成为全球重要的生产和贸易中心城市。另一方面，一些非政治中心但位于交通要冲的城市也成为全球贸易中心城市，例如陆上与海上丝绸之路的沿线枢纽城市。在该时期，西亚、地中海、南亚和东亚的城市构成了全球城市贸易体系的主体。

全球城市体系的复兴期（公元 16 世纪到 1750 年）。该时期全球贸易体系开始主导世界城市体系及其演变，全球贸易体系从亚欧非扩展至全球。随着新航路开辟、地理大发现以及欧洲国家的争霸、殖民活动等，全球城市体系的结构不断重塑，西班牙、葡萄牙、荷兰、英国等国家在不同时期都出现了全球贸易中心城市。全球生产和贸易中心城市逐渐由地中海的威尼斯、热那亚等城市转向大西洋沿岸的安特卫普、阿姆斯特丹、伦敦等城市。此时全球城市存在两个贸易体系。一是围绕欧洲宗主国和美洲、非洲殖民地的以奴隶贸易为主的"黑三角贸易"，即欧洲奴隶贩子将本国生产的盐、布匹、朗姆酒等运往非洲来换取奴隶，然后通过大西洋达到美洲，用奴隶来交换美洲生产的糖、烟草和稻米等种植园产品以及金银和工业原料，最后返航回到欧洲。二是随着 16 世纪东亚原先占据主导地位的朝贡体系逐渐解体，海上私人贸易逐渐兴起，形成了以南海为中心的中国与东南亚、日本以及欧洲国家的贸易体系，其贸易品主要是丝绸、瓷器、铁路等，导致了美洲白银大量流入中国。总体而言，该阶段属于全球城市体系复兴的前夜。

商品贸易活动在全球城市发展中作用不断提升主要与以下原因有关。一是随着全球人口的缓慢增长，为了满足人们对精神和物质产品不断增加的需求，通过贸易来与不同区域互通有无成为一种重要途径，在地中海的早期文明中出现了众多从事商贸活动的小城邦。二是随着生产与交通技术的进步，人类活动的时空范围不断扩大，特别是在一些帝国的鼎盛期（例如罗马帝国、中国唐朝等），都修建了发达的对外贸易道路交通网络，这也促进了商品贸易活动的发展。三是在全球城市体系的恢复期，特别是新航路的开辟与地理大发现时期，资本主义萌芽的出现进一步促进了全球城市间商品贸易的发展。

五 空间地理环境是影响全球城市体系早期发展的重要约束条件

在农业社会的漫长时期中，由于技术落后，人类发展受自然条件的影响很大。特别是城市作为人口的集聚区，其发展在农业社会受空间地理环境的影响要更大。

生态环境优劣及其变化决定城市体系的空间衍化。自然地理环境是城市的人口、空间、功能和价值创造的长期约束变量。早期的全球城市体系主要分布在最适宜人类生产的温暖湿润、水源丰富的区域，特别是一些大江、大河流域的冲积平原地区。

地理区位及其变化也影响了全球城市发展的稳定性。古埃及的孟菲斯凭借在尼罗河三角洲的优越地理位置成为重要港口，发展起了繁华的商贸活动，成为古埃及的首都与宗教中心。公元前 2400 年，两河流域的马里由于控制着幼发拉底河上连接地中海世界与美索不达米亚、大亚细亚的道路，发展成为当时重要的贸易中心城市。东罗马帝国的首都君士坦丁堡地处黑海通往地中海的唯一通道，拥有发达的航运业，同时也是罗马帝国的军事大道埃格南地亚大道与小亚细亚地区军事公路的交会点，地理位置非常重要。公元 4 世纪中期到 13 世纪初期，君士坦丁堡是全欧洲规模最大且最为繁华的城市。中国历史上长安之所以被周、秦、汉、隋、唐等 13 个朝代建都，重要原因之一便是其优越的地理位置。长安位于关中平原中部，地势平坦、土壤肥沃，适合农耕文明的发展，同时四面环山、地势险峻，军事上易守难攻，唐朝时长安的常住人口为 185 万人，成为当时全球首屈一指的大城市。17 世纪荷兰的阿姆斯特丹利用港口优势，拥有连通北欧、北美、非洲、南美洲以及南亚、东南亚的航线，成为当时全球重要的贸易中心城市。

在农业社会，空间地理环境对全球城市体系发展之所以存在重要影响，主要是因为在技术水平不发达的发展阶段，水源充足、地势平坦、土壤肥沃等自然条件良好的地区农业生产率会更高，从而有足够的剩余产品来支持城市发展；同时，由于交通技术落后，水运是农业社会人类进行大规模运输的主要交通方式，因此港口城市更容易发展起来。此外，由于人类对自然的控制力较弱，因此地震、洪水等自然灾害也会干扰甚至打断城市的发展进程。但总体而言，随着人类技术的进步，空间地理环境对城市发展的影响正在逐渐变弱。

第三节　全球城乡体系：城市化长期徘徊

城市始终主导人类主要文明但价值创造速度始终在漫长徘徊。从城市产生到第一次工业革命之间，城市人口、城市空间和城市活动在漫长农业时代都仅占世界微不足道的比例，城乡处于分割状态，城市创造的价值与文明却占世界绝大部分，但城市创造价值的速度比较缓慢。这段时间内，决定城乡体系的因素很多，如人口增长、经济发展、空间扩大、制度改革、技术突变等，但主要是人口的缓慢增长和环境的不确定性。人口增长缓慢直接使城市化缺少重要的动力来源，而环境的不确定性不仅会影响人口、经济和社会制度的发展，更可能会导致城市的覆灭和消亡。

典型城市：开封

开封位于中国华北地区河南省东部，曾是宋朝的都城，兴起于公元前 3 世纪，公元 10—12 世纪进入鼎盛时期，之后走向衰落。鼎盛时期的开封人口达 150 万人，经济极为强盛，是当时的全球大都市。当时全国的城市化率达到了 20% 左右，而全球的城市化率仅为 2% 左右。两宋时期，见于史载的市镇多达 3600 多个，其中一部分市镇，不论人口数量还是经济发达程度，都超过一般州县。此外，开封不仅拥有当时全球最顶尖的造船技术与最先进的指南针、印刷术，同时还有最发达的丝织业和最繁荣的集市贸易。开封城市化发展得益于以下几方面。

第一，开放制度文化为人口、经济和产业发展营造良好的环境。首先，人口流动制度的放松。宋朝开封取消多年的宵禁，大兴夜市，而且户籍制度更加宽松，大量人口可以自由流动，流动人口在城市居住一年即可落户，甚至不少城市的流动人口已经多于城市户籍人口，有效地促进了城市化水平的提升。其次，市场经济制度的实行。开封实行街巷制的新体制，并大力发展各类手工业、服务业、娱乐业、广告业，同时政府放松重农抑商政策并实行"坊巷制"，促使瓦子、茶楼、酒肆等新兴服务行业繁荣发展。随着生产力的发展，城市渐渐由"城"的防御功能转向"市"的市场功能。另外，宋朝明令允许开放夜市，商家逐利，使开封城里出现了大量"早市""夜市"，甚至是深夜开张，天明而散的"鬼市"，通宵营业者更不乏其人，宋人夜生活之丰富，比起现代也不遑多让。最后，宋朝思想开明、言论自由，在历朝历代首屈一指，对民间也极少进行思想钳制，从而促进了社会风气的开放、经济形势的发展、文学艺术的灿烂，最终才有了开封国际大都市的繁荣，成为开封崛起的社会基础。

第二，空间环境为区位优势产业发展奠定基础。凭借"惠民水、汴河、五丈河、金水河""四水贯通"的区位条件，开封发达的漕运为其农业、手工业和商业繁荣提供了便利，这是开封崛起的经济基础。城市的形成和发展都离不开水，中国古代城市，无不坐落于大江大河之旁，坐拥江河便利。隋唐五代时期，开封已经展现出水陆交通的便利，成为水陆交通枢纽。

第三，持续创新为产业活动提供技术支持。开封不断改进造船与指南针技术，大力发展海上贸易，凭借发达的航海业与南太平洋、中东、非洲、欧洲等 50 多个国家的城市通商，最终发展成为全球化商业大都市。然而开封的经济发展并未真正摆脱政府的直接管理，因而随着宋代帝国衰落和经济政治重心南移，逐渐失去国际城市的地位。

一 世界城市人口缓慢增长

在公元前 5000 年，城市还只是雏形，全球城市化率仅为 10%，中东的城市化率为 30%，北非的城市化率为 10%。在城市产生期（公元前 35—前 6 世纪），在城市文明的最早产生区域，其星罗棋布的城邦似乎表明城市人口是当地人口的主体，包括苏美尔城邦、印度城邦、希腊城邦、中国的邦国和方国。依据不同的统计口径，这些城邦地区城市化率都应超过 50%，当然这时的城市概念也应该比较宽泛，显著有别于现在的城市。不过随后由于一些城邦及城邦联盟发展成为中央集权的王朝，城国分离，城市人口占比可能逐步下降（见图 3-2）。但是从全球总体上看，由于各地产生和发展的不同步，这一时期的城市化率还是比较低的。

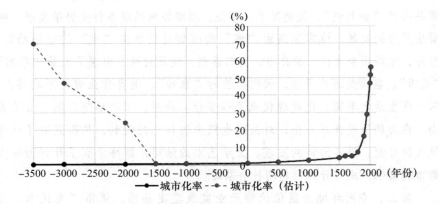

图 3-2 全球城市化率变化（公元前 5000—2000 年）

在城市发展期（公元前 5 世纪到公元 15 世纪），随着时间的推移，如乌鲁克、孟菲斯、巴比伦、雅典、长安、罗马、洛阳等主要大城市开始形成。此时，长期性城市已经占据主导地位、统治世界，决定国家和世界的发展方向，但是城市化水平仍然较低。到公元元年，全球的城市化率为 1% 左右，中国、印度、日本、中东国家、北非国家、土耳其、西欧国家的城市化率分别仅为 1%、1.7%、0.1%、0.7%、0.6%、1%、1.5%。

从公元元年到公元 1500 年，城市化率也仅从 1% 增加到 4%，城市化进程非常缓慢，并且在这一时期，一定规模的城市数量也处于较少状态。从 1500 年到 1750 年这 250 年间，全球城市化率仅从 4% 上升到 5.5%，全球城市化进程虽然有所加快但推进幅度不大，人口规模大于 3 万人的城市到 1700 年仅为 200 个左右①。

人口的缓慢增长直接影响城市化率的缓慢提升。从城市诞生到 1750 年以来，全球人口缓慢变化，特别是从公元前 5000 年到公元元年，除了中国和印度以外，全球主要国家人口基本没有太大的变化，说明这些国家的城市化率长期为 0。公元元年以后，个别国家的人口总量有所提升，但是相对于中国和印度而言，提升幅度仍然较小。

技术上限决定人口和城市化持续低迷。技术生产的上限限制人类在生活需求的作用下只能从事大规模的农业劳动，而农业产出不稳定性及上限决定了古代人口的长期低速增长和上限，也直接导致了城市化的长期低迷（见图 3 - 3、图 3 - 4）。从公元前 5000 年到公元元年的 5000 年间，全球人口仅从 0.19 亿人增长到 2.3 亿人；从公元元年到 1000 年，全球人口也仅增长到 3 亿人左右，人口增长非常缓慢；从 1000 年到 1750 年，全球人口则增长到 7.45 亿人左右。而这些人口增长绝大部分还是要从事农业生产劳动，如 1400 年英国、意大利、法国、波兰的农业从业人口占比分别为 57%、60.9%、71.4%、76.4%，甚至是到了 1750 年，英

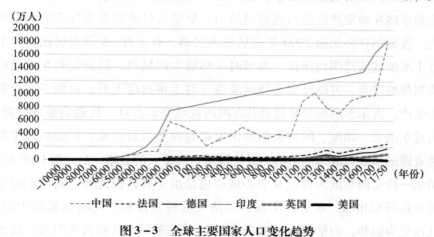

图 3 - 3　全球主要国家人口变化趋势

---

① 根据 modelski 数据整理，人口规模大于 3 万人的城市。

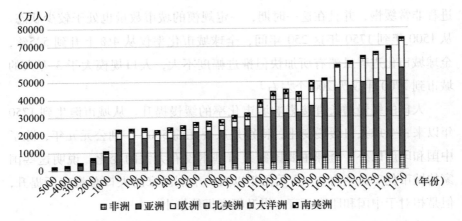

图 3-4　各区域人口变化

国、荷兰、意大利、波兰和法国的农业从业人口占比也分别高达 36.8%、42.1%、58.9%、59.3% 和 61.1%。大量人口从事农业活动意味着很难有人口转移到城市进行专业化活动。

自然空间环境是影响城乡人口转移及增长的长期约束变量。从城市产生到第一次工业革命之前，全球人口始终主要分布在温湿地带并在此地方经历漫长的发展过程。公元前 6000—前 3000 年的温查文化分布在多瑙河流域，良渚文化发展于长江下游环太湖地区，美索不达米亚文明产生和发展在幼发拉底河与底格里斯河。早期人口的兴衰受环境的影响更大，埃利都在公元前 2900 年前后最为兴盛，有 5 万—8 万名居民在 6 平方千米的城墙范围内居住，为当时全球最大的城市，而公元前 6 世纪时埃利都被遗弃，可能是因为持续灌溉导致土壤盐度上升，从而不适合农业生产。吉尔苏的崛起是凭借其在两河流域交汇点这一优越的地理位置，与近东国家、印度、阿拉伯西部国家都有商业贸易往来，但随后由于自然资源的短缺与战争的影响，最终被迫走向覆灭的道路。公元前 1200 年，培尔—拉美西斯成为古埃及中心城市也是由于其区位优势，其位于尼罗河三角洲东北部，水资源丰富，水路交通较为便利，同时靠近地中海，气候更为温和，但最后由于战争和尼罗河改道等天然和人为因素，逐渐湮没在历史长河中。而公元 6 世纪的卡拉科尔，在全盛时期有 150 多座建筑，建有庞大的农田系统和精心的城市规划，容纳人口达 12 万人，最后也因战争导致河流和陆地贸易路线中断，再加之森林砍伐和干旱等原因走向衰亡。

思想文化、政治权力始终左右着全球城乡体系的时空演进。一方面，思想文化始终并将日益压倒性地影响全球城乡体系价值创造。如果人口没有形成文明上的认同，其内部凝聚力不会强盛，也不会向城市聚集，促进城市化率的提升，即使产生人口增长，人口也不会形成数量优势和国家战略资源，始终会处于分散的状态。另外，政治权力的不断膨胀压制了"市"的发展进而"城"的发展进而城市的长期发展，促使农村无论是从人口、空间还是产值上均处于主导状态，城乡体系长期处于以农村为主、城市为辅的格局。虽然政治组织及其权力对城市文明价值创造具有必不可少的作用，但是其为了维持统治地位会限制市场制度、自由流动等活动，将大量的经济主体固定在农村土地上，从而导致城市发展期城市文明价值长期低水平波动，根本是政治权力压制了价值创造的空间和动力。政治和军事等级体系及变动影响甚至决定着城乡等级体系的变动。权力体系崩塌或更迭可能会直接导致城乡体系长期低迷徘徊。

人口及人力资本基础、物质经济发展水平、自然地理空间环境、社会文化制度等导致农业时代城乡人口体系始终处于持续低迷状态。农业时代受到天然的自然地理空间环境束缚，人口总量始终处于长期的波动低迷状态，经济发展始终呈现以乡村小农经济为主的特征，制度文化始终处于以"城"压"市"的格局，人口之间、城市之间的交流贸易等活动始终处于分离状态，从而在这些因素的共同作用下，城市人口体系虽然逐渐占据世界的关键地位，但始终处于较低状态。

二 科学技术发展虽有进步但仍长期低迷，徐徐推进全球城乡及价值链体系的演进

科学技术发展虽有进步但仍长期低迷。从城市产生到 1750 年的科学技术演进来看，从城市产生的大约公元前 5000 年，中国就开始将松散的纤维拧成线条并拉细加捻成纱（即纺纱），随后人类发明了纺织机。与此同时，美洲印第安人开始栽培玉米，从野生玉米到人工栽培玉米，并将其逐渐传播到世界各地。人类也开始冶炼金属铅——中国青铜器的制造原料之一是铅。同样是大约公元前 5000 年，中国出现原始农具——耒耜，人们普遍运用耒耜来人工翻土和人工施肥，一定程度上促进了农业生产发展。大约公元前 4700 年，出现了冶铜技术。大约公元前 4200 年，人类开始自主种植棉花，史前时代的人类已经懂得利用棉花纤维。大约公元前 4000—前 2500 年，排水系统开始出现在各文明之中。大约公元前 4000 年，埃及人已掌握陶器制造、冶金术、酒醋制造、颜料染色技术。此时，人类发明车轮。人类最初知道使用车轮，是在新石器时代晚期至青铜器时代早期。大约公元前 3300 年，苏美尔人发明楔形文字，一开始在泥板上用图画记录，渐渐演变成为文字。大约公元前 3150 年，古埃及人发明象形文字，一百多年后，埃及象形数字开始形成。大约公元前 3000 年，造船技术显著发展，带有横帆的帆船出现在埃及，表明埃及人掌握了逆风航行的技术，并且其还创造几何学用于满足测绘、建筑、天文和各种工艺制作的实际需要；两河流域地区开始出现烧制砖块。大约公元前 2900 年，古埃及人制成蜡烛。大约公元前 2800 年，人类利用小苏打等模仿火山环境制取玻璃，并在玻璃的基础上制作镜子。大约公元前 2700 年，算盘开始出现，最早出现于两河流域，中国的算盘先进且自成体系。大约公元前 2600 年，埃及木乃伊取出内脏并使用防腐剂。公元前 2500 年，苏美尔人使用硫做最早的杀虫剂。大约公元前 2300 年，中国最早使用块范法制造青铜礼器。大约公元前 2000 年，古巴比伦的医学已具雏形；中国最早开采使用朱砂，殷商时代已有用于铸造青铜器的耐火器皿，中国开始使用青铜镜；英格兰南部建造巨石阵；印度出现"0"的概念，表示"无"；两河流域的人发明了马车。大约公元前 1900 年，墨西哥人制作了可可饮料。大约公元前 1800 年，古埃及的柏林纸草书记录了埃及人对勾股定理的认识；汉谟拉比兴修水利，开凿运河。大约公元前 1780 年，美索不达米亚人民建造冰窖。大约公元前 1750 年，《汉谟拉比法典》颁布并记录了医药条纹。大约公元前 1700 年，锡铅分离冶炼技术出现。大约公元前 1600 年，中国用天然磨料磨制铜器。大约公元前 1200 年，中国用蚕丝织丝绢，且中国殷商青铜（铜锡合金）冶铸技术已达成熟阶段。大约公元前 770 年，中国已会铸铁。公元前 7 世纪，巴比伦人发现日月食循环的沙罗周期。公元前 6 世纪，希腊的泰勒斯发现琥珀摩擦生电，发现磁石吸铁现象。公元前 594 年，希腊梭伦改革，确立民主政治，制定宪法，且工商业兴起。公元前 5 世纪，希腊的德谟克利特完成古代原子论，认为万物是由大小和质量不同、运动不息的原子组成；中国的《周礼》中记载了用金属凹面镜从太阳取火的方法。公元前 462 年，希腊巴门尼德、芝诺等埃利亚学派指出在运动和变化中的各种矛盾，提出了飞矢不动等有关时间、空间和数的芝诺悖论。公元前 400 年，墨翟（前 468—前 376 年）发现小孔成像；希腊亚里士多德对数学、动物学等进行了综合研究，在《天论》一书中提出了地球中心说，认识到声音是由空气运动产生的，发表《动物自然史》等书（记载 500 多种动物），第一次把生物学置于广泛观察的基础之上；希腊的菲洛劳斯提出中心火说，是日心说的萌芽。公元前 3 世纪，希腊的阿基米德发现杠杆原理和浮力定律，发明阿基米德螺旋。公元前 245 年，希腊的克达席布斯在埃及亚历山大发明压力泵、气枪等。公元前 230 年，希腊的厄拉多塞在埃及的亚历山大测定出地球的大小。公元前 2 世纪，中国西汉用丝麻纤维纸。1 世纪，希腊希龙发明蒸汽旋转器和热空气推动的转动机，这是蒸汽涡轮机和热气涡轮机的萌芽。105 年，中国东汉时蔡伦造纸。132 年，中国东汉时张衡发明世界上第一个测量地震的仪器——地动仪。3 世纪初，中国汉末华佗发明麻醉剂——麻沸散用于外科手术。6 世纪，中国北魏时贾思勰写的《齐民要术》，在世界农学史上占有重要地位。7 世纪，中国唐朝已采用刻板印刷。8 世纪，中国造纸术传入西方，阿拉伯炼金术获得发展，制出了硫酸、硝酸、王水等，为向化学过渡准备了条件。9 世纪，中国唐朝的炼丹士发明了火药，这是化学能转化为热能的重大发现。10 世纪，中国宋代发明了胆矾溶液浸铜法生产铜，这是水法冶金术的开始。1041 年，中国北宋毕昇发明活字印刷术，早于西方 400 年，奠定了现代印刷术的基础。1200 年，欧洲人开始使用眼镜。1231 年，中国宋朝人发明"震天雷"，充有火药，可用投掷器射出，是火炮的雏形。1259 年，中国南宋抗击金兵时，使用一种用竹筒射出子弹的火器，是火枪的雏形。13 世纪上半叶，中国火药传入阿拉伯。14 世纪叶，中国开始应用珠算盘。1385 年，中国在南京建立的观象台是世界上最早的、设备完善的天文台。1500 年，达芬奇设计了风力计、湿度计、降落伞、纺纱机、踏动车床等草图。1590 年，荷兰的詹森发明复式显微镜。1593 年，意大利的伽利略发明空气温度计。1596 年，中国明代李时珍写作《本草纲目》，书中记有药物 1892 种，是重要的科学典籍。1609 年,意大利的伽利略制成第一架天文望远镜,并用其发现了木星的四颗卫星。1620 年,葡萄牙的德列贝尔发明潜水船。1637 年,中国明朝的宋应星完成《天工开物》,总结了中国工农业生产技术。1654 年,德国的盖里克发明真空泵,表演马德堡半球实验。1660 年,英国的胡克发现弹性定律。1666 年,英国的牛顿发现了万有引力。1666 年,英国的牛顿用三棱镜分光。1676 年,丹麦的罗默利用木卫食测光速。1677 年,德国的莱布尼茨发明微积分。1687 年,英国的牛顿提出力学三定律和绝对时间、绝对空间的概念。1699 年,法国的阿蒙顿发现摩擦定律。1701 年,英国的贝努利创建变分法。1728 年,英国的布拉德雷利用光行差测光速。1745 年,荷兰的马森布洛克发明莱顿瓶。1750 年,英国的米切尔设计测静电力扭秤,并提出磁力的平方反比定律。1750 年,美国的富兰克林发明避雷针。1752 年,美国的富兰克林做风筝引天电实验。1775 年,意大利的伏打发明起电盘。从城市产生直到 17 世纪,农业技术发展导致城市产生,科技改变人类利用自然的范围、手段和能力,支持城市规模扩大、功能多样和形态复杂,也影响全球城乡发展秩序。

总体上,技术发展均以一个缓慢的速度演进,徐徐推进全球城乡及价值链体系的演进,但技术的作用具有质变的意义,一旦有一个新技术就会对城乡发展具有巨大的颠覆性影响。一方面,先进的技术可以与制度结合,创造、改变和发展城乡及其体系。例如从城市内部来看,从史前时代开始,埃及人就学会经由计划性地建造灌溉渠道和水池来管理田地,在公元前 3500—前 2500 年,其已在农业中使用犁、耙并进行施肥,各城市通过学习历法、利用工具大力发展。从外部来看,从铁器、马车、帆船到铁路、蒸汽,再到飞机、高铁、邮轮的发明,结合城市的位置、制度,大力发展对外贸易逐步衍化出权力、文化、贸易三种价值体系,最终形成国际价值体系、国家价值体系、城市价值体系、城邦价值体系、城乡价值体系等多种嵌套的价值体系。例如古埃及、巴比伦、亚历山大等帝国对外进行军事入侵,建立了跨欧亚非的统一政体,古埃及帝国的范围向东北扩张到叙利亚、巴勒斯坦,向南扩张到努比亚,从而形成以都城为中心、其他城市为外围的"中心—外围"聚集形态,呈现中东城市为主导,东方中国、印度城市崛起的多极格局。又如 9—

12世纪，欧洲北部从君士坦丁堡跨过中亚中部路线，东部通过巴格达巴士拉和波斯湾连接地中海与印度洋，南部从亚历山大开罗红海连接着阿拉伯海和印度洋，形成了以罗马帝国城市、中东国家城市、中国古王朝城市为代表的东西方城市"大聚集、小分散"格局为主的体系。另一方面，落后的技术有可能主导摧毁和打破传统的体系，导致人类城市文明的倒退和价值链的削弱或消失。例如在公元5世纪罗马被日耳曼人攻破，其人口减少、城市衰落、外敌入侵、大众迁移，科学发展因为战乱频仍与封建禁锢而受到重大打击，甚至出现倒退情况；文化发展方面的打击更大，罗马及希腊的文明遗产受到暴徒破坏，而且骑士们大多都是文盲，文化水准很低，加上当时兵荒马乱，令中世纪的欧洲文化发展不进反退。此外，四五世纪的迁徙和入侵打乱了地中海地区的贸易网络，各洲的商品停止进口到欧洲，到了7世纪末，在伊斯兰群体的影响下，西欧地区再也没有发现非洲的产品。又如公元9—12世纪，宋的经济繁荣程度可谓前所未有，农业、印刷业、造纸业、丝织业、制瓷业均有重大发展，各地也出现了各种制造工厂和加工工厂，航海业、造船业成绩突出，海外贸易发达，与南洋、南亚、西亚、非洲、欧洲等地区通商，但其最后也为金所灭，导致人类文明的倒退和价值链的削弱或消失。

技术发展对城乡体系的影响则与主体和行为交互密不可分。虽然人口、空间环境、制度文化等因素也会影响科学技术的作用，但是关键核心在于家庭、市场和政府在贸易、竞争合作与进一步学习创造等交互行为上对科学技术的运用。通过不同主体间的交互行为加大科学技术的广泛运用，不仅扩展了城乡价值体系的空间格局，更推动了城乡价值的不断演进，如家庭、企业和政府经济主体间的互相贸易和合作等。

三　制度文化决定全球城乡体系及价值链文明

古代是以农业为主要生产方式的社会，农业社会以农村为主要生产场所，主要包含两种形式：一种是现代意义上的小农经济，即农民自耕自种，自给自足；另一种是以地主阶层为主导的封建农业，即设有地主和农民阶层，农民向地主缴纳租金。而且农村社会的生产方式主要以家庭经济或部落经济为基础，一般是由家庭主力负责家庭生产，家庭成员帮助完成家庭生产，并合作完成公共事务。在这种家庭或部落经济结构下，农业生产技术是比较落后的，自然灾害时常发生。这种部落制度影响了人类几千年的发展，直接决定了乡村经济始终占据主导地位。而当社会发展到一定程度后，随着制度文化的不断发展，部落制度则无法满足对新制度文化的要求，国家便从部落中逐渐孕育出来。国家的治理需要通过一定的制度来实现，世界上很多国家都在漫长的发展过程中形成了自己独特的政治制度。西欧的封建制度以骑士、领主和农民为主要构成。领主对农民的控制力非常强，而骑士则是保护领主的武装力量。相比之下，拜占庭帝国和俄国的中央集权制度则更为强大，皇帝拥有绝对的权力，各地领主只是皇帝的代理人，而阿拉伯帝国则更加注重商业和文化的发展，其政治制度也更加开明。另外，印度的笈多王朝和德里苏丹国则更加强调宗教与文化的融合，政治制度也更加灵活多样。而朝鲜和日本则都建立了中国式的中央集权制度，皇帝拥有最高的权力，各地官员都是皇帝的代表。在此条件下，中古西欧的政治制度以法国、英国为代表，分别形成了等级君主制和议会君主制；阿拉伯人继承了西亚、北非、希腊、罗马文明的传统，创造出自己独特的文化，阿拉伯帝国成为东西方文化的桥梁；东亚的朝鲜和日本的文化及东南亚文化既有本土文化的底蕴，又受到中华文化等外来文化的影响；因大洋阻隔且与欧亚大陆缺乏交流的美洲独立发展起印第安文化。

　　思想文化来源于人类交互，也由人类创造并积累，且具有规模报酬递增作用。思想文化的生产、传播和消费已经深刻影响人类交互及发展，在城市诞生以来的城乡体系形成中极为重要。从制度衍化来看，公元前3000年，部落最高行政长官为族长，实行酋长制；约公元前2457年，中国实行禅让制；公元前21世纪，中国夏朝实行奴隶制；公元前1064年，中国西周开启封建制度，实行封建专制制度；公元前800年，古希腊实行君主制；公元前8—前7世纪，贵族制取代君主制；公元前594年，雅典开始逐步完善实行民主制；公元1688年，英国正式诞生君主立宪制；公元16世纪到18世纪末，法国正式确定民主共和制。制度的不断演进确保了不同历史条件下城乡体系的稳定，但是权力体系的周期性崩塌或更迭会影响城乡体系。从城市产生到1750年，国家权力体系崩塌往往意味着王朝政权的更替，甚至是长期混战。这将显著影响农村农业生产，对农村产值占比较高的城乡体系冲击尤为明显。例如，公元 4 世纪，中国北边众多游牧民族征服中原汉地北部。这些内徙的草原各族及汉族在中国华北地区建立数十个强弱不等、大小各异的政权，导致中国长期陷入战争，破坏了中国原有的政权和经济架构，民生经济大受破坏，人口锐减，直接摧毁了形成的城乡体系，使城乡体系长期处于混乱当中。公元 5 世纪欧洲时期没有一个强有力的政权来统治，罗马帝国为北方蛮夷所灭，导致整个罗马文明的消亡。又如公元 12 世纪，宋朝为金所灭，导致中原文明削弱。再如公元 13 世纪，蒙古帝国从东亚打到中亚、西亚和东欧，在其扩张过程中，无数的古代文明遭到毁灭，水利灌溉系统被彻底毁灭，良田荒废，无数城市被摧毁，人口剧减。

文化主要在城市产生，但其又不只影响城市本身，而是影响整个城乡体系。全球各地城市思想文化成果及其扩散能力差异与变化影响全球城乡体系文明格局，影响城乡文明价值链体系的演进。从文化演进来看，公元前 4000 年，在幼发拉底河与底格里斯河之间的美索不达米亚平原上（现伊拉克南部），出现了最早的文明，先后有苏美尔人、闪米特人，他们发明了一套楔形文字，将书信、契约、文书等记录在泥板上。公元前 3500 年，尼罗河谷两旁的河滩地带出现了埃及文明，埃及人发明了一种象形文字，把账本、文书、法律等记录在石板或纸草制成的纸上；出现了历史上第一个政府，史称"古王国"，国王负责制定法律、最高审判及指挥军队，州长负责征收赋税、审理本州案件、主持本地神祇。公元前 2500 年，印度河流域诞生了最为神秘的古印度文明，发明了一种象形文字，在鼎盛时期拥有 1000 多座城市，被视为高度发达的城市文明。公元前 2000 年前后，汉谟拉比王组织编撰了《汉谟拉比法典》，人们的社会行为得到了有效规范，商业逐渐繁荣，缔造了古巴比伦帝国。公元前 1580 年，埃及文明到达顶峰，建造了很多华丽的庙宇，使用了柱廊、发明了拱门，完成了算术、几何初级基础的演算，推出了日历，发展了以阿蒙—拉为主神的多神宗教，编撰了《亡灵书》。公元前 1600 年，黄河流域建立了商朝，是中国第一个有文字记载的王朝，发明了"甲骨文"。公元前 500 年，中美洲出现了玛雅文明，他们采用 20 进位的数字，使用 365 天的太阳历法，发明了一种象形文字。从世界古代的文明的起源来看，文明首先发生于土地肥沃的地方，通过交流、竞争、学习促进发展。

出于地理原因，"两河"、埃及两种文明交流增多，发展速度较快；古印度与"两河"文明也存在一定的交流，中国则因喜马拉雅山脉和沙漠的阻隔，与其他文明交流较少，美洲、大洋洲直接与其他文明没有任何交流。历史上野蛮人战胜文明帝国的情况数不胜数，但是野蛮人很难将文明继续发展，最为重要的原因是，文明的内涵是思想、制度、方法的统一，如果没有制度思想文化为引领，文明将很难前行。

古代城市文化繁荣。古代城市作为文化、经济、旅游等多样性的聚集地，有着极大的影响力和吸引力。古代城市文化的特征是多样性，并且重视知识的传承和积累，民间文化和官方文化同时存在于城市中。从史前时期开始，公共留言板、城墙上的刻字、瓦片碎片上的文字等载体都成为文化传承的方式。在唐代，出现了律诗、词曲、绘画等艺术领域的大发展，为古代文化的传承作出了重要贡献。古代城市文化繁荣，一个重要原因就是商业活动的繁荣。中国古代的城市商业从汉代开始发展。古代城市商业流程包括集市、街市、商铺，甚至在夜市中也有很多商业交易。中世纪结束后，北方发展起了许多商业城市，如开封、京师、广州等。这些城市与海上丝绸之路和土路贸易之间的关联促进了中华文明在贸易、文化等方面的繁荣。首先，在城市孕育期，即使在城市产生之前的临时性集市上，不仅出现相互交换的食物、玉石、加工工具等，更形成了一种丰富的生活联系——各种祭祀性精神活动、艺术活动等。例如，埃利都早期的村庄式聚居地在约公元前2900年发展为以泥砖—芦苇房为特征的城市聚居地，其核心为阿普苏神庙区，人们为了各种祭祀性精神活动、艺术活动聚集在一起。最早的乌鲁克城就是由欧贝德时期的两个相似的小型定居点融合而来（两个小型定居点后来发展为神庙），其适于农业发展，而又地处交通要道，方便相互贸易和文明交流，从而有利于早期文明的发展。其次，在城市产生期，几乎每个城邦和城邦联盟都有神灵崇拜和思想表达，严重影响城邦的思想价值观念和社会凝聚力。公元前6000—前1000年的古代两河流域、小亚细亚、希腊、罗马、印度和波斯等地原始宗教和古代宗教盛行。在公元前5100年，美索不达米亚平原南部已经在兴建神庙（如底比斯）作为皇室居地和宗教膜拜的中心、圣地，它从公元前22世纪中期到前18世纪繁荣一时。中国的殷墟也作为重要的统治中心、文化中心和宗庙中心主导全国。早期的希腊城邦宗教色彩十分浓厚，人民觉得神明无所不在。又如公元前 1200 年的培尔—拉美西斯，面积超过 15 平方千米，人口超过 16 万人，是当时古埃及乃至北非地区最繁华的城市，其主要作为当时古埃及王朝的首都，具有较强的行政功能；同时该城分四区，由阿蒙、瓦吉特埃及神和塞特、阿斯塔特亚洲神分居神庙，也是当时埃及重要的宗教中心。再次，在城市发展期，公元前 5 世纪前后"轴心时代"及之后宗教深刻广泛影响城市价值创造和实现进程。希腊的希腊哲学、印度的印度教和佛教、中国的儒教和道教、波斯的琐罗亚斯德教、以色列的犹太教等精神产品成为人类精神思想的根基，对人类城市文明发展和价值创造产生了深远的影响。公元 1 世纪的基督教、公元 7 世纪的伊斯兰教，不仅对当时欧洲和伊斯兰世界而且对此后的世界产生了广泛的影响。最后，在城市复兴期，文艺复兴、宗教改革和启蒙运动起源于欧洲城市，进而深刻影响城市的发展。15 世纪由于资本主义萌芽的诞生，资产阶级的发展生产需要科学文化知识，要求在思想上摆脱封建主义的束缚，希望在思想上和艺术上有着自己的突破，而此时佛罗伦萨、威尼斯、锡耶纳、热那亚等城市由于地理位置优越、经济发达，后逐渐扩展至欧洲各国，深刻影响着知识、文学、社会和政治各个方面，进而深刻影响城市的发展。而宗教改革，间接提高了老百姓的受教育程度（最初是宗教，后来是科学文化），最终促进了科学技术的积累和传播。特别是 1750 年工业革命以后，率先由思想发展起来的城市（如伦敦、巴黎、纽约、东京等）随着思想文化的放大传播，逐步成为国家的中心、区域的中心和世界的中心，影响着全球城市体系文明格局。

制度文化对城乡体系的影响与人口和经济息息相关。首先，人口影响制度文化的作用。人口作为制度文化的主体，是制度文化的核心力量。在利益的驱动下，其决定了制度文化的诞生并促使制度文化的不断调整。人口的不断聚集促使制度的形成，聚集活动促进制度的不断完善。其次，经济发展影响制度文化的作用。虽然政治治理和军事征战不直接创造经济价值，但是其会通过政治权力和军事权力的强行分配，让国家中相对高端的资源要素均集中到政治或军事等级更高的城市中，进而影响全国乃至世界城市的物质产品的生产和贸易、精神产品的创造和交流。这也就导致，虽然在这一段时期内，大部分的价值创造过程在农村，但是政治和军事等级的存在，使城乡在价值创造和功能主导方面严重不平衡，也使城乡体系与这一等级体系相一致。例如在城市发展期，各国的生产网络和价值链等级体系几乎与帝国城市的政治等级体系相重合。罗马、长安、巴格达、君士坦丁堡等均是价值分配、生产或交换中心。随着城市的发展，强国集团的势力范围及其全球治理影响全球城市体系结构和层级。在东亚的朝贡体系下，帝国中心与周边国家所形成的国际城市政治等级体系，国际生产网络和价值链体系的等级结构，总体的政治和军事等级体系及变动，决定着城市文明的价值链等级体系及变动。

四　世界城市活动从关键基础活动到主要基础活动

从城市产生期的政治军事、经济贸易、科技文化三位一体，到城市发展期的政治军事主导经济贸易，科技文化辅助，再到城市复兴期的经济贸易、科技文化主导，政治军事辅助。从诞生以来，城市经历了漫长的发展期，世界上的城市非常有限，城市化进程停滞不前，漫长的时间里，部落、农村是一个国家的基础和财产的重心，人类大部分都是在乡村居住，并且以耕种和畜牧维生，生产工具也仅仅是一些简单手工制品。无论乡间还是城市的生产动力，都以人力、兽力、风力和水力等为主，所以产量有限、生产效率低下，人们为了生活不得不大量进行农业生产和劳动，农业生产决定着国家或世界的未来。直到工业革命之前，全球的城乡经济体系均为乡村主导世界格局。但值得注意的是，一个部落或邦国的关键基础活动基本均在城市里，而生产、生活、消费、贸易等基础活动以关键的城市作为节点，并由此节点衍生出相应的关键城市功能。从古至今的最大城市中，从开始的主要为宗教中心和政治中心，这些城市涵盖了当时文明最主要的政治、文明活动，再到后面的政治中心、宗教中心、贸易中心、文化中心、交通中心和经济中心等。这些主要的城市则代表着全球最关键的活动，其所带来的关键的科技、知识创造对全球城市经济活动发展起到决定性的作用。例如公元前 3700 年，埃利都就有专注于特定产业，不从事农业生产的人，如商人、织工、冶金学家和工匠。公元前 2400 年，马里古城出现贸易中心，是整个区域宝石、木材、农作物、陶器的交易中心。公元前 2100 年，乌尔建有实施经济社会管理的税收、法律等官署，还有商业设施、手工作坊和仓库等。公元前 1400

年的巴比伦以城堡、宫殿、庙宇为主，原始农业占据主导地位，手工业较之前有进步，农业与手工业分离明显，出现法典，政治职能突出，部分出现贸易和集市活动。公元前600年的洛阳则发展了手工作坊区，手工业种类齐全，商贸发达，政府对手工业者、商人以及市场、市场秩序、赋税征收等有经济管理理念和思想，且道路宽敞，可供马车行走。公元600年的长安则制瓷业和纺织业发达，工商业繁荣，出现了集市，对外贸易发达，唐诗、佛教、科技和思想得到空前发展，经济文化繁荣，陆上、海上丝绸之路繁荣。公元1200年的巴格达出现职业划分，工业得到发展，出现节省劳动力的机器，出现商业复兴和国际性市场。当城市化水平加速以后，城市既有生产功能，又有生活功能。这些关键节点城市主导着部落或区域的思想文化功能，但是其经济产值仍处于较低水平。

人口的分散及分散聚集状态决定乡村经济持续低迷。从城市诞生到1750年，全球的人口状态处于分散和分散聚集状态，各国的城市化率长期低于5%，甚至1%。这导致大量的农业人口无法形成规模效应、提升农业生产效率，决定了乡村经济的持续低迷。

空间的固定及环境的不确定性决定城乡经济格局。良好的气候生态环境是城市发展的前提条件，气候条件、自然地理和人工环境及其变化决定着城市命运，也决定着全球城乡体系的演进。良好的气候生态环境直接决定农村的农业产出，进而影响地区的稳定。特别的地理区位及其变化影响城市文明价值网络及其变化，它直接关系到是否能吸引到足够多的人来建设这个城市，从而使该城市获得长足的发展。自然空间环境直接决定了城乡的价值创造数量和质量，如孟菲斯在尼罗河三角洲的河口占据着战略要地，是繁华活动的发源地，其作为港口主导着商业和贸易活动。公元前2400年的马里由于控制着黎凡特和美索不达米亚之间的道路而成为重要的贸易中心。华氏城位于恒河、甘达卡和桑河的汇合处，它的位置帮助它统治了印度—恒河平原的河流贸易，从而成为重要的贸易和商业中心。君士坦丁堡的地理位置亦保证其能够经受历史的考验，在数个世纪内，其城墙和海区保护欧洲免受东面入侵者的侵袭和伊斯兰教的推进。巴比伦建于幼发拉底河的两岸，有陡峭的堤坝来控制该河的季节性洪水。长安的中心地位也是由于其地理位置，通往甘肃，四川、河南、湖北和山西的道路都会合于此。14世纪的阿姆斯特丹也由于其位置及汉萨同盟形成世界贸易，即商船从阿姆斯特丹开往波罗的海、北美洲和非洲，以及今天的印尼、印度、斯里兰卡和巴西，由此构建了世界贸易网络的基础。利物浦也同样由于地理位置，成为英国最重要的港口。19世纪初，40%的世界贸易通过利物浦船坞；19世纪中期，其成为世界上最先进的码头之一和世界上最重要的港口之一。此外，在长期的历史进程中，生态环境的变化影响一个城市命运的例子比比皆是。M. Batty 通过对人口规模的位序分析发现，公元前430年人口规模排名世界前50名的城市没有一个进入公元2000年世界最大的50个城市名单中。① 究其原因，适宜的气候环境和良好的生态环境是其中重要的不可移动因素。

制度、文化、人类需求和智慧是全球城乡及价值链演进的永恒动力。人类持续追求更加美好生活需求驱动进而推动确保安全、繁荣和神圣的城市的兴起、发展、复兴与繁荣。从乌尔到巴比伦、雅典、罗马、开封、威尼斯，再到伦敦、纽约和深圳，也推动全球城乡体系不断扩大。首先，城市产生于人类需求扩大和升级。生存和多样化偏好的需求是人类的本能，人类后一更好需求产生是前一需求满足的结果。城市产生于农业劳动剩余，从供给层面上，有更多人可以从事非农劳动；从需求层面上，人们有非农产品消费需求，包括更安全的生活环境、更多样化物质和精神产品生产及其交换，以及祭祀精神等，均需要创造城市以便提供。美索不达米亚文明、尼罗河文明、印度河文明、黄河文明等的诞生和发展也是由于需求。小亚细亚在公元前6000年开始建造砖建筑物，美索不达米亚南部最早的城市埃利都在公元前5000年前后就形成了村庄式的聚居地。乌鲁克在成为中心以后为了将文化传播到周围区域，为了保障这种体系，开始加强军事防御，将城市周围村落的栅栏修建成城墙；乌尔地处两河流域，通过利用长途贸易路线，吸引了众多人口，汇集了大量物资，促进了海陆贸易的发展，并且乌尔还是第一个编纂法律体系——《乌尔纳姆法典》的城市，再加之其是乌尔王朝的中心，拥有良好的军队和官僚机构，这为城市贸易与文化发展提供了安定有序的环境；孟斐斯也修建了众多宫殿、神庙以及金字塔等，形成了深厚的历史文化根基，

---

① M. Batty, "Rank Cloks", *Nature*, Vol. 444, No. 7119, 2006, pp. 592－596.

宗教文化的进一步发展造就了孟斐斯颇具影响力的地位。其次，需求升级与城市发展互促共进。需求升级带动城市生产网络的扩大和升级。拥有引领趋势的消费偏好，拥有高端而挑剔的消费偏好，拥有参与科研创造和产品开发的消费偏好，带动城市发展予以满足。而更大的城市及其相互交往则创造更多样化和高端的需求，高端的需求又会导致城市复兴，如交通便利但是又缺少农业土地资源的城市，商业与工业为城市生存的唯一选择，威尼斯、佛罗伦萨、热那亚、布鲁日、安特卫普、阿姆斯特丹等城市凭借优越的地理位置，以及对多样化和高端的需求，获得商业与工业的繁荣，而城市经济的率先繁荣，引起思想家的关注和宣扬，又促进新的需求升级。这样，对新需求的追求导致生产扩大，带来了农产品、工业品以及贸易的巨大发展。又如丝绸之路所引起的城市生产网络及价值体系的变化，最初也是西方需要东方的丝绸，东方需要西方的珠宝。最后，人类智慧决定在城市发展的每个阶段及其发展过程中起到关键作用。拥有智能是人类与动物的根本区别，也是城市等所有文明价值产生和发展的根本。城市是人类智慧的结晶，人类城市文明的每一次跨越都是人类集体智慧的一次突破。正是依靠较多智慧的手工活动开启了城市革命，更多依靠智慧的机械活动将开启城市复兴，主要依靠智慧的智能活动将开启城市变革。人类智慧的不断扩大和参与会改变全球城市价值文明的空间结构。例如工业革命以来，需求的不断扩大和变化导致科学技术的不断进步，从而促使纽约、伦敦、巴黎、东京、香港、北京等城市的发展。

农业化时代的城乡经济格局与人口格局、环境状况、文化发展密不可分，特别是主体之间的交互作用影响更大。这是由于，一方面人口、环境、制度、文化、科学技术等均为影响经济发展的核心要素，并且在城乡之间这些要素存在显著的差异性。在农业时代，农村人口要显著多于城市人口，农村空间要显著大于城市空间，农村的环境要显著劣于城市环境，农村制度文化要显著劣于城市制度文化，从而在此多种因素的作用下，城乡经济体系呈现农村经济总量占据绝对主体地位，但城市经济占据关键少数地位的格局。而随着家庭、市场和政府等主体的交互行为不断推进，城乡经济体系的格局也在不断衍化，即农村经济的地位逐渐降低，城市经济的地位逐渐上升，特别是城市的核心功能上升到不可替代的位置。

五　城市化地区在地球表面始终寥若晨星，城乡处于分割状态

自由贸易不遗余力地扩展着全球城乡体系，推动城乡价值链发展。基于互利共赢的自由贸易决定了城市的产生和繁荣，同时也克服重重山河阻隔、军事征战和权力壁垒，将尽量广阔的城市、城乡联系在一起，形成不同层次的城乡、城市、国内和国际的全球体系。在利益的驱动下，城乡均有动力不遗余力地去进行相互贸易，特别是对城市而言动力更大，而这对全球城市体系、全球城乡体系的扩展、联系以及价值链体系的构建起到关键作用。马里在公元前2900—前1759年发展成为贸易中心和霸权国家，拉尔萨地区是穿越波斯湾的主要贸易中心。底比斯靠近努比亚和东部沙漠，拥有宝贵的矿产资源和贸易路线。华氏城的位置帮助它统治了印度—恒河平原的河流贸易，从而成为重要的贸易和商业中心，吸引了来自印度各地的商人和知识分子。迦太基城依赖塔特索斯与其他伊比利亚半岛城邦间的贸易，垄断了大西洋锡贸易，迦太基在地中海中央的优越位置令其便于控制西西里岛到突尼斯之间的贸易，一度成为地中海西部城市贸易的中心。此时形成的地中海贸易圈连接着埃及文明、美索不达米亚文明、爱琴海文明，而亚历山大里亚港则被设计为非洲、近东和地中海地区的贸易中心。波罗的海贸易圈、北欧贸易圈中，科隆、吕贝克、汉堡和不来梅这四座城市由于地理位置便利，先后继承了诺曼征服以前丹麦、挪威、冰岛与盎格鲁—撒克逊诸国和爱尔兰之间的贸易关系；到14世纪中叶，已经扩展至波罗的海南岸、东岸的所有德国港口城市，并扩展到英国、弗兰德尔、丹麦、斯堪的纳维亚、俄国、芬兰等地，建立了文德商圈、萨克森商圈、波美拉尼亚商圈、普鲁士和利沃尼亚商圈、莱茵河商圈，设立伦敦、布鲁日、卑尔根、诺夫哥罗德四大商站。18—19世纪，世界存在两个重要贸易中心。一是围绕欧洲宗主国和美洲、非洲殖民地的三角贸易，进而形成欧美非的城市体系。二是以南海为中心的中国、欧洲国家、东南亚国家、日本的贸易圈，最终形成欧亚城市体系。20—21世纪，随着《关税及贸易总协定》、欧洲自由贸易联盟、《北美自由贸易协议》，特别是世界贸易组织的形成，信息科学技术的推动促

使全球各城市以群网化的方式紧密联系在一起，最终形成不同层次的国内、国际和全球城市体系。

城市化地区在地球表面始终寥若晨星，城乡处于分割状态。从城市产生到第一次工业革命之间，全球主要国家的城市化率均处于较低水平。从各国的城市化率变化来看（见表3-2），作为人口大国的中国，其城市化率在过去这一时间段内一直处于领先状态，而其他国家的城市化率在1500年之前基本处于较低水平，甚至为0。在此条件下，从公元前5000年到1700年的6700年间，全球城市面积仅从158平方千米增长到14104平方千米（见表3-3、图3-5）。虽然随着时间的推进，城市面积增长速度有所加快，但仍然处于较低水平，从公元前5000年到公元元年，城市面积从158平方千米缓慢增长到4237平方千米，增长速度仅为0.82平方千米/年，与此同时农村用地面积从9803平方千米迅速增长到31944平方千米，村庄占地面积从177平方千米迅速增长到31944平方千米。从公元元年到公元500年，城市面积从4237平方千米增长到4964平方千米，增长缓慢，增长速度仅为1.45平方千米/年，而村庄用地面积从31944平方千米增长到60695平方千米。1500—1600年，城市面积增长速度有所加快，达到43.71平方千米/年，但是1600—1700年，城市面积不增反降，增长速度为-5.05平方千米/年。而在这一时期，农村用地面积急速扩张，到1750年，村庄用地面积高达861914平方千米，相对于公元元年增长了26倍，相对于1000年增长了6.8倍。

表3-2　　　　　　　　全球各个国家城市化率变化及分布

年份	巴西	加拿大	中国	印度	印度尼西亚	日本
-5000	0	0	0.3	0	0	0
0	0	0		1.7	0	0.1
500	0	0	3.2	2.5		0.4
1000	0	0	5	3.4	0	2.9
1500	0.4	0.2	6.5	4.4	0.1	2.9
1600	1.2	0.7	7	4.6	0.4	4.4
1700	3.6	2	5.9	4.9	1.1	5

续表

年份	韩国	墨西哥	俄国	土耳其	乌克兰	美国
-5000	0	0	0	0	0	0
0	0	0	0	1	0	0
500	0	0	0	1.4	0	0
1000	0	0	0	1.9	0	0
1500	0.2	0.2	0.2	2.3	0.1	0.2
1600	0.6	0.5	0.6	2.4	0.3	0.7
1700	1.7	1.6	1.9	2.5	0.9	2

表 3-3　　　　　　　　　全球城市面积变化率

年份	城市面积（平方千米）	时间区间（年）	城市面积增长速度（平方千米/年）
-5000	158	[-10000, -5000]	0.03
0	4237	[-5000, 0]	0.82
500	4964	[0, 500]	1.45
1000	6172	[500, 1000]	2.42
1500	10238	[1000, 1500]	8.13
1600	14609	[1500, 1600]	43.71
1700	14104	[1600, 1700]	-5.05

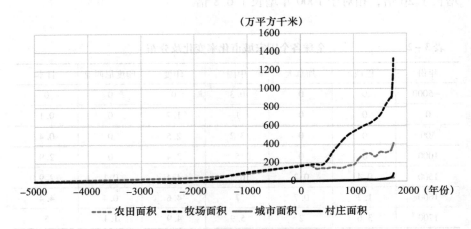

图 3-5　不同类型用地面积及变化

从国家角度看，也是如此。与之相应的，在 1700 年以前，全球最大城市的面积也基本在 100 平方千米以下（见图 3-6）。更为重要的是，随着人口的增加，全球城市面积的增长率低于全球人口的增长率，从而导致总体的人均城市面积在 1500 年之前处于降低状态，1500—1800 年处于波动状态。具体来看，全球人均城市面积从公元前 5000 年的 0.52 平方千米/万人降低到 1700 年的 0.22 平方千米/万人。

（平方千米）

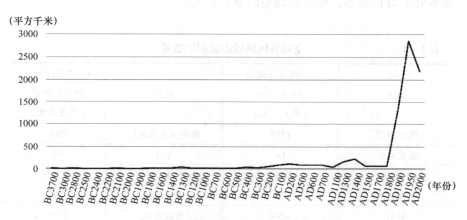

图 3-6 各个时期最大城市的面积变化

总体而言，工业革命之前，以农业人口为主，城市对农村人口吸引力并不明显，因此还未形成较大规模的城市空间，城市化速度缓慢。表 3-3 表示 1700 年之前，全球城市面积仅为 14104 平方千米，相对于公元元年，城市的扩张面积也仅为 9867 平方千米。尽管有一定程度上的城市面积增长，但当时社会生产力极低，社会分工极不发达，商品极不丰富，城市发展也极为缓慢。从公元元年到公元 1700 年，除了欧洲中部和西欧以外，其他各区域城市面积基本维持稳定。其中西欧城市面积增长了 2522 平方千米，欧洲中部城市面积增长了 1419 平方千米，而大洋洲、北美地区、亚太地区、东非、非洲南部等地区的城市面积增加量微乎其微，特别是中东和北非地区的城市面积还分别减少了 560 平方千米和 125 平方千米。部分地区有一定程度上的城市面积增长，以欧洲为主，中东、北非地区早先有了一定的城市发展基础，然而在此期间城市面积出现倒退，总体来看各区域城市面积也没有巨大发展。这一点从各区域城市用地变化角度也可以看出，1600—1850 年，在第一次工业革命之前（即1600—1750 年），各区域城市用地基本维持不变。从国家角度看，世界上主要国家的城市用地面积在 1500—1750 年基本没变，这一点从城市面积扩张量和人均城市用地角度来看更为明显。除中国外，其他主要国家的城市面积均呈现扩张状态。在第一次工业革命之前，有的国家人均城市用地面积还呈减少状态；而在第一次工业革命期间，人均城市用地面积基本处于增长状态，城市活动空间显著扩大。

表 3 - 4　　　　　　　全球各区域城市面积扩张量

地区	0—1700 年城市面积扩张量（平方千米）	地区	0—1700 年城市面积扩张量（平方千米）
欧洲中部	1419	南美洲部分地区	367
北美地区	16	东非	69
东南亚	290	北非	− 125
亚太地区	29	非洲南部	79
中东	− 560	西欧地区	2522
中美洲部分地区	129	大洋洲	49

毫无疑问，城乡空间分布格局会受到人口空间分布、经济空间分布、技术空间分布的影响，特别是人口和经济的空间分布直接决定了城乡空间面积的分布格局。在农业时代，地理空间是人口和经济活动的比较空间。在生存动力的驱动下，人口必然不断进行各种交易活动，从而扩展城市区间，促使城乡空间的不断变化。此外，技术进步也会带来各种生产工具的革新，进一步为城市空间的扩展和完善提供基础。但是这一时期人口、经济、技术甚至制度文化的低速波动增长的综合作用，导致这一段时期内城市空间增长速度相对于农村地区而言较慢。

第 四 章

工业时代的全球城市发展[*]

第一节　全球城市发展：持续加速的增长与转型

工业化时代见证了城市发展的深刻变革。城市规模迅速增长，成为工业的中心。这一时期城市化浪潮吸引了大量农村居民迁入城市，劳动力市场发生巨大变革，但也伴随着住房需求和贫民窟的出现。政府在工业化中扮演关键角色，通过政策和法规支持工业化发展，企业投资兴建工厂吸纳劳动力，家庭成员迁移到城市寻找工作机会，支持工业化劳动力需求。生产与消费更加密切，学习与创新体现在新技术的研发和应用上，竞争与合作主要表现在企业之间的竞争中。人口资源、人力资本、科技、物质资本、制度文化和土地资本都在工业化时代发挥了关键作用，共同推动了城市的迅速发展。这一时期的城市特点和原因深刻反映了政府、企业和家庭三大主体的相互作用，以及生产与消费、学习与创新、竞争与合作三重交互的影响，形成了工业化时代城市发展的独特面貌。

一　领先城市人口规模由数万到数十万、数百万再到数千万的扩张

在漫长的农耕文明时代，生产方式和生产效率的低下，使农业生产剩余所能支撑的非农人口数量一直较少，作为非农人口聚集区的城市的规模也一直徘徊在较低水平，而工业革命之后，随着生产力的快速提升，农业生产效率猛涨，非农人口显著增加，促进了城市的崛起。接力变换中的全球中心城市的人口数量直线上升（见图 4-1）。1831—1925 年，

　＊　李博（天津理工大学管理学院）、马洪福（天津财经大学经济学院）对本章亦有贡献。

伦敦是世界上最大的都市。其人口在 1850 年、1900 年分别达 232 万人、650 万人，城市中使用的语言超过 300 种。纽约于 1925—1968 年成为全球最大的城市，1950 年人口达 1246 万人，来自全世界的科学、艺术、文化精英聚集于此。从历史演进角度看，1750—1980 年的 230 年间，由领先城市所引领，城市的人口规模不断突破极限，城市人均收入显著增长，城市社会的结构变得越来越复杂多样。

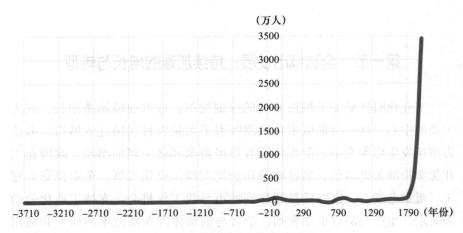

图 4 - 1　全球最大城市人口变化

（一）1750—1850 年：机械化带来工业 1.0，典型城市人口从数万发展到数十万

1750—1850 年的 100 年间，一方面，先进城市规模实现数倍的扩张，人口多达 10 万人以上；另一方面，城市人口的社会结构更加多样。1760 年，率先工业化的英国领先城市只有伦敦人口在 10 万人以上，12 个省级城市除布里斯班外人口都在 5 万人以下。到 1801 年省级城市人口都在 10 万人以下，人口为 5 万—10 万人的城市有 5 个，人口为 2 万—5 万人的城市有 8 个。1851 年，有 7 个城市的人口超过 10 万人，人口超过 5 万人的城市有 13 个，曼彻斯特、利物浦、格拉斯哥等先进城市的人口超过 30 万人。据估计，1801—1851 年，英国纺织业城市人口增长率居第一，为 229%，其他的港口城市人口增长了 214%，制造业城市人口增长了 186%；个别城市的发展速度更为惊人，如 1811—1861 年，利物浦和普雷

斯顿人口增长了5倍，布莱顿人口增长了7倍，毛纺织中心布莱福德人口增长了8倍。作为世界贸易、金融中心的伦敦，其人口在1801年达70万人，1850年飙升至236万人，50年间人口增长了2.4倍。

此次工业革命后，普通人的收入和效用规模较前工业革命有所增加。据阿什顿记载，英国国民收入在1740—1840年增长近8倍，1867年达到约81411万英镑。随着工业革命起步，生产力的提升降低了普通人日常用品（如衣服等必需品）的成本，这使工人能够在生活之余拥有私人财富。根据需求—供给内在联系，有些产品（如面包等）具有向后倾斜的需求曲线，收入增加会使人们减少对此类产品的消费，转向其他的生活必需品（如肉类）。工业的发展刺激了社会对劳动力等产生了新需求，这必然改进经济和社会的基础结构，如运输、商业服务、动力供应等。在供给方面，工业的发展降低了生产成本，提高了生产率。这不仅有助于增加产出，也提高了整个环节的质量。

此外，人们需求的变化促使了技术水平的创新，使城市经济发展的方式发生改变，引发了要素使用方式、获得方式和相对重要性的变化。机械化使机器生产开始大幅代替手工制造。1750年以后，以英国等为代表的欧洲工业国家实现了手工生产向工业生产的转变，机器替代手工第一次解放了人类的体力，工厂生产替代作坊促进了生产活动的聚集，城市规模、功能和形态发生了较大的变化。蒸汽机、纺织机等机械生产的发明和改进，使生产效率大幅提升。随后采煤、冶金等重工业部门的机器生产越来越多，大工厂加速形成，显著促进了城市经济增长。人们在自利性的驱使下，向工厂等劳动生产率高的地方聚集，人口规模开始扩大，城市规模也围绕此处开始扩大。

工业化使人力资本与物质资本得以更高效率地结合，引发了工人数量的快速增加。工业革命通常与"工作的转变"相关。公元1700年以前，英国主要依靠农业的就业人口比例有所下降。到1801年第一次人口普查时，农业人口不到1/3；到1851年，这一数字下降到不足1/5。工业革命开始以后，由于采用工厂制生产，社会关系和各阶级力量的对比发生急剧的变化，工业资产阶级迅速扩大，工业城市迅速发展。据汤因比在《十八世纪英国工业革命讲义》中所引用的统计数字，可以看出工业城市的惊人发展速度。1760—1781年，利物浦从3万人增加到55万人，曼彻斯特从 3 万人增加到 39 万人，伯明翰从 3 万人左右增加到 40 万人。1840 年，英国贸易比例占世界贸易总额的 21%，工人阶级迅速壮大，而商人和公共部门的社会占比很小。

（二）1850—1950 年：电气化带来工业 2.0，典型城市人口从数十万人发展到数百万人

欧洲、北美等地区的主要国家人口大规模增长。1850—1950 年，工业化浪潮扩及欧洲大陆地区和北美地区。在此期间，许多国家完成了蒸汽到电气时代的过渡。尤其是美国，从 1800 年的 530 万人增加到 1900 年的 7620 万人。同期，美国的土地面积从 1791 年的 891000 平方英里增加到 3021295 平方英里。人口数量和土地面积的双重增长为美国提供了较大的产品内部市场以及原材料供应市场，物质资本的扩张鼓励了人口资源的随迁，移民潮开启。而人口激增，对物质产品的需求增加，加速了美国工业革命的发展。1870—1930 年，美国许多重要工业城市人口增长几十倍，个别城市（如洛杉矶）则扩大了一百多倍。1990 年，洛杉矶人口达 177.8 万人。芝加哥在 19 世纪初还是人迹罕至之地，1837 年正式组建城市，1890 年就已跨过人口 100 万大关，1910 年一跃成为仅次于纽约的第二大城市。1790 年美国第一次人口普查时，8000 人以上的城市只有 6 个。1870—1920 年，美国城市人口从 990 万人增至 5430 万人。1920 年时城市人口是全国人口的 51.4%，1930 年增至 56%，基本实现了城市化。从表 4-1 几个重要的工业革命城市可以看出，西方国家的主要城市人口在第二次工业革命期间实现了成倍增长。

表 4-1　　　第二次工业革命期间重要城市人口变化情况　　　（单位：千人）

	1850 年	1880 年	1900 年
纽约	696	1912	3437
伦敦	2681	4767	6581
东京	—	1050	1600
莫斯科	365	612	1000

资料来源：［美］斯塔夫里阿诺斯：《全球通史（下册）》，吴象婴、梁赤民译，北京大学出版社 2020 年版。

同时人口的规模效用与收入有所变化。第二次工业革命期间，许多国家的人口实现了稳步增长，国民收入也随之提升。19世纪煤气和电的发展，以及自行车等耐用品的发展，提供了有效需求；同样，供给通过技术发展对变化的需求状况产生反应。工业化国家出现了人民生活条件改善、商品价格大幅下跌的景象。19世纪，城市发展对环境保护产生了需求，新需求刺激了与环境卫生相关的产品技术的发展和普及，无渗透管道、排泄弯管、檐槽和水力器件等迅速发展。19世纪后期，郊区的扩大又使对供应品和服务的需求不断增加。

表4-2　　第二次工业革命期间主要国家的人口与收入增长百分比

国家	时期	每年增长百分比（%）		
		人口	国民收入	人均收入
法国	1845—1950年	0.1	1.5	1.4
德国	1865—1952年	1.0	2.7	1.5
意大利	1865—1952年	0.7	1.8	1.0
英国	1865—1950年	0.8	2.2	1.3
瑞士	1865—1952年	0.7	3.6	2.8
美国	1975—1952年	1.7	4.1	2.0
加拿大	1875—1952年	1.8	4.1	1.9
日本	1885—1952年	1.3	4.2	2.6

资料来源：笔者整理。

（三）1950—1980年：自动化带来工业3.0，典型城市人口从数百万人发展到数千万人

1950年后可被称为世界范围的工业化，世界范围内的经济、就业以及产业结构发生了巨大的变化。科学技术的广泛应用增加了社会产品供给，全球范围内人口的增长及城市规模的扩大成为突出特征。1900年，世界总人口为16.08亿人，1980年世界总人口达44.58亿人，世界人口在80年间增长了约1.77倍。产业结构的变迁使第一产业的人口迅速转移到第二、第三产业，因此，城市人口的增长速度远超总人口的增长速度，在同时段增长了6.83倍。城市人口比例也从1900年的13.6%增长到

1980 年的 42.2%。随着城市化的演进，人类也迎来了历史上新的一类聚集形态。在 20 世纪 50 年代，纽约和东京率先突破千万人口规模①，成为人类历史上第一批超大城市（megacity）。

表 4-3　　　　　　　　　　世界人口增长情况一览　　　　　　（单位：亿人，%）

年份	总人口	城市人口	城市人口占总人口的比例
1900	16.08	2.24	13.93
1950	25.36	7.51	29.61
1960	30.33	10.24	33.76
1970	37.01	13.54	36.58
1980	44.58	17.54	39.34

资料来源：笔者整理。

经济革命的发生使世界人口增加及城市化水平提高的同时，世界范围内的人均收入与生产总值也得到空前的提高。世界人均生产总值在 1960 年为 451.06 美元，1980 年为 2530.23 美元，仅 20 年间增长了 4.6 倍。按地区看，北美地区在此期间人均产值高于其他地区，东亚与太平洋地区人均生产总值增长较快。

表 4-4　　　　　　　1960—1980 年世界人均生产总值　　　　　（单位：美元）

	1960 年	1980 年
世界	451.06	2530.23
按地区		
东亚与太平洋地区	147.23	1162.52
南亚	82.28	262.14
北美	2942.63	12437.78
欧洲和中亚	651.64	5780.59
拉丁美洲和加勒比海	370.91	2161.97
中东和北非	—	2173.95

① World Population History.

续表

	1960 年	1980 年
南非	443.00	2905.93
按收入		
高收入	1390.80	9545.32
中上收入	192.86	970.34
中等收入	149.93	714.32
中低收入	——	412.57
低收入	——	——

资料来源：笔者整理。

服务业工人大量增加，从商群体更为广泛。20 世纪末期，工人数量的变化呈现出与前两次工业革命的不同。工业工人数量减少，服务业的工人大量增加。以英国为例，20 世纪 70—90 年代，在英国的就业结构中，制造业从业人员所占比重从 30.6% 下降到 18.2%，而矿产、能源和供水业从业人员的比重从 9.5% 下降到 1.1%。英国工业中心城市曼彻斯特的制造业在全部销售额中的比重从 20 世纪 60 年代初的 70% 下降到 20世纪末期的 20%。与此同时，服务业迅速发展，1971—1996 年，英国服务业人员占全部就业人员的比重从 52.6% 上升到 75.8%。某种程度上，服务业占 GDP 的比重也可以反映服务业从业人员的比重情况，如图 4-2所示，英国服务业与工业占 GDP 比重的趋势呈相反方向，工业从业人员逐渐转向服务业。

二　需求"胚胎发育"逐步培育出诱导技术阶梯式进步的市场

工业革命之前的原始工业化阶段，在 16—18 世纪的英国、荷兰、比利时、法国和其他西欧国家，大批量欧洲乡镇企业在当时重商主义政府的支持下繁荣，它们以远距离贸易为生产目的，以各国政府修建人工运河和原始公路网络为契机，为引爆工业革命所需要的统一国内外市场和营销网络奠定了基础，为训练一支产业大军做好了准备。

1750 年以来，一方面人类不断升级的需求需要城市来提供，另一方面追求美好生活的人口越来越多地赶往城市。正是人类需求的不断扩张

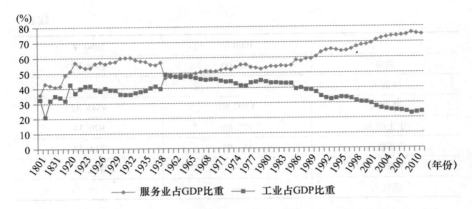

图4-2 英国服务业与工业占GDP比重趋势

资料来源：笔者整理。

和提升，逐步形成了轻工业品市场和重工业市场。第一次工业革命的特点就是用劳动密集型的规模化大生产方式，来生产终端的轻工消费品或小商品，主要是纺织品，并销售到全球，但是机器和生产工具可能是手工造的，而不是量化生产的。故而第一次工业革命所满足的还是人们最基本的生产、生活需求。

第一次工业革命的不断推进，就产生了对新的能源、新的动力、新的交通运输方式的巨大市场需求，以加速商品的生产和运输，提高流通速度和单位总重量，因而使老式的能源—动力—运输体系成为经济继续发展的瓶颈。这刺激了新型能源—动力—运输新技术的发明和工业应用，产生了一个工业"三位一体"的大繁荣。比如煤炭开采，蒸汽机的发明和改进，铁路和公路基础设施的繁荣。这个"三位一体"的繁荣会导致重工业繁荣并诱发第二次工业革命。大量采煤需要大量挖掘工具，大量制造蒸汽机需要规模化生产零部件和大量车床，大量铺设铁路轨道需要规模化炼铁、炼钢。而第二次工业革命的特征就是对所有生产资料、中间产品和生产工具的规模化大生产，包括钢铁、煤炭、铁路、机器、通信设施、轮船、汽车等。这也使采用新技术和量化生产方式来生产这些重工业产品有利可图。第二次工业革命的特征就是一系列工业新技术的大爆发。因为重工业的产业链较长，零部件和生产环节非常多且复杂，产品多样化程度特别高，创新机会也就很多，对本土国情又特别依赖，且全部重工业体系如果完全依靠进口成本较高，因此极大地刺激了创新发明。

第二次工业革命完成以后，一个经济体就构成了一个完整回路，即不仅可以量化生产终端产品，也可以量化生产中间产品和生产工具。在这样的基础之上，生产力大跃进，人类社会就有条件进入福利社会阶段。而这个阶段也是农业现代化的阶段，因为农业不可能是一开始就机械化的，而是要等到人们满足了生产、生活的基本需求以后。当人们的需求结构逐渐向发展型、享受型升级，居民对闲暇的追求越发强烈，从而迫切要求解放农业生产人口，支撑大量非农聚集的时候，农业的机械化和自动化才会有利可图。

故而，人类永不满足的需求"胚胎发育"式衍化逐步培育出三次产业革命的市场，并诱导了技术的阶梯式发展，在此过程中带来了持续200余年的工业化历程。工业化需要的大规模生产，为人类的集聚提出了需求；工业化带来的生产能力的爆发，也为大量人口的非农化转向提供了支撑。机械化、电气化、自动化在不断满足人类需求的同时，也推动着城市的数量、大小、规模、形态、功能的不断变迁。

三　市场经济建立并发展成熟，政府的角色伴随演变

在需求和技术的推动下，市场经济制度在少数国家开始建立，并在一些领域作出了初步尝试。具体来看，在工业革命之前，全球的经济结构是以农业为主，其能提供的生产、交换均比较有限，从而限制了市场经济的扩散。在当时的社会结构下，人们严重缺乏自由，宗教思想束缚了人们的行动，限制了市场经济的发展。世界还是处于封建割据时代，各国家之间利益对立，严重阻碍了分工和市场的扩大。

（一）1750—1850 年：守夜型政府采取自由放任，实行市场自由竞争

随着第一次工业革命的推进，大量有利于产权保护和资源配置方面的法律制度逐步建立，不利于市场经济和贸易发展的制度被废除。例如，在工业革命期间，英国废除了学徒条例、居住所法、最高工资法令等，在工业革命后期，废除了所有输出品的限制，后来又进一步废除了妨碍贸易的谷物条例和航海条例、妨碍公司发展的泡沫条例，等等，促进了贸易的发展。此外，政府也将经济活动交给市场，废除了特许公司的垄

断经营权，取消或降低了进出口产品的限制、对价格和利率的限制，甚至进行了银行制度改革以保证市场在稳定的货币环境中运行。更为重要的是，工业革命促进了现代公司制度的形成，现代公司制度与工厂制合并以后，较为便捷，易于普及，有利于市场经济下竞争的全面开展。由于其分散了风险，鼓励更多人进行投资，充分利用了一切可利用的经济资源，市场经济找到了最有效的生产经营组织形式，并颁布了一系列法律、法规来保护现代公司制度的发展，如合同法、交易所法、证券法、公司法、工厂法和禁止进行股票投机买卖等。这些产权制度和资源配置制度为城市稳定发展奠定了基础。

总体来看，第一次工业革命期间，经济上，政府采取自由放任政策，实行自由竞争的市场经济，市场进入限制逐渐消除；法制上，突出对私有财产的确认和保护，强调法律面前人人平等，并通过人权、私法、民商法，调整平等主体之间的财产关系。通过对奴隶制度的废除，保障了人权，促进了城市人口的发展；通过对现代公司制度、产权制度和市场经济制度的保护，提高了经济运行效率，促进了城市产业和空间的扩大。在此期间，凡是市场经济制度和产权制度有效实施的区域（如英国、法国），其城市经济、社会、人口发展都比较快，凡市场经济制度和产权制度不运行的地区（如还处于农业社会的亚洲、非洲等），其城市发展均比较慢。

（二）1850—1950 年：规制型政府增强管制功能，加强反垄断与社会保障

19 世纪和 20 世纪之交，工业化的迅速展开扩大了工人阶级。1914年，全世界工人约达 4000 万名，其中绝大部分集中在西欧和北美，仅英、美、德、法的工人数约占世界工人总数的 3/4。这一时期，各国资产阶级基本上仍然采用工业化初期甚至是更原始的方式对待工人。直至 19 世纪末，各国工人每个工作日的工作时间大多不少于 12 小时。工人的实际工资在一些国家虽略有上升，但增速远低于生产率的提高。经济萎靡时，工人的实际工资还会停滞甚至下降。恶劣的劳动环境使工伤事故频发。此外，工人还面临失业、半失业的威胁。在这种情况下，部分工人为维护自身权益而展开斗争，使劳资矛盾扩大。

为了缓解劳资矛盾，这一阶段政府机构扩大，对经济社会的规制加强。比如，20 世纪初的美国改革运动要求政府对童工、食品加工与包装

以及劳工阶层的工作和生活条件进行规范。在罗斯福执政的 12 年中，联邦雇员总数从 1933 年的 50 多万名增至 1945 年的 350 万名以上的历史最高水平。到 19 世纪下半叶，全球市场规模的持续扩张使垄断力量业已形成，大托拉斯对经济的影响力逐步凸显，守夜型政府及其依托的自由主义市场调节机制的严重不足逐渐暴露。特别是 1929 年爆发的全球性大萧条，对欧美经济运行从实践到理论均构成一次历史性冲击，政府对"市场失灵"实施规制成为迫不得已的现实需求。与此同时，福利经济学、宏观经济学等理论迅速形成，为政府对"市场失灵"问题进行规制提供了理论依据。此后的将近半个世纪，政府对经济运行的规制与调控作用大幅提升，政府规模普遍增加。体现在 1850—1980 年阶段，政府更多地干预经济，实行社会福利政策，逐步建立社会保障制度，强调"社会化"理念，维护公共福利，实行"经济民主"，规定公民享有受教育权、工作权等社会权利和维护劳动者的合法权益。在传统的公法和私法之外，在法制上产生并加强了经济立法和社会法。通过经济法律加强国家对经济的干预，以弥补市场机制的缺陷（例如反垄断法在各国的先后出台）。这些法律成为促进市场经济保持活力和企业保持创造力的关键。尤其是产业复兴法、农业调整法、紧急银行法、紧急救济法等，对经济生活实行了全面干预。在私有财产权的保护方面，西方国家也加强了限制，国家为了公共利益的需要，可以征收或者征用私有财产，甚至推行"国有化"，规定国家可以直接拥有企业、事业，从而使对私有财产的绝对保护转变为相对保护。相比守夜型政府，规制型政府经济介入的领域与深度明显扩张，但是其总体特征并不是超越市场，而是对微观的、宏观的"市场失灵"施加规制与管理。

（三）1950—1980 年：发展型政府增强功能，直接介入产业发展与国际竞争

第二次世界大战后，众多发展中经济体均出现了后发赶超的现实诉求，规制型政府无法回答的一个关键问题——在相似的规则环境下，落后经济体为什么迟迟不能实现快速的经济增长和产业的升级进程？自 20 世纪 50 年代起，发展经济学理论迅速崛起。发展型政府是指建立在发展经济学基础之上，通过引导市场甚至直接替代市场进行资源配置，以加速结构变迁与增长收敛的政府行为理论及政策体系。与规制型政府一致，

市场失灵同样是发展型政府实施干预的理论基础。不同的是，发展型政府认为多样、复杂的市场失灵和市场缺失问题在发展初期的经济体中广泛存在，特别是基于结构主义视角下要素流动与投资等许多"结构刚性"的存在，以至于必须通过外界干预才能克服市场自身的结构性障碍。

在此阶段，"大推进"（Big Push）学说从现代生产方式有赖于大规模市场的视角出发，认为政府需要促进相互关联的产业进行同步大规模投资，进而为每个企业营造出足够规模的市场以实现经济起飞。与此对应，非均衡结构主义发展理论在认同结构刚性基础上，从发展中国家资本、外汇、企业家才能的稀缺性出发，认为应该采取一种"倾斜型增长"，即投资应聚焦产业前后关联度强的关键产业部门，采取培育和保护幼稚产业、信贷、补贴等手段有意识地扶持特定产业发展的同时，保障宏观价格稳定、扩大人力资本投资、摆正基础，吸收国外技术溢出与产业转移。虽然理论存有不同，但发展型政府的理论都主张利用国家力量发展新兴产业、实现生产和资本集中、运用经济手段和经济政策、保护和扶持新兴产业和特殊产业的发展等。东亚在朝向发展型政府的转型中成效显著，东亚城市因此得到飞速发展，并逐步主导全球城市格局。

总之，工业革命以后，政府的职责整体呈现扩大趋势，制度的影响越发显著，政府效率也成为影响城市竞争的重要因素。

四 领先城市生产、交换和消费活动由货物到劳务

1750—1980 年的 230 年间，人类重要的聚集区——城市的活动内容、规模和结构已经或将要发生深刻的质变：从货物的生产、交换和消费转向劳务的生产、交换和消费。

（一）1750—1850 年领先城市：资源加工主导发展，知识生产结伴而行

1750 年，城市开启由工业革命引发的人类全新的活动。在 1750—1850 年的 100 年间，率先工业化国家的城市主要从事资源加工物的生产、交换和消费，尽管世界绝大多数国家的城市依然以传统农业时代的简单手工生产、集市交易为主。但是，第一次工业革命率先在英国城市里发生后，纺织工业城市、金属加工业城市、煤炭工业城市、交通枢纽城市、贸易城市依次崛起。如表 4-5 所示，英国那些依靠资源和港口区位优势

的城市获得快速发展。

表4－5　　　　　　工业革命后英国工业城市和交通枢纽城市

类型		城市
综合性大都市		伦敦
工矿业	纺织工业	曼彻斯特、索尔福德、斯托克波特、博尔顿、普雷斯顿、勃雷、布莱克本、诺丁汉、利兹等
	金属加工业	伯明翰、伍尔弗汉普顿、沃尔索尔、设菲尔德等
	煤炭工业和炼铁中心	卡迪夫、斯旺西、纽波特、玛森、温斯伯里、达德利、沃塞尔、威伦豪尔等
交通枢纽	铁路枢纽	巴德、米德尔伯勒、谢尔顿、斯维顿、沃尔弗顿、克鲁等
	港口	伦敦、布里斯托尔、利物浦、纽卡斯尔、桑德兰、朴次茅斯、普利茅斯等

资料来源：笔者整理。

随着英国工业革命成果向外输出，德国、法国、美国等国家也进行了工业革命，德国鲁尔区、美国纽约等城市在此阶段接受了工业化的洗礼，城市产业仍以工矿业、轻工业为主。世界工业化领先城市以初级商品、金属设备制造等工业品生产、交换和消费为主（见图4－3）：除了非储蓄信贷中介，全球上市公司主要分布在饮料制造、纺织、百货、造纸、玻璃、工业机械制造等行业，以初级产品、简单工业品生产为主。

这一时期，尽管先进城市的资源加工产业技术水平比较低，创新并不普遍，但信息、知识、技术和文化等非物质产品已经成为先进城市生产、交换和消费不可缺少的内容。1750—1850年的第一次工业革命，使人类最基本的饥荒问题得到解决，与此同时生产水平的提升和收入的上升刺激了更多的非物质需求，如报纸、杂志。工业使人清楚地划分工作和闲暇的界限，激发了对知识劳动力的需求，从而刺激了报纸、杂志等知识生产行业的发展。全球主要工业国家的领先城市创办、发行了大量的报纸、杂志，如1821年英国有报纸商267家，至1880年伦敦有报纸商18家；1892年巴黎的报纸达到300多种；德国柏林报纸发行量由1847年

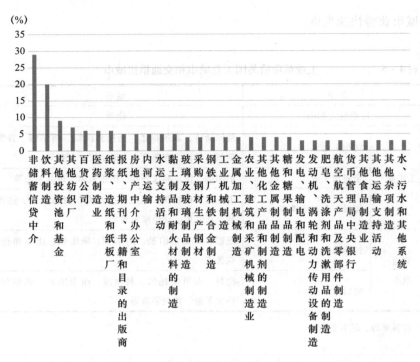

图 4 - 3 1750—1850 年成立的全球上市公司行业分布前 30

资料来源：笔者根据 Osiris 全球上市公司的数据整理。

的不到 10 万份增长到 1870 年的 900 多万份；19 世纪中叶美国约有日报商 400 家、周报商 3000 多家。

（二）1850—1950 年领先城市：资源化合主导发展，信息活动开始萌芽

1850 年后，先进城市的工业结构开始从资源加工的轻纺工业转向资源化合的重化工业。在其后的 100 年间，先进城市主要从事化合物质的制造、交换和消费，重化产业成为城市的主导产业。领先城市工业结构调整在一定程度上改变着全球商品流通的类型，一些开启工业化的城市开始从事资源加工的活动。

1850 年后，第二次工业革命在英国、德国、法国、荷兰、比利时、卢森堡、丹麦、美国的城市进行，通过新建和改造，以电力工业、化学工业、石油工业、汽车工业等为代表的新工业群在这些城市出现。例如，"汽车城"底特律、钢铁城伯明翰、世界钢都匹兹堡等新兴城市，形成

了以芝加哥为辐射中心的五大湖城市群（见表4-6）。

表4-6　　　　　　　20世纪美国部分城市类型和功能

	城市
综合性全国城市	纽约、芝加哥
专业化地方中心城市	巴尔的摩、费城、辛辛那提、圣路易斯等
专业化小城市	伊丽莎白、托利多、大瀑布城等
卫星城	匹兹堡、福莱斯特等

资料来源：陈恒等：《西方城市史学》，商务印书馆2017年版。

第二次工业革命带来的产业结构变迁使先进城市的工业结构开始从资源加工的轻纺工业转向资源化合的重化工业，如图4-4所示。1850—

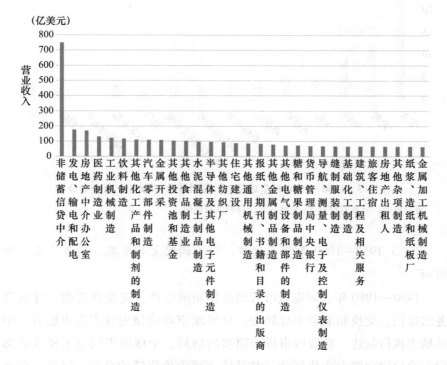

图4-4　1850—1950年成立的全球上市公司行业分布前30

资料来源：笔者根据Osiris全球上市公司的数据整理。

1950年，电力设备、工业机械制造、医药制造、汽车零部件、金属矿产开采、半导体及其他电子元件，以及通用设备制造等重化工业成为产业的主导，先进城市传统资源加工产业下降。同时，工业机械制造、通用设备制造、电气设备等企业不断增加，提升了城市生产的自动化水平。

电报、电话发明和应用，以及半导体及其电子元件等软件的发明，使信息的生产、交换和消费不断增加。从全球城市来看，全球信息生产、交换和消费主要聚集在以英国伦敦、美国纽约、日本东京等为代表的先进城市，全球城市间差距较为明显（见图4-5）。

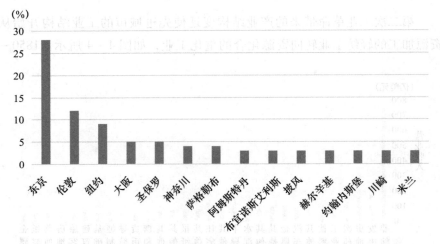

图4-5 1850—1950年全球信息软硬件生产和服务上市企业分布
资料来源：笔者根据 Osiris 全球上市公司的数据整理。

（三）1950—1980年领先城市：资源调配主导发展，服务产业逐步引领

1950—1980年，领先城市活动从物质的生产、交换和消费主导向劳务的提供、交换和消费主导转变，世界城市形成领先城市提供服务、中端城市执行制造、低端城市供应原料的格局。全球城市间分工模式从部门专业化向功能专业化转变，并具体表现为价值链的总部、研发、营销和投资等高附加值环节在中心城市集聚，附加值较低的制造环节在中小城市集聚，先进城市功能向高端服务化转变。

生产性服务业的发展改变了城市的经济结构和功能分区，1950—1980 年，计算机系统设计及相关服务、专业和商业设备及用品等为城市发展的主导产业。这一阶段，计算机软硬件及其服务相关产业发展迅猛，除东京、伦敦、纽约、巴黎等发达城市聚集了大批相关企业外，亚洲城市（如北京、台北、孟买、汉城、班加罗尔、深圳等）在此阶段也获得快速的崛起。

五　领先城市由单一中心向多元中心、由单个城市向城市群转变

空间是城市的载体。城市空间经历了从单中心到多中心的演变过程。在城市化进程日益加深的今天，世界上各个国家以大都市连绵带取代单中心和多中心空间结构促进区域分工和合作来强化区域整体实力，已经成为各个国家政治权力机构的主动选择。这是城市与区域经济演进的必然产物。在人口密集的工业化城市，较高生产力的发展往往使城市相较于农村具有更为先进的公共设施和交通运输网，道路密度也远远高于乡村。在第一次工业革命期间，这些资源和设施主要分布在城市中心。在第二次工业革命期间，随着发达国家中小型城市空间资源和设施的不断完善，人口向中小型城市集中。自 20 世纪以来，全球化不断加深，世界各地的发展中国家相继进行工业化革命。目前，以发展中国家为基础的资源和设施仍主要集中在大中城市，但随着网络的普及，世界各城市之间的联系越来越趋于扁平化，城市之间通过网络可以实现技术资源共享。

（一）1750—1850 年：领先城市是面积数十平方千米的单中心

工业革命加速了人口向城市的集中，城市状态随之改变。1750—1850 年，蒸汽革命导致生产力迅速提高，大量劳动人口向城市的快速集中，致使城市空间规模滚雪球式扩大。以欧洲主要城市伦敦和巴黎为例，均形成面积数十平方千米的单中心区域城市，伦敦市自西向东的城市范围在 1750 年仅为 8 千米，到 1850 年则扩大为 24 千米，城市面积则在 1841 年达到 62 平方千米，到 1851 年进一步扩展为 316 平方千米，而巴黎的城市面积也从 1700 年的 13.4 平方千米发展为 1850 年的 34.5 平方千米。随着城市面积的扩展，城市公共资源设施也在市中心林立，可以说，此时欧洲形成了以单中心为主的城市空间结构特征。

城市公共资源设施随之增设。在城市快速发展的同时，一些必要的社会公共设施也在英国工业城市增设。一是城市建筑，主要是厂房和住宅。为了适应工业的发展，工厂周围还覆盖了工人的住宅和街道。二是出现了各种生活和文化设施。19世纪上半叶，英格兰的几个工业城市（例如彭尼勒斯、罗森代尔和诺丁汉的特伦特）都建立了水厂。利物浦还在城市南部建造了公共浴室和洗衣设施。约克郡联邦的79所职工学校设有附属图书馆。三是城市交通快速发展。在工业革命之前，英国城市之间的交通仍然处于原始落后状态；工业革命后，公路的发展远远不能满足工业原料货物运输的需要，于是兴起了开凿运河的热潮。1814年，斯蒂芬森机车的发明使陆路交通进入了铁路时代。斯托克顿和达林顿之间的铁路于1825年建成，曼彻斯特和利物浦之间的铁路于1830年开放。然后，伦敦市中心修建了一些干线和支线。到工业革命完成时，大多数主要铁路线已经完成。

此时，主要形成高密度、集中式、单中心城市结构，出现的工业城市的理论也体现了城市功能要素集中于城市中心的特点。例如19世纪末，法国青年建筑师把工业城市进行了明确的功能区分。中央为市中心，有集会厅、博物馆、展览馆、图书馆、剧院等。城市生活居住区是长条形的，疗养及医疗中心位于北边上坡向阳面，工业区位于居住区的东南。各区间有绿带隔离。火车站设于工业区附近，铁路干线通过一段地下铁道深入城市内部。城市交通是先进的，设快速干道和供飞机发动的试验场地。住宅街坊宽20米、长150米，有相应的绿化配置，组成各种设有小学和服务设施的邻里单位。

第一次工业革命带来的机器生产，使能源开发成为可能，资本家为了追求更大利润，会将工厂定在生产资料的原产地，资源型城市由此形成，从而能源、自然资源等禀赋决定了城市活动的内容。例如英国，工业革命以前，大部分工业集中在以伦敦为中心的东南地区，其中东英格兰、英国东南部和西约克郡是毛纺织业的聚集区；冶金业和金属加工业则主要集中在伯明翰、南威尔士、谢菲尔德和东北威尔士。工业革命过程中，随着棉纺织业的兴起，一系列以该产业为主导的中小城镇拔地而起，这使英国工业中心不断向西、向北转移，原来经济落后、人烟稀少的西北地区成为棉纺织业和煤铁工业中心。例如，曼彻斯特、索尔福德、博尔顿、贝里、普雷斯顿、奥尔德姆等城市都是随着棉纺织业的发展而兴起的，煤铁资源较为丰富的斯洛普、伍斯特、南威尔士及蒙茅斯地区也迅速崛起。

第一次技术革命促使城市活动的空间规模和人口规模发生改变，交通技术提升决定城市活动空间和规模的变化，大城市开始形成。医药技术的提升，为人口规模的扩大提供保障。此外，为了最大化地获得利润，更加快捷便利地运送货物、原料，人们想方设法地改造交通工具。例如，蒸汽汽船、机车、火车等交通运输工具导致人类的交通运输业进入一个以蒸汽为动力的时代，城市活动空间和规模由此变化。水路和陆路运输的便利，使货运时间和费用减少，加强了城市之间和城乡之间的经济联系，并使处于交通枢纽地位的城市和城镇能够迅速成长，这也大大加速了城市化进程。城市公共交通的发展，为居民的出行提供了便利，使城市人口和规模不断扩大，同样也加速了城市化进程。城市之间的交流开始增加，城市活动空间由城市内部向城市之间扩散，城市规模由此扩大，大城市开始形成。此外，工业革命开始后，随着医学和医疗卫生事业的迅速发展，疾病预防水平的提升带来城市规模的扩大。在第一次工业革命期间，吗啡、吐根素、咖啡因等的运用，同样保障了人口规模的稳定增加，促进了城市规模的扩大。

（二）1850—1950 年：领先城市为面积数百平方千米的多中心

1850—1950 年，西方国家处于工业化时代与后工业化时代交替时期，城市化的发展不再盲目追求城市规模的增长，而是关注城市质量的提高以及住宅条件、公共设施的改善。此外，方便快捷的交通工具使城市中心与周围郊区的联系更加紧密，城市公共设施在更广的空间范围内分布，由此城市由高密度集中转向低密度蔓延式发展。领先城市（如伦敦、纽约）逐渐形成面积达百平方千米的多中心区域。以伦敦市为例，其自西向东的城市范围从 1850 年的 24 千米进一步发展扩张为 1950 年的 50 千米，城市面积在 1951 年也达到了 1186 平方千米，而纽约市的城市化面积则从 1850 年的 23.6 平方千米跃升为 1950 年的 3245 平方千米。大城市的不经济性在此期间仍在发生，就城市病问题，多中心城市结构规划在此期间被提出。

城市公共设施在更广范围内分布。这个时期出现了著名的水晶宫建筑、豪华巴黎歌剧院、埃菲尔铁塔和波士顿宏伟的三一教堂。此外还有英国利兹货币交易所、伦敦老火车站、米兰埃曼尔美术馆等。教育与运输也在此期间进行了深刻的发展。首先在英国有了一定的发展，其次是法国，接着是德国、美国。美国南北战争后，仅1865年就建立了100所大学和中等技术学校，其中包括麻省理工学院。在新结构技术的条件下，建筑在层数和高度上都有了巨大的突破，第一座建造起来的高层建筑是芝加哥家庭保险公司大厦，共十层。这个时期炼铁过程的改进使大型室内开放空间（如工厂、博物馆和火车站）的建造成为可能。生活和文化方面，中央和地方的市政服务也在不断扩大。例如污水和垃圾的处理设施，城市运输规划，兴建公共卫生间、住宅、市场，以及诸如图书馆、博览馆、艺术陈列馆之类的文化场所。首创于1851年的伦敦海德公园水晶宫主要用于巨大的工业产品国际博览会。除此之外，国际组织也在欧洲建立起来（见表4-7）。

表4-7　　　　19世纪50年代至1910年国际组织的数量　　　（单位：个）

1857年以前	1870年	1880年	1890年	1900年	1910年
7	17	20	31	61	108

资料来源：［美］弗雷德里克·L.努斯鲍姆：《现代欧洲经济制度史》，罗礼平、秦传安译，上海财经大学出版社2012年版。

这个时期的领先城市——伦敦的城市规划的提出也体现出城市多中心空间结构特点。19世纪末，英国政府授权英国社会活动家霍华德进行城市调查和提出整治方案。霍华德认为建设理想的城市应使城市生活与乡村生活像磁体那样相互吸引、共同结合，这被称为田园城市。霍华德主张任何城市达到一定规模时，应该停止增长，其过量的部分应由邻近的另一城市来接纳。因而居民点就像细胞增殖那样，呈现出多中心复杂的城镇集聚区。20世纪30年代，伦敦市区的规划吸取了田园城市的精髓，提出了组合城市概念。1939年，阿伯克龙比主持编制大伦敦规划，规划方案在距伦敦中心半径约48千米的范围内，由内向外划分四层地域圈，即内圈、近郊圈、绿带圈与外圈，外圈主要用以疏散过剩人口与工业企业。大伦敦规划提出的组合城市概念对当时控制伦敦市区的自发性蔓延，以及改善已很混乱的城市环境起了一定的作用。

城市的空间规模和人口规模进一步得到扩大，城市群、城市带由此形成。第二次工业革命带来的杀菌、消毒等医疗技术以及青霉素、抗生素、人工合成磺胺类等药物的发明，为城市人口规模的扩大提供了坚实的基础。电力带来了冶炼技术的提升。炼钢技术的提升，促进钢质量和产量的提升。城市的建筑开始由钢铁铸成，直接改变了城市的面貌。冶炼业和电力工业的发展推动了交通运输业的革新，铁轨完全由钢制作，导致机车的功率、速度提升，交通由此进入汽铁时代。汽铁时代相对于马车时代，又进一步扩大了城市规模，特别是帆船、轮船、汽车、铁路、飞机等技术的发展，使港口城市的空间规模得到巨大提升，如首尔、东京、大阪、香港、澳门、纽约、华盛顿、伦敦、洛杉矶等全球大城市均处于沿海区域，以及由此在港口、沿海区域形成的英国伦敦城市群、欧洲西北部城市群、日本太平洋沿岸城市群、北美五大湖城市群、美国东北部大西洋沿岸城市群。城市群、城市带由此形成。而飞机的运用，又打破了这种近海城市群决定全球城市的格局，处于内陆的城市也开始加入全球城市体系，全球城市网络开始形成。此外，第二次工业革命中新兴资本与能源密集型产业以巨型工厂和大型的纵向一体化的垄断组织为主要的产业组织形式，这也造就了城市的发展进入大都市时代。

到全球城市的崛起期，全球中心城市规模空前扩大，面积超过 1000 平方千米甚至 10000 平方千米，城市空间形态呈现多中心、多圈层和网络化发展。19 世纪，作为全球殖民国家的首都，大伦敦空间地域广阔、内部功能结构复杂、地铁为骨干基础设施网络体系。面积 2.6 平方千米的伦敦城主要发展金融与商业，面积 1580 平方千米的大伦敦由东西南北中伦敦和泰晤士河口门户地区构成，大伦敦地区以及大伦敦通勤区面积为 10385 平方千米。20 世纪全球第一的纽约总面积达 1214.4 平方千米，大都市地区也是同心圆圈层布局，从核心区的曼哈顿（仅 57.91 平方千米）到四周依次是商业和居住区，工业分布在滨水的港口地区；当今全球最大城市东京是"一核七心"的市区结构和都市圈多中心结构。城市功能也是同心圆的多圈层分布，银座是最繁华的商业区，中心区布局商务，周边是居住和文化娱乐区，工业主要分布在千代田区和港区，网络化的地铁和轨道交通将各区域连在一体。

（三）1950—1980 年：领先城市为数千千米的城市群

在人口密集的工业化发达国家，形成了以都市圈为竞争单位的城市区域。同时信息化革命在此期间爆发，大量人口拥入城市，工矿、商业、居住、交通、市政、绿化等用地面积均有所增长，其占用城市边缘的耕地向外蔓延和扩张。世界多个领先城市群形成了数千千米的城市群区域，如日本太平洋沿岸城市群总面积约为 3.5 万平方千米，以纽约为中心的美国东北部大西洋沿岸城市群总面积为 13.8 万平方千米。这个时期由发展中国家迅速壮大起来的城市刺激了世界范围内城市空间规模的迅速扩张，城市内公共设施进一步丰富，城市空间大大拓展，总体呈现都市圈与城市群结构特征。

城市内公共设施进一步丰富。城市建筑方面，20 世纪 50 年代发达国家针对旧城城市功能复杂、压力过大、交通堵塞和环境污染等大城市病问题相继采取了新城建设、设立城市副中心等措施，如英国的坎伯诺尔德、瑞典的魏林比、日本的千里新城、苏联的泽列诺格勒等。20 世纪 60 年代以来，发达地区又相继设立了以筑波科学城、欧美科学园区以及关西科学城为代表的产业新城。除此之外，这个时期对市中心、商业街区和住宅地的建设都有了新的探索，例如商业中心从单一平面发展到地上、地下空间综合利用的立体式巨型商业综合体，从地面步行区发展到第二层平面系统的步行天桥商业区和地下商业街，等等。生活设施方面，人们逐渐通过使用计算机、微处理机、数控自动机床、电传机、数据通信等先进设备逐步替代体力劳动。交通方式方面，技术进步从运输需求与运输供给两个方面极大地促进了运输结构的升级，使旅客运输走向高速化和舒适化，货物运输走向专业化和重载化。高速公路、豪华客车、高速铁路、重载列车、大型船舶专用码头和宽体客机等各种运输方式内部结构档次明显提高并走向成熟。同时，在更高层次上，合理配置运输资源、提高综合运输能力，综合运输体系整体结构的调整步伐也明显加快。

在人口密集的工业国家，大城市人口的点状聚集形态逐步被散状形态的城市区域代替。这是城市人口发展到当今的一种特别重要的现象，也是一种世界性的趋势。由法国地理学家戈特曼所引证的主要领先城市群事例是，美国东北海岸的城市地带，从南部的新罕布什尔州延伸到弗吉尼亚州，包括纽约、巴尔的摩、费城、波士顿、华盛顿以及其他一些重要城市，整个区域范围长 600 英里，宽 30—100 英里，面积达 53500 平方英里，城市人口的比例高达90%。再如，联邦德国的莱茵—鲁尔区，在4953平方千米的面积中，有19个大中城市。该地区不仅是联邦德国经济的心脏，而且是世界上著名的煤炭钢铁基地。荷兰以四个最大的港口城市（鹿特丹、阿姆斯特丹、海牙和乌德勒支）为中心的港口城市群体，其城市圈东西长约70千米，南北宽约60千米，面积为3800平方千米，人口约占荷兰总人口的35%，平均人口密度是荷兰其余地区人口密度的三倍。类似这样的巨型城市带（群、圈）在美国还有洛杉矶—旧金山大城市区；在日本有东京、大阪、名古屋三大城市圈；等等。总之，此时的领先城市的空间总体特征呈现都市圈与城市群结构。

曼彻斯特

　　曼彻斯特作为英国重要的工业城市，对工业革命的历史具有重要意义。工业革命不仅改变了曼彻斯特，也深刻影响了全球。

　　曼彻斯特的工业化开始于18世纪末至19世纪初，在短短一个多世纪的时间里，曼彻斯特由一个小市镇迅速转变成了英国第三大人口城市。在18世纪初，曼彻斯特还是一个人口不足10000人的小市场镇，但随着工业革命的到来，特别是棉花工业的发展，曼彻斯特经历了巨大的变革。16世纪时，曼彻斯特已经是一个繁荣的市场城镇，在羊毛贸易中占有重要地位，通过伦敦将布料出口至欧洲。到了1620年，随着fustian（一种棉麻混纺布）的编织工艺的发展，新的工业时代开始了。曼彻斯特城市地区在19世纪初快速进化，从一系列小镇变成了一个主要的工业聚集地，具有巨大的物质流动和全球贸易联系。附近的煤田、运河以及自由贸易的推动，激励了企业家精神的发展，使曼彻斯特成为工业革命的"震中城市"。18世纪末至19世纪初，曼彻斯特作为棉花工业的中心，人口增长迅速。1750年，曼彻斯特的人口不足20000人，但到1850年，其人口已增长至约250000人，成为英国第三大城市。1801年，人口为75000人，1821年增至126000人，1831年再增至142000人。这一时期，曼彻斯特因工业革命而成为人口爆炸的城市。

　　在工业革命的后半期，城市作为棉花制造中心的重要性逐渐下降，转而成为这一贸易的商业和金融核心。从最初的纺织机械工业开始，曼彻斯特发展出了许多专门的工程类型。产品包括蒸汽机和机车、武器、机床，以及后来的电气工程产品。1894 年，曼彻斯特运河的开通使曼彻斯特通过默西河口与爱尔兰海和世界市场相连。1910 年，曼彻斯特成为英国第四大港口，并在附近的特拉福德（Trafford）发展出了第一个（也是最大的）工业园区。美国公司（如 Westinghouse 和 Ford 等）在此扮演了重要角色。

曼彻斯特的城市布局和空间结构在工业化期间也经历了显著的演变。最初，这个城市是围绕棉花工业发展的。随着工业革命的深入，棉纺织厂及其附属产业（如漂白厂、印花厂和工程车间）的建设，使曼彻斯特的城市空间向四周扩展。为了满足对煤炭的需求，1761 年建成了第一条运煤运河，随后，曼彻斯特通过一系列运河与英格兰的其他地区相连。1830 年，世界上第一条蒸汽客运铁路——利物浦和曼彻斯特铁路开通，使原材料和成品之间的运输更加迅速。19 世纪末，曼彻斯特开始经历经济衰退，部分原因是其对利物浦港口过度依赖。为了扭转这一局面，曼彻斯特运河在 1894 年建成，使城市能够直接出口其制造的产品。19 世纪下半叶，曼彻斯特的城市布局继续扩展，吸纳了大量的爱尔兰、苏格兰和威尔士移民，以及来自中东欧、意大利和德国的犹太移民。这些新来者为曼彻斯特带来了新的文化和技能，影响着城市的工业和文化发展，曼彻斯特在 1885 年、1890 年、1903 年、1904 年和 1909 年对其市界进行了扩展，使其变得越来越大，逐步塑造了今日曼彻斯特的城市轮廓。

综上所述，曼彻斯特的工业化历程是多方面的，不仅是技术和经济的转型，还包括人口、城市布局和产品构成的巨大变化。这些变化共同形成了曼彻斯特的历史和记忆，并深刻地烙印在其城市文化中。

第二节　全球城市体系：从小城为主到大城为主

一　全球城市人口规模变化

1750—1980 年，全球主要经历了两次工业革命。在此期间，传统发达国家工业化进程中形成的大规模城乡劳动力转移是全球城市人口增长的主要动力。全球城市的人口规模由小变大，城市间的联系由松散变得紧密。耶鲁大学全球城市 6000 年的城市发展和城市人口规模的研究显示，自 1750 年第一次工业革命以来，全球城市人口迅速增长，全球城市化率出现了明显的拐点。其中，第一次工业革命期间英国的城市率先发展起来，形成了伦敦等全球城市。第二次工业革命则使美国以及欧洲大陆的法国、德国等国家城市规模迅速扩大，全球城市人口分布呈现出多中心分布的趋势。第二次世界大战以后，随着新兴经济体的发展，全球城市体系的人口分布重心开始向东亚转移。具体而言，可将全球城市人口规模体系的演变分为以下三个阶段。

英国中小城市主导全球城市体系阶段（1750—1850 年）。该阶段主要处于第一次工业革命时期。第一次工业革命首先在英国爆发，因此英国率先开始了人类历史上的首次大规模城市化进程。第一次工业革命使英国农业劳动生产率迅速提高，为城市化提供了物质保障，也使人口迅速增长。18 世纪初，英格兰南部七个郡的人口占全英格兰人口的 1/3；1801—1870 年，第一次工业革命开始后英国总人口增长了 1.54 倍，其中西北部工业集中地区和南部的伦敦及郊区人口分别增长了 2.58 倍和 2.1 倍。农业生产率的提高与人口的迅速增长也为工业发展提供了大量剩余劳动力。因此，在机器大生产的带动下，城市人口不断集聚，其空间规模也不断扩张，小城市开始成长为大城市。同时，工业革命还促进了交通基础设施的升级，英国在第一次工业革命期间修建了大量的铁路、公路与水运交通基础设施，这也进一步促进了人口由农村转移到城市，从而加速了城市化进程。第一工业革命使英国成为全球第一个城市化国家。1851 年英国的城市化率已经超过了 50%，到 20 世纪末城市化率达到了约80%。在英国率先开始城市化的进程中，诞生了一系列新兴的工业城市，例如伦敦及其周边地区，曼彻斯特、伯明翰、利兹、设菲尔德、布雷福德和诺丁汉等城市。在此基础上，英国也逐渐形成了一系列中小城市。1851 年，英国已有 10 个 10 万人以上的城市。因此，该阶段全球城市的人口分布是以英国为中心的。

欧美大城市主导全球城市体系阶段（1850—1950 年）。1850—1950 年，随着第一次工业革命向西欧大陆与北美扩散，以及第二次工业革命率先在美国爆发，欧洲、北美城市人口大规模增长，全球大城市开始形成。例如，1901 年英国的利物浦、格拉斯哥、曼彻斯特、伯明翰等工业城市的人口规模超过了 50 万人，伦敦则拥有全球最大的人口规模，几乎等于巴黎、柏林、维也纳和圣彼得堡的人口总和，成为当之无愧的全球中心城市。德国作为后发展国家，抓住了第二次工业革命的机遇，在技术上通过追赶英国与法国，实现了由落后的农业国向先进的工业国的转变。在此期间，德国的城市化水平迅速提高，城市人口规模不断扩大，并逐渐向大城市集聚，并涌现出了鲁尔区的塞尔多夫、埃森等新兴的工矿城市。在此期间，德国的城市人口分布也发生了显著变化。表 4-8 显示，1871 年德国城市的人口规模分布呈现出金字塔特征，10 万人以上的城市人口占比仅为 4.8%，超过一半的城市人口规模都在 2000 人以下。而到了 1910 年，德国城市的人口分布则呈现为"哑铃"形，10 万人以上的城市人口占比达到了 21.3%，这表明大城市的人口集聚能力更强。美国城市在第二次工业革命期间也得到了迅速发展。第二次工业促使石油、汽车、钢铁等行业发展，带动了一系列美国城市的发展。例如，芝加哥作为 20 世纪初美国最大的钢铁工业基地，从 1837 年建市到 1910 年人口超过 200 万人，时间不超过 100 年。底特律始建于 1701 年，1903 年世界第一家汽车公司在此建立，此后迅速成为世界著名的"汽车城"，其人口在 1950 年接近 200 万人。此外，洛杉矶、伯明翰和休斯敦等城市的发展也与钢铁、石油和汽车产业有关。表 4-9 显示，美国城市化率在 1850 年为 15.0%，到 1900 年上升为 39.7%，经历了一个快速的城市化过程，并在 1930 年超过 50%，到 1950 年已经成为一个以城市为主体的国家。随着城市化的不断深入，美国城市体系也出现了城市数量迅速增长、城市规模扩大、城市体系发育不断完善的过程。因此，总体而言，该阶段的全球城市体系是由欧美大城市主导的。

表 4-8　　　　德国 1871—1910 年城市人口占全国人口比重　　　（单位：%）

城市规模	1871 年	1910 年
10 万人以上	4.8	21.3
1 万—10 万人	7.7	13.4
2000—1 万人	23.6	25.4
2000 人以下	63.9	39.6

资料来源：笔者整理。

表 4 – 9　　　　　　1790—1950 年美国城市数量和美国城市人口

（单位：十万人，个，%）

年份	全国总人口	城市数目	城市人口	城市人口占总人口比重
1790	3.9	24	0.2	5.1
1810	7.2	46	0.5	6.9
1830	12.9	—	1.1	8.5
1850	23.3	—	3.5	15.0
1870	39.8	663	9.9	25
1900	76.1	1737	30.2	39.7
1910	92.4		42	45.5
1930	123.1		69	56.1
1950	151.7	4741	96.5	63.6

资料来源：笔者整理。

超大以及大中小城市共同主导全球城市体系阶段（1950—1980 年）。"二战"后全球进入相对和平的发展时期，因此该阶段全球城市化率不断提升。表 4 – 10 和表 4 – 11 的数据显示，全球城市化率由 1950 年的 29.6% 上升为 1980 年的 39.3%，城市人口从 1950 年的 7.5 亿人增加到 1980 年的 17.54 亿人，增长了近 10 亿人。从城市人口规模分布来看，巨型城市人口在全球城市人口中的占比由 1950 年的 3.2% 上升为 1980 年的 4.9%，30 万—50 万人的较小城市及少于 30 万人的城市的人口在全球城市人口中的占比在 1950—1980 年出现了下降。因此，该阶段全球城市体系人口分布的显著特征是特大城市的崛起，同时大中小城市也蓬勃发展，共同主导了全球城市体系。

表 4 – 10　　　　　　世界总人口分布情况　　　　（单位：百万人）

	1950 年	1970 年	1980 年
总人口	2535	3700	4458
城市总人口	750	1354	1754
巨型城市（1000 万人以上）	24	55	86
特大城市（500 万—1000 万人）	32	107	140

续表

	1950 年	1970 年	1980 年
大城市 (100 万—500 万人)	127	244	336
中等城市 (50 万—100 万人)	67	131	170
小城市 (30 万—50 万人)	50	87	114
较小城市 (少于 30 万人)	450	730	908
农村总人口	1785	2346	2704

资料来源：笔者整理。

表 4 - 11　　　　世界各个规模城市人口占全球城市人口百分比　　　（单位：%）

	1950 年	1970 年	1980 年
巨型城市 (1000 万人以上)	3.2	4.1	4.9
特大城市 (500 万—1000 万人)	4.3	7.9	8.0
大城市 (100 万—500 万人)	16.9	18.0	19.2
中等城市 (50 万—100 万人)	8.9	9.7	9.7
小城市 (30 万—50 万人)	6.7	6.4	6.5
较小城市 (少于 30 万人)	60.0	53.9	51.8

资料来源：笔者整理。

　　全球城市体系人口规模的上述演变趋势主要与两方面因素有关。一是两次工业革命带来的技术进步冲击。工业革命首先实现了机器生产对人类手工生产的大规模替代，改变了人类与自然的关系以及社会组织形式，由此开启了工业时代大规模的城市化进程，这从根本上改变了全球城市人口的增长及其分布。二是资本主义制度的大规模确定及其扩散为城市人口增长提供了制度保障。相对于前资本主义制度，资本主义制度对私有产权的保护、个人权利的确认以及大规模社会化生产的组织模式，极大地解放了生产力与个人的创造性，由此带来的物质财富的增长为城市化提供了物质基础。

二　两次工业革命带来的技术进步逐渐推动了全球城市体系的形成

　　从 1750 年至 1980 年的 200 多年间，第一次工业革命与第二次工业革命导致的交通、通信以及生产技术进步为全球城市体系发展提供了基本手段与工具，使全球城市体系从形成到发展壮大。

第一次工业革命以蒸汽机作为动力，实现了机器生产对手工生产的大规模替代。在传统农业时代，城市规模相对较小，一方面是因为农业生产以劳动密集型为主，劳动生产率低；另一方面是由于农业部门的剩余产品难以支撑较大规模的从事非农行业的城市人口。第一次工业革命首次实现了企业大规模生产，从而释放了大量农业剩余劳动力转移到城市，城市化进程加快，城市规模不断扩大，为全球城市的形成奠定了基础。传统的畜力、水路运输等运输效率低，受自然条件的制约较大，这也限制了城市规模的扩大。蒸汽动力在交通运输业的应用也产生了蒸汽轮船、蒸汽火车等新型交通工具，极大地降低了区域间的运输成本与通勤成本，从而使人们的交往空间扩大，城市可容纳更多的人口，大城市开始出现，城市间的联系也得以强化。特别是在国际贸易中，相对于传统以风为动力的帆船，蒸汽船的出现极大地降低了国际贸易成本，使海运成为最主要的国际贸易方式；资本主义国家在海外殖民与海外市场的争夺过程中，逐步建立起了初步的全球生产体系，从而出现了伦敦等最早的全球城市。此外，第一次工业革命还带来了人类医疗技术的进步，吗啡、吐根素、咖啡因等的发现和应用极大提高了人类的疾病预防与治疗水平，从而保障了大城市人口规模的增加。由于第一次工业革命最开始发生在英国，英国城市化进程首先加速，并利用海运的对外联系优势，率先建立起了全球生产体系。在此基础上，第一次工业革命逐渐扩散到欧美和亚洲，不同国家的城市纷纷参与全球生产体系。第一次工业革命也强化了全球经济的联系，特别是第一次工业革命带来的巨大生产能力使资本主义国家亟须开辟海外市场，从而加快了殖民扩张的步伐，在亚非拉地区建立了大量的殖民地，客观上加强了全球市场的一体化进程。到19世纪中叶，英国凭借先进的生产技术、雄厚的经济实力、发达的交通运输和广大的殖民地已经成为"世界工厂"，从而形成了以英国为中心的全球城市体系。

第二次工业革命以电力的大规模应用为代表，电灯的发明为标志。第二次工业革命极大地改变了城市中人们生产、生活的方式。随着电力的应用与普及，城市中人们生活的时间与空间范围极大拓展，生产效率得到显著提高。同时，杀菌、消毒等医疗技术以及青霉素、抗生素、人工合成磺胺类等药物的发明也提高了城市居民的生活水平。同时，随着电力在通信行业的应用，人类开始进入电报电话时代，人类首次实现了跨空间的快捷交流，全球不同城市间的信息流动加速，全球城市体系的联系得以加强。同时，第二次工业革命产生了电力工业、石油工业和汽车工业等一系列新兴工业，城市产业结构开始进入重工业化阶段，这也显著促进了城市经济的快速增长。随之而来的是城市人口数量的增长与空间规模的扩大。大城市不断出现，城市群开始形成，城市的规模形态发生变化。此外，第二次工业革命期间，交通运输业也发生了巨大变化。19 世纪七八十年代，以煤气和汽油为燃料的内燃机相继诞生，柴油机发明成功。内燃机的发明解决了交通工具的发动机问题，并诞生了汽车、内燃机车、飞机等一系列新型的交通工具，并使传统的火车、轮船等交通工具的速度得到极大提升。因此，交通运输业变革带来的运输成本下降重塑了城市的空间形态，并形成了一系列新的城市群。例如，在欧洲大陆形成了以法国的大巴黎城市群和德国的莱茵—鲁尔城市群为代表的欧洲西北部城市群。特别是随着第二次工业革命导致全球经济重心向美国移动，20 世纪初美国则兴起了大西洋沿岸城市群和五大湖城市群。在此基础上，巴黎、柏林、纽约、芝加哥等全球中心城市兴起。"二战"结束后到 20 世纪 80 年代，随着日本经济的高速增长，又产生了以东京—大阪为代表的太平洋沿岸城市群，形成了东京、大阪等新的全球中心城市。两次工业革命使全球城市体系逐渐形成，传统欧美发达国家率先进入城市化社会；跨国运输成本的下降使国际贸易发展迅速，全球产业分工体系不断完善，全球形成了以欧美为中心的城市体系。

　　工业革命带来的技术进步对全球城市体系的影响与资本主义生产制度的确立密切相关。在两次工业革命期间，资本主义代议制民主制度从建立到不断完善，对新技术的发明与扩散起到了非常关键的推动作用。特别是资本主义从第一次工业革命期间的自由资本主义发展为第二次工业革命期间的垄断资本主义，技术进步模式也发生了显著变化：第一次工业革命中科学与技术尚未紧密结合，城市中尚未出现独立的技术创新部门，而第二次工业革命期间，科学与技术开始紧密结合，城市中出现了相对独立的技术创新部门。技术创新与生产紧密结合，对城市经济发展的促进作用更强。

三　市场经济制度的建立与完善为全球城市体系的形成提供保障

第一次工业革命后，市场经济体制在少数国家建立并完善。第一次工业革命之前，市场经济在全球的发展仍然是非常薄弱的。一方面全球经济尚处于农业社会，农业生产率较低，可供用于市场交换的剩余产品较少；另一方面，封建经济仍然占据主导地位，市场主体发育不充分，传统的宗教思想束缚人们的思想自由和行动自由，限制了市场经济的发展。作为最早完成工业革命的国家，英国实施了基于自由主义的经济政策，首次建立并完善了市场经济的基本框架与原则，倡导"小政府、大社会"的理念，政府作为"守夜人"，尽量减少对经济活动的干预，由市场自发调节经济运行。例如，为了促进市场经济的发展，在第一次工业革命期间，英国废除了学徒条例、居住所法、最高工资法令等，减少了对劳动力市场的干预；实施自由贸易政策，取消了几百种商品的进口税，并降低了上千种商品的进口税利率；1846 年英国废除《谷物法》，1849年完全取消《航海条例》，到 1875 年英国对制造品平均进口的关税率已经下调为零；实施鼓励市场竞争的政策，废除特许公司的垄断权；提高金融市场的市场化程度，对银行业进行改革，取消对利率的管制。此外，英国还是现代公司制度的发源地，于 1844 年制定了第一个成文公司法，并制定了合同法、交易所法、证券法、公司法和工厂法等一系列市场经济正常运行的制度保障。现代公司制度分散了风险、充分发挥了市场经济对人的创造性的激励作用，是市场经济得以运行的重要前提，特别是现代公司制度与工业革命相关结合，极大地促进了技术进步转化为生产力。同时，为了获取更多的利润，当国内市场需求不能满足自身的生产能力时，市场经济体制也会激励企业开辟国际市场，客观上促进了全球大市场的建立，促进了全球城市体系的形成。总体而言，第一次工业革命期间市场经济体制发展的重点是，总体上实施自由放任的经济政策，强调市场在资源配置中的主导作用，强调市场竞争，这也是由资本主义尚处于自由资本主义阶段决定的；法律上强调市场经济体制的平等性与公平性，对私有产权的合法性进行承认和保护，不同市场主体间是平等的，通过法律来调整不同市场主体间的关系，用法治来代替人治，加强对人权的保护，这相对于前资本主义社会是一个巨大的进步。因此，第一次工业革命期间确立市场经济体制的英国、法国等国家由于经济运行效率提高，相对于市场经济体制还未建立的亚洲、非洲、拉美等国家，其城市化进程都迅速加快，城市发展也不断完善，从而成为当时全球城市体系的中心。

第二次工业革命期间市场经济制度进一步深化和完善。第二次工业革命后资本主义进入垄断资本主义阶段，同时，自由资本主义时期市场经济体制也产生了阶级矛盾激活、经济危机等一系列问题，因此该阶段市场经济制度发生了几个重要转变。一是放弃完全自由放任的经济政策，政府开始干预经济。主要资本主义国家都通过立法的形式对垄断进行限制，以保护市场竞争。例如，美国在 1890 年通过了《谢尔曼反托拉斯法》，该法案的一个典型例子是 1911 年将标准石油公司分拆成 30 多个公司。二是罗斯福新政后政府开始通过财政、货币等宏观政策对经济进行调控。1929—1933 年经济危机使传统自由主义经济政策破产，凯恩斯主义兴起，特别是"二战"后，发达国家利用凯恩斯主义积极干预经济取得了战后资本主义法治的黄金时期，主要资本主义国家经济都得到了快速增长。三是国有经济在传统资本主义国家经济中的地位上升。尽管私营经济始终是传统资本主义国家市场经济的主体，但在"二战"后，主要资本主义国家都掀起了国有化浪潮，国有企业涉足的领域从传统的公共基础设施部门开始扩展到基础产业、高科技产业以及制造业等部门，成为政府调控经济的重要手段。到 20 世纪 80 年代初，整个西方国家国有企业占工业总产值的比重已高达 20% 以上。四是市场经济发展中更加重视社会福利政策。欧美发达资本主义国家在该阶段逐渐建立起了社会保障制度，实行"经济民主"，规定公民享有受教育权、工作权等社会权利和维护劳动者的合法权益。例如，"二战"后英国、德国、法国以及北欧国家等纷纷建设"福利国家"。第二次工业革命期间及之后市场经济体制的完善，基本形成了西方发达资本主义国家城市主导的全球城市体系。尽管"二战"后受意识形态的影响，全球分为社会主义阵营与资本主义阵营两大城市体系，但在此期间随着交通、通信技术的进步，全球城市体系的发展仍然在继续深化。

两次工业革命期间市场经济从建立到不断完善的过程一是依赖政治

制度的进步，特别是资本主义代议制民主制度的确立与完善，为市场经济体制的形成与发展提供了保障；二是由技术进步推动的生产关系变化引发的。第一次工业革命使资产阶级全体不断壮大，倒逼了市场制度的确立；同时，为了给过剩的工业品寻找市场，掀起了资本主义开辟海外大市场的高潮，从而加强了全球城市体系的内部联系；第二次工业革命使无产阶级全体壮大，同时资本主义生产社会化与生产资料私有制之间的矛盾引发了经济危机，使市场经济体制通过引入政府干预的方式来弥补市场失灵以维持经济增长，从而到20世纪80年代形成了以西方发达资本主义国家为主导的全球城市体系。

四 全球城市经济体系的演变

从第一次工业革命到第二次工业革命期间，全球城市经济体系主要以西欧城市（如伦敦、巴黎等）为中心，北美城市开始崛起，亚非拉城市发展落后，形成了以西欧工业国城市为主导的全球贸易体系。第一次工业革命带来的机器大规模生产使人类逐渐由供给短缺转变为生产过剩，为了掠夺原材料、为过剩的产品寻找海外市场，英国、法国等传统资本主义工业国纷纷走上了开拓海外殖民地的道路，对尚处于传统手工经济阶段的中国、印度、东南亚国家等进行经济掠夺，通过战争、不平等条约等方式强迫这些国家开放国内市场来倾销资本主义工业国的制成品，并低价掠夺其原材料。这在客观上也带来了两方面的影响：一是亚非拉等落后国家的传统经济开始被动解体，随着国外技术的传入，也开始了自身的工业化与城市化进程；二是亚非拉等落后国家的部分城市随着开埠而兴起，逐渐加入全球城市体系中。例如，鸦片战争后，当时中国清朝政府开放广州、厦门、福州、宁波、上海五处为通商口岸，准许英商与华商开展自由贸易。因此，第一次工业革命期间，在经济、军事、政治等多重手段下，全球市场初步形成，全球城市间的联系得到加强。但在该阶段，全球城市体系是由西方发达工业国家主导的不平等体系，发展中国家是作为西方发达工业国的殖民地或半殖民地存在，依附于西方发达工业国家的经济体系。同时，全球城市经济体系间的联系主要靠初级产品与原材料的贸易来维系，资本主要在部分发达工业国家城市间流动。第二次工业革命带来了生产、交通与通信技术的巨大进步，主要资本主义国家都相继完成了工业革命。为了占据国际市场，主要资本主义国家加大了资本、技术的输出力度，特别是跨国公司的兴起促进了资本在全球城市体系中的转移，汽车、电报和电话等交通工具的发明使全球城市体系的联系更紧密。在此基础上，以欧美发达国家为核心的全球市场体系建立。

"二战"后到 20 世纪 80 年代由于国际政治原因，全球形成了以美国和苏联为中心的东西方两大阵营，全球城市体系分裂为资本主义阵营全球城市经济体系与社会主义阵营全球城市经济体系，两极格局形成。资本主义阵营内部实行金汇兑本位 + 固定汇率 + 自由贸易 + 资本管制的组合制度，因此资本主义阵营内部全球城市经济体系发展较快。在该阶段，美国城市在全球城市体系中的地位迅速崛起，主要得益于两方面的因素。一是战后《关贸总协定》的签署建立了以美国为中心的国际贸易体系，《关贸总协定》通过大幅降低与减免成员国间的关税贸易壁垒，极大地促进了国际贸易的发展。1960—1980 年，出口占全球 GDP 的比重从 7.4% 提高到 11.5%，全球不同国家参与国际贸易的程度加深，出口贸易依存度（出口占 GDP 的比重）低于 10% 的国家数量占全球所有国家数量的比重从 1960 年的 27% 下降为 1980 年的 16%，而出口贸易依存度高于 20% 的国家数量占比从 1960 年的 38% 上升为 1980 年的 59%。同时，这一时期全球城市体系间的贸易联系仍然主要局限于发达国家之间。1960—1988 年，发达国家之间的贸易额占发达国家出口的比重从 71% 上升到 78%，占全球总出口的比重从 46% 上升到 54%。从贸易结构来看，相对于"二战"前以初级产品为主的国际贸易，"二战"后工业制成品、技术密集型制成品的贸易占比不断提高。二是战后布雷顿森林体系确立了以美国为中心的全球货币与金融体系，通过将美元与黄金挂钩，纽约等美国城市正式确立为全球金融中心城市。在此基础上，跨国公司的发展进一步促进了资本在全球城市体系内的流动。但由于受两极格局的影响，以 FDI 为主的跨国资本流动仍然主要限于资本主义阵营城市经济体系内部，1960 年 99% 的 FDI 都流向了发达国家。此外，"二战"后相对和平的发展环境也使东亚的日本、"亚洲四小龙"等国家和城市迅速发展。例如，日本在战后 1950—1970 年经历了高速发展，GDP 年均增长率高达 8%，并迅速实现了重工业化；1968 年日本经济跃居西方世界第二位，仅次于美国，在此期间，日本的东京也经历了经济的高速增长与人口规模的迅速扩张，逐渐成长为全球中心城市。此外，以韩国、中国台湾、中国香港、新加坡为代表的"亚洲四小龙"在 20 世纪 70 年代开始经济迅速增长，中国香港、新加坡等城市在全球城市经济体系中的地位得到不断提高。

在全球城市经济体系的演变过程中，两次工业革命引发的技术进步发挥了巨大作用。工业革命使全球城市人口迅速增长、城市化进程加速，因此率先完成工业的英国首先成为全球城市经济体系的中心。在此基础上，随着工业革命的成果向法国、德国与美国扩散，传统欧美发达国家完成工业化进程，并且随着其对外殖民扩张步伐的加速，资本主义全球大市场逐步建立，从而形成了欧美国家主导的全球城市经济体系。此时，亚非拉等发展中国家仅有部分城市参与了全球经济体系，在全球城市体系中处于边缘地位。"二战"后，全球城市经济体系的演变受政治因素的影响较大，但在资本主义阵营内部逐渐形成了以美国为中心的全球城市体系。同时，全球贸易、资本流动也不断增加，经济全球化的趋势增强。东亚的日本、"亚洲四小龙"等国家和城市迅速崛起，全球城市经济体系已经出现了向多中心演变的迹象。

五 全球城市空间体系的演变

随着人类进入工业社会，城市化进程的加快使人类活动空间不断变大，城市空间的不断扩张一方面体现在大城市数量不断增多；另一方面随着城市人口规模扩大，城市间的空间界限消失，出现了都市连绵区与城市群，即大城市人口以点状分布的状态逐渐为伞状形态的城市群或者都市圈所取代。城市群或者都市圈内部不同城市经济职能相辅相成，对整个国家乃至全球的经济发展有着不可忽视的作用。因此，进入工业社会以来，全球城市空间体系演变的总体趋势是由空间分割的孤立城市演变为空间大范围集聚的城市连绵区。同时，随着全球化进程的加快，全球城市的空间体系也变得更加复杂，由"国家—城市"的二维空间体系演变为"全球—国家—城市群、都市圈—城市"的多层次空间体系。在二维空间体系下，国家是由城市直接组成的，在多维空间体系下，全球城市的辐射与影响范围已经突破了国界的限制，而在一国内部往往形成了以城市群或者都市圈为中间环节的城市体系。此时单个城市首先嵌入的是所在城市群或者都市圈的空间体系，这也是城市化发展到高级阶段的结果。具体来看，工业革命以来，全球城市空间体系的演变主要有以下两个阶段。

第一次工业革命时期英国引领的孤立的全球城市空间体系。所谓孤立的全球城市空间体系，是指单个城市得到了很大发展，但从全球总体来看，只有个别城市在全球空间范围内具有较强的辐射影响力。例如，第一次工业革命期间英国城市化率的提高使其率先在伦敦及其周边区域形成了以伦敦为核心的城市空间连绵区，伦敦迅速崛起为全球中心城市，成为当时全球重要的经济与金融中心城市。在19世纪初，大伦敦区的人口就达到了120万人，其中居住在伦敦周边区域的人口占比为15%。由于工业革命率先在英国爆发，因此英国城市相对于其他国家处于"一枝独秀"的状态。从表4-12的数据来看，在1850年第一次工业革命结束后，英国伦敦的人口要明显超过巴黎、柏林和纽约，而相对于1800年，其他城市与伦敦城市人口数量的差距在变大。英国城市在全球城市体系中的领先地位主要体现在以下几方面。一是建立了全球领先的国内交通运输网络。运输成本的下降是城市空间扩张的重要推动因素。18世纪末，英国建立了连接内地与海运的全国水路运输网络，并进一步加强铁路网络建设。到19世纪中期，英国主要铁路干线已经建成，铁路里程达到了1万千米。二是拥有全球最高的煤炭与钢铁产量，为城市发展提供了充足的能源与原材料。由于第一次工业革命的主要动力蒸汽机是以煤炭为燃料的，同时机器生产需要大量的钢铁原材料，所以19世纪中期英国的生铁产量超过法、德、美三国总和的一倍，煤产量约为法、德、美三国煤产量总和的2.5倍。三是全球最发达的工业。作为"世界工厂"，1840年英国工业产值约占全球的一半，约为同期法国的4倍、美国的5倍；英国将其一半以上的工业品销往全球市场，1840年其贸易总额约占全球贸易总额的1/5，约为同期法国与美国的两倍，这也使英国成为当时全球经济最发达的国家。

表 4 – 12　　　　　　工业革命时期形成的全球重要城市　　　（单位：万人）

城市	1800 年	1850 年	1900 年
伦敦	86.5	236.3	453.6
巴黎	54.7	105.3	271.4
柏林	17.2	41.9	188.9
纽约	7.9	69.6	343.7

资料来源：笔者整理。

　　第二次工业革命后美国引领的以大都市区、城市群为代表的全球城市空间体系。第二次工业革命爆发后，作为后发展国家的美国利用新一轮技术革命的机遇实现了跨越式发展，发展起了新兴的钢铁、石油、汽车等工业，主要体现在以下几方面。一是迅速实现了工业化。第一次工业革命是以轻工业为主，第二次工业革命则是以钢铁、石油、化工、汽车等重工业为主。1870—1913 年，美国工业增长达 8.1 倍，年平均增长速度为 4.3%；其中，1877—1892 年是美国工业发展最快的 15 年，工业产量翻了两番，年均增长速度达 7.1%。美国工业在全球中的地位不断提高，从占全球工业产量的比重来看，1870 年美国占比为 23%，1881—1885 年平均占比为 29%，1890 年占比为 31%（超过了占比 22% 的英国），1913 年占比 36%，约为英、德、法三国总和，成为新的"世界工厂"。快速的工业化也加快了美国的城市化进程，并改变了其城市的产业结构与面貌。二是电力工业得到了迅速发展。作为第二次工业革命的重要标志性成果，电力的普及与应用使城市通勤更加便捷、联系更加紧密，推动了城市空间规模的进一步扩张。1882 年，纽约建立了世界上最早的火力发电站。1914 年美国电力已占全部工业动力的 30%，成为当时占世界首位的电力强国。三是拥有全球最大的汽车工业。汽车的普及扩大了人们的通勤半径，促进了大都市区、城市群的出现。1913 年美国拥有汽车 100 万辆，占世界汽车总数的 1/2；1914 年汽车年产量达 57.3 万辆。在第二次工业革命后，全球经济中心开始向美国转移，除了西欧的传统全球中心城市外，美国的纽约等新的全球中心城市开始崛起。随着越来越多的城市成为全球城市，全球城市空间体系开始逐渐形成。

　　第二次工业革命加速了美国城市体系的形成与衍化。第二次工业革命带来的电力、内燃机等交通技术的进步使城市空间半径进一步变大，在20世纪初，有轨电车和高架铁路的出现使城市的半径扩展到10英里以上，城市出现了更加明显的功能分区，中央商务区、工薪阶层区、贫民区以及繁荣的郊区纷纷出现，纽约等大都市区蓬勃发展。同时，美国城市数量迅速增加，形成了全国性的城市空间体系。在城市空间体系中，纽约、芝加哥等城市承担着全球中心城市的功能，在全国城市体系中也发挥了主导作用。位于城市体系中间环节的是几千个以从事某种产业为主导的专业化地方性中心城市，如巴尔的摩、费城、辛辛那提等，它们是地方的经济与政治中心，起到了联系全国中心城市及其周围小乡镇和乡村腹地的中介作用。美国城市空间规模的扩张也吸引了大量的农村劳动力以及海外移民向城市集聚。1851—1919年平均每年有39万名外国移民进入美国，1910年美国4200万城市人口中约有1100万人是由农村流入城市的，1920年美国城市化率首次超过50%，进入城市化社会。

"二战"后一直到20世纪80年代，尽管受"冷战"的影响，全球城市体系分裂为社会主义与资本主义两大阵营，但随着交通、通信技术的发展，大都市区、城市群的发展趋势进一步强化，美国大西洋沿岸城市群、美国五大湖城市群、日本太平洋沿岸城市群、英国伦敦城市群、欧洲西北部城市群等发展更加成熟。

工业社会时期全球城市空间体系的演变仍然受技术进步这一最基本推动力的影响，一方面，生产技术的进步使新兴产业不断涌现，城市产业结构的调整会引起城市空间面积与形态的变化；另一方面，交通、通信技术的进步减少了城市间的运输与通勤成本。这意味着中心城市与其邻近区域的中小城市可以形成更加紧密的大都市区或者城市群，从而使城市体系的空间形态由孤立的点向空间连绵的面转型；同时，城市体系的内部层级也变多，从而形成多层嵌套的城市空间体系。

表4-13　　　　　　　　　　　美国主要城市功能定位

城市	主要功能定位
纽约	世界性的超级经济城市、美国经济中心城市
芝加哥	全国性经济城市
洛杉矶	全国性经济城市

城市	主要功能定位
旧金山	美国西部太平洋沿岸地区经济实力和辐射范围仅次于洛杉矶的重要城市
波士顿	新英格兰地区经济中心城市
费城	大西洋中部地区的经济中心城市
休斯敦	得克萨斯州乃至墨西哥湾地区的经济中心城市
新奥尔良	美国南部最大的商业金融中心
西雅图	美国西北部最大的工业、商业和交通中心

资料来源：笔者整理。

第三节　全球城乡体系：城市化快速发展

全球城市发展完成了人力文明划时代的转型。全球城市的整体规模决定人类社会的城市化程度，在 1750—1980 年的 200 多年里，人类将从的乡村社会逐渐转变为城市社会，甚至全球部分地区已经实现了城乡一体化。城市 200 多年的发展进程，决定城乡体系的因素很多，如人口增长、经济发展、空间扩大、制度改革、技术突变等，但是核心是技术突变和制度改革。技术革命是 200 多年城乡体系突变的核心力量，技术是人类为了满足自身的需求和愿望，遵循自然规律，在长期利用和改造自然的过程中，积累起来的知识、经验、技巧和手段，是人类利用自然、改造自然的方法、技能和手段的总和，其是决定人类发展的必要条件，也是城市起源、发展和消亡的必要条件。制度则通过影响资源配置和主体动力，进而影响城乡体系发展。制度是一种交互规则，是一种特殊的知识和技术，是人类后天创造的，规范人类思想和行为，给予激励和约束，以及资源的匹配和利用，具有规模报酬和损失递增的特征，包括产权制度、交互制度和分配制度等。

伦　　敦

英国大规模的城市化始于 18 世纪中叶的产业革命。从 1760 年产业革命开始，到 1851 年，英国花了 90 年的时间，成为世界上第一个城市人口超过总人口 50% 的国家，基本实现了城市化（1830 年初步完成工业化）。而当时世界城市人口占总人口的比例，即世界城市化率仅为 6.5%。1863

年，伦敦开通了世界上第一条地铁，便捷快速的立体交通网络和现代化的金融服务、优良的港口区位优势，使伦敦这个16世纪末的欧洲贸易中心成为名副其实的世界最大经济中心城市。1921年，英国城市化水平已达77.2%。可见，英国初步完成城市化用了90年时间，而从初步完成到成熟阶段用了大约70年的时间。伦敦可以实现迅速城市化的原因有以下几方面。

一是商业革命为城市化作准备。在英国工业革命与大规模城市化到来之前，商业贸易的蓬勃发展已经引人瞩目。1615年，孟克莱田发表《献给国王和王后的政治经济学概论》，主张商业流通才是利润的主要来源，金银是财富的唯一形式，国家财富的增长要靠对外扩张贸易，贱买贵卖。这为英国推行海外殖民侵略、商业资本跨洋掠夺积累作了思想上的准备；16—18世纪，随着地理大发现和新航道的开辟，以及远洋航船的建造、枪炮的配备，重商主义经济政策大行其道，有了深厚的物质基础，英国商人活动的范围从原来的地中海周围得以扩展到世界各地，商业资本贸易额大幅度增长，商业资本积累日渐雄厚，主要从事贩运商贸、奴隶贩卖、海上掠夺、海外开矿的商业资本家大量涌现，资本积累与流动的快速有力地推动了货币经济的发展。1801年，英国与爱尔兰合并，在疯狂实施海外扩张后，英国1914年的殖民地面积达到本土面积的111倍，人口为本土的8倍，英国成为世界第一殖民大国。世界贸易往来所开拓的国际市场与经济联系，吸引了大量人口向城市迁移，成为推动英国工业革命与城市化展开的重要因素。

二是工业革命带来科学技术产业，促进城市化水平提升。英国的工业革命始于18世纪60年代，到19世纪30年代末基本完成，持续70年的工业革命使资本主义工场手工业过渡到机器大工业阶段，商业资本占统治地位让位给工业资本居于主导地位，经济思想也由重商主义国家干预转到"看不见的手"的自由市场调节，城市化与工业革命的互动实现了产业结构、就业结构的双重优化，1776年，亚当·斯密的《国富论》出世，则为这种双重优化格局的繁荣持续衍化提供了强大的理论武器。许多新城市并不是在原有的封建城镇基础上发展起来的，而是在具有资本主义特征的工业村庄和工矿区发展起来的，特别是矿业资源丰富的城镇、工矿区，借助便捷的运河、港口、铁路的交通优势，创造出大量的就业机会，吸引了大批无家可归的人，资源、区位、交通的组合优势形成经济集聚的强大能量，呼唤着一批工业城市如雨后春笋般涌现在英伦大地。城市化的繁荣则反过来进一步促进了商品批发、运输、仓储、旅店等商贸服务业的发展，信贷业务也发展起来。英国成为世界上第一个初步实现城市化的国家，在新型工业区出现了像曼彻斯特、格拉斯哥、伯明翰这样的大城市。技术的发明与应用，则为工业革命与城市化推波助澜，"分工、水力特别是蒸汽力的利用、机器的应用，这就是从18世纪中叶起工业用来摇撼旧世界基础的三个伟大的杠杆"。

三是良好的基础设施促进城市化发展。英国工业革命与城市化互动中的交通运输业革命促进了郊区城市化。1825年，英国修建了世界上第一条铁路，到19世纪中叶，基本形成铁路运输网。19世纪50年代，英格兰的大中城市都通了火车，大部分地方离火车站的距离已在10英里以内。汽车、运河、汽船、公路、公共汽车、铁路等把英国的内陆城市与沿海城市连成一片，大大促进了商品流通和人口流动，同时带动了许多相关的商贸服务业的发展：建筑业、邮政通信、商业服务、教育科技、文化娱乐、金融保险等。1863年，伦敦开通世界上第一条地铁。地铁的开通，使生活居住地带与工作区的通勤距离更加缩短。随后伦敦通过卫星城建设、新城规划、人口疏解以及产业转移等一系列自上而下的政策，解决了当时困扰伦敦的人口过分集中、交通拥堵和环境污染的问题。其中新城政策被视为世界城市规划经典案例，比较注重就业与居住的发展，忽视了购物、休闲娱乐等配套设施的建设，但是仍然解决了伦敦的用地紧张、房价高涨、交通拥堵、人口膨胀等问题。英国建设的全部新城安置了225万人口，提供了111万个就业岗位，吸纳包括宝洁、奥迪、奔驰等在内的多家国际知名企业。因此，伦敦市区也出现了大量人口和工作流失现象。

四是有利于城市化问题解决的市场制度。1875年，英国第二次通过《公共卫生法》，建立了为贫困无助者提供居住和工作的济贫制度。1866年通过了《环境卫生法》；1909年，英国通过了第一部涉及住房和城市规划的法律；1945年颁布了《工业分布法》；1946年颁布了《新城法》；1947年颁布了《城乡规划法》；1949年颁布了《国家公园和乡村通道法》；1952年颁布了《城镇发展法》。1936年凯恩斯发表《通论》，认为完全自由的市场机制调节必然经常导致失业与生产过剩，主张国家实行以财政政策、货币政策为中心，对经济实施宏观调控以弥补市场机制配置资源的局限性所带来的城市化就业不足、住房不足、贫困等社会问题；1942年，"福利国家之父"威廉·贝弗列奇发表《社会保险及关联服务》，提出消除"贫穷、疾病、懒散、无知、肮脏"等社会问题，建立以医疗保健和国民教育为核心的全国性社会保险制度的主张。

一 全球的城市化进程是由慢到快的过程

在1750年到1980年这200多年间，全球的城市化进程是由慢到快的过程。全球城市化率从1750年的5.5%上升到1800年的7.3%，到1900年的16.4%，再到1950年的29.6%，最后到1980年的40%左右，200多年间增长了34.5个百分点（见图4-6）。此外，全球城市化进程还是从局部到扩散的过程。首先英国的城市化带领欧洲的城市化发展，其次美国的城市化带领欧美的城市化发展，而在这一段时间内新兴经济体还处在城市化率的前期。具体来看，英国在第一次工业革命期间率先实现城市化，其城市化水平从1750年的17%迅速上升到1801年的33.8%，在1851年达到54.0%，成为世界上首个基本实现城市化的国家。自1850年以后，欧美主要国家开始进入城市化加速期，美国在1850年的城市化率为15.41%，法国为14.5%，德国为10.8%；到1900年美国的城市化率为39.98%，加拿大为37.5%，而同时期的中国仅为6.6%，印度仅为10%；1950年，美国的城市化率已经高达64.15%，加拿大达到60.95%，德国达到67.94%，法国达到55.23%，英国达到78.98%，中国仅为11.8%，印度仅为17.04%。从不同经济体来看，先进国家的城市化水平从1850年的11.4%上升至1950年的52.1%。1950年，城市人口已经超过了农村人口。此时，主要的西方先进国家都已经不同程度地实现了城市化。在此期间先进国家的城市显著改善，其主要标志是城市基础设施的大规模建设。从全球大城市角度看，1900年发达国家有8个城市的人口为100万—500万人，发展中国家仅有1个城市；1950年，发达国家有47个城市的人口数量为100万—500万人，有5个城市的人口大于500万人，发展中国家有18个城市的人口数量为100万—500万人，仅有两个城市的人口大于500万人。发达国家城市数量在1800年到1980年间飞速增加，超大城市实现了从无到有的突变。

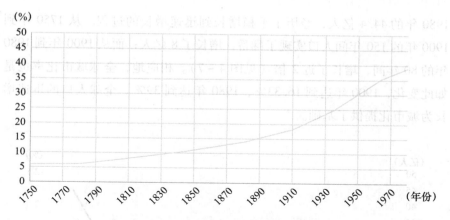

图 4 - 6　1750—1980 年全球城市化率变化

资料来源：笔者根据 our world in data 数据库数据整理。

表 4 - 14　　　　　　　　**英国人口城市分布情况**　　　　（单位：万人，%）

年份	总人口	城市人口	城市人口比重
1750	766.5	130.3	17.00
1801	1050.1	354.9	33.80
1811	1197	438.1	36.60
1831	1626.1	720.3	44.30
1851	2081.7	1124.1	54.00

资料来源：笔者整理。

表 4 - 15　　　　　**世界先进国家和欠发达国家城市化水平比较**　（单位：亿人，%）

年份	先进国家			欠发达国家		
	总人口	城市人口	城市化水平	总人口	城市人口	城市化水平
1850	3.52	0.4	11.4	9.1	0.4	4.4
1875	4.35	0.75	17.2	9.85	0.5	5.1
1900	5.75	1.5	26.1	10.75	0.7	6.5
1925	7.15	2.85	39.9	12.35	1.15	9.3
1950	8.13	4.23	52.0	17.07	3.09	18.1

资料来源：笔者整理。

人口增长为城市化提供基础。全球人口从 1750 年的 7.4 亿人增长到

1980 年的 44.4 亿人,经历了平稳增长到迅速增长的过程。从 1750 年到 1900 年的 150 年间人口实现了翻番,增长了 8 亿人;而从 1900 年到 1980 年的 80 年间,增长了近 2 倍(见图 4-7)。相应地,全球城市化率也是如此变化,1900 年达到 16.33%,1980 年达到 39%。全球人口的迅速增长为城市化提供了基础。

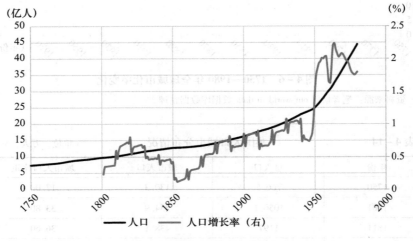

图 4-7 全球人口增长及变化率

工业化时代城市化水平飞速提升与人口、经济、制度等因素的迅速变化息息相关,但是其核心在于科学技术革命带来生产效率的突破。工业革命带来的生产生活方式改变,带来的工业化、机械化盛行,使大量农业劳动力拥向城市,转变为工业劳动力,使城市人口与城市数目迅猛增长,并且工业革命带来的轮动效应,使农业生产率大幅提升,彻底解放了农业劳动力,大大满足经济主体生产生活的需要。这不仅改善了经济主体的生活水平,而且会显著改善城市的工作环境、空间结构、基础设施等,有利于城市化率的提升,导致经济重心开始向城市转移。1760—1840 年,欧洲地区农业就业率减少了 12 个百分点,与此同时工业就业率增加了 23 个百分点;在人的自利性行为动机下,这些解放出来的生产力又会拥入城市,进一步带动城市化进程。因此工业化带来的城市人口聚集,使城市的重要性逐步提升并主导世界。在第一次工业革命以后，在 1750 年到 1850 年间，全球城市化率从 5.5% 上升到 11%，城市化率相比之前迅速提升，全球城市化进程开始起步。第二次工业革命带来的科学技术水平提升，导致全球人口素质又一次得到提高，为全球城市化进程的加速提供基础。不仅如此，技术革命带动人类需求的变化，进而推动城市化率的增长。

二　技术革命是 200 多年城乡体系突变的核心动力

技术革命是 200 多年城乡体系突变的核心动力。在人类历史的长河中，科技进步在人类文明的发展过程中发挥着基础性作用，它是人类文明变迁的首要动力，而人类文明的发展史本质上也是一部城乡文明发展史，因此，科技进步也是城乡发展的首要动力。科技进步大大提升了城乡发展空间，不仅加强了城市之间的联系，更为重要的是加强了乡村与乡村、乡村与城市之间的联系，使乡村参与到全球价值链体系中，改变了许多乡村的命运，使越来越多的乡村参与到商品、服务、资本、人力和思想的国际流动中去。从第一次工业革命到第二次工业革命完成这 200 多年间，科学技术发展经历了迅速突变。例如 1750 年，英国的米切尔设计测静电力扭秤，并提出磁力的平方反比定律；1750 年，美国的富兰克林发明避雷针；1752 年，美国的富兰克林做风筝引天电实验；1775 年，意大利的伏打发明起电盘；1781 年，英国的瓦特改良蒸汽机；1802 年，英国的特里维西克造出了蒸汽机车；1876 年，美国的贝尔发明电话；1879 年，美国的爱迪生发明电灯；1885 年，德国的本茨发明汽油内燃汽车；1903 年，美国的莱特兄弟发明飞机；1939 年，第一次实现电视直播；1946 年，第一台计算机 ENIAC 在美问世；1948 年，美国的肖克利、巴丁与布拉顿发明晶体三极管；1957 年，苏联发射第一颗人造地球卫星；1969 年，美国阿波罗 11 号宇宙飞船成功登月；1971 年，美国 Intel 公司制成微处理器，开始计算机第二次革命；1981 年，美国的航天飞机第一次升空。每一次技术创新会带来生产率的大幅提升，这往往会导致新产业的诞生和兴旺，从而决定了城乡的生产内容、消费内容、交换内容，更决定了城乡空间规模和人口规模。特别是，人们会出于自利性动机追求利润，向城市聚集并在城市进行活动，逐步形成小城镇、城市、都市圈、城市群，城市体系也逐步变为单中心、多中心，趋于网络化。从第一次工业革命到第二次工业革命，每一次技术创新都显著改变城市的经济发展、活动内容、空间规模、人口规模和城市格局。具体而言，有以下几方面。

第一，蒸汽机技术革命，机器生产首次代替手动制造，城市内容、规模、形态发生改变。由于人们需求的变化，促使了技术水平的创新，使城乡经济发展的方式发生改变，机器生产代替了手工制造。1750 年以后，以英国等为代表的欧洲工业国家实现了手工生产向工业生产的转变，机器替代手工第一次解放了人类，工厂生产替代作坊或手工工场促进了生产活动的聚集，城市规模、功能和形态发生了较大的变化。蒸汽机、纺织机等机械生产的发明和改进，使手工劳动彻底被机械生产取代，生产效率由此大幅提升。随后采煤、冶金等许多工业部门的机器生产越来越多，工厂开始由此形成，显著促进了城市经济增长。人们在自利性的驱使下，向工厂等劳动生产率高的地方聚集，人口规模和城市规模开始扩大。城乡人口体系由此开始变为城市逐渐占主导、乡村占比逐渐降低的格局。第一次技术革命促进城市活动的内容发生改变，能源、自然资源等禀赋决定城市的发展，功能性中心城市由此形成。因为在交通技术不发达的初期，一般步行、马车等基础公共交通就能满足的城市，相应的空间规模就会较小，如城市居民受步行、马车等交通方式的影响只能生活在狭小的城市中心区，此时的城市规模水平处于较低状态。但蒸汽火车的诞生、运输业的迅速发展会进一步加强城市与城市、城市与城乡等的经济联系，使城市经济快速地发展起来，加速城市化进程。城市公共交通方面的改善为居民的出行提供了便利，使城市人口和规模不断扩大，同样也加速了城市化进程。最后，城市之间的联系加强，城市体系缓慢形成。由濒临大西洋的英国开始的这场技术革新，冲破种种阻力，打破国界、洲界，越过大西洋向欧、美和亚洲扩展，强化了国际分工，促进了国际人口和资金流通，促进了美、俄、德、意的革命、改革，欧美国家的城市化进程萌芽开始诞生，促进了全球城市兴起，加快了全球城市化进程。到 19 世纪中叶，英国凭借先进的生产技术、雄厚的经济实力、发达的交通运输和占有广大的殖民地而独占鳌头，成为"世界工厂"，这意味着以英国为中心的世界市场的形成和世界各地经济联系的进一步加强。

　　第二，电力技术革命，城市成为世界的支柱，城乡发展分化。在城市需求推动下，为满足城市和世界的需要，技术水平又一次得到提升，城市的活动内容、空间规模、人口规模和城乡体系发生新的变化。全球单中心城市体系确定。第二次工业革命促使发达国家城市化率先进入工业化社会，全球要素的生产、消费、分工、合作促使全球城市格局形成，单中心城市体系由此确定。欧美国家为了促进国内商品交流，大规模从事交通运输建设，为了扩大海外市场，又致力于远洋运输网的开拓，逐渐形成了全球性的交通网络，全球城市体系开始形成。特别是第二次工业革命后期，两次世界大战加速了弱小国家沦为殖民地和附属国的过程，欧美列强在对亚非拉进行殖民掠夺时，虽然把欧美先进的工业技术带到这些地区，使其缓慢地走上了工业化的道路，但亚非拉城市沦为欧美城市的附属品，东方城市完全从属于西方城市，全球单中心城市格局确定。此外，第二次工业革命中新兴资本和能源密集型产业采取巨型工厂和大型的纵向一体化垄断组织，这使城市的发展进入大都市时代。

表 4-16　　　　　　　　　历次技术革命比较

	第一次工业革命	第二次工业革命
主要成就	珍妮机、蒸汽机的广泛使用	电力、内燃机、化工技术的发展，钢铁工业的进步
发生国家	英国向欧美国家扩展	美、法、德多个国家同时并举
出现的新交通工具	火车、汽船	飞机、汽车
出现新能源	煤	电力、石油
出现的新工业部门	棉纺织、机器制造、交通运输	电力工业、电气产品制造业、石油工业、汽车工业
生产组织形式	工厂制	垄断组织
科研与技术革命关系	未结合	真正结合
时代	蒸汽时代	电气时代
交通	马车时代	汽铁时代
通信	书信邮寄时代	电报电话时代
产品	物品加工时代	物品化合时代

	第一次工业革命	第二次工业革命
主要发明标志	蒸汽机、飞梭、珍妮纺纱机、改良蒸汽机、蒸汽轮船、锅炉、铁路、矿工灯、蒸汽火车、电报机、平版印刷、尿素、吗啡	电话、汽车、发电机、电灯、飞机、电力、石油、炼钢、蒸汽灭菌法、消毒技术、青霉素、抗生素、氨基酸、人工合成磺胺类药物

资料来源：笔者整理。

技术发展影响城乡体系的原因在于人类需求的不断变化。人类的需求变化决定了城市 300 年的生产、消费、交换和活动的内容，需求在城市中产生并通过城市影响着世界。城市需求决定了世界的发展。1750—1850 年，城市需求体现为粮食和加工消费品。为了满足人们最基本的生产、生活需求，城市需求主要体现为粮食和消费品。在自利的需求下，为了获得更多的收入和生产资料，开始进行生产工具的发明制造并以此带动劳动生产效率提高，极大地提升了工业部门劳动力的收入水平，推动了新技术的诞生。此外，自利性需求又促使大量劳动力由农业生产部门转入工业生产部门，劳动力由农村流入城市，带动城市化进程。1850—1950 年，城市需求转变为重化产品，在人们满足了生产、生活的基本需求以后，人们的需求结构逐渐转向发展型、享受型升级，促使居民对重化工业产品产生了巨大需求，导致城市需求的重大改变，城市需求转向开始大规模消费万元级和十万元级的耐用消费品（如汽车、住房等），带动了整个世界需求的变化。

三 制度作为人类交互的规则，通过影响资源配置和主体动力，影响着经济发展绩效

需求和技术发展推动着制度的诞生和发展。制度作为人类交互的规则，通过影响资源配置和主体动力，影响着经济发展绩效。无论在任何制度下，由制度所决定、优于其他聚落存在的城市都在不断地发展着，但是制度差异决定城市发展的差异。此外，制度只有质没有量，制度的好坏决定规模报酬的递增或递减，其蕴含的产权制度和资源配置效应，

决定着人的行为、城市兴衰和世界的发展。自 1750 年以来，市场经济作为更先进的经济制度，其形成、发展和成熟影响着全球城市化从快速到加速转变，什么地方实施市场经济制度，什么地方的城市就兴起，从而带动城乡人口、经济的发展。其一，市场经济制度在少数国家初步建立，在一些领域初步尝试。在需求和技术的推动下，市场经济制度在少数国家开始建立，并在一些领域做出了初步尝试。具体来看，在工业革命之前，全球的经济结构以农业为主，其能提供的生产、交换均比较有限，从而限制了市场经济的扩散。在当时的社会结构下，人们严重缺乏自由，大部分人还都是奴隶，宗教思想束缚人们的思想自由和行动自由，限制了市场经济的发展。此外，工业革命之前，世界还是个封建割据的社会，各国家之间相互利益对立，甚至是殖民地，严重阻碍了分工和市场的扩大，甚至在工业革命初期，市场经济也并不是完全的，英国和美国均有奴隶存在。其二，市场经济制度在西方国家初步发展，在一些领域深化。需求和技术革命的继续深化，促使市场经济制度在西方国家初步发展，在一些领域深化。这是资本主义市场经济的成熟阶段。在经济上，政府更多地干预经济，实行社会福利政策，逐步建立社会保障制度，强调"社会化"理念、维护公共福利，实行"经济民主"，规定公民享有受教育权、工作权等社会权利和维护劳动者的合法权益。在法制上，在传统的公法和私法之外，产生并加强了经济立法和社会法，通过经济法律加强国家对经济的干预，以弥补市场机制的缺陷。比如资本主义国家分别颁布反垄断法，这些法律是促进市场经济保持活力和企业保持创造力的关键。尤其是产业复兴法、农业调整法、紧急银行法、紧急救济法，对经济生活实行全面干预。在私有财产权的保护方面，西方国家也加强了限制，国家为了公共利益的需要，可以征收或者征用私有财产，甚至推行"国有化"，规定国家可以直接拥有企业、事业，从而使对私有财产的绝对保护转变为相对保护，利用国家力量发展新兴产业、实现生产和资本集中，如兴办国有企业、国有控股、运用经济手段和经济政策、保护和扶持新兴产业和特殊产业的发展等。这些法律和行为是西方市场经济保持活力、自我选择与自我淘汰、激励企业创新力的一种关键性制度，它增强了资本主义市场经济持续发展的活力和内在能力，深化了市场经济。西方国家的城市因此得到飞速发展，主导全球城市格局。

　　制度变革促进了技术创新和城市发展。制度改革确定了产权和市场化的基本原则，为城市发展和技术创新提供基础。其中，工厂制度确立，工厂生产替代作坊或手工工场促进了生产活动的聚集，扩大了城市规模，改变了城市的功能和形态。市场化制度改革是城市发展的基础动力和条件，制度的变革是城市发展的基础，不论城市发展还是农村发展，制度变革都具有决定性影响。市场化改革主要包括两个方面。其一，承认和明晰行为主体相对独立的责权益是实现自我生存与发展的前提。不管所有制如何，只要承认和界定其相对独立与对称的责权益，经济主体就能产生强烈追求自我利益的动力。承认并不断明晰经济主体相对独立的责权益，激发全社会所有主体追求自身利益的热情，让各项事业充满活力和生机。与此同时，缺乏约束的自利性，也带来从微观到宏观、从经济到社会再到环境的问题。其二，确定了市场在资源配置中的决定性作用，让一切资源由市场这只看不见的手进行有效配置，最大限度地发挥市场的作用。在制度基础和自利性行为条件下进一步促进技术革新与城市发展。

　　技术创新促进了制度变革和城市发展。工业革命带来了巨大的技术进步，促进生产力发展的巨大飞跃，引起了社会制度的深刻变革。19世纪50年代前，以英国、法国等为代表的欧洲工业国家实现了手工生产向工业生产的转变，机器替代手工第一次解放了人类。工业革命是一次大规模的生产技术变革，使大机器生产代替了手工劳动，促进生产力的巨大飞跃。蒸汽机的发明和使用，引起了工业生产的一系列巨大变革。与此同时，工业生产的飞跃又带动了农业技术革新和资本主义大农业的兴起与发展。工业革命大大推动了科学技术与文化的发展，还引起了整个社会的深刻变革，造就了相互对立的两大阶级——工业资产阶级和无产阶级。这两大阶级的诞生造就全世界的社会、制度体系，促进了资本主义和社会主义的诞生。技术创新还改变了城市格局，影响着现代城市体系的形成。随着工业革命的深入和扩展，资本主义生产方式在欧美先进国家确立。亚非拉的多数国家则在列强的炮舰下失去了抵御能力，沦为欧美资本主义列强的殖民地半殖民地，成为资本主义的国际市场、原料产地和劳动力的供应地，成为他们投资的场所、牟利的乐园，成为资本主义经济的附属。资本主义列强的扩张，对亚非拉国家带来了双重影响。

一方面，列强的血腥侵略和残酷的殖民掠夺，使当地人民蒙受了深重的灾难，造成了这些地区的长期贫穷；另一方面，列强在经济侵略的同时，不可避免地把先进的工业生产技术、科学知识和思想观念一并带入这些国家与地区。从而形成了从 18 世纪 50 年代到如今，由西方发达国家城市主导世界和主导西方发展中国家城市的格局。

四　城乡经济体系的飞速发展一方面由于经济发展的轮动效应，另一方面由于城乡经济主体对美好生活的追求

两次工业革命之后，以英国、美国、日本为代表的西方发达国家走向工业化道路，在全球范围内推销自己的工业制成品，而欠发达地区经济发展主要依靠农产品等初级产品的出口，全球经济格局主要分为"发达经济体——工业制造，落后经济体——农业"两大部分。

从工业革命开始，英国、美国、法国、墨西哥、中国、印度、日本等主要国家均以农业生产为主，从事农业劳动，此时各国的农业就业占比均处在较高水平，基本均在 40% 以上，有的甚至达到了 70% 左右。随着工业革命的逐步推进，工厂制代替了手工工场，机器代替了手工劳动，生产力取得巨大飞跃，大量劳动人口向工厂和城市聚集，城市化、工业化生产逐步占据主导地位，此时农业就业占比和农业产值占比开始逐步下降（见图 4-8）。工业革命改变着各国的产业结构。工业革命后英国的农业就业占比从 30% 逐渐降低到 20% 左右，英国的农业产值在国民经济中的比重下降到 21%，成为"世界工业国"，英国的城市逐步成为世界的主体，引导世界。

第二次工业革命期间，全球城市产业呈现发达国家以轻工业为主，亚非拉等发展中国家以农业、矿业等初级商品为主。具体来看，第二次工业革命相比于第一次工业革命，生产效率又得到了质的提升，最直接的结果就是农业产值的降低和工业产值的迅速上升，城乡经济体系得到了进一步发展，先发经济体的城市与乡村经济开始支撑和引领世界城乡经济体系发展。从主要国家农业产值占 GDP 的比重可以看出（见图 4-9），从 1800 年到 1950 年间，美国、法国、新西兰、瑞典的农业产值占比逐步下降，特别是第二次工业革命期间，农业产值占比迅速降低。从主要国家的工业产值占 GDP 的比重来看（见图 4-10），发达国家在

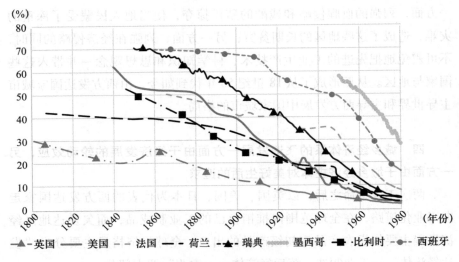

图4-8 农业就业占比

资料来源：笔者根据 our world in data 数据库数据整理。

1800 年到 1950 年期间处于工业阶段，特别是第二次工业革命期间，工业产值迅速提升，从 20% 上升到 50% 左右。此时大部分国家均完成工业化，而作为国家主体的城市支撑着世界发展。东亚则是在"二战"结束以后，才开始致力于工业经济的恢复与发展，开始改变原有的城乡经济体系，创造出经济高速增长的"东亚奇迹"。东亚经济崛起始于日本。1950—1980 年，日本经济持续高速增长，实际年均增长率在 10% 以上，领先于当时的美国和德国。20 世纪 70 年代后，日本经济增速放缓，"亚洲四小龙"经济呈现飞跃式发展态势，生产总值年均增速为 10% 左右，且出口扩张迅速，其中韩国 1980 年的出口总值是 1960 年的 534 倍。这些国家抓住承接发达国家产业转移的机遇，在短期内实现了产业结构的调整升级，使国民经济爆发式增长，领跑东亚区域经济。

城乡经济体系的飞速发展一方面由于经济发展的轮动效应，另一方面由于城乡经济主体对美好生活的追求。第一，经济发展的轮动推进效应又进一步促进城乡经济的发展。城市为了发展必须要吸引人才和产业分工，从而导致了产业全球化、资源全球化。分工能提高效率从而为城市带来更大的收益，因此，城市主体不断通过科技创新和制度变革，扩大市场和分工的范围，导致全球掀起了新一轮一体化和分工浪潮。信息

图4-9　主要国家农业产值占 GDP 比重

资料来源：笔者根据 our world in data 数据库数据整理。

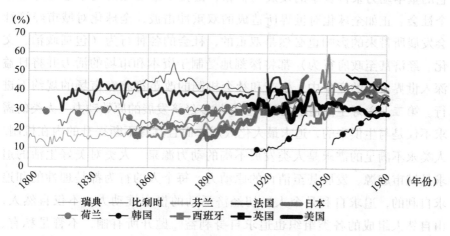

图4-10　主要国家工业产值占比

资料来源：笔者根据 our world in data 数据库数据整理。

技术革命与发达国家劳动力成本上升，推动全球产业分工向全球产业链分工升级。跨国公司基于利润最大化考虑，在致力于以科技创新发展高新产业的同时，在全球范围内基于价值链来重新布局产业链，将技术和附加值较低的加工与生产环节转移至低成本的国家及国家内的地区。经济全球化、信息化使世界城市的联系日益紧密，成为相互依赖、连锁的关系，增强了世界各国之间生产、交换、流通、消费、服务、技术和产品研发等方面的分工与协作关系。全球经济系统和经济活动把全球城市更加紧密地联系为一体，从而导致城市变为世界城市、区域中心城市、国家中心城市、专业化生产和服务中心城市，而城市为了更有效地控制其他城市并与其他城市进行联系，不得不进行技术创新和革命，如第三次工业革命带来的信息化发展。从大航海时代的全球化1.0到英国主导的全球化2.0，再到美国主导的全球化3.0，全球化规则的主导者可以获得更多的全球化红利，但维持这些规则也需要相应的实力。全球化规则本身就是世界各国相对综合实力的镜像，而其中最重要的就是经济实力，其次是军事实力，因此这就要求城市必须进行制度改革，适应新的国际形势。此外，全球化作为人类自身和社会生产力发展的客观要求，反映了人类社会历史发展的必然规律，与资本主义的产生和发展密切相关。它的基本动力来自资本的发展与扩张，由技术带动经济变革继而冲击整个社会。正如全球化对世界所造成的双重冲击波，全球化对城市经济社会发展所带来的影响也必然是双重的，社会的各种行为（包括政治、文化、经济甚至政府行为）都将深刻地受制于资本和市场的活力并将日益深入世界市场的竞争中，生产和社会机制的改革都将在市场的规约下进行。第二，美好生活追求是200多年城乡经济发展的原始动力。人类的需求不仅是与生俱来的，追求最大化效用，而且具有不断提升的内在机制。人类永不满足的需求是人类发展不竭的动力源泉。人类对美好生活的追求是城市起源、发展甚至消亡的原动力。每个人的行为都是理性的和追求自利的，追求自利是个人一切经济活动的根本推动力。不仅自然人，由自然人组成的各类组织也追求自身利益。抛开所有制，不管是私有、自有或公有，只要承认和界定经济主体相对独立的权益，经济主体就将产生强烈追求自我利益的动力，进而可能渗透所有社会领域、摧毁一切高墙深垒、打破各种固有秩序、改变全部利益格局。另外，人的欲望促使产品、城市功能多样性，改变城市功能。因为想要更好的生活环境，促使人类从农村转移到城市；因为想要更好的居住空间，促使城市规模逐步扩大。纽约、芝加哥、伦敦、东京、香港等世界城市控制着全球金融命脉，硅谷掌握全球科技命脉。

五　城乡人口、经济和面积的空间分布均呈现少数欧美国家领先，多数亚非国家落后的格局

跨入城市世界前夕的 200 多年间，城乡人口、经济和面积的空间分布均呈现少数欧美国家领先，多数亚非国家落后的格局。

第一，西欧、北美逐步成为城市地区，城市成为世界的主体。第二次工业革命带来的科学技术水平提升，全球人口从 6.55 亿人增加到了 1920 年的 15.9 亿人，为全球城市化进程的加速提供了基础。美国、德国和英国的人口数量均迅速上升，特别是第二次工业革命中的美国，人口从 1850 年的 2413 万人飞速上升到 1920 年的 1.2 亿人，增加了近 4 倍，为城市发展提供了更为坚实的基础。而此时亚洲的中国和印度，仍然还处于农业社会，人口数量变化仍在缓慢波动。在第二次工业革命的带动下，世界各国机器大工业蓬勃发展，极大地促进了劳动的专业化分工，形成产业链，吸引越来越多的原本生活在农村靠农业为生的农民，促使产业和人口向城市聚集，导致城市规模不断扩大、数量不断增加，也使社会总人口中农民的数量和所占比重不断下降，城市人口的数量和比重不断上升，并最终形成城市主导的城乡分割世界。此时，世界城市化率达到 30%，西欧、北美成为城市地区。全球人口的迅速增加和工业化进程的加快，促使全球城市化进程加快，全球城市化率从 1850 年的 11% 上升到 1950 年的 29.6%，全球城市化进程加快。从区域角度看，西欧、北美成为城市地区，全球城市化进程主要是由欧美引领，欧洲的城市化进程从 1850 年的 16.7% 迅速上升到 1950 年的 51.7%，城市人口超过农村人口。而此时，亚洲、非洲刚刚开始进行工业革命，城市化水平进程缓慢开始，其中亚洲的城市化率从 1850 年的 10% 上升到 1950 年的 17.5%，非洲的城市化率从 1850 年的 4% 上升到 1950 年的 14.3%，城市化进程刚刚起步。

总体来看，从第一次工业革命到第三次工业革命期间，从 1500 年到 1750 年的工业化之前，美国城市化基本没有变化，城市化率由 0.2% 增长到 3.5% 左右，而在工业革命以后，特别是第一次工业革命后期以来，美国城市化率飞速提升，从 1800 年的 6.073% 飞速增长到 1950 年的 64.153%，直到 2018 年的 82%，城市人口主导美国发展。与之相对的是中国和印度，在 1950 年之前均没有进行工业革命，仍然处于农业社会，生产效率极其低下。其城市化率在 1500 年到 1950 年期间缓慢变化，在第三次工业革命后城市化率才大幅提升，直到现在还处于城市化进程中，而欧美等发达国家早已在 20 世纪 50 年代就完成了城市化，总体呈现发达国家引领发展中国家的局面。从区域角度看，这一现象也非常明显。欧洲从 1750 年就开始城市化进程，从 1850 年到 1950 年城市化进程加快，总体城市化率超过 50%，到 2016 年城市化率已经达到 76%；亚洲和非洲从 1750 年到 1930 年期间，城市化进程基本没变，直到 1950 年以后才开始城市化进程，但城市化率远远低于欧洲、美洲，从而总体呈现出欧洲、美洲到亚洲、非洲格局。

表 4 - 17　　　　　　　主要国家城市化率　　　　　　（单位：%）

	1750 年	1800 年	1850 年	1900 年	1950 年
巴西	—	9.200	—	22.900	36.160
加拿大		7.900		37.500	60.946
中国		6.000		6.600	11.803
法国	9.100	8.800	14.500		55.232
德国	5.600	5.500	10.800		67.944
印度	—	6.400		10.000	17.042
印度尼西亚		2.900		7.600	12.400
爱尔兰	—	7.000	10.200		40.088
意大利		14.600	20.300		54.104
日本		5.000			53.402
墨西哥		5.800		21.900	42.655
波兰	1.000	2.500	9.300		38.338
西班牙	8.600	11.100	17.300		51.920
瑞士	4.600	3.700	7.700		67.381
土耳其		6.300		15.700	24.774
美国	—	6.073	15.413	39.977	64.153

资料来源：笔者根据 our world in data 数据库数据整理。

　　第二，少数发达国家的城市空间加速扩展，全球城市空间开始加快发展，城市空间（尤其是少数发达城市空间）在引领和控制着全球发展。

工业革命开始后，不仅提升了生产效率，更是扩大了人们的活动空间，并且随着生产效率的提升，人们的活动空间逐步扩大，少数发达城市空间引领和控制着全球发展。工业革命之前，尽管有一定程度上的城市增长，但当时社会生产力极低，社会分工极不发达，商品极不丰富，城市发展也极为缓慢。而第一次工业革命后，全球城市空间加速发展，在1700—1900 年的 200 年间，城市面积扩展了 32593 平方千米，城市总面积扩展至 46697 平方千米。但此时的城市还只是小城市，其交通、服务环境处于初始阶段，城市和工厂周边还只有交通基础设施。从区域角度看，工业革命之前，部分地区有一定程度的城市增长，以欧洲为主，中东、北非地区早先有了一定的城市发展基础，然而在此期间城市面积出现倒退，总体来看各区域城市面积也没有巨大发展。

表 4－18　　　　　　　　　　城市面积扩张特征

（单位：平方千米、平方千米/年）

	城市总面积	各个阶段城市扩展面积	城市面积扩张速度	城市用地扩张人口弹性指数
0—1700 年	14104	9867	5.80	0.98
1700—1900 年	46697	32593	162.97	1.36

注：城市用地扩张人口弹性指数指建成区面积的年均增长速度与非农业人口的年均增长速度的比值，为判断城市用地扩展合理性的指标。

资料来源：笔者整理。

1700—1900 年，全球城市空间的扩张以北美和西欧地区为主，其中北美地区的城市面积扩张是最大的，北美地区城市空间面积扩张了 10943 平方千米，其次为西欧地区，城市空间面积扩张了 8574 平方千米，其他地区如欧洲中部、大洋洲的城市面积也有一定的扩展，分别扩张了 2763 平方千米、1986 平方千米，而东南亚、亚太地区、中东、中美洲部分地区、非洲等区域的城市面积则处于缓慢扩张状态。从城市用地来看，各大洲在第一次工业革命期间，各区域的城市用地面积呈显著上升趋势。

表 4 – 19　　　　　1700—1900 年城市面积扩张情况　　　（单位：平方千米）

地区	面积扩张量
欧洲中部	2763
北美地区	10943
东南亚	587
亚太地区	344
中东	348
中美洲部分地区	467
南美洲部分地区	662
东非	112
北非	390
非洲南部	178
西欧地区	8574
大洋洲	1986

资料来源：笔者整理。

从国家角度看，在第一次工业革命期间，主要国家的城市用地面积逐渐增加，这一点从城市面积扩张量和人均城市用地角度看更为明显。从 1700 年到 1900 年全球主要国家城市面积扩张量可以看出，除中国以外，全球主要国家的城市面积均呈现扩张状态，相应的人均城市面积及用地面积也均处于上升状态，城市的活动空间显著扩大。

随着工业革命的扩散转移，城市空间快速扩大，北美、欧洲等主要国家进一步加速扩展，全球城乡分割加剧（欧美是城市地区，亚洲等是农村地区），欧美城市支撑世界发展。此时，欧洲、北美等的主要发达国家陆续实现城市化，工业化进入后续阶段，出现了普遍的郊区化现象，城市人口逐渐向中小城市集聚，城市空间迅速扩大。特别是进入 20 世纪，工业革命陆续在世界的其他国家进行，世界的各个地区均有不同程度的城市扩张，然而扩张规模仍然远低于以发达国家为主的西欧地区和北美地区。此时，城市空间快速扩大，城市群成为世界的主体，城市周边的交通基础设施、医疗服务、餐饮服务等设施趋于完善。其中北美地区主要国家的城市面积在 1900 年到 1950 年期间增加了 36503 平方千米，西欧地区主要国家的城市面积在 1900 年到 1950 年期间增加了 18869 平方千米，要显著高于其他区域的扩张面积。从各区域城市用地角度看，欧美城市支撑世界发展。在第二次工业革命期间，各区域的城市用地面积变化均处于上升状态，但不同区域又存在一定差异。具体来看，西欧、中欧和南美的总体城市用地面积变化呈迅速上升状态。此时，人们的活动空间已经主要在城市。而非洲、亚洲还处于农业化社会，从而总体来看，城市用地面积在第二次工业革命期间基本没变，只在第二次工业革命后期和第三次工业革命前期才开始迅速扩大。从国家角度看，总体与区域呈现相同的变化趋势，欧美发达国家的城市用地面积在第二次工业革命期间迅速扩大，世界的各个国家均有不同程度的城市面积扩张，扩张规模仍然以发达国家为主。从人均用地角度看，这一现象更为明显。这表明在第二次工业革命期间，发达国家人民的活动空间已经转移到城市，而亚非国家的活动空间还在农村。此时，发达国家城市直接主导世界。

表 4-20　　　　　　各区域 1700—1950 年城市面积扩张情况　　（单位：平方千米）

	1700 年	1800 年	1900 年	1950 年
亚洲	29	40	373	1499
中欧	1419	1403	4182	6495
东非	69	73	181	395
北非	170	158	560	1383
中美洲部分地区	129	200	596	1927
南美洲部分地区	367	311	1029	3579
东南亚	290	398	877	2309
南部非洲	79	66	257	1288
西非	1096	978	565	1235
西欧	2864	3905	11438	30307

资料来源：笔者整理。

从主要国家的城市面积变化角度看，美国的城市面积显著大于其他国家，而同期的其他国家基本上处于缓慢上升状态，特别是中国和印度，由于没有进行工业革命，此时仍然处于农业社会，城市面积并没有显著变化（见表 4-21）。

表 4 - 21　　　　　　**1700—1950 年不同国家城市面积扩张情况**　　（单位：平方千米）

	1700 年	1800 年	1900 年	1950 年
巴西	72	163	843	3145
加拿大	1	7	193	1126
中国	3916	3923	2846	7005
印度	1419	1729	2615	4953
印度尼西亚	101	134	479	1181
日本	1104	504	1887	5049
美国	15	139	10766	46336
土耳其	134	165	292	663
乌克兰	22	33	691	3096

资料来源：笔者根据 our world in data 数据库数据整理。

从人均城市面积来看，工业革命造成各个国家人均城市面积显著上升，人们的城市活动空间显著增加。总体来看，人类的活动范围从农业区域转到城市地区，从欧美发达地区转到亚非发展中地区，世界逐步变为由城市领导的世界。

表 4 - 22　　　　　　　　　　**人均城市面积**　　　　　　（单位：平方千米）

	1700 年	1800 年	1900 年	1950 年
日本	0.0000	0.1664	0.4261	0.6098
美国	0.1618	0.2202	1.4126	2.9363
巴西	1.3061	0.5758	0.4771	0.5827
加拿大	0.0500	0.0724	0.3502	0.8197
中国	0.3876	0.1332	0.0708	0.1285
印度	0.0860	0.0857	0.0919	0.1332
全球	0.2384	0.1722	0.2844	0.5550

资料来源：笔者根据 our world in data 数据库数据整理。

第 五 章

信息化时代的全球城市发展[*]

第一节 全球城市发展：全球化与集群化的中心城市

在信息化阶段，城市发展和变化的格局及其特征体现了全球化与技术进步的深远影响。高端人口聚集于发达国家城市，加之劳动力的跨境流动显著增加，反映了全球经济机会的重新分配，这在很大程度上受政府政策、企业战略和家庭选择的共同驱动。城市规模的扩大，尤其是超大和特大型城市数量的增加，揭示了人口和经济活动的集中趋势，这与城市提供的丰富物质和人力资本，以及政府和企业在城市规划与发展中的重要作用紧密相关。同时，城市人口结构的变化（如妇女劳动力参与率的提升）展现了社会和文化进步，这与家庭决策、性别平等政策及教育机会的增加有关。此外，技术波动性的增长与城市间交互内容的扩展（尤其是信息技术的发展）促进了城市之间的连接和交互，增强了学习与创新的交互。这些变化是科技进步和制度创新的直接结果，体现了企业在推动技术创新和政府在制定支持性政策方面的作用。

一 高端人口向发达国家城市聚集，规模扩大的同时结构在转型

中心城市人口的变化特征，中心人口持续增长，人口的寿命提高，

---

* 李博（天津理工大学管理学院）、马洪福（天津财经大学经济学院）、王雨飞（北京邮电大学经济管理学院）对本章亦有贡献。

人力资本提高，妇女的参与率提高。

（一）劳动力的跨境流动大幅增加，高端人口依然向发达国家城市聚集

尽管全球劳动力市场的整合程度要远远低于其他要素市场，但在1980—2010年的30年中，劳动力的跨境流动出现了相当大的增长。国际移民组织与中国与全球化智库联合发布的《世界移民报告（2015）》指出，全世界有2.32亿国际移民，而这一数字在1970年仅为7700万。其中约占一半的国际移民居住在10个高度城市化、高收入、经济竞争力较强的国家，如澳大利亚、西欧国家、加拿大和美国。从2005—2010年全球各国家和地区人口迁移情况变化趋势可以看出，美国是接收移民数量最多的国家，中国和印度是流出移民数量最多的国家，并且其流动，以从发展中经济体移居至发达经济体为主导，逐步发展为以发展中经济体之间的人口流动为主。

高端人口的跨国流动显著影响全球城市竞争。由于全球流动性的扩大，高端人口的流动早已不受国界的限制，如技术移民、教育移民和投资移民等。例如教育移民，近几年来各国留学生数量一直增长。除教育移民外，技术移民也是高端人口流动的主要形式。如表5-1所示，欧洲、北美等发达地区是技术移民集中的地方，全球创新中心100强集中分布；亚洲和大洋洲等高端人口流动较少的地区，全球创新中心100强分布较少。而在最不发达的地区（如非洲等），高端人口流动极少，全球创新中心100强数量几乎为零。因此可以发现，高端人口打破了国界的限制，实现全球流动，显著影响全球城市竞争。

表5-1　　　　　　　　　2010年全球创新中心100强

排名	城市	国家	地区	排名	城市	国家	地区
1	波士顿	美国	美洲	4	维也纳	奥地利	欧洲
2	巴黎	法国	欧洲	5	纽约	美国	美洲
3	阿姆斯特丹	荷兰	欧洲	6	法兰克福	德国	欧洲

续表

排名	城市	国家	地区	排名	城市	国家	地区
7	旧金山	美国	美洲	42	卡尔斯鲁厄	德国	欧洲
8	哥本哈根	丹麦	欧洲	43	波尔多	法国	欧洲
9	里昂	法国	欧洲	44	奥斯汀	美国	美洲
10	汉堡	德国	欧洲	45	明尼阿波利斯—圣保罗	美国	美洲
11	柏林	德国	欧洲				
12	多伦多	加拿大	美洲	46	奥斯陆	挪威	欧洲
13	斯图加特	德国	欧洲	47	芝加哥	美国	美洲
14	伦敦	英国	欧洲	48	惠灵顿	新西兰	大洋洲
15	慕尼黑	德国	欧洲	49	德累斯顿	德国	欧洲
16	米兰	意大利	欧洲	50	特拉维夫	以色列	欧洲
17	斯德哥尔摩	瑞典	欧洲	51	奥克兰	新西兰	大洋洲
18	香港	中国	亚洲	52	福冈	日本	亚洲
19	墨尔本	澳大利亚	大洋洲	53	北京	中国	亚洲
20	东京	日本	亚洲	54	日内瓦	瑞士	欧洲
21	罗马	意大利	欧洲	55	海牙	荷兰	欧洲
22	京都	日本	亚洲	56	阿布扎比	阿拉伯联合酋长国	亚洲
23	华盛顿特区	美国	美洲				
24	上海	中国	亚洲	57	蒙彼利埃	法国	欧洲
25	杜塞尔多夫	德国	欧洲	58	曼彻斯特	英国	欧洲
26	巴塞罗那	西班牙	欧洲	59	苏黎世	瑞士	欧洲
27	首尔	韩国	亚洲	60	马德里	西班牙	欧洲
28	悉尼	澳大利亚	大洋洲	61	布达佩斯	匈牙利	欧洲
29	布拉格	捷克共和国	欧洲	62	纽伦堡	德国	欧洲
30	费城	美国	美洲	63	安阿伯	美国	美洲
31	新加坡	新加坡	亚洲	64	爱丁堡	英国	欧洲
32	布鲁塞尔	比利时	欧洲	65	波恩	德国	欧洲
33	斯特拉斯堡	法国	欧洲	66	亚琛	德国	欧洲
34	蒙特利尔	加拿大	美洲	67	埃森	德国	欧洲
35	西雅图	美国	美洲	68	格拉斯哥	英国	欧洲
36	南特	法国	欧洲	69	洛杉矶	美国	美洲
37	赫尔辛基	芬兰	欧洲	70	鹿特丹	荷兰	欧洲
38	马赛	法国	欧洲	71	卡尔加里	加拿大	美洲
39	莱比锡	德国	欧洲	72	罗利—达勒姆	美国	美洲
40	科隆	德国	欧洲	73	多特蒙德	德国	欧洲
41	图卢兹	法国	欧洲	74	魁北克	加拿大	美洲

排名	城市	国家	地区	排名	城市	国家	地区
75	温哥华	加拿大	美洲	89	威尼斯	意大利	欧洲
76	巴塞尔	瑞士	欧洲	90	丹佛	美国	美洲
77	兰斯	法国	欧洲	91	基尔	德国	欧洲
78	斯普林菲尔德	美国	美洲	92	巴尔的摩	美国	美洲
79	匹兹堡	美国	美洲	93	大阪	日本	亚洲
80	林茨	奥地利	欧洲	94	圣保罗	巴西	美洲
81	都灵	意大利	欧洲	95	埃德蒙顿	加拿大	美洲
82	波特兰	美国	美洲	96	贝尔格莱德	塞尔维亚	欧洲
83	安特卫普	比利时	欧洲	97	莫斯科	俄罗斯	欧洲
84	圣彼得堡	俄罗斯	欧洲	98	布宜诺斯艾利斯	阿根廷	美洲
85	汉诺威	德国	欧洲				
86	尼斯	法国	欧洲	99	迪拜	阿拉伯联合酋长国	亚洲
87	达拉斯—沃斯堡	美国	美洲				
88	神户	日本	亚洲	100	亚特兰大	美国	美洲

（二）出生人口寿命的增长与妇女劳动力参与率的提升扩大了人力资本和人力资源

数十年来，全球城市人口方面的另一显著现象是妇女劳动力参与率的提高。20 世纪 80 年代及 90 年代初期，世界各地除非洲外，劳动力参与率女性普遍高于男性。21 世纪的美国及其他 OECD 国家，妇女更积极参与劳动。此种妇女就业机会的增加及经济的自治，造就了两性在经济及社会地位上更大的性别平等。同时对许多第三世界国家来说，全球化使发达国家将劳动密集型工厂转移到发展中国家，大量廉价女性劳工被纳入国际生产网络。20 世纪这段时间妇女劳动力参与率的上升，使 25—44 岁年龄层的总劳动力参与率上升约 50 个百分点。与此同时，人类越发长寿（见图 5—1），世界人口出生预期寿命从 1980 年的 62 岁大幅提高到 2010 年的接近 70 岁。妇女劳动力参与率的提高与出生人口寿命的增长，使全球城市的人力资源与人力资本供给在 1980—2010 年获得了显著提升。

尽管生产技术一直在进步，但在家务工作领域，没有出现太多实质性的飞跃。即使在技术最发达的国家，家务并没有明显减少。相反，家务已经市场化了，主要被重新分配到发展中国家移民女性肩上。不同于

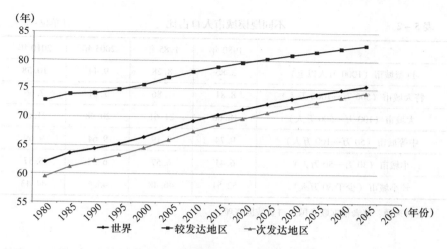

图 5 - 1　1980—2050 年人口出生预期寿命

资料来源：联合国国际劳工局、国际劳工大会等。

其他形式的生产，一些家务及照顾工作在很大程度上不可化约为机械化活动，而需要高度的人际互动，并满足由身体和情感因素紧密结合而产生的复杂需求。例如，养育小孩是一个劳动密集型过程，它包括提供安全感、安慰，对其恐惧和需求的预料和满足。这些活动没有一个是纯粹"物质性的"或"非物质性的"，也不能机械化或被虚拟的网上交流替代。这就是为什么家务和照顾工作通过商业化与全球化被重新分配到不同主体的肩上，而不是被技术化。随着女性就业率的大幅增长，尤其在北半球，大量家务从家庭中分离，并且通过市场得到了社会化的组织，从而推动服务业成为主要的经济部门。

（三）全球城市的规模不断扩大，超大、特大型城市的数量不断增加

通过分析不同规模城市的人口占比（见表 5 - 2），可以发现城市规模扩张与收缩并存。1980—2010 年，巨型城市人口占比从 3.86% 增长至 10.58%，而较小城市人口占比从 52.51% 下降至 44.43%。观察不同规模的城市数量和人口占比可得到，小城市依然是城市人口的主要承载主体，而随着近 30 年来城市人口向巨型城市、特大城市和大城市集聚，小城市人口占比逐渐缩小，全球城市的规模不断扩大。

表 5 - 2　　　　　　　不同规模城市人口占比　　　　　　（单位: %）

	1980 年	1985 年	2005 年	2010 年
巨型城市（1000 万人以上）	3.86	8.28	9.44	10.58
特大城市（500 万—1000 万人）	8.81	7.86	7.81	7.66
大城市（100 万—500 万人）	18.66	21.61	20.98	21.08
中等城市（50 万—100 万人）	9.74	9.19	9.64	9.69
小城市（30 万—50 万人）	6.41	6.57	6.54	6.57
较小城市（少于 30 万人）	52.51	46.48	45.6	44.43

资料来源:笔者根据联合国人口署数据整理。

　　进一步观察不同规模城市中发达经济体、新兴经济体和落后经济体的人口规模，如表 5 - 3 所示，1980—2010 年，发达经济体城市规模扩张与收缩并存，新兴经济体城市规模扩张，落后经济体城市规模快速扩张。巨型城市人口主要向新兴经济体集聚，在此期间大城市和特大城市的人口规模已反超发达经济体。新兴经济体城市人口数量规模迅速扩张，已成为全球城市的主要人口聚集地。从表 5 - 3 中还可以看出，2005 以后发达经济体城市人口进入缓慢增长期。

表 5 - 3　　　　　　　不同经济体城市人口规模　　　　　　（单位: 千人）

		1980 年	2005 年	2010 年
巨型城市	发达经济体	61177.5	94540.5	97157.8
	新兴经济体	25117.1	176128.6	237901.2
	落后经济体	0	36792.0	52029.5
特大城市	发达经济体	48170.0	61219.7	73550.2
	新兴经济体	79633.1	119283.6	112708.8
	落后经济体	20046.8	70174.8	85919.8
大城市	发达经济体	135691.5	181849.6	188737.6
	新兴经济体	106598.5	302549.7	358568.4
	落后经济体	90510.8	195231.1	216451.4

续表

		1980 年	2005 年	2010 年
中等城市	发达经济体	56265.5	73841.2	76718.3
	新兴经济体	67120.9	166498.3	187041.2
	落后经济体	46887.9	80748.9	97123.2
小城市	发达经济体	34878.7	52911.5	53650.5
	新兴经济体	52230.0	110975.3	118616.6
	落后经济体	28359.8	61272.3	75725.3
较小城市	发达经济体	267911.0	302848.9	316189.5
	新兴经济体	369208.4	655518.5	721654.7
	落后经济体	275978.0	494488.5	546275.7

资料来源：笔者根据联合国人口署数据整理。

如表 5-4 所示，1975—2015 年的 40 年间，发达国家特大城市数量从 3 个增至 6 个，发展中国家特大城市数量从 1 个增至 23 个，而欠发达国家特大城市数量仅从 0 个增至 2 个。这也进一步说明，新兴经济体（尤其是亚洲新兴经济体）城市的崛起重塑了全球城市体系格局。

表 5-4　　　　世界特大城市数量的变化　　　　（单位：个）

年份	特大城市数量		
	发达国家	发展中国家	欠发达国家
1975	3	1	0
1985	4	5	0
1995	4	10	0
2005	6	14	1
2015	6	23	2

资料来源：笔者根据联合国人口署数据整理。

二　技术波动性增长，城市交互的内容不断扩展

（一）技术进步波动增长，大学代替企业成为科研中心

前几次工业革命的内涵都非常广泛，能源、交通、通信、冶金、化工、建筑、材料、生物等领域都出现了重大创新，而且这些领域的技术

进步相互促进，某一领域的技术变革会引发另一领域的技术变革，导致这一时期的技术进步持续时间长且层出不穷。相比之下，信息化革命主要发生在信息技术领域，但其他领域技术进步的速度相对较慢。英国和美国一些学者研究了过去200年美国专利与商标局的记录，发现在19世纪，近50%的发明专利来自对单一新技术的利用，而现在这一比例只有12%。也就是说，现在大部分发明专利都源于对不同技术的组合利用。而从全要素生产率的角度衡量，信息技术对全要素生产率的贡献并不明显。罗伯特·戈登研究指出，1970—2014年美国全要素生产率的年均增速只有0.6%，仅相当于1920—1970年的1/3，也低于1820—1870年的数据。戈登认为，过去50年美国确实有技术进步，但主要体现在信息技术、通信和娱乐行业，对经济增长的拉动作用有所放缓。

从供给侧来看，技术进步放慢可能与政府和企业对科研投入减少有关。美国政府对研发投入的高峰期在20世纪60年代，接近联邦预算的12%，该比例之后一路走低，目前只有4%左右。《哈佛商业评论》的一篇文章指出，20世纪70年代以来，美国企业和科学研究渐行渐远，导致科研成果转化为实际应用的难度加大。美国企业（尤其是大企业）面临股东对短期盈利的需求，虽然对研发的投入力度仍然很大，但主要投入在"开发"上，对"研究"的投入则大大减少。美国国家科学基金会数据显示，基础研究和应用研究占美国企业研发支出的比例由1985年的30%下降到2015年的不足20%。1971年，美国财富500强企业获得《研发》杂志年度创新奖的比例是41%，2006年这一数字下降到6%。许多曾为科技进步作出重大贡献的企业研究机构（如贝尔实验室、杜邦中央研究院等）都大幅缩减规模甚至被关闭。相比之下，美国的高校对研发的投入增幅很大，在美国科研和创新体系中的地位越发重要。但是，高校和企业的研究目的不完全一致，高校科研成果的转化率要明显低于企业。虽然美国发达的风险投资在一定程度上可以成为高校和企业的桥梁，促进科研成果的转化，但是大部分风险资金都投在信息和生物技术两个领域，对其他高风险、进度难以量化的科研领域投入很少。

（二）信息化带来了城市交互内容的扩展和丰富

信息化是指将传统业务中的流程和数据通过信息系统来处理，通过将技术应用于个别资源或流程来提高效率。随着人们在物质和劳务方面得到基本满足，其对知识产品的需求进一步凸显，从而导致新一轮技术和制度的变化，并对城市的规模、结构和内涵产生新一轮的影响。

首先，城市经济方式由单极转为多极，服务业、智能制造业等多极产业引领城市发展。信息技术和智能技术革命的发展，促使人类活动的内容也变得丰富多彩。城市经济增长方式也由单极的大工业制造，向多级的高端制造、定制化生产、专业技术服务等转型，如美国的硅谷、中国的深圳、印度的班加罗尔等都是科学技术带动经济发展方式转型，改变城市内涵。

其次，信息技术与城市融合改变城市功能。信息化时代的城市融合休闲与娱乐、教育与培训、金融与法律服务、制造与物流、交通与通信、保健与医疗等各种功能，如新加坡、伦敦、纽约、旧金山、首尔、柏林、东京、巴塞罗那、迪拜、深圳、杭州等城市的基础设施、公共服务、城市管理均处于全球前列。信息化在提高传统工作效率的同时，也为新需求的满足创造了条件。此外，货物生产、交换和消费逐步转向知识信息生产、消费和交换，信息技术发展支持了产业的全球分工和扩散。

最后，信息化加剧了人口聚集和人类活动，改变了城市空间和人口规模。信息科技发展改变了城市的产业结构，催生了电子商务、软件服务、电子娱乐等新产业，吸引了人才的聚集，促进了城市经济发展。信息技术革命以来，全球的主要科技发明涵盖人类的生活、社会、医疗、交通等各个方面，对城市功能、城市空间、城市格局都产生较大的影响。地铁、飞机、卫星等信息基础设施的发展扩大了城市的空间内容，缩小了时空距离，导致城市空间重塑，都市圈、城市群成为全球前列城市发展的方向。

三　市场经济制度在全球不断扩展，在更多领域创新

第三次工业革命以后，全球主要国家的经济制度主要包括计划经济和市场经济，但是由于计划经济没有很好地解决激励约束和配置效率问题，不能合理组合和利用散布在市场主体间的知识，难以保证快速做出正确的决策以调节经济主体之间复杂、动态的经济利益关系。更为重要的是，这些问题导致计划经济不具有可持续性，从而不利于国家的长远发展。在此条件下，全球大部分国家均逐步转向市场经济体制。

1990 年以后，市场经济进入全球化阶段。在经济上，主要大国在全球配置资源，出现了市场一体化、金融国际化、生产跨国化、经济网络化等现象；在法律上，西方资本主义国家主导的全球规则使其资本、技术等蔓延到世界各地。而随着发展中国家地位的突起，全球规则受到一定挑战。市场经济制度全球化对发展中国家市场经济的影响，主要涉及调整金融活动的金融法、证券法、票据法、担保法；规范市场主体活动的投资法、税法、公司法、破产法；调整市场竞争关系的反不正当竞争法、反垄断法、消费者权利保护法、产品责任法；保护无形资产的知识产权法、技术转让法、计算机软件登记法、专利法和著作权法；等等。尤其是世贸组织规则、世界知识产权规则、世界劳工组织的规则以及联合国环境组织的规则等，都对参加经济全球化过程的发展中国家的法制，产生了不可低估的影响。在这个过程中，西方资本主义发达国家充分利用其法制规则和程序方面的经验以及人才优势，保护本国利益。

随着市场经济制度的扩散，其已经影响每一个城市，全球化成为领先城市的重要特征。在新科技革命尤其是信息技术推动下，国际分工日益行业内部专业化，跨国公司和跨国金融集团的发展则进一步促进了资本的国际化，资本国际化又直接导致了全球经济一体化，而作为承载各种要素空间的城市也随之深度嵌入全球网络。随着航运、航空等交通技术和信息、网络等信息技术的提升，城市之间的竞争、合作、分工、贸易达到了前所未有的高度，城市之间在进行经济活动时已经不再局限于距离的远近、区位的优劣。

四　信息化使全球中心城市经济活动内容从有形转向无形

（一）在消费方面，无形产品和服务消费显著上升，有形商品消费下降

从需求侧看，人类为了满足自身生存和发展的需要，不断试图改造世界，这是技术进步的根本推动力。人类历史早期一直到前三次工业革命更多的是满足人的生理需求和安全需求，而近期以信息技术为主体的创新更多的是满足社交需求、尊重需求乃至自我实现需求。

罗斯托将一个国家的经济发展过程分为 6 个阶段，依次是传统社会阶段、准备起飞阶段、起飞阶段、走向成熟阶段、大众消费阶段和超越

大众消费阶段。信息化产生的背景主要是发达国家由大众消费阶段向超越大众消费阶段过渡的时期，该阶段的主要目标是提高精神生活质量。然而满足精神层面的需求对物质资源的消耗要少于满足生理和安全方面的需求，故而客观上在改造自然和拉动增长方面，以信息技术为主导的科技创新和之前的时代相比作用较小。

与此同时，近几十年来，无形产品、服务型消费成了趋势，自 2005 年以来全球增长最快的服务出口是数字化服务，如电信、计算机和信息服务，其他商业服务和金融服务。旅游作为典型的无形服务，1995—2010 年全球旅游服务增长迅猛的地区除了传统的北美、西欧以外，东亚成为新兴经济体中旅游服务增长速度最快的地区。

（二）生产方面，工业经济向知识经济演进

1980—2010 年，大量新兴经济体进入现代化发展阶段，中心城市的经济重心普遍从"生产"转向"生产、学习和创新"。城市间的竞争不仅限于经济体量的大小，更是对其创新能力提出的考验。工业经济向知识经济演进，领先城市活动从劳务的提供、交换和消费向信息、知识和思想的生产、交换和消费主导转换。不仅软件产品和劳务的生产、交换和消费成为城市活动的主要内容，而且人类主要活动转向知识和技术的创新。

知识技术以及人力资本成为占主导地位的生产要素，而人口资源、物质资源的重要性不断下降，知识直接作为最大的资产或成为主要的价值来源，产业优势和产品价值主要决定于知识以及凝结在劳动者身上的经验与技能。随着知识经济的发展，领先城市的社会生活方式和市民观念形态都发生了重大的变化。

知识经济条件下，产品制造模式转向知识密集型产品，随之而来的是柔性制造系统时代的到来，生产过程中人口资源成本的作用降低，投资流向技术开发与技术服务部门（见表 5-5）。特别是信息和通信技术的快速发展，人类创造、储存、传播、学习和使用知识的速度和能力大大提升，学习的时间和成本大大降低。互联网很大程度上消除了人们应用知识的空间和时间限制。发展阶段的进步及无形消费品的增长使知识商品化的市场扩大，能力大大提高。这一切，使知识成为最重要的因素。知识的生产、学习、创新成为人类最重要的实践活动。

表5－5　　　　　　R&D 支出在不同类型企业年总支出中的占比　　　（单位：%）

	微软公司	思科公司	惠普公司	杜邦公司	美国铝业公司
年份	1998	1997	1997	1997	1998（估算）
R&D 支出占比	25.02	6.98	30.78	11	1.04

资料来源：https：//xsg.tsinghua.edu.cn/info/1025/2528.htm。

（三）贸易联系分布广泛，金融联系相对集中，非生产部门与生产部门从协同到独立发展，并逐步抢占全球城市核心功能

20 世纪 80 年代至 21 世纪 10 年代，世界进入了第二次全球化浪潮。在这一阶段，国际贸易的性质发生了较大改变。经济的发展、市场准入的扩大、交通运输和信息通信技术的发展拓宽了国际贸易交易产品的范围，更紧密的全球经济一体化十分有益。全球化在提高生活水平和帮助大部分世界人口脱贫方面发挥了重要作用。贸易开放大幅提升了生产效率，大大增加了消费机会。金融开放不仅促进了国际贸易，使风险得以在更广范围内分散，带来了更高的投资收益，还提升了融资的便利性和可获得性，促进了知识和理念在不同国家间的传递。

贸易一体化不仅依赖于金融联系，而且加强了金融联系。随着越来越多的国家开始认同资本自由流动及其带来的好处，国际金融流动出现了显著增长。全球金融总资产已经从 1970 年的 2500 亿美元增长至 2010 年的约 70 万亿美元。同时因为计算机和互联网的普及，资本的去领土化和经济活动的金融化成为可能，资本在全世界的流动更加便捷。

然而，相对于贸易联系的广泛分布，金融联系相对集中，金融相对集中于少数全球城市。

纽约在这期间变成世界工业、金融、商业和通信业的中心及世界政治交往中心，同时是全球文化中心。20 世纪最后 30 年，美国的高科技产业依托于华尔街在全球范围内占领了各个制高点。风险投资、私募股权投资基金和资本市场共同推动了个人电脑、通信、互联网和生物制药等四大新兴产业的出现，培育了微软、思科、苹果等一大批世界级公司，并帮助美国成功走出 20 世纪 70 年代的"经济滞胀"，实现转型。到 2000 年，华尔街的影响力达到了顶峰。美国股市的规模是 15 万亿美元，相当于 GDP 的 150%；债市规模为 20 万亿美元，相当于 GDP 的 200%。美国

金融历史学家戈登评论过，"华尔街已经独立于美国，成为了另一个世界强国"。在不到两百年的时间里，美国迅速超越欧洲列强，在包括高科技产业在内的诸多领域雄踞世界首位，是虚拟经济和实体经济协同发展的结果。

与此同时，非生产性部门在中心城市日益庞大，金融资本过度膨胀。达到辉煌顶点的华尔街也埋下了由盛而衰的种子。大型企业积累资金自有化加速，加之非生产性领域获利空间暴增，金融机构独立于生产性企业增长迅速，且具有强烈的内在动力制造泡沫。2000 年前后，随着互联网产业泡沫的破裂，华尔街将房贷证券化产品作为一个新的增长点。与此同时，华尔街本身大量的杠杆化操作、金融创新泛滥和美国社会无节制的信用消费等推波助澜，造就了 2008 年一场影响深远的国际金融危机。特别是随着 21 世纪世界互联网的迅猛发展，互联网金融成为金融资本全球扩张新的形态。但是，脱离了实体经济的支撑，互联网金融不可能长久促进经济增长，相反只会加速危机的产生和蔓延。

五 真实空间和虚拟空间的聚集同时出现，头部城市有扩大亦有收缩

（一）中心城市出现了扩大和收缩的分化

部分城市人口依然继续聚集，人口密度越来越大。虽然在不同国家的国情背景有所差别，但是全球城市往往都是一个国家人口最为集中的地区。1990 年以来，全球人口密度最高的城市主要集中在东亚、南亚、西欧、美国和南美的部分城市。另外，部分城市人口也同时呈现分散的趋势，东欧、北非、加拿大、大洋洲和南美中部的部分城市人口密度越来越小。

（二）非农聚集同时出现了真实空间和虚拟空间聚集的形式

人类存在的空间形态发生了深刻的变化，除了真实空间的聚集，虚拟聚集正成为主要聚集趋势。人类活动的方式发生了变化，城市与世界的联系方式也发生了变化。网络世界不仅从宏观层面改变着社会的结构和生存形态，而且从微观层面也影响着人们的生活状态。1990—2010 年，从全球各国家区域互联网用户数量来看，非洲、南亚和东亚新兴经济体国家的互联网用户数量增速最为迅猛，互联网用户率最高的地区主要集中在北美洲、欧洲和大洋洲，移动通信用户率最高的地区主要集中在欧洲、大洋洲，以及南美洲和非洲的部分城市。

20 世纪 80 年代以后，随着信息科技的发展，网络通信日益普及，并逐步渗透到社会的每一个角落，极大改变了人们的工作、生活和娱乐方式。城市的本质是物资、人员、信息等资源的集聚，尤其是在工业经济时代，城市的集聚效应和规模效应表现得非常明显，因此在工业时代，城市空间形态表现为无限制扩张，人和物不断聚集。但随着计算机革命和信息时代的到来，城市的集聚不再单纯表现为人和物在空间上的聚集，取而代之的是信息的聚集，而通信技术的进步使人与人之间的联系对交通设施的依赖逐渐降低，实体联系部分被电子通信联系替代，交通条件和区位条件对人类生产生活的限制有所降低。同时，由于物质生活条件的不断提升，人们对回归自然的渴望日益增强，越来越倾向追求贴近自然的生活。基于以上变化，城市地域空间分布日益分散化、网络化，大都市区、城市群、都市连绵带正在崛起，逐步成为城市空间分布的主流形态。

纽约信息化转型

纽约市的信息化转型始于对经济多元化的迫切需求。2008 年国际金融危机后，纽约市面临着经济结构单一化的问题。尤其是以华尔街为中心的资本驱动型经济遭受重创，促使纽约市政府开始重新思考城市的未来发展方向。纽约市政府随后发布的《一个纽约：繁荣而公平的城市发展规划》（"One NYC：The Plan for a Strong and Just City"）提出了新的发展愿景，强调增长、平等、可持续性和弹性。纽约市政府决定把握信息技术、数据科学、物联网等新兴技术带来的机遇，转型为以科技创新为驱动的智能化城市。

纽约市的信息化转型战略主要基于"智能城市 + 公平城市"的理念，以实现全民参与和普惠发展为核心，旨在将这个全球大都市转变为一个智慧、公平且包容的城市。这一战略涵盖了从基础设施建设到技术创新，再到国际合作和社会融合的各个层面。

首先，纽约市政府针对联网设备和物联网设施制定了全面的建设原则和战略框架。这些原则不仅关注技术的先进性和可靠性，还强调了数据安全、隐私保护和社会责任。例如，纽约市在全市范围内推广智能电表和交通监控系统，以提高能效和减少交通拥堵。其次，纽约市政府还在新型技术布设和实施上扮演了重要的协调角色。通过与学术机构和私人企业合作，纽约市推动了诸如智慧路灯和自动决策系统等创新项目的试点与实施。这些项目旨在利用大数据和人工智能技术优化城市管理和服务。最后，纽约市推出了一系列具体计划来促进科技创新和城市智能化。例如，"应用科学计划"旨在吸引全球顶尖的理工科院校到纽约创办大学和科技园，培养高科技人才。"融资激励计划"则利用纽约作为全球金融中心的优势，为创新创业企业提供资金支持。"设施更新计划"着重于改善城市的软硬件基础设施，提高城市便利性和包容性。"众创空间计划"则致力于激发全市的创新创业活力。

通过这些举措，纽约市在信息化转型中取得了一系列显著成就。例如，NYC311 系统是纽约市智慧城市建设的一个典范。作为一个全天候、多语言、多渠道的公共服务平台，它为市民提供了从垃圾回收到紧急服务的各种信息。通过电话、网站和社交媒体等多种渠道，为市民提供了方便快捷的服务途径。值得一提的是，该系统还特别考虑到了视觉和听觉障碍者的需求，确保服务的普惠性。LinkNYC 项目则是纽约市智慧城市基础设施的另一个亮点。作为世界上最大和最快的城市 Wi-Fi 网络，LinkNYC 为纽约市民提供了免费的高速互联网接入。这个项目不仅提高了市民的网络可及性，也提高了社会包容性，缩小了数字鸿沟。此外，通过开放和共享公共数据，纽约市不仅提升了城市数据治理水平，也促进了服务创新和市民参与。例如，纽约市开放了大量的交通、环境和公共安全数据，为市民提供了更加透明和高效的服务。最后，纽约市还特别注重科技与经济的融合。通过吸引谷歌、亚马逊、IBM 等科技巨头入驻，纽约市不仅为市民提供了大量的工作机会，也为城市的经济发展注入了新的活力。同时，纽约市鼓励互联网应用技术、社交网络、智能手机及移动应用软件等领域的创业者与金融、文化、时尚等传统优势产业结合，促进了经济的多元化和创新。

纽约市的信息化转型既是对全球城市化挑战的回应，也是面向未来的积极探索。通过智能城市建设和科技创新，纽约市不仅在解决城市化的复杂问题，而且在塑造一个更加公平、可持续和弹性的城市未来。纽约市的经验为其他全球超大型城市提供了参考，展示了如何通过信息化转型推动城市的综合发展和社会进步。

第二节　全球城市体系：全球化与集群化的城市网络

一　发展中国家城市人口快速增长

发展中国家非农人口集聚加速打破了全球城市体系的传统格局。1980—2010年全球城市化率迅速提高，由1980年的39.3%上升为2010年的51.7%，提高了12.4个百分点，年均提高0.41个百分点。这也是全球城市化率增长最快的一段时期。其中，全球主要发达经济体的城市化率在1980年基本上已经超过了70%，甚至出现逆城市化现象。因此，该阶段全球城市化率的迅速提高主要是由发展中国家的快速城市化进程推动的。首先，从中国、巴西、印度和南非等新兴经济体国家来看，中国自1978年改革开放以来经历了大规模的城乡劳动力转移，城市化率由1980年的19.4%上升为2010年的49.2%，年均提高1个百分点，是该阶段全球城市化率最快的国家，在这个过程中中国也由传统的农业国转型为一个工业国；巴西作为南美第一大国，其城市化率由1980年的65.5%上升为2010年的84.3%，也有了显著的提升；印度作为全球人口大国之一，城市化率由1980年的23.1%上升到2010年的30.9%；南非城市化率由1980年的48.4%上升为2010年的62.2%。可以发现，新兴经济体城市化率都有了显著的提升。其次，亚洲部分发展中国家城市化率提升迅速。一个典型的代表是韩国，1980—2010年是韩国由中等收入向高收入国家转型的关键时期，该阶段韩国城市化率增长迅速，由1980年的56.7%上升为2010年的81.9%。此外，印度尼西亚的城市化率也由1980年的22.1%上升为2010年的49.3%。从全球头部城市人口规模分布来看，亚洲城市在全球城市体系中也迅速崛起。1980年全球人口规模前10位的城市中有3个城市来自北美洲（纽约、墨西哥、洛杉矶）、4个城市来自亚洲（东京、大阪、孟买、加尔各答）、3个城市来自南美洲（圣保罗、布宜诺斯艾利斯、里约热内卢）；2015年全球人口规模前10位的城市中有6个城市来自亚洲（东京、德里、上海、孟买、大阪、北京）、2

个城市来自北美洲（墨西哥、纽约）、1个城市来自南美洲（圣保罗）、1个城市来自非洲（开罗），且人口规模前3位的城市全部来自亚洲。因此，全球城市体系的人口分布中心向亚洲移动。

表5-6 　　　　　　　**1980—2010年部分发展中国家城市化率变化** 　　　（单位：%）

	1980年	1990年	2000年	2010年
南非	48.4	52.0	56.9	62.2
中国	19.4	26.4	35.9	49.2
韩国	56.7	73.8	79.6	81.9
印度	23.1	25.5	27.7	30.9
印度尼西亚	22.1	30.6	42.0	49.9
菲律宾	37.5	47.0	46.1	45.3
巴西	65.5	73.9	81.2	84.3

资料来源：笔者根据联合国人口署数据整理。

发展中国家城市人口的迅速增加也使全球城市体系的人口分布向多中心格局演变。1980年全球超过千万人的大城市主要分布在西欧国家、北美的美国、亚洲的日本等发达国家，以及中国这一人口大国等个别国家，全球城市体系的人口分布呈现出明显的集聚特征。2010年前后，全球人口规模超1000万人的大城市出现了明显的扩张。一方面，东亚出现了新的人口规模超1000万人的大城市；另一方面，南美洲也新增了一批大城市。大城市在全球范围内出现了扩散的趋势，全球城市体系分布开始变得更加均衡。同时，发展中国家也出现了一批新的全球中心城市，如中国的上海、北京等。前文表5-3列示了1980—2010年巨型城市、特大城市、大城市、中等城市、小城市和较小城市在发达经济体、新兴经济体与落后经济体的分布状况。可以发现，1980年巨型城市与大城市主要分布在发达经济体，落后经济体还未出现巨型城市，特大城市主要分布在新兴经济体。在经过30年的发展之后，一个显著的变化是2010年落后经济体开始出现巨型城市。同时，巨型城市、特大城市与大城市主要分布在新兴经济体。因此，包括新兴经济体与落后经济体的发展中国家成为全球城市人口增长的主要动力来源；与此同时，发达经济体从2005

年开始人口增长非常缓慢，这与其城市化已经进入后期阶段是一致的。因此，发达国家城市人口缓慢增长与发展中国家城市人口快速增长也使全球城市体系人口分布向多中心格局转变。

发展中国家城市人口的迅速增长与市场化制度转型带来的红利密切相关，这是因为发展中国家在发展初期都面临着较为明显的二元结构转型问题。此时，如何更好地将剩余劳动力由农村转移到城市，是提高自身城市化率的关键。市场化改革本质上为农村剩余劳动力的转移提供了更多的就业机会与更高的收入水平，从而为城市化提供了关键动力。具体来看，城市化率提升迅速的典型发展中国家在 1980—2010 年这一时期都建立或者完善了市场经济体制。例如，中国自 1978 年开始就建立并完善社会主义市场经济体制，通过农村土地改革、乡镇企业发展、引进外资、国有企业改革、加入世界贸易组织等逐渐由计划经济向社会主义市场经济转型，推动了大量农村剩余劳动力由农村向城市转移，使城市人口数量迅速增加。自 20 世纪 90 年代苏联解体后，俄罗斯开始了大规模的市场化改革，通过加强对外资和民营企业的保护，也逐渐建立市场经济体制。韩国自 20 世纪 90 年代开始积极推动经济自由化与国际化改革，实现了由权威主义向政治民主化的转型，不断改善国内营商环境，逐步建立起相对完善的市场经济体制。印度尼西亚自 1998 年开始进入民主转型阶段，通过建立多元的政治制度有力地促进了自身市场经济体制的完善。

二 信息技术进步改变了全球城市体系格局

信息技术的进步使全球城市体系更加扁平化。20 世纪 80 年代以来，以互联网为核心的信息技术进步使全球城市间的联系更为紧密，城市间的横向直接联系增强，全球城市网络化趋势明显；城市间的联系除了实际产品的交易与交换，还有信息、知识的交流。信息技术的进步也带动了一系列新兴产业（特别是互联网行业）的发展，这也引起了全球城市功能的变化。从全球 500 强企业的行业分布来看，互联网服务和零售、信息技术服务、制药等新兴行业是逐步出现并发展壮大的：1995—1998 年，全球 500 强企业中并没有出现专门的信息技术服务企业；1998—2008 年，出现了以计算机软件与数据服务为主的信息技术服务企业，如 IBM、微软、埃哲森等信息技术服务企业迅速崛起；2008 年以后，以互联网服务和零售、智慧物流等为代表的新兴信息服务产业获得飞速发展，涌现出了诸如亚马逊、谷歌、Facebook、国际商业机器公司、阿里巴巴集团、日本电气公司等巨型互联网企业。因此，随着信息技术的进步，以计算机、互联网为核心的新兴产业正在迅速崛起，由此产生的新业态、新产业模式也在改变城市的基本功能。同时，互联网等新兴行业的发展除了带动发达国家原有的一部分全球科技中心城市发展外（如美国的旧金山、纽约，日本的东京，新加坡，韩国的首尔，等等），还促进了新兴经济体城市的崛起（例如中国的上海、深圳等），由此形成的一系列新型全球中心城市也改变了全球城市体系格局。

信息技术的发展进一步深化了全球城市分工体系。互联网、计算机等信息技术的进步改变了全球城市间的竞争与合作关系，一方面，信息技术的发展降低了不同主体间的搜寻与匹配成本，有利于城市间基于差异化分工形成更多的合作机会；另一方面，信息技术的发展也使城市间的交流更加直接，压缩了城市间的时空距离。这意味着同一城市要面临着更多潜在竞争者，城市间的竞争也更加激烈。同时，信息技术的进步扩大了全球城市体系分工的广度与范围。在工业革命时代，全球城市间分工的范围主要受地理空间距离的限制，因此那些拥有良好的交通地理区位的城市往往更容易发展起来。但在信息时代，城市间交易与交流的范围已经拓展到全球，出现了经济全球化的趋势，全球产业分工的范围已经拓展到全球。信息技术的进步还使产业生产、消费等不同环节在时空上的分解成为可能，形成了全球价值链分工这一新的分工模式。在全球价值链分工体系下，全球不同城市通过在价值链不同附加值环节实现分工，极大地促进了全球城市体系内部的贸易分工关系。

信息技术促进了全球金融中心城市的进一步发展。从20世纪80年代开始，传统的全球金融中心城市都积极利用信息技术进步带来的发展机遇来推动自身产业转型升级，强化自身的金融中心功能。金融服务与科技创新呈现出相互促进的关系，是这一阶段全球中心城市发展的一个重要趋势。例如，从1984年起伦敦的金融就进入快速发展阶段，在很大程度上改变了城市产业结构。1981—1987年，伦敦的个人服务业就业增加20%，银行、证券业就业增加13%；在2007年之前，有32.5万人从事金融服务业，至今有超过85%的人从事服务业。此外，伦敦的海外银行超过 480 家，为世界上最多，75% 的《财富》美国 500 强都在伦敦设有分部。纽约的金融中心地位更为明显，在经历短暂的产业转型阵痛期后，其服务业占比超过 80%，《财富》美国 500 强中就有 45 家公司在纽约设立总部。全球 50 强的金融企业大多分布在纽约、伦敦和东京三个区域，并且这三个区域的金融水平均处于较高位置。同时，随着科技金融的发展，纽约金融中心地位非常明显，伦敦、香港、巴黎、东京等地区的金融水平也非常强劲。从科技中心角度看，美国旧金山湾区，在 19 世纪中期还是个荒无人烟的地方，随着信息科技时代的来临，旧金山湾区一跃成为世界高科技产业的中心，其中硅谷的风险投资占全美风险投资总额的 1/3，落户硅谷的计算机公司已经发展到大约 1500 家，包括谷歌、Facebook、惠普、英特尔、苹果、思科、英伟达、甲骨文、特斯拉、雅虎等科技大公司。同时，伦敦、纽约、东京、新加坡等全球金融中心城市也高度重视科技创新产业的发展，并积极利用自身金融中心的优势为互联网等信息技术企业的发展提供融资支持，因此全球金融中心城市与科技中心城市在信息化时代开始出现重合的趋势。

　　信息技术的进步及其在全球范围内的扩散与全球制度环境和高端人口迁移密切相关。从全球制度环境的变化来看，以互联网与计算机技术为例，其最早的研发始于美苏冷战期间美国军方的研发项目，并非基于民用目的，但随着 20 世纪 80 年代以来全球政治军事格局的缓和，特别是 90 年代苏联解体与冷战的结束，互联网与计算机的民用化速度加快，由此带动了信息技术相关产业的发展。同时，全球范围内营商环境的改善与市场化制度的大范围确立，促进了产业的全球转移，发展中国家在吸引外资的过程中也获得了发达国家企业的技术溢出，从而促进了自身数字技术的发展。同时，数字技术的进步和扩散与高端人口的全球流动相关。在数字时代，全球高端人口的流动性加强，不同国家的人口可以通过技术移民、教育移民和投资移民等形式进行跨国迁移。经合组织和联合国教科文组织的数据显示，1975 年全球出国留学的学生只有 80 万人左右，而到 2010 年，留学生数量增长到大约 410 万人。除教育移民外，技术移民也是高端人口流动的主要形式，欧洲、北美等数字技术发达地区是技术移民集中的地方。由于高端人口往往具有较高的人力资本，因此这在很大程度上促进了信息技术在全球城市间的扩散。

三　市场化转型是影响全球城市体系变革最重要的外生因素

在 20 世纪 80 年代以前，在当时美苏冷战的两极格局下，全球城市尚未形成一个紧密联系的体系，不同意识形态的国家间经济联系较弱，甚至在政治、军事上处于对抗状态。20 世纪 90 年代以后，苏联解体，全球政治经济格局向多极化方向发展，传统的计划经济体制被大多数国家放弃，全球开始了大规模向市场经济转型的过程：俄罗斯、东欧各国等前社会主义国家完全放弃了计划经济体制；中国作为一个社会主义大国，积极建立并完善了中国特色社会主义市场经济体制。市场化转型从以下几方面影响了全球城市体系的变革。一是市场化转型改变了计划经济体制下城乡资源的错配，通过促进城市经济的发展，为农村剩余劳动力转移提供了条件。二是市场化转型促进了全球城市间的人口流动。1990 年全球移民为 1.53 亿人，到 2000 年移民增长到 1.73 亿人，2005 年又增长到 1.95 亿人，2010 年为 2.22 亿人，相比于 1990 年增长了 45%。跨国移民的人力资本水平较高，也在一定程度上影响了全球体系中高端产业分布。三是市场化转型促进了要素的金融化。市场化转型的一个重要内容就是对私有产权的保护以及资本账户的开放。20 世纪 80 年代以来，随着许多发达国家开放资本账户和金融创新项目的逐渐开放，传统的国际金融中心（如伦敦、纽约、巴黎、苏黎世、法兰克福、东京等城市）的地位进一步巩固，但是随着全球金融市场市场化转型的加速，也出现了一批新的全球金融中心城市，如新加坡、开曼群岛、上海等。因此，全球城市体系开始形成多元化、多层次的金融中心格局。四是市场化转型促进了全球城市科技创新的发展。市场化转型的一个重要内容是对知识产权的保护，这也使一批全球科技中心城市在全球城市体系中涌现。最典型的例子是中国的深圳，作为中国市场化改革的先导区与试验区，从 20 世纪 80 年代初一穷二白的小渔村已发展成为中国以及全球重要的科技创新中心。

尽管市场化转型是一个相对外生的制度因素，但市场化制度在全球的扩散也受到信息技术进步的影响。特别是互联网等通信技术的发展，加剧了不同思想、观点之间的碰撞，为推动市场化改革提供了思想上的共识；同时，信息技术扩散带来的就业与创业机会的增加也提高了人们的收入水平，促进了中等收入群体的形成，特别是对由计划经济向市场经济转型的国家而言，信息技术相关产业的发展促进了外资、民营企业等市场主体的发展壮大，也为市场化转型的深化提供了动力。

四　全球城市分工体系演变

跨国公司主导的全球产业转移塑造了全球城市体系的功能格局。20世纪80年代以来，全球产业的大转移主要是由跨国公司主导的，跨国公司通过在全球范围内选择最具比较优势的区位进行生产来降低自身生产成本。在这个过程中，全球不同城市通过嵌入跨国公司的全球生产网络，推动了全球城市分工体系的形成。一般而言，跨国公司往往将研发、营销等高附加值环节保留在母国，而将加工制作、装配等低附加值环节转移到劳动力、土地等要素成本较低的国家，从而形成全球价值链分工体系。跨国公司主导的全球价值链分工体系实际上导致了生产工序在空间上的分割，这也重塑了全球城市体系的功能分布。其中，对于发达国家的传统全球中心城市而言，由于其制造功能大部分已经转移出去，所以其功能开始向集全球金融服务、全球科技创新于一体的服务功能转变。而对于发达国家部分后起的全球中心城市以及发展中国家新兴的全球中心城市而言，尽管也具备了部分的金融服务与科技创新功能，但其辐射的范围要小于传统的发达国家全球中心城市。进一步地，从2015年全球500强企业的空间分布来看，全球城市已经形成了层次明确的分工体系。作为传统产业的采掘、炼油、能源的总部大多在资源原产地分布，并且在全球分布存在明显的变化，整体向新兴经济体转移，如埃尔多拉多、埃森、里约热内卢、曼谷、孟买、墨西哥城、墨尔本、莫斯科等城市。作为高技术产业的制药分布则相对集中，主要分布于美国、德国、英国、法国、中国的城市，如巴塞尔、巴黎、北京、布伦特福德、达姆施塔特、福斯特城、曼海姆、纽约、芝加哥等城市。信息技术服务作为信息经济时代的新兴产业，主要在一些技术或区位条件较好的地区兴起，集中于一些发达国家城市（如纽约、伦敦、东京、都柏林、西雅图）以及部分新兴国家的城市（如中国的北京、杭州、南京、深圳，印度的班加罗尔，等等）。

全球城市间的产业关联由有形的"硬联系"向无形的"软联系"转

变。根据"流空间"理论，全球城市间的产业关联是由物流、资金流、知识流、信息流在城市间的流动形成的。在此基础上，可以进一步将全球城市间的产业关联分为"硬联系"与"软联系"两大类。其中，"硬联系"是指不同经济主体通过有形的货物、投资、人口迁移等联系在一起。"硬联系"需要键性物理基础设施支持，主要包括航空、铁路、水运等交通基础设施，能源传输体系，物流系统，等等，因而"硬联系"的强度受地理距离影响较大，距离越远，"硬联系"的成本越高。相应地，也具有一定的空间地域局限性。"软联系"则强调的是不同主体通过信息的传输、知识的共享、思想的交流等方式联系起来。在信息化时代，城市间"软联系"的成本大大下降，全球不同城市可以通过互联网实现接近实时的"软联系"，而且边际成本极低。在数字时代，传统的"硬联系"在不断增强的同时，全球城市间的"软联系"变得更加重要。全球中心通过控制无形的知识流、信息流在全球城市体系中发挥控制功能。

新兴产业发展推动全球城市分工体系由欧美两中心演变为西欧、北美和东亚三中心格局。信息技术革命带来的互联网、计算机等新兴产业的发展促进了新兴经济体与发展中国家城市的崛起，其中，对全球城市分工体系最重要的影响是东亚城市快速崛起。"二战"以后，东亚国家出现了接力增长的态势，20世纪80年代以来，日本经济出现了持续高速增长态势；20世纪70年代一直到90年代，"亚洲四小龙"经济快速增长，生产总值年均增长率在10%左右，且出口扩张迅速，例如韩国1980年的出口总值是1960年的534倍。自20世纪80年代的改革开放以来，中国经历了快速的城市化与工业化过程，经济出现了持续的高速增长。特别是在加入世界贸易组织之后，中国城市开始融入全球城市分工体系，2002—2010年中国经济保持了年均10%左右的高速增长，到2010年中国GDP总量首次超过日本，居世界第二位。东亚经济的快速增长过程中也出现了一批新兴的全球中心城市，例如东京、新加坡、香港、上海、北京、首尔等，这对传统的全球城市分工体系是一个巨大冲击。自20世纪90年代以来，全球城市分工体系呈现"中心—外围"的格局。其中，美国与西欧是全球城市产业分工体系的中心区域。但是，随着东亚经济的崛起，以中国、日本为代表的东亚地区形成了新的全球产业中心，并与美国、西欧这两大传统中心区域形成了强有力的竞争。这也使东亚城市由全球城市体系的相对外围区域演变为全球城市体系的中心区域，全球城市分工体系也由传统的西欧、北美两中心格局演变为西欧、北美和东亚三足鼎立。

在信息化时代，引起全球城市分工体系演变的原因主要有两方面。一是市场化转型加速推动了全球产业的跨国转移。20世纪80年代的全球第三次产业转移主要是指欧美日等发达国家和"亚洲四小龙"等新兴工业化国家和城市将劳动密集型产业与低技术、高消耗产业向发展中国家转移。一些发展中国家在市场化转型过程中抓住了这次全球产业转移的机遇，促进了自身城市化的发展。一个最典型的例子是中国。中国在20世纪80年代实施了改革开放政策，对内积极推动市场化转型，实施支持民营经济发展与国有企业改革政策，逐渐让市场在资源配置中发挥决定性作用；积极开展对外贸易与引进外资，积极与国际规则对接，承接发达国家的产业转移。在此基础上，按照比较优势原则，其一，发展劳动密集型产业来吸引农村剩余劳动力；其二，通过引进、消化、吸收与自主创新，不断推动经济转型升级，为城市化提供了源源不断的动力。因此，市场化制度在全球范围内的建立与扩散是推动信息化时代全球城市分工体系演变的最基本条件。二是信息革命带来的产业升级机遇。信息技术带来的新兴产业发展无论对发达国家还是发展中国家而言，都重塑了原有的城市分工体系。一方面，信息技术等新兴产业的发展带动了发达国家传统全球金融中心城市的转型，如伦敦、纽约、东京等传统全球金融中心城市的科技创新功能也得到了极大强化，因此传统全球金融中心城市的功能得到升级；另一方面，新兴产业的扩散使电子、通信、信息技术等高新产业变得越来越重要，一批新兴的全球科技中心城市崛起。这些新的全球科技中心城市既包括发达国家的城市（例如波士顿、圣何塞等），也包括发展中国家的城市（例如深圳、班加罗尔等），因此，这也使全球城市分工体系向多中心格局演变。

五　全球城市的空间格局演变

全球城市体系的空间面积不断扩张。1980—2010年，全球城市体系在空间上呈现蔓延状态，大都市区、城市群等城市空间连绵带形成。全球交通基础设施的升级进一步推动了全球城市的发展。全球城市是指在全球范围资源配置中处于控制与枢纽地位的城市，是全球人力资本、技术、资金、信息最集中的地方。全球城市基本都是所在城市群的核心城市，对所在国家经济增长、创新等具有显著的带动与示范作用，在全球范围内发挥服务功能。例如，美国大西洋沿岸城市群、北美五大湖城市群、日本太平洋沿岸城市群、英伦城市群和欧洲西北部城市群等世界城市群，主要依托纽约、芝加哥、东京、伦敦、巴黎等全球城市发展起来，并在全球城市体系中发挥了重要作用；中国的长三角城市群、京津冀城市群、粤港澳大湾区城市群是以上海，北京与天津，广州、深圳、香港与澳门为中心发展起来的。从全球城市的形成与发展来看，20 世纪 80 年代以来，交通基础设施的升级起到了非常关键的作用。特别是全球范围内高速公路、铁路、航空、水运等交通运输网络的发展，降低了全球城市体系内部人口迁移的通勤成本与产品贸易的运输成本，促进了货物、知识与人力资本等在全球范围内的流动，这为全球城市进一步扩大自身的辐射范围与影响力提供了基础条件。现有的全球城市都具有强大的交通基础设施连通能力。例如，伦敦、巴黎、北京、首尔、东京、纽约等全球城市都是全球重要的交通枢纽，在跨洲际人员流动、国际贸易中发挥了节点作用。同时，在信息时代，全球城市也是全球城市体系中的重要信息中心，往往具备发达的互联网、移动通信等高速通信网络，控制着全球关键的知识与信息流动。

信息技术进步强化了全球城市体系的"软联系"，推动了全球城市空间网络体系的形成。在交通基础设施等"硬联系"主导全球城市体系的工业革命时代，全球城市体系主要由传统港口型全球中心城市主导，如纽约、东京、悉尼、新加坡、香港都拥有发达的航运物流业。此外，交通区位较差的内陆城市都要通过沿海的港口城市来参与全球贸易，这也使全球城市体系是一个层次分明的等级体系。但信息技术的进步拉近了全世界人与人之间的距离、城市与城市之间的距离，互联网覆盖了全世界每一个角落，信息的瞬间传递超越了国别界线，线上连通让地球缩小为一个点，超越空间上的距离，让世界真正成为"地球村"。1997 年世界互联网用户数量为 7000 万，到 1998 年已经达到了 1.47 亿。2002—2009 年，世界互联网进入平稳发展期。截至 2008 年年底，全球互联网用户数已经达到 15.74 亿，较 2007 年增长 19.2%，普及率达到 23.5%；同时，作为跨国信息传输重要载体的全球光缆长度也不断增加。信息技术的发展使城市间的联系不再限于人员、货物流动形成的"硬联系"，信息流动、知识流动等"软联系"重要性的提升也促进了一批新的城市的崛起。例如，班加罗尔、孟买、深圳、曼谷等城市通过强化自身在全球城市体系中的"软联系"，探索出在信息时代崭新的城市发展道路，走出了城市发展新格局。信息技术推动的城市间"软联系"往往都更加直接，减少了第三方中转，促进了全球城市空间网络体系的形成。

全球城市体系空间格局的演变主要与三方面的因素有关。一是全球城市人口的快速增长，1980—2010 年全球城市化率得到了快速增长，大量人口由农村转移到城市，直接导致了城市空间面积的扩张；同时，由于东亚地区城市在该时期经历了大规模的城市化进程，因此东亚在全球城市空间体系中脱颖而出。二是信息技术的进步引起全球交流成本的降低。信息技术的普及降低了城市间的交流成本，基于信息化的新型交通基础设施也极大提高了运输效率，降低了全球城市间货物贸易成本，以及信息技术相关产业的发展，都使全球城市体系内部联系的空间成本降低，城市间的联系更加紧密。三是市场化制度在全球范围内的扩散为全球城市空间由点到面扩张，以及由单中心向多中心、由等级结构向网络结构演变提供了重要的推动力。

第三节　全球城乡体系：加速迈向城市世界

进入信息化时代，全球城乡体系的内涵进一步发生巨变，城市化加速进入城市世界，人口的非农聚集速度由慢变快，信息技术和市场制度的演进为城市化的发展打下了坚实的基础，城市空间加速扩大，空间效率飞速提升，其逐渐成为全球经济的指挥中心，支配和主导着全球经济发展。

典型城市——晋江：致力产城人融合发展，打造新型城市化典范

协调人口、城市与产业的同步和融合发展是中国当前谋求发展的关键。历经 40 余年，中国顺应工业化与城市化浪潮，积极构建产城人融合的城市更新体系，破解"重产轻城""产城分离"等困境，社会整体稳步

运行。党的二十大强调，"推进以人为核心的新型城镇化"，推动城市发展不断向高质量目标迈进。

福建晋江是中国的沿海城市，紧握改革发展机遇，坚持"强产业、兴城市"双轮驱动，经济总量实现了从改革初期 1.45 亿元到 2021 年 2986 亿元的高质提升，城镇化率突破 69%，人民社会保障健全，城市环境治理良好，成功入选 2020 年全国县域经济综合竞争力 100 强第 5 名。

遵循城市化发展规律，福建晋江探索和践行了新型城镇化模式。以人口城镇化为核心，从需求和供给两方面促进城市建设和产业发展；以产业非农化为依托，吸引和支持人口城镇化，推动城市建设，即空间城镇化；以空间城镇化为载体，支持人口城镇化和产业非农化。同时实现了三者的匹配、同步、互动、协调，从而实现高质量城市化发展。具体经验如下。

第一，打造产业链群，推动城市基建完善与人口跨区域流动。晋江着眼产业发展现状，形成"生产—制造—配套"产业链生态，从链条、科创、开放、服务方向赋能，打造产业独特优势。以产业链群吸纳创新人才，带动人口就业与实业发展。产业的发展推动了城镇化进程，决定了人口聚集路径。产业结构调整促使周边区域人口快速流动，提升城市基建服务、累积人力资本、完善城市功能性空间布局。

第二，落实人口政策，刺激产业用人需求并提升城市化水平。晋江放开落户限制、实行积分管理等政策，推动农村与外来人口迁入与市民化。第七次全国人口普查数据显示，其常住人口为 206 万人，比第六次人口普查（198 万人）增加 8 万人，年平均增长率为 0.37%。人口集聚不但为产业发展汇集新动力，影响岗位设置与人才需求，还推动城市改善生活环境，完善设施建设以综合优化城市空间布局。

第三，完善基建服务，促进产业生态重塑与居民幸福感提升。晋江始终将"人"融合到城市发展理念中，用文化活动提高人民素养，升级基础设施、促进产业发展，实现城市空间、经济组织的良性互动，构建生产、生活、生态一体的绿色城市。2020 年晋江市总投资 969.03 亿元，建成 124 个 5G、智能制造、园区基础设施等新基建项目。由此看出，城市基建服务是人民生活和产业发展的重要基础，城市功能的完备更为产业发展与人民生活提供了空间载体。

在产业转型与城市发展的良性机制作用下,晋江实现了区域良性互动、协调并进,具体表现为以下几方面。一是促进物质生活改善,为人民美好生活筑基。晋江坚持"以人为本",承担多项新型城镇化改革试点,完善公共服务、丰富城市内涵、实现均衡普惠。二是催生高效经济动能,带动产业发展与就业。晋江锚定实体经济,拥有鞋服、纺织两个千亿元产业集群与上千家工业产值过亿元的企业,以产蓄能;同时积极利用外资引产引能、优化产业结构、吸纳就业人口,实现了城镇人口集聚和城市化水平提升。三是实现城市功能更新,促进区域创新协调发展。晋江完善交通网络、医疗教育等基础设施,运用智慧城市解决城市病问题,实现城市功能提升。以实体经济优势吸引企业入驻,增强区域发展活力,形成科技创新主导、龙头企业引领城市产业的新发展格局,为福建省贡献了约6%的经济总量。

产城人模式是将"功能主义"回归到"人本主义",遵循城市化的客观发展规律,实现人与城市、产业的良性循环和均衡融合,以促进经济发展和社会福利最大化。晋江在满足科学发展规律的基础上,以人为本、以产为力、以城为基,推动三者在机制运作上的匹配协调,共同促进经济效益、社会效益与生态效益的有机统一,三者的循环协作是其他城市在发展过程需要关注的重点。

一 人口非农聚集的速度由慢变快

人口非农聚集的速度由慢变快。在这一时间段内,全球进入了城市社会,城市人口首次超过农村人口,全球整体从农业世界进入城市世界。具体而言,1980年,全球人口总数为44.6亿人,2007年达到了67.1亿人。其中,1980年城市人口为17.5亿人,2007年为33.6亿人,增长了16亿人,相应的农村人口仅从27.6亿人增长到33.4亿人,仅增长了5.8亿人,大量的农村人口变为城市人口。1980—2007年,全球城市化率从39%增长到50%,特别是在2007年全球城市化率首次突破了50%(见图5-2)。从变化来看,城市化的速度越来越快,城市化率从1800年的7.3%增长到1900年的16%用了100年的时间,从1900年的16%增长到1980年的39%用了80年时间,而从39%增长到50%只用了27年的时间。从城市化率的变化率来看,进入城市社会之前，城市化率年变化速度呈现迅速增长的过程。具体而言，从 1982—2007 年，城市化率的变化速度先从 0.35 个百分点波动增长到 0.40 个百分点左右，然后又迅速增长波动到 0.50 个百分点左右，并在 2001—2007 年持续维持在高位。

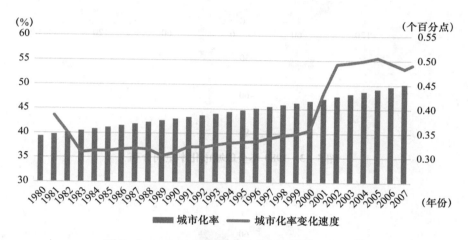

图 5 - 2　1980—2007 年世界城市化率及变化速度

资料来源：笔者根据 our world in data 数据库数据整理。

城市化率的空间分布。1980—2007 年（见图 5 - 3、图 5 - 4、图 5 - 5），马约特、多米尼克、英属维尔京群岛、几内亚比绍、阿尔及利亚、图瓦卢、不丹、约旦、海地、冈比亚、哥斯达黎加、土耳其、印度尼西亚、中国、阿曼、波多黎各、马来西亚、圣多美和普林西比、加蓬、安哥拉、赤道几内亚、佛得角、博茨瓦纳等国家与地区的城市化率增长超过 20 个百分点以上，特别是安哥拉、赤道几内亚、佛得角、博茨瓦纳的城市化率增长超过 30 个百分点。但是仍然有近 20 个地区的城市化率处于降低状态，其中塔吉克斯坦、巴巴多斯、奥地利、安提瓜和巴布达、阿鲁巴、圣卢西亚的降幅均在 5 个百分点以上。从区域分布来看，城市化率上升幅度较大的国家基本处于南美、非洲、东亚等区域。

虽然全球进入了城市世界，但由于人口及人力资本、经济发展水平、自然地理空间环境、制度文化（包含技术、金融等）的差异性，这一时间段内各经济体的城市化率水平及变化相差甚大。

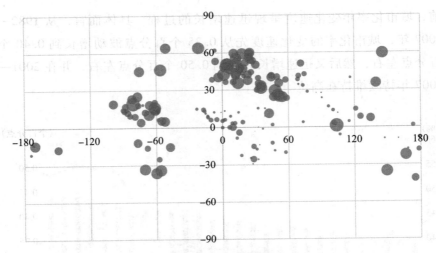

图 5-3　1980 年全球城市化率空间分布

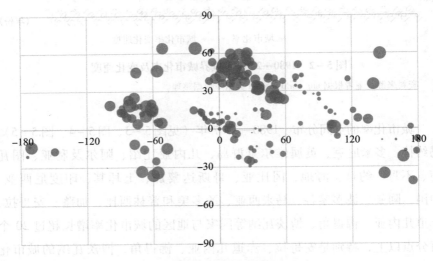

图 5-4　2007 年全球城市化率空间分布

人口及人力资本增长的差异性导致城市化增长主体的差异性。跨入城市社会之前，发达国家人口增长速度缓慢，一些国家甚至出现了人口负增长。但相比而言，发展中国家快速增长的人口数量以及城市化率的快速提升带动了全球城市化率的稳步增长。一方面，最近 40 多年新兴经济体城市人口聚集比重显著提升。比较 1980—2007 年发达经济体、新兴

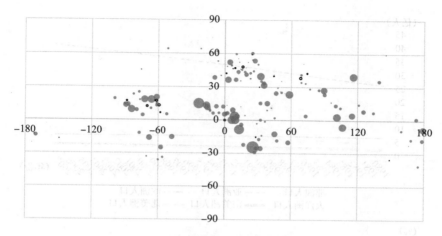

图 5 - 5　1980—2007 年城市化率变化

经济体、落后经济体城市人口增量比重变化，可以发现 1980 年以来，新兴经济体的城市人口增量比重明显提升，要显著高于发达经济体的人口增量，2007 年新兴经济体的城市人口增量比重一直高于发达经济体和落后经济体城市人口增量比重。另一方面，东亚区域逐渐崛起带动人口数量的飞速提升。比较欧洲、北美洲、亚洲、南美洲、非洲和大洋洲城市人口增量比重变化，发现亚洲城市人口增量比重最高，2007 年，亚洲城市人口增量占比达到最高。东亚地区非农人口聚集最为明显，东亚地区分布较多新兴经济体，经济发展活跃，城市发展较为迅速，非农人口聚集程度明显加大。此外，新兴经济体和亚洲区域的中心城市迅速崛起。1980 年以来，随着经济的迅速发展，全球范围城市化的总体特点表现为发达经济体城市人口增速显著下降，人口规模增长缓慢；新兴经济体城市人口增速明显加快，人口规模快速增长（见图 5 - 6）。东亚新兴经济体城市人口增长趋势与新兴经济体整体一致，说明东亚地区的新兴经济体是新兴经济体的典型代表。具体来说，发达经济体的中心城市持续崛起，边缘区域在衰退；新兴经济体和东亚区域的中心城市和部分区域在迅速崛起。

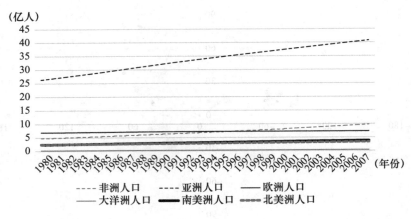

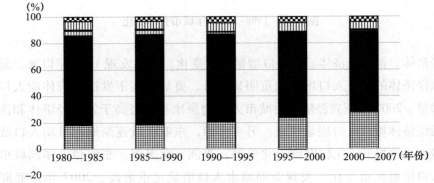

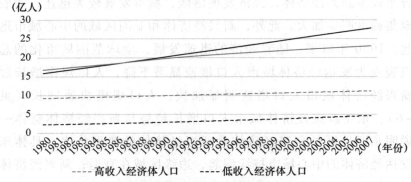

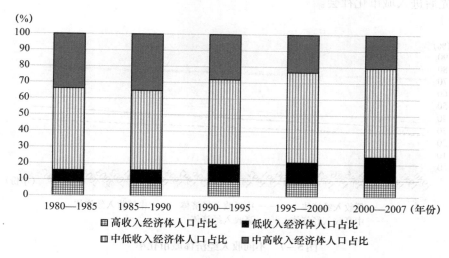

图 5-6　不同区域及经济体人口增长情况

　　经济发展水平的差异性影响城市化的差异性。以信息化为核心的高新技术产业逐渐取代重工业成为主导产业，接着由工业经济时代向知识经济时代或信息经济时代迈进，对世界城市产生很大影响，全球城市化从加速到完成，世界由城市主导的世界到城市就是世界。其一是不同经济体城市化率本身的差异性。高收入经济体的城市化率要显著高于其他经济体的城市化率。1980 年，高收入经济体的城市化率已经达到了 70%左右，属于城市化中后期；2007 年，高收入经济体的城市化率则增长到 80% 左右，其中美国为 80.27%，英国为 80.48%。与之相比，低收入、中低收入、中等收入甚至中高收入经济体的城市化率均显著较低，特别是低收入和中低收入经济体，在 1980 年的城市化率仍低于 30%，刚刚进入城市化的加速期，即使是到了 2007 年，低收入经济体的城市化率也仅为 28%左右，中低收入经济体的城市化率仅为 36%左右，其在 1990 年城市化率超过 30%以后，增长速度依然缓慢。中等收入经济体在 2007 年的城市化率为 46%，属于快要进入城市化社会。但是，中高收入经济体陆续进入城市化社会。中高收入经济体的城市化率在 2000 年超过 50%，进入城市化社会，2008 年时其城市化率已经达到了 58%（见图 5-7）。进一步观察 1980—2007 年不同国家城市化率变化趋势，发现这些经济体同样是先后进入城市化社会。

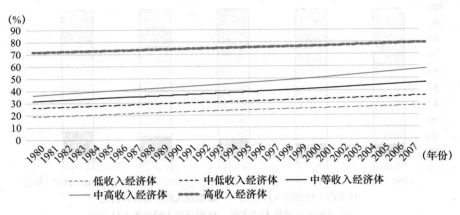

图5-7　不同收入经济体城市化率

资料来源：笔者根据 our world in data 数据库数据整理。

　　其二是经济发展的差异性导致不同经济体城市化率变化的差异性（见图5-8）。中等收入、中高收入经济体的城市化加速期远远短于高收入经济体之前的加速期，且在40年间经历了加速增长的过程。高收入经济体的城市化始于18世纪60年代英国的产业革命，18世纪中叶到19世纪末为加速发展阶段，到1950年城市化水平已达到54.8%，到1980年达到70%左右。而中高收入经济体城市化进程起步晚，1980年城市化水平仅为36%左右，到2007年达到58%左右。在这之间，其发展速度经历了先下降再上升后又下降的快速变化过程。中等收入经济体则是在2000年以后才慢慢加速。中高收入经济体城市化加速发展阶段只用了40年，远少于高收入经济体的150年。相比而言，低收入和中低收入经济体的城市化率变化则较为稳定，年增长维持在0.3—0.5个百分点。

　　其三是自然地理空间环境的差异性。不同的自然空间环境天然地导致不同经济体处于不同的条件，也导致人口集聚的不同程度。从大的空间区位来看，美洲、欧洲、非洲、亚洲等经济体的城市化率存在显著的差异性，甚至发展速度也显著不同。具体而言，近40年来，北美洲、南美洲、欧洲和大洋洲的城市化率为65%—80%，已经处于城市化中后期，变化幅度不大。而亚洲和非洲的城市化率从30%左右上升到45%左右，

（个百分点）

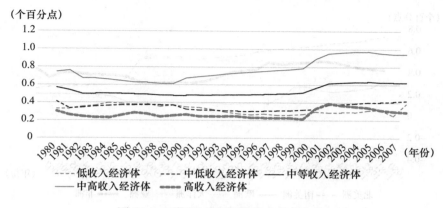

图5-8 不同收入经济体城市化率变化

资料来源：笔者根据 our world in data 数据库数据整理。

还处于城市化的加速期（见图5-9）。从增速来看，亚洲、非洲等后发经济体的城市化率增速要显著高于美洲、欧洲等经济体（见图5-10）。

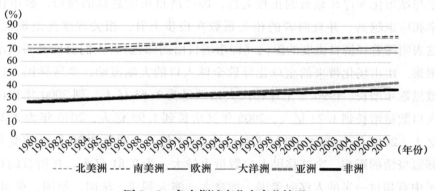

图5-9 各大洲城市化率变化情况

资料来源：笔者根据 our world in data 数据库数据整理。

其四是社会文化制度的差异性。市场制度促进城市人口及人才有效流动，促进城市化水平的提升。随着市场经济制度的完善，国家和区域的人口为了追求自身利益最大化，开始从事非农产业或向城市聚集和在城市间迁徙，促进城市经济发展。我们以国家的经济自由度衡量国家市场制度水平，以城市化率衡量人口聚集，从市场制度与城市人口聚集角度看，1995—2017年，全球的市场化程度和城市化均在稳定上升，表明

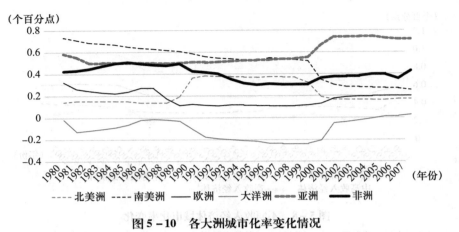

图 5 - 10　各大洲城市化率变化情况

资料来源：笔者根据 our world in data 数据库数据整理。

市场制度越自由，城市人口就越多，人们就会向城市聚集。从所有国家在历年的市场制度与城市化率的关系来看，历年全世界国家的经济自由度与城市化率存在显著的正相关性，即经济自由度越高的城市，城市化率相应也越高，并且两者的相关系数在稳步上升，相关程度逐渐加强。这表明随着经济自由度的深化（即市场自由的深化），人们会加紧向城市聚集。由市场化带来的全球化导致全球人口的大幅流动，全球移民人口数量逐年增长。1990 年全球移民人口数量为 1.53 亿人，到 2000 年移民人口数量增长到 1.73 亿人，2005 年又增长到 1.95 亿人，2010 年为 2.22亿人，2015 年全球国际移民人数已达 2.44 亿人，截至 2020 年纵使受到新冠疫情的影响，全球移民人口数量也较大，为 2.81 亿人。在所有的移民中有超过一半的人移向美国、加拿大、澳大利亚、法国、德国、英国、西班牙等国家，这不仅直接导致这些地区城市化率的提升，而且将促进这些国家城乡经济的发展。从国家内部人口流动来看，新兴经济体和发达经济体呈现完全不同的状态。从新兴经济体来看，人才会从农村向城市、从小城市向大城市、从大城市周边向大城市中心进行迁徙，追逐利益。以中国和印度为例，在市场制度实施以后中国城市化率得到空前发展，有 2.6 亿人口为寻找更好的就业机会从农村地区迁移到城市，仅在2000—2010 年，就有 1.17 亿农村人口迁移到大城市，而接受迁移的城市基本为北京、上海、深圳、广州等，这其中人才占比相当高；截至 2017

年，印度 33.6% 的人口住在城市，城市人口数量为 4.49 亿人，相比于
1980 年增长了 10%，随着市场制度的深化，预计到 2050 年会翻一番。与
中国类似，印度国内人口流动也基本全部为从农村向城市迁移，并且基
本都迁移到孟买、新德里和加尔各答等全世界人口最多的城市之中，追
逐更高收益，其人才、教育也大多集中在这些城市。但从发达经济体来
看，呈现完全相反的趋势，人才会从大城市逐步流出。以美国为例，根
据美国人口学家的研究，美国最具人才吸引力城市排名前十中没有美国
东北部大城市，大多都是南部或中西部城市。被视为"人才磁石"的波
士顿和芝加哥也只处于中间位置，而纽约和洛杉矶等城市排名更低，其
大学毕业生迁入者增速分别仅为 1.4% 和 0.7%，并且大多数大学位于郊
区，在美国受教育程度最高的 20 个县中，只有 2 个位于市中心地带。

二　信息技术的推动改变城乡体系

科学新技术、新发明的浪潮往往会导致新产业的诞生和兴旺，并由
此逐步形成城市、国家、区域乃至世界性的经济繁荣和发展。从 18 世纪
中叶第一次工业革命后人类进入蒸汽时代，到 19 世纪中叶第二次工业革
命后人类进入电气时代，到 20 世纪 50 年代第三次工业革命后人类进入原
子能、电子计算机初期，再到 20 世纪 80 年代人类进入互联网、信息技术
革命时代，最后到 2010 年的以人工智能、物联网、量子信息技术以及生
物技术为主的第四次工业革命时代，无一不是如此。尤其是 1980 年以来，
第三次技术革命进入新阶段，这中间伴随着电力、铁路、汽车、飞机产
业到化工、制药、电子产业，再到信息资源、生物技术、新材料、新能
源产业，每一次技术革命对城市经济、城市功能、城市格局的影响都是
不可估量的。特别是当前的人工智能、量子信息技术革命是人类文明史
上继蒸汽技术革命、电力技术革命、计算机技术革命之后的又一次重大
飞跃。这次信息科技革命极大地推动了社会生产力的发展，促进了社会
经济结构和社会生活结构的变化，并且推动了国际经济格局的调整，使
各地联系更加紧密，强化了国家资本主义和科技的竞争。表 5 - 7 为到目
前为止对城市内涵、功能、形态造成影响的主要科技发明，可以看出这
些发明涵盖人类的生活、社会、医疗、交通等各个方面，对人类活动的
内容、人类活动的方式、人类活动的合作与联系都产生了较大的影响。

目前大部分产业都与新技术联系紧密，并且新技术往往都会与产业相融合带来新产业。从高端制造业来看，半导体、互联网、电脑、手机、物联网、空调、人工智能等新技术产业会带动城市经济发展，如美国的硅谷、中国的深圳、印度的班加罗尔等都是科学技术带动经济发展，改变城市内涵。从信息交通来看，地铁、高铁、飞机、卫星等信息基础设施的发展大大扩展了城市的空间内容，缩小了城市的时空距离；从医疗卫生角度看，维生素、青霉素、传染病防治技术、基因技术的成熟和应用大大提高了医疗水平，延长了人类的寿命；从数字信息角度看，数字信息与城市融合改变了城市功能。当前融合数字媒体与娱乐、教育和培训、金融服务、制造与物流、智能交通系统、保健与生物科学、人工智能和虚拟现实等各种产业形成的智慧城市，有新加坡、伦敦、纽约、旧金山、芝加哥、首尔、柏林、东京、巴塞罗那、墨尔本、迪拜、普特兰、杭州等。

表 5 - 7　　　　　　　　　　　主要科技发明

	电子信息	生物医药	新材料新能源	航空航天
1991 年以前	半导体、录像机、电脑、电视、固定电话、信用卡	维生素、青霉素、人工合成胰岛素、DNA 技术、传染病防治技术	冰箱、洗衣机、汽车、高铁、空调技术	航天飞机、民用飞机、人造地球卫星、气象卫星
1991—1998 年	互联网、手机、相机、电影技术	生物基因、克隆技术	自动机器人	全球定位、卫星导航
1998—2008 年	互联网成熟、智能手机、Kidle 阅读器、自动售货机、物联网	克隆技术成熟、人造肝脏	电动汽车	
2009—2018 年	Ipad、4G、5G 网络、电商、人工智能（AI）、无人超市	生物纳米技术、人造胚胎、基因占卜	—	—

资料来源：笔者整理。

三　30 年市场制度塑造城市星球

30 年市场制度与信息技术塑造城市星球。从 1980 年到 2008 年，信息技术革命进入新阶段和各国的市场化改革导致全球城市进入全球化时代。信息化及基础设施这一全球化的硬件基础设施和市场化制度这一全球化的软件基础设施，决定着全球人口的非农聚集、全球产业分工和全球城市竞争，从而导致各城市大力发展产业和经济，全球产业链由此形成。全球产业分工的条件，也决定着城市的非农聚集和城市竞争，从而城市参与全球竞争吸引全球的人才、要素、资金聚集，导致要素和资金的全球流动形成要素全球化，并最终导致市场的全球化。在这些软硬基础设施、产业、人口、资金的全球流动过程中，城市作为承载这一切的主体，其内涵、功能、形态和格局必然发生翻天覆地的变化。

第三次工业革命以来，全球主要国家的经济制度主要包括计划经济和市场经济，但是由于计划经济没有很好地解决激励约束和合理配置问题，削弱了大部分产品的竞争力，不能合理调节经济主体之间的经济利益关系。更为重要的是，这些问题导致计划经济不具有可持续性，从而不利于国家的长远发展。在此条件下，全球大部分国家均逐步转向市场经济体制，但是也有部分国家的市场经济制度不完善，如产权制度、资源配置等均无法保障，从而也会导致一些市场经济制度国家发展缓慢和不平衡。

图 5 – 11 和图 5 – 12 分别为 1995 年和 2017 年经济自由度和城市化率之间的散点图，总体来看市场经济自由度越高，城市化水平越高。

四　城市成为全球经济的指挥中心，支配着全球经济的发展

世界是一个城市的世界。全球城市从早期农业文明时期的"星星之火"发展成如今经济全球化影响下的"燎原之势"，城市人口数量以及经济贡献率均已超过全球总量的 50%，在科技创新、文化传承与影响力等诸多方面凸显着独特的地位与作用。城市无论从任何一个角度均超越乡村，主宰着世界经济的发展方向，深刻地改变了世界的性质、世界的内涵、世界的功能和世界的格局。如今的世界是城市的世界，世界从封闭、分散、独享的农业地球走向联系、聚集和共享的城市星球。从城乡经济

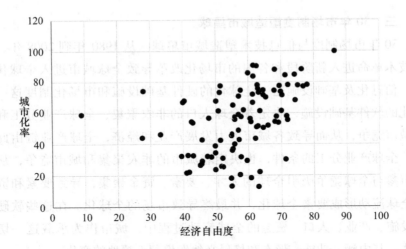

图 5 - 11   1995 年经济自由度与城市化率关系

资料来源：笔者根据 our world in data 数据库数据整理。

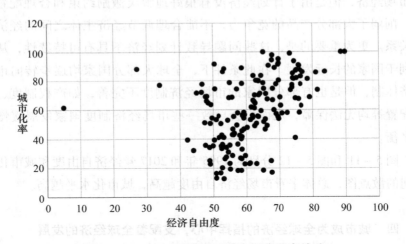

图 5 - 12   2017 年经济自由度与城市化率关系

资料来源：笔者根据 our world in data 数据库数据整理。

比重来看，城市经济占全球经济的比重越来越高。城市经济是随着农业与手工业的分离和商品交换的发展引起城乡分离而产生的。科技革命以后，随着第三产业的高度发展，经济结构的转变让城市更加成为经济集聚之地，不仅大幅度拉开城市与农村的经济距离，而且成为全球经济的指挥中心，支配着全球经济的发展。2023年全球生产总值排名前十位的城市的生产总值总量占全球 GDP 总量的7%左右。从产业发展来看，也是如此，城市经济占全球经济的比重越来越高。从主要国家农业增加值变化来看，基本属于迅速降低状态，发展中国家从1980年的40%以下降低到2010年的20%以下。世界非农产业增加值占 GDP 的比重已经超过95%，并且仍在逐年上升之中。非农产业主要集中在城市，城市经济与全球经济紧密相连并支配全球经济的走向，形成了"一荣俱荣，一损俱损"的联动效应。工业增加值占比处于不断上升状态，农业增加值占比则处于不断降低状态。

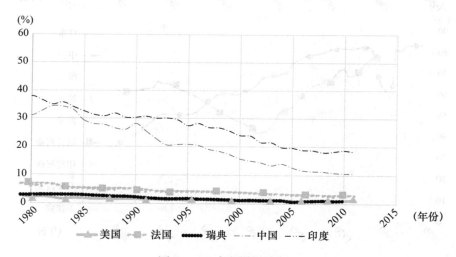

图 5-13　农业增加值占比

资料来源：笔者根据 our world in data 数据库数据整理。

相应地，由于人口及人力资本基础、自然地理空间环境、社会文化制度（包含技术、金融等）等要素的影响，这一时间段内各经济体的物质资本发展呈现不一样的特征。

第一，人口的流动带动经济增长和分化。城市化是世界经济增长的引擎。世界经济的增长趋势与城市化率的变化是一致的，从历年各国城市化率和人均 GDP 之间的关系来看，二者的相关系数基本均在0.65左右，呈现显著的正相关关系，即城市化率越高的国家其经济发展水平越

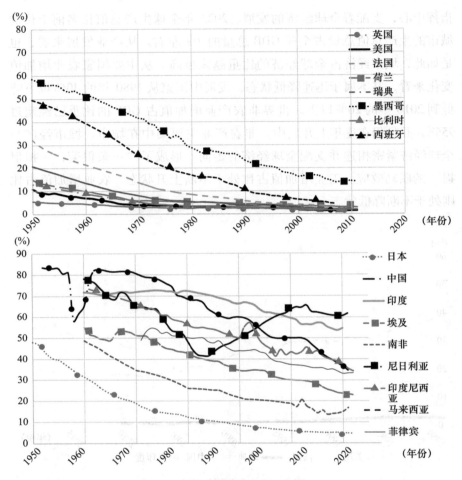

图 5-14　农业从业人员的变化率

资料来源：笔者根据 our world in data 数据库数据整理。

高。城市化本质上是生产要素的集聚过程，主要表现为人口、资本、土地等要素从地域上分散向城市集中。从发展程度来看，发展中地区的城市贡献了 73％ 的全球增长，所以城市化是全球经济增长的最大引擎。例如近 40 年来，东亚或者亚洲的人口及人才向城市聚集带来的城市化水平提升，促进城市规模效应和经济发展，并由此带动东亚区域经济的崛起，呈现北美、东亚和欧洲"三足鼎立"的状态。特别是人口大国中国的城市化规模效应，使中国经济规模和经济总量不断扩大，带动亚洲经济崛起，纵使是经历1997年亚洲金融危机及2008年国际金融危机，这一发展势头依然没有减弱。1980—2021年，按不变价格计算，中国GDP总量增长了40倍，年平均增长率超过9%。随着东亚各主要经济体的发展，东亚区域经济逐渐崛起，成为世界经济中的重要组成部分，由全球经济边缘逐渐成为世界经济最为活跃的地区之一。东亚区域经济崛起，让东亚成为全球重要的经济中心，导致了全球经济格局的变化。2022年全球GDP总量达到了100万亿美元，其中北美地区生产总值占比为27.6%，东亚地区生产总值占比为25%，欧洲地区生产总值占比为23.7%，北美、东亚、欧洲"三足鼎立"的全球格局已经形成。东亚经济崛起的过程中，城市的发展功不可没。东亚国家城市化的发展带动了东亚区域经济增长的浪潮，推动东亚经济稳定发展。此时，城市就是世界，城市的经济社会发展就是世界的经济社会发展。但是，不同经济体城市人口、城区、经济增长的分化，导致这些区域的经济分化。工业化时代，城市专业化分工、基础设施以及资源更丰裕，导致欧美地区人口大量流向城市，全球人口活动主要集中在欧美城镇地区。以信息技术为主导的后工业时代，欧美城市发展已趋于超饱和状态，环境污染、用地紧张等一系列城市化问题浮现，加上欧美地区城乡发展差距不大，农村基础设施日趋完善、环境更好，越来越多的欧美人选择由城市迁入农村，出现逆城市化，欧美城市区域出现收缩，这些原因均导致相应地区的城市经济增速有所放缓。

第二，新兴经济体经济迅速崛起，打破城市世界的格局。1980年以来，全球主要经济体不断发生变革，特别是中间经历了数次经济危机，大多数发达经济体经济增长低迷、债台高筑，而以中国为代表的新兴经济体迅速崛起。2010年中国一跃成为全球第二大经济体，印度、巴西、俄罗斯、马来西亚等国经济发展势头迅猛，全球经济重心向亚太等新兴经济体倾斜，世界城市格局正在发生着深刻的改变。自20世纪80年开始，新兴经济体城市化率的提升深刻地改变了世界经济的格局。以中国为首的新兴国家在全球产出中的占比从2000年时的37%升至50%以上，在全球贸易中的占比从20%升至40%以上，在全球股市市值中的占比从不到5%升至15%。这一趋势带动并促进了另一个改变世界的趋势，那就是城市化。工业化程度的提高将加快城市化进程，2030年，全球城市化率预计会升至 70%。2012 年新兴经济体城市化率的平均增速为 5.1%，中国为 7.8%，发达国家平均增速仅为 1.2%。马来西亚、新加坡、韩国、泰国等是 40 多年来 GDP 年均增速不低于 5% 的新兴经济体。已主导全球两个世纪之久的发达国家，正让位于新的世界秩序。在此条件下，全球城市经济格局也演变为发达经济体、新兴经济体、落后经济体共同主导的状态，其中发达经济体向市场提供创新和消费产品，新兴经济体向市场提供加工和制造产品，落后经济体向市场提供原材料和能源产品。这是由于全球化进程不断加快，世界分工更加明显，全球产业链布局趋于稳定。此时发达经济体开始进行转型升级，逐步淘汰制造业转向创新与消费；新兴经济体由于技术进步、劳动力资源丰富等因素在全球生产中接手发达经济体的转型产业，从事加工制造业；落后经济体由于缺乏技术、人才，只能依靠自然资源，为世界分工提供原料和能源。

第三，地理空间环境的影响。城市的地理空间环境是影响城乡经济发展的重要因素，决定了城乡经济发展的基础。但是在信息时代，在曾经基础设施薄弱的地方，如今也有资本和技术的介入，比如亚洲基础设施投资银行，致力于提升亚欧地区的基础设施建设水平，最终建成完善的亚欧地区交通网络，运输商品、原料、能源和人才，输送技术、信息、文化，使亚洲地区基础设施网络空间不断扩展。人类早期主要从事农业生产，城市多数沿江河等淡水资源丰富或冲积平原等分布，而随着海洋贸易的发展，海洋交通要塞孕育了众多世界经济发达的城市，其中沿海分布的新兴经济体城市近几年发展迅速，尤其是中国东部沿海及东南亚地区沿海城市发展快速，成为世界经济最为活跃的地区之一。

第四，科学技术的作用。信息科技促进城乡经济发展的同时，也带来了城乡经济之间的日益分化。第三次工业革命的到来，直接改变了全球城市格局。在第三次工业革命开始时，欧美的英国、美国、法国、新西兰、瑞典、墨西哥、比利时、西班牙等国家由于率先开始工业革命，其农业从业占比从 1950 年迅速降低，直到 2010 年时接近为零。亚非的中国、印度、埃及、南非、尼日利亚等国家在 1950 年以后才开始工业革命，农业就业人口从 1950 年才开始逐步降低，亚非国家的农业就业人员占比基本都在 50% 以上，甚至在 80% 以上，而此时欧美主要国家的农业就业人员占比已经下降到 30% 以下，甚至在 20% 以下，全球就业呈现欧美引领亚非格局。此外，由于到第三次工业革命，信息化、网络化主导世界，此时发达国家开始进行产业转移，服务业产值占比上升，所以从1950年到2022年，工业产值占比逐步降低，全球城市格局为欧美的高端服务化主导亚非的工业化。此外，工业革命还带来了收入的大幅提升。各个经济体从1980—2020年经济发展迅速，并且欧洲国家和美国等发达国家的经济发展显著优于其他大洲国家，呈领先状态。此外，信息经济引领世界经济增长。进入21世纪后，信息经济的扩张引领全球经济增长。信息装备制造业和信息服务业的出现及高速发展，让传统产业经历颠覆性的转变——实物制造业在国民经济中的比重下降，以信息服务业为代表的第三产业的比重大幅上升，并逐渐占主导地位。信息和通信技术产品与服务的生产占全球GDP的6.5%，云计算、大数据、人工智能、物联网等信息产品逐渐成为城市经济的主导。2010年到2015年间，信息和通信技术服务的出口量增长了40%，预计2019年全球互联网的流量将是2005年的66倍（联合国发布的《2017年信息经济报告》）。城市创新带动全球持续升级。城市创新带来城市TFP的显著提高，终将带动全球TFP增长。新增长理论认为，TFP是经济增长的来源和内生衍化的动力，而TFP增长主要来自研发创新与知识溢出。在现代经济中，创新和知识溢出容易产生于空间上彼此接近的个体，而城市为个体之间相互接近提供了机会。TFP的提高最直接的表现就是城市产业升级与生产力的发展。城市在效率改善、技术进步和规模效应三个方面显著带动了全球TFP的增长。信息技术发展支持了产业的全球分工和扩散。随着航运、航空等交通技术和信息、网络等信息技术水平的提升，城市之间的竞争、合作、分工、贸易达到了前所未有的高度，促进了全球产业的生产与分工，导致全球产业链形成。信息科技导致的交通和通信成本降低，使物流和全球供应链更高效，贸易成本降低，压缩了城市间的时空距离。这些都将打开新的市场，城市之间在进行经济活动时已经不再局限于距离的远近、区位的优劣，而更多的是依靠城市自身参与全球产业链的能力，使制造业和服务业的生产、消费、运输等在时空上的分解成为可能。在公路、铁路时代，城市之间的经济活动仅限于在陆地上，城市之间进行合作、竞争、分工、交易也只能在铁路能到达的地方，无法跨越海洋的限制。而航运、航空、信息技术的诞生改变了这一窘境，城市之间的交易、合作突破了空间的限制，特别是在市场配置的条件下产业分工得以实现，经济全球化开始出现。正是这些高新技术才将全球城市联系在一起，为城市带来新产业，使城市繁荣，但信息科技进步也带来城市之间的日益分化。科技发达的区域，科技创新者变得更加富有，低端人口的失业和贫困加剧。从全球主要城市的科技创新水平和城市人均收入来看，城市的科技创新水平越高，城市的人均收入越高，两者之间的相关系数基本均在 0.68 左右。并且随着城市科技创新水平的提升，城市的高收入人口也在逐年增加，以全球主要的科技中心为例，伦敦、纽约、旧金山、洛杉矶、北京、首尔、悉尼、德里、孟买等城市的高收入人口在显著增加。从科技创新者来看，知识致富替代资源致富。工业经济时代，世界首富的财富建立在无数的物质资源上，而到 21 世纪的信息科技时代，掌握了科技就掌握了财富。从福布斯 2007 年全球前 50 名富豪排行榜来看，有 7 个人从事科技行业，而 2018 年福布斯前 50 名富豪排行榜中有 11 人从事科技行业，仅有 1 人从事制造业行业，并且从事科技行业的要比从事其他行业的更富有，前 5 名中就占 3 人。

第五，制度文化的作用。市场制度导致资源要素资产化、金融化。市场制度条件下，全球的资源要素可以自由流动，为了使资源要素在合理的交易机制下进行转换和转移，必然要使资源要素资产化和金融化。对资源要素的金融化使所有资源要素都有价可依，从而实现对资源的优化配置。此时，资本资产的资本化以及资本租赁在全球操作首先导致全球金融中心的持续崛起以及新兴经济体的诞生。例如，在 20 世纪 70 年代以后，随着许多发达国家的资本账户和金融创新项目逐渐开放，原有的国际金融中心（如伦敦、纽约、巴黎、苏黎世、法兰克福等）城市迅速扩张，进一步控制全球的资源要素，也有一批新的国际金融中心城市（如新加坡、开曼群岛、东京、香港等）逐渐诞生，开始形成多元化、多层次的国际金融中心格局。全球金融中心指数显示，长期以来伦敦、纽约、香港、新加坡和东京一直占据全球金融中心指数前五的位置，但是当前上海金融中心评分大幅上升与新加坡相差无几，并且其他金融中心城市变化也比较明显。这些全球主要金融中心名次及评分的诸多变化显示顶级金融中心内部分化现象日益激烈，旧的格局正逐渐被打破。此外，市场制度的深化必将带来资产、金融的全球化，世界各国的货币、金融、贸易、投资体系早已复杂地交织在一起。进而金融货币流向哪里，全球的资源要素就流向哪里，使拥有货币铸造权的国家大肆印刷货币，聚集全球资源。虽然可能导致全球金融危机和经济失衡，但是也使控制金融、货币的国家主导和组织全球的所有经济活动。例如，纽约自第二次世界大战以后牢牢占据着全球国际金融中心老大的地位，一个重要的原因就是其掌握着全球的资金流，控制着全球主要城市的联系。

市场制度导致企业全球分工影响城乡功能和格局。在市场制度的条件下，企业就会为了实现利润最大化，实现全球产业分工。这不仅使城市参与到全球产业体系中，也使农村参与到全球产业体系中，重塑全球城乡经济格局。例如，20 世纪 50 年代第一次产业转移，美国将钢铁、纺织等传统产业向日本、德国这些战败国转移；20 世纪 70 年代的第二次产业转移，日本、德国向"亚洲四小龙"和部分拉美国家转移轻工、纺织等劳动密集型加工产业；20 世纪 80 年代的第三次产业转移，欧美日等发达国家和"亚洲四小龙"等新兴工业化国家和城市，把劳动密集型产业和低技术、高消耗产业向发展中国家转移；当前第四次产业转移，由中国向越南、马来西亚、泰国、印度等区域迁移。总体均表现为由发达地区向发展中地区转移，这种转移并不是完全由城市向城市转移，而是由城市向城市、城市向城市周边、城市向农村进行转移，在市场化导致全球化引起的产业分工过程中对全球城乡功能和格局都造成质的影响。从城市功能来看，制度市场化和科技信息化导致的全球化，先使资金的决定性作用增强，掌握金融的城市成为全球的决策、组织和指挥中心，随后科学技术进一步发展使科技变得同样重要。具体来看，伦敦、纽约、东京、首尔、香港等城市通过全球产业分工和转移逐渐由原来的制造业城市转型为金融服务业城市，控制了全球的资金，活动内容由加工制造等变为金融贸易、咨询、设计、广告等金融业和高端服务业产业，成为各区域或全球的金融中心，为全球城市提供金融服务。随着科学技术的发展，电子、通信、信息技术等高新产业变得越来越重要，如硅谷、深圳、班加罗尔、波士顿、圣何塞等城市均是通过科技创新迅速崛起，成为全球或区域的科技中心。在此条件下，老牌的金融中心城市也大力发展科技创新水平，如纽约在 2010—2016 年，大力发展科技产业，增长率为 25.5%，全美排名第三，科技公司的数量在 2016 年达到 7600 个，成为金融、科技双主导的新型全球城市。此外，作为承接这些金融、科技中心转移产业的国家或城市也各自以不同的方式，发展经济、获取资源、创造就业，相应地成为制造业城市、资源城市。例如，中国台湾和广东东莞及巴西、印度、越南等也相应地成为全球制造业中心。从城市格局来看，每一次市场制度全球化带来的产业转移都导致全球城市格局的变化。第一次产业转移到第四次产业转移，全球城市格局逐渐由纽约、伦敦主导的以美欧为中心的双中心城市结构变为由纽约、伦敦、东京、香港、首尔等美欧亚主导的多中心城市结构，并且亚洲新兴城市的地位变得越来越重要。

五　城市主导世界，城市空间加速扩大，空间效率加速提升

第三次工业革命以来，发展中国家迅速壮大起来，大量人口拥入城市，城市用地的扩展势不可当，全球城市通过网络联系在一起，城市表现为都市连绵区，城市周边有满足人们一切需求的基础设施，交通、医疗、生活服务、社会服务均网络化、智能化和一体化，由此城市空间加速扩大。城市用地占全球开垦面积的比重越来越高，建成区面积连续多年稳增不减。人类对城市的开发和建设，直接体现在地表景观上，城乡用地情况在40年间发生了巨大的变化。随着城市的不断扩张和发展，城市用地占全球开垦面积的比重越来越高，发达国家以及发展中国家的发达城市甚至出现了城市用地蔓延的现象。亚太地区是当今世界经济最活跃的地区，城市经济的比重不断提高，城市化率不断增长，城市建成区面积也随之提高。东亚及东南亚新兴经济体国家主要城市建成区面积不断扩大，城市迅速发展不仅表现在中心城区建成区面积的外延上，更是带动大都市圈或城市群建成区迅速扩张。相比而言，发达国家城市扩张并不显著，由于其经济发展充分、城乡差距较小，建成区面积基本多年不变。综上，随着新兴经济体的发展，城市区域占全球开垦区域的比重稳增不减。2000年，世界城市面积已扩展至538395平方千米，城市扩展速率也有一定的增长，1950—2000年，城市扩展速度达到7960.08平方千米/年。并且，自1950年以后，大洋洲、欧洲的农业总体用地面积开始缩小，拉丁美洲、亚洲的农业用地面积基本维持不变。从人均农业用地角度看，这一转折现象更加明显，人均农业用地量在1950年前后出现显

著的转折效应：在 1950 年之前，人均农业用地量呈上升趋势；但是 1950 年以后，人均农业用地量迅速下降，表明人均农业的活动空间逐渐减小，人们开始转向城市活动。从主要国家农业用地面积变化来看，新兴经济体（如印度尼西亚、中国、菲律宾、巴西等国家）的农业用地面积均有大幅的上升，而发达经济体（如美国、英国、法国等国家）的农业用地面积均有所下降（见图 5 – 15）。

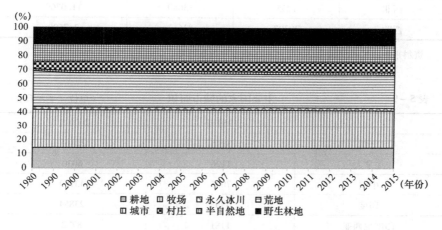

图 5 – 15　全球城市面积变化及占比

资料来源：笔者根据 our world in data 数据库数据整理。

从城市面积变化来看，各大洲的城市用地面积呈现飞速提升状态，特别是 1950 年以后，各大洲城市面积提升更为显著，并且欧洲、美洲同时期的城市面积要显著大于亚洲、非洲的城市面积。各个地区的城市均开始进行大面积的扩张，其扩张大部分突破 3 倍，2000 年，欧美地区和西欧地区城市面积扩张速度仍然是世界上最快的。

表 5 – 8	各区域城市面积变化		（单位：平方千米）
	1950 年	2000 年	1950—2000 年扩张倍数
亚洲	1499	5791	3.8632
中欧	6495	17088	2.6309
东非	395	5853	14.8177

续表

	1950 年	2000 年	1950—2000 年扩张倍数
北非	1383	13038	9.4273
中美洲部分地区	1927	8383	4.3503
南美洲部分地区	3579	16232	4.5353
东南亚	2309	13989	6.0585
南部非洲	1288	9108	7.0714
西非	1235	13680	11.0769
西欧	30307	83617	2.7590

资料来源：笔者根据 our world in data 数据库数据整理。

表 5 – 9　　　　　　　　　　主要国家的城市面积　　　　　　（单位：平方千米）

	1950 年	2000 年
巴西	3145	22168
加拿大	1126	6030
中国	7005	43199
印度	4953	23854
印度尼西亚	1181	8772
日本	5049	13450
美国	46336	156919
土耳其	663	5203
乌克兰	3096	8126

资料来源：笔者根据 our world in data 数据库数据整理。

表 5 – 10　　　　　1950—2000 年全球主要地区城市扩张面积情况

（单位：平方千米）

地区	1950—2000 年城市面积扩张量	地区	1950—2000 年城市面积扩张量
欧洲中部	10593	南美洲部分地区	12653
北美地区	115511	东非	5458
东南亚	11680	北非	11655
亚太地区	4292	非洲南部	7820

续表

地区	1950—2000 年城市面积扩张量	地区	1950—2000 年城市面积扩张量
中东	13990	西欧地区	53310
中美洲部分地区	6456	大洋洲	9438

资料来源：笔者整理。

城乡土地空间格局的演进与人口、经济以及技术的发展密不可分。第一，人口及经济的空间集聚，导致城市面积的不断扩大。后发经济的城市空间扩张核心原因在于城市化率的不断提升，随着人口不断向城市拥入，现有的城市空间结构已经无法满足流动人口关于工作、医疗、教育、休闲等方面的需求，因而城市必将通过各种手段调整城市结构，扩大城市空间。而与此同时，由于人口的不断流失，农村农业用地规模虽然有所扩张，但是扩张速度和质量将显著降低。而对于发达国家而言，其已经处于城市化率的中后期，此时城市经济增长成为推动城市空间扩张的主要因素。第二，全球城市的时空距离形成多重尺度的世界叠加导致城市空间、时间压缩。当今世界，通信和交通技术革新的不断涌现，正深刻地改变着社会，也改变着人们对社会的理解和表达。多种交通方式并存的世界，已经存在多个时空压缩，全球格局存在因为交通通信联系而事实上被重塑。时空距离的收缩改变了社会，也在重塑着人类活动的空间范围、交往、沟通的方式、频率和质量，甚至经济网络等。随着科技的不断进步，人类制造出速度越来越快的交通工具，人们普遍感觉到这个地球似乎在缩小。在人类生活的现实世界，确实能感知空间在压缩，世界成为"地球村"（global village）。

近40年，一是高速铁路时代。科技的发展日新月异，高速铁路的不断开通降低了人员流动的时间成本，城市与城市之间时间距离的缩短迅速扩大了城市的辐射范围，以城市群为依托进行跨城生活与工作为人们提供了越来越多的选择。高速铁路活跃了区域经济和城市群经济，实现了人力和资本在更短的时间内频繁交会，缩小了区域之间的距离。二是航空飞行时代。民航运输是目前人们长途出行的主要选择，尤其是跨国航运缩短了国与国之间的时间距离。更为重要的是，航空作为最快速的交通方式之一，与其配套的基础设施已经发展得非常完善，地面机场建设、空中航线维护等依靠科技发展不断走向成熟。一些经济发达以及处在交通枢纽上的城市航班频次不断增加，全球最繁忙的航线90%来自亚太地区。航空运输的发展让国际交往日益频繁，缩小了地球上的时空距离。三是互联网络时代。交通技术扩大了城市内部的空间规模。科学技术带来的交通技术提升，打破了城市固有的空间形态，使城市的空间规模逐步扩大。在交通技术不发达的初期，一般步行、自行车等基础公共交通就能满足的城市，相应的城市空间规模就会较小，如城市居民受步行、马车等交通方式的影响只能生活在狭小的城市中心区，此时的城市规模处于较低状态。而随着帆船、轮船等航运技术水平的提升，港口城市的空间规模得到巨大增长，如首尔、东京、大阪、香港、澳门、纽约、华盛顿、伦敦、洛杉矶等全球大城市均处于沿海区域，以及由此在港口、沿海区域形成的英国伦敦城市群、欧洲西北部城市群、日本太平洋沿岸城市群、北美五大湖城市群、美国东北部大西洋沿岸城市群。随着科学技术的发展，汽车、地铁、飞机等交通基础设施又使城市的空间规模得到进一步加强。除了以上沿海城市区域得到提升以外，莫斯科等内陆城市空间规模也迅速扩大。从GDP以及人口与基础设施的相关性角度看，城市基础设施越强，城市人口和经济也相应越强。

第 六 章

智能时代的全球城市发展[*]

第一节　全球城市发展：超级智能的全球城市

　　未来城市是一个多维立体延伸的空间，虚实场景相互映射，极大丰富了人们的生活体验。技术进步突破时间空间限制的结果，开启了崭新的可能。医疗技术水平与教育水平的提升使人口呈现聪明化和长寿化特点。充满活力与创造力的人口，将进一步释放巨大发展动能。新一代数字基础设施得以广泛应用，产业链实现智能化重构，万物互联互通成为可能，中小微企业与灵活用工同处其中，正在催生全新的经济形态。人工智能使智能体系的核心结构发生根本改变，机器可以像人一样发明知识，或带来人类的主体性危机。城市治理也在深入推进制度化创新，提升效能与适应。这是政府、企业、家庭三方在长期协作中积累的经验，并在竞争中形成正向循环。随着社会需求从物质转向精神层面，城市的发展重心也从传统的物质生产转向知识和文化的创造与交流，文化内容更加丰富多元，城市符号得以增强，文化吸引力正成就城市新的竞争优势。生态环境全面向绿色低碳目标靠拢，这是政策导向与技术供给紧密结合的成果。它不仅改善环境，也优化结构，使城市发展回归本源。在科技解放生产力的同时，制度引领生产关系优化，使发展成果的分配更加公平。未来理想之城，已经不是局限于地理空间某一独立划分的实体，而呈现虚实交融的立体延展，也不是某个孤立封闭的经济统筹区域，而是一个开放包容的命运共同体。它代表了新的可能，也体现着共同追求；

　　[*] 李博（天津理工大学管理学院）、马洪福（天津财经大学经济学院）对本章亦有贡献。

在充满想象力的同时，也寄托着现实的理性目标。这是智能化时代城市发展的崭新景象，也是人类文明持续进步的归宿。它来自科学与人文精神的协同，指引人类坚定前行。

一 高质、聪明、长寿、健康的居民

（一）供给侧：千万级高质、长寿的人口造就"聪明城市"

从数量上，根据全球主要中心城市长期规划中关于人口的预测，未来全球中心城市的人口突破千万将成为普遍现象。例如到 2041 年，伦敦的人口预计增长到 1080 万人；到 2050 年，纽约市人口将增加到 900 万人，而纽约大都市圈人口则增加到 2600 万人。未来 30 年，全球中心城市作为区域和全球增长极的地位依然比较明晰，领导定位进一步强化，随着城市承载能力的提升，未来全球中心城市的人口规模将进一步扩大。而在人口结构方面，根据联合国《世界人口展望 2019》的预测，2050 年老龄化水平将从 12.9% 增至 33.01%，老龄人口将占到总人口的 1/3，老龄化成为全球共同面临的重要转变，而全球中心城市领先的医疗水平和人均收入使其人口寿命和老龄化程度亦高于全球。未来全球中心城市可能受到中高产阶级比例占优、女性自我实现期望提升、人口生育意愿较低等因素的影响，造成人口生育率更低的趋势。故而随着最年长和最年幼两组人口之间差距的不断增加，在 2050 年，全球中心城市可能将彻底跨入深度老龄社会，未来全球中心城市人口年龄结构将由"金字塔"形向"椭球"形演变。

随着产业结构的转变，未来三十年，全球中心城市的人口结构将集中在"创意阶层"。未来市民致力于不同领域和不同层次的知识创新以及知识运用，使整体人口素质得到极大提升。就业方式方面，随着新的技术对传统生产组织方式的解构，生产单元的规模不断缩小，越来越多的组织变身为开放型平台，基础的创新单元从企业逐渐缩小为个人，"零工"和"自雇"的比例越来越高。人口素质方面，随着医疗技术的突破性进展，新型药物、人造器官使人均寿命大大延长。此外，全面和完善的教育体系为人的持续发展提供了条件，使全球中心城市人口素质持续保持竞争力。文化方面，未来的全球中心城市是全球创意创新高地，也是全球人才争相向往之地，自由开放的社会文化吸引不同国家、语言和

文化背景的人会聚于此，进一步塑造和加强了未来全球中心城市开放、包容、合作、共享、相互尊重、积极进取的文化氛围。

（二）需求端：人类不变的核心诉求是打造健康的城市

高素质人口决定了健康的生活观念是未来全球中心城市的主流价值取向，同时，高支付能力支撑其能享受最先进的医疗服务和最健康的生活方式。虽然技术手段不断更新，但是人类的核心诉求千百年来聚焦于健康和发展。新一轮发展进程将迎来生活的自动化和智能化，预计在2050年，智能城市将首先在全球中心城市中成为现实。智能医疗、智能教育、智能娱乐、智能住房使人们普遍受到良好教育，享用着安全、营养、美味的食物，拥有健康的体魄，偶有病痛也能及时得到良好的医治。城市政府努力用心经营着城市，以人们的幸福生活为城市发展的最终目的，使人们学有所教、劳有所得、病有所医、老有所养、住有所居。治理方式上，人人参与成为现实。城市既有宏观的决策中心，也有各色各样的社区；中心管大事、社区管琐事，最终形成共建、共治、共享的城市。

由于人类的生理需求是有限的，在"衣食住行"等需求被满足后，人们开始更多地关注心理的健康和精神生活的富足。这带来了需求结构中物质产品需求的相对下降和精神产品需求的相对上升。需求结构的调整也引发了相应的生产转变。同时，城市的公共空间、自然风光、运动场馆和艺术活动成为关键的吸引力。未来全球中心城市的核心内涵经历了从"巨系统"到"微服务"的价值转移，其中对人们精神生活的满足成为"微服务"中越发重要的部分。

预计到2100年，全球中心城市的人口规模可能进一步扩大，物理空间由"创意阶层"占据主导，而虚拟空间则与"虚拟人"共生共存。到3000年，基因编码、器官培养使"永生"成为可能，脑机接口使记忆和思想得以永存，时空穿越技术使人口流动新增了时间维度，人类的流动范围拓展到超时空维度和星际维度。

二　覆盖全球万物相联的交互

未来30年，全球所有国家和地区共同参与的新型全球化会在全球中心城市的带领下进入新的高度。这带来未来全球中心城市交互活动更广泛的全球化,而物联网技术的发展使城市内的交互活动从主体、内容、方式方面获得全面升级,带来交互活动的万物互联化。

(一) 城市外交互方面:新型全球化带来整体联系的增强,产业链的变化带来结构性的分异

近年来,新冠疫情和贸易保护主义的影响,造成了一些供应链的断裂,但全球化的大趋势依然在推进,已经形成的国际分工制度不会彻底颠覆,但会经历调整。在未来,由全球所有国家共同参与的新型全球化将取代过去的全球化模式,参与更平等、发展更包容、成果更共享的新全球化拓展逻辑会调合市场化竞争与包容性发展。资本输出的多元化、消费市场的全球化、产业链的分散化、交互内容的综合化成为鲜明的特征。中国、东南亚发达经济体,以及中东一些高收入国家,正在打造其金融中心城市,以加快资本输出;中亚、南亚、非洲、拉美以其巨量的人口会成为吸引金融资本、创新商品消费机制的新兴市场。全球化的领域,从最早的金融和贸易部门,不断向社会、文化、安全、卫生等更加广泛的领域拓展,推动世界各国全方位、多层次的接触与交流,形成相互依存、休戚与共的人类命运共同体。在新型全球化的过程中,全球中心城市会在其中更多地发挥控制功能和枢纽功效,全球中心城市的"高地"和"中心"地位越发突出,体现出范围更宽、程度更深、频率更高的联系特征。

与此同时,随着全球生产和消费由"物质"向"精神"转换,全球中心城市的全球联系在内容方面的侧重点,从商品和服务向信息、数据、知识、科技、思想转变。全球中心城市在不同产业的联系强度也随着产业链条的变化出现分异。大体说来,物质产品的生产消费出现链条缩短、线上替代和虚实结合的变化趋势。基于新一代信息技术和工业生产的结合,生产端可能出现虚拟的开发平台,将大量传统的线下联系转为线上联系,从而实现制造业虚拟与现实的结合。而物质产品的流通环节由于平台的发展而普遍缩短,"终端—工厂—终端"的趋势增强。精神产品的生产主体更加多元,生产链的长短变化不一,呈现网络化的趋势,形成知识、信息、思想在城市内和城市间的反复流入和流出。未来全球中心城市全球联系的范围随主体出现分化,"创意阶层"是社会经济活动的主导力量,其交互范围和强度可能同时拓展和增强,而"无用阶层"的交

互可能出现缩减以及线上化的趋势。

（二）城市内交互方面：新一代技术带来城市内万物相接的互联城市

其一，知识经济正在成为重组全球要素资源、重塑全球经济结构、改变全球竞争格局的关键力量。预计在 2050 年，数据将作为全新的、关键的生产要素，贯穿于未来全球中心城市产业发展的每个流程，与其他生产要素不断组合迭代，加速交叉融合，从而引发生产要素多领域、多维度、系统性、革命性群体突破。

其二，物联网（Internet of Things，IoT）使万物相接的互联城市成为可能。在物联网下，城市内的交互，从人—人、人—物的两维拓展到了人—人、人—物、物—物三维。交互的升维带来了交互主体的拓展、交互内容的丰富和交互方式的变化。在此基础上，物联网与 5G、人工智能、云计算等技术的结合，使未来全球中心城市的各个组成部分从街道照明到垃圾收集，从空气污染监测到公用事业，从停车场到绿化带都成为自动化网格的一部分，功能强大并彼此协同工作。人不再成为唯一的交互中心，当物—物可以通过网络以数据信号对话时，城市内的交互被完全改写。例如，在巴塞罗那，当街道空无一人时，物联网供电系统会自动将灯光调暗，从而降低能源消耗；路灯灯柱除了作为 Wi-Fi 的网络热点，还配有传感器来监测空气质量；垃圾桶上的传感器可在垃圾即将装满时向当局和垃圾车发送通知。全球还有许多城市都在积极拥抱物联网技术，预计 2050 年的全球中心城市将发展到城市多方协同创造的高级阶段，具备"透彻的感知、泛在的互联、智能的应用、协同的创新、全面的发展"五大特征，注重对城市运行状态自动、实时、全面透彻地感知，实现无所不在的互联和随时、随地、随身的智能融合服务。

总体说来，2050 年的全球中心城市在对外联系方面，会主动对外开放，积极融入世界，全面影响世界，重点服务世界；在内部交互方面，会从主体、内容、方式方面经历深刻变化，成为万物相接的互联城市。2100 年，随着人口阶层的分化和生产消费结构的转变，全球联系会出现内容"由实转虚"、方式"由下转上"、频率"有升有降"的变化。而在3000 年的星球城市时代，人类活动在星际延展，在过去与未来间穿越成为可能，带来联系的星际维度和跨时空维度。

三 智能革命或使人类面临主体危机

从历史角度看，人工智能技术是人类数字化技术长河中的重要一步。过去半个世纪的历史是人类数字化一切的历史，而且数字化的规模和范围越来越大，数字化进程的速度越来越快，数字化也使我们抽取信息、获得知识的能力得到极大的提高。这种变化趋势驱动数字化持续加速和范围拓宽，并催生智能体系的核心结构发生根本改变，机器可以像人一样自主学习，自主发明知识。而机器一旦能大规模发明知识，所有领域都将面临重构。

首先，人类财富来源于知识增长，而知识增长的主体一直被人垄断。人类知识的产生是在观察、思考和与环境互动中学习。需求不被满足的基本规律，使人们不满足于自己生产知识，在使用机器和能源替代了体力劳动之后，也希望能替代智能劳动，寻找取代人类自身进行知识生产的方式与主体。

其次，人类个体寿命的有限性和知识无限性的矛盾愈加激化。人类创造的信息越来越多、越来越快，必然就要求每个人花费超长的时间来学习和训练相关细分领域的知识。最终，当细分领域的基础知识多到一个人一辈子也掌握不完的时候，依靠人类学习推动科技发展的路径就到了自然极限。那么也就不得不依赖人工智能来帮助人类学习，并接管科学的探索和科技的发展，且最终慢慢就会让人工智能控制和管理更多的人类事务。

最后，纵观人类文明的历史，耗能的不断提高是文明发展的重要特征。根据杰弗里·韦斯特（Geoffrey West）在《规模：复杂世界的简单法则》一书的数据，为了保持正常的身体机能与活动，人们每天的能量代谢率差不多需要100瓦特。但有了很多家用电器和交通工具之后，人们的能量消费可以达到3000多瓦特（即人体代谢率的30多倍），在发达国家甚至可以高达11000瓦特（即人体代谢率的110倍）。从科技角度回看人类文明的发展史，机械化、自动化、电气化、信息化、数字化、智能化的每个阶段都让人类可以更高效地生产和消费能量。因此，从最宏观来看，越来越高效地耗能就是人类文明的发展方向。

尽管人类构造了计算机，人类智能孕育了人工智能，但机器所能够接触到的"环境模因"会远远超过人类。类比基因，模因①（Meme）可以被视为在人脑里存储的某种信息。事实上，基因与模因就像是信息在大脑内外的两种"生物"。只不过，基因的载体是生化碱基结构（相对微观），模因的载体是大脑神经结构（相对宏观），前者是遗传信息在生态环境中衍化，后者是文化信息在文化环境中衍化。抽象地来看，基因、模因与人脑都是信息结构，而本能与智能是算法及执行。只不过，信息结构的载体各有不同——基因的载体是碱基结构，人脑的载体是神经结构，模因的载体则可以是任何介质结构，如石碑、甲骨、纸张、声波、磁带、光盘等。在此可以看出，基因、模因、人脑三者的衍化，其实都是结构的演变，而模因的特殊性就在于，它的结构无关乎载体，只在于信息。因此，模因不仅能以"神经结构＋人类智能"的形式在颅内衍化，也应该能以"比特结构＋人工智能"的形式在人脑之外继续衍化。

回望历史，计算机革命让模因能以比特结构的形式存在。网络革命让模因不仅可以随机衍化，还可以迭代进化，并且变化速度远超基因（不过此时，模因仍需要从网络回到人脑，其结构才能得到更新）。而如今的智能革命则实现了模因离开人脑的独立运作，从而拉开了模因在颅外自我衍化的序幕，即模因直接通过人工智能更新比特结构，而无须再回到人脑更新神经结构（比如机器学习拟合出的模型结构，就是不依赖人脑的结构产物）。事实上，人工智能最本质的变化就是形成了一个平行于基因衍化的信息系统。

综上可见，如果模因是超越人类本身的衍化力量，那么我们就有理由相信，在未来，智能彻底从神经结构过渡到比特结构，人脑就会被机器取代。

四　掌控创新资源的知识城市

未来全球中心城市是知识的创造者，引领人类在科学技术和制度文化上取得进步，其主要功能将逐渐从物质的交换、制造、消费和分配转

---

① 模因，又称拟子，由理查德·道金斯（Richard Dawkins）在《自私的基因》中创造，是希腊字根"mimeme"（模仿）去掉"mi"形成，读音与"gene"相似，泛指以非遗传方式通过模仿传播的信息，可以理解为文化信息的基本单位。

向非物质（信息、数据、知识、思想、技术）的交换、制造、消费和分配。在价值网格中发挥显著增值作用并占据领导和支配地位的全球中心城市，对创新资源具有显著的引导、组织和控制能力。

（一）物质产品方面：引导、组织、控制全球创新资源的科创城市

创新是生产力的来源和人类进步的动力。在知识经济时代，城市产出将更加凸显知识性、创新性和科技性。现实中越是知识密集型经济，越是表现出集群的趋势，地理空间的邻近性对于创新的形成依然十分重要。集聚理论认为，由于大量不便进行远距离交换的隐性知识的存在，创新过程具有一定的地方根植性。基于企业、研究组织和公共机构等经济体间的生态和网络对于创新日益重要。创新从本质上说是成为一个系统现象，或者说是一个集体成就，需要不同参与主体、组织在一定的环境下不断相互作用而产生。先进的基础设施、开放包容的文化、多元的社会环境、高技能的劳动力、有为有效的政府、领先的研究机构、发达的市场机制、勤劳的企业家阶层等都是创新系统中重要的要素和环节，而只有全球中心城市有能力聚集各类顶尖要素，打造完整的创新链条。故而，未来全球中心城市会成为科创的引领者，在全球价值网格中发挥显著增值作用并占据领导和支配地位，对创新资源流动具有显著的引导、组织和控制能力，将在科创上不断取得突破性进展，引领时代进步。

科创不仅仅局限于科学技术的创新，制度创新也是生产力提升的重要来源。创新型城市可大致分为两种类型：一是基于技术的创新型城市，以专利作为主要产出带动城市经济增长；二是基于制度的创新型城市，以制度作为主要产出来推动城市经济发展。交易成本的存在，使经济增长来自有效率的制度安排。未来全球中心城市由于掌握新技术、面临新问题，最有可能产生出新的城市治理模式，发展出新的制度。围绕人本理念，创新社会治理方法手段，优化社会治理模式，推进社会治理的科学化、精细化、高效化，促进交易成本的降低、激励的增强和效率的提升。

（二）精神产品方面：在虚实空间聚留人类灵魂与肉身的知识城市

未来全球中心城市既是物质产品的引擎，也是知识产品的创造高地。纵观和比较全球城市生长历史，城市的核心功能是"集聚和扩散"。以往认知中的全球中心城市，强调的是物质生产要素的集聚，但是在未来人

类生产和消费结构"由实向虚"的结构变迁视域下，全球中心城市所具有的"要素集中控制"功能也会经历结构性调整。全球中心城市的控制功能不仅体现在物质产品创造方面，更体现在精神产品创造方面。

以"基于知识的发展"为理念，实施"以知识为核心"的战略，未来全球中心城市会以知识创新推动城市知识经济集群化，以知识网络促进城市空间结构虚拟化。与经济社会发展阶段相联系，城市核心功能经历了从农业经济时代的农产品集散到工业经济时代的工业品集散，再到后工业时代的服务集散等的发展变化。其间大城市更经历了从商品集散中心到工业集散中心，再到资本集散中心等的演变过程。在人类迈向知识经济转型的过程中，全球中心城市会率先向知识经济转型，发挥知识集散和知识创造的功能。

未来全球中心城市除了要发展经济、参与全球竞争之外，更重要的是掌控全球"话语权"，建构其自身的文化首位度、识别度和文化认同度。未来全球中心城市在文化产出方面会践行世界性与地方性结合的经济文化融合战略，以自身地方性文化的价值再造来充实城市的国际价值，实现本土文化国际化、国际文化并轨化、差异文化包容化。未来科技的迅速发展和伴随而来的对现有经济社会关系、伦理道德体系的调整，带来了对传统文化认同的解构，新的文化价值和文化认同又缺少生长的稳定条件，导致文化认同的"空场"在未来可能广泛存在。然而文化认同是一个有吸引力的城市的底色，也是产业、人才能趋之若鹜的根本动因。文化认同既有历史传统的价值与意义，又有建构、塑造、规划的意义，它与历史沉淀下来的"集体记忆""集体良知"结合是全球中心城市的"本源价值"和原动力所在。特别是在未来虚实融合的空间中，由于地理距离、社会地位差异的模糊化，文化认同成为全球中心城市在虚拟空间再塑竞争力的"质性"价值。唯有以独特和有吸引力的城市文化，全球中心城市才能在未来持续聚留人才，保持在知识经济时代的竞争力。

总体说来，2050 年的全球中心城市在物质产品方面，会借由领先的科创水平，成为全球物质生产的控制中枢、创新来源和消费高地；在知识产品方面，会率先践行"基于知识的发展"理念，实施"以知识为核心"的战略，扮演全球知识集散中心和创造中心的角色。2100 年，随着Web 3.0 的成熟和其对知识创造和分利方式的改造，人类参与知识的生产积极性被极大解放。而在 3000 年的星球城市时代，支持星际移民的物质生产重新蓬勃，而精神产品从人类文明的"单中心"模式进入宇宙文明的"多中心"模式乃至"去中心"模式。

五 生态优良虚实结合的空间

空间方面，未来全球中心城市将围绕知识经济时代人们的需求变化和技术趋势进行调整。总的来说，对城市空间影响最大的技术是交通技术和通信技术，因为它们是处理时空关系的主要技术，而时间和空间是人类生活的两个根本物质向度。当下正在孕育的第四次工业革命以技术供给智能化为特点，这种技术变革与人类需求的多元化结合，带来了个体生活的变化。具体体现为个体时空观的重塑、办公和休闲方式的变化、共享经济的崛起等。在此基础上，带来了居住空间的多元化和复合化、办公空间的灵活化和自由化、休闲空间的虚拟化和体验化、交通空间的立体化和共享化、服务空间的智能化和线上化这五大变化。五大变化投射于实体空间与虚拟空间之上，就造就了未来全球中心城市空间的新特征。

（一）物理空间方面：多中心、多层级、隔离状、网络化的生态城市

在城市形态上，未来全球中心城市的空间更加趋于向多中心、多层级、隔离状、网络化发展。首先，未来全球中心城市在城市内部将会形成多个副中心，城市圈层结构将更加明显；其次，绿化生态隔离带将各中心在生态环境上进行隔离，有利于达到未来全球中心城市生态友好发展的目标；最后，城市间和城市内部高效且频繁的联系，在立体交通和现代通信技术的支撑下，塑造了未来全球中心城市的网络化形态特征。

在城市结构上，未来全球中心城市将呈现三层嵌套结构，各功能区比例将更加协调。这种嵌套结构分别表现在全球中心城市的都市圈及全球中心城市内部。第一，未来全球中心城市主要是以都市圈的形态出现，故而呈现第一层级为整个城市化片区及其组团，第二层级为中心城区、次中心及其组团，第三层级为核心圈层和微中心，即三层嵌套城市发展体系的建构模式。第二，在全球中心城市内部也将呈现三层嵌套格局。其一，在核心圈层（0—15 千米半径圈）内可能拥有 1 个中心和 2—3 个副中心，并伴随多个居住型区域，聚留替代弹性程度最低的产业部门

（如高级生产服务业）或生产环节（如设计、创业、开发等）；其二，在中间圈层（15—30千米半径圈）将拥有多个综合产业新城，以疏散中心城市人口，聚留替代弹性范围较小一些的产业部门或生产环节；其三，在外围圈层（30—50千米半径圈）会存在多个交通物流节点或展览中心，以科教、生产、会展、交通等功能为主。从内到外，产业的分布大体依从替代弹性逐步提高、土地密集程度逐步增加而知识密度逐步降低的规律。那些最难以被替代的、对土地面积需求不强烈且知识密度较高的产业分布于内圈，而其他的产业分布于外圈。

在交通方面，未来全球中心城市将重点打造生态、高效、智慧的综合立体交通。依托物联网、自动驾驶和智慧交通管理等新技术，未来城市的交通模式将实现交通信息的即时共享、交通资源的统一调配、交通出行的智能决策和交通驾驶的自动操控。地上空间主要满足人的生活使用需求，空中与地下空间将主要承担交通运输功能。综合立体交通将极大舒缓未来全球中心城市内部交通压力，通勤时间将极大缩短。

建筑方面，未来全球中心城市将率先实现共享建筑和生态生活综合体模式。一方面，共享建筑将采用模块化建造手段，打破建筑空间单一的模式。使建筑内部的结构在整个生命周期内保持灵活，从而根据需求的变化灵活调整，也可以通过共享、分摊成本提高空间效率。另一方面，生态生活综合体模式将实现未来全球中心城市居民生活的绿色高效。高层建筑集中布置在城市中心，建筑单体被分解为多个单独的模块，商业、文化、娱乐设施交错布置并通过绿色空间网络相互连接。城市居住空间将更加生态化，通过模块化、装配式、多功能、可回收的"细胞体"组成灵活多样的居住单元，并与工作、娱乐和康养等功能融为一体。此外，城市绿色空间也将成为有机的智慧生命体，通过智能传感器收集温度、湿度和土壤等数据以及时适应环境变化，满足不同居民的微气候需求。

此外，面对当今全球气候的恶化，全球中心城市必须肩负起为人类探寻新的生存和发展模式的责任，以新的愿景和手段来打造零碳、生态的城市。未来的全球中心城市是人与自然和谐相处的地方，在这里，人不是自然的征服者或改造者，而是自然的有机构成之一；人们的生产和生活过程被作为自然循环过程之一，与其他自然循环过程相协调；可持续发展模式形成，自然资源被最大限度地集约利用。生态环境建设成为城市建设的有机组成部分，人工环境与自然环境有机地融为一体，生产和生活过程中的废物被最大限度地循环再利用，少量不可再利用的废弃物经无害化处理部分被排放到环境中，最终被城市生态系统自身完全净化。

总之，未来的全球中心城市在功能上会朝着美好、宜居、零碳、生态迈进，其内部的物质循环、能量流动和信息传递构成环环相扣、协同共生的网络，具有实现物质循环再生、能力充分利用、信息反馈调节、经济高效、社会和谐、人与自然协同共生的机能，引领世界实现社会、经济、文化与自然高度协同和谐的发展模式。预计在 2100 年，全球中心城市会继续以嵌套格局横向和纵向拓展，连环叠加形成巨型城市化地区，人口聚集在若干个巨型城市化地区，全球一体化程度空前提高。预计在 3000 年，随着人类迈入"全宇化"，城市星球时代开启，整个星球将成为一个城市。

（二）虚拟空间方面：虚拟与现实融合，物质流和信息流不断交换的智能城市

未来全球中心城市是不断进行着高效的物质和信息交流的城市，并且信息的交流可能会占据主导地位，这要求城市的基础设施不仅更加完善和便捷，而且要实现先进的数字化、网络化和智能化。随着新一代基础设施建设的快速发展，全球中心城市的信息采集、传播、使用的途径也变得更加广泛和迅捷，城市自我认知的能力得到强化，居民也获得与城市进行信息交互的立体化渠道。全球中心城市会率先从数字化向智能化转变，信息和通信技术手段被广泛应用于感测、分析、整合城市运行核心系统的各项关键信息，从而对包括民生、环保、公共安全、城市服务、工商业活动在内的各种需求做出智能的响应，提升城市管理成效和市民生活质量。

在未来，元宇宙（Metaverse）将进一步改变我们与时空互动的方式。"Metaverse"单词中的"meta"表示超越，"verse"表示宇宙，合起来可以理解为创造一个平行于现实世界的虚拟世界，承载人类生产、交易、分配、社交、娱乐、创作、展示等一切活动。因其高沉浸感和完全的同步性，逐步与现实世界融合、互相延伸拓展，为人类社会拓宽无限的生活空间。人类通往虚拟世界的大门的开启需要满足技术成熟、商业可行、

市场足量三个条件。需求和技术的正向循环是率先实现元宇宙落地的关键，即底层技术推动应用迭代，市场需求反哺技术进步，在循环累积中持续前进。全球中心城市由于具备需求、技术和商业智慧等方面的优势，将在全球率先实现全宇宙的落地。

预计在 2100 年，虚实融合的方式会深刻改变现有社会的组织与运作方式，从而催生线上线下一体的新型社会关系。个体在短期内能够利用虚拟空间增加多元化的人生体验；物理距离的隔阂和通勤的时间成本大幅降低；虚拟空间扫清了物理距离、社会地位等因素造成的社交障碍，为个体的自我实现提供了更多的手段。这些变化使虚拟空间不再简单成为物理空间的线上投影，而会形成自身的分布特征。元宇宙中的居民不是按照民族、地域，而是按照文化属性和兴趣爱好进行聚集，虚拟空间中会出现新的族群和新的"城市"，带来未来全球中心城市的机遇和挑战。而预计在 3000 年，随着人类迈向"全宇化"，"星球城市"和"星际城市体系"带来人类在虚实之间穿行的新维度。

新加坡

作为数字化转型的引领者，新加坡正通过发展元宇宙来完成未来城市空间实现虚实融合的跨越。2022 年，新加坡政府成立工作小组专门制定元宇宙政策并开展实践，已选择多家平台进行建设。当前在 The Sandbox 平台上，用户可以塑造个性化虚拟形象，在元宇宙空间中进行社交、收集、交易娱乐等活动。同时该平台也通过加密艺术（NFT）技术，实现用户在虚拟空间中的创作可以双向映射至实体世界，实现虚拟要素的实体化转换。

此外，新加坡也在公共服务领域大力推动元宇宙应用，积极通过数字孪生和虚拟仿真场景改造应急救援和医疗培训体系、开发虚拟教室和诊室等。这些创新实践生动地阐释了基于数字化和虚拟仿真技术，可以持续提高公共管理服务水平，重塑工作方式和生活样式。在其发布的《绿色蓝图 2030》中，新加坡提出要在 2050 年前实现碳中和目标。到 2030 年，可再生能源发电量占比将翻两番，超过 60%。全国超过 75% 的新车销量将是电动汽车。大力发展循环经济，使更多废弃物实现再生利用。这一环境愿景正深刻改变着新加坡的能源、建筑、交通和制造业。

它指引着经济社会向绿色可持续的方向大踏步迈进。

最后，作为世界数智化程度最高的国家，新加坡也在政务数字化转型上引领全球。在"智慧国创新，人民为本"的口号指引下，大量政务服务实现手机办理，企业服务设立一站式平台。仅公共数字化办公室一年就完成功能简化和整合达上千项，使治理效率整体提升超过70%。

综上可见，新加坡在空间架构的数字化演进、环境治理模式的持续创新和政务体系的数字化升级等方面走在全球前列，以实践诠释和推进更加美好的未来城市愿景。

第二节　全球城市体系：智能一体的网络城市

一　未来全球城市体系人口演变趋势

未来全球城市人口将主要居住在大都市区中，特大、超大城市的数量将不断增加。根据联合国的预测（数据来源于2014年修订版《世界城市化展望》报告，下同），未来全球城市化率仍将进一步提升，到2050年全球97亿人口中将有66亿人居住在城市，全球城市化率将接近70%，全球将进入以城市为主体的世界。因此，随着未来城市总人口的不断增多，大城市的集聚经济效益将更强，城市人口规模将呈现出大型化趋势。联合国预测2030年全球人口超过1000万人的巨型城市数量将达到41个，人口在500万—1000万人的特大城市数量为63个，人口在100万—500万人的大城市数量将达到558个，人口在50万—100万人的中等城市数量为731个。而到了2050年，全球人口超过1000万人的巨型城市数量将超过50个，人口在500万—1000万人的特大城市数量将超过70个。未来随着交通通行技术的进步、城市建筑与规划技术的提高，巨型、特大城市将普遍与其周边区域形成大都市区。大都市区的人口空间密度将进一步提升。因此，未来全球城市体系中大都市区人口占比将会提高，人口的物理空间集聚特征更加显著。全球人口呈现以大都市区体系为主体、以核心城市体系为骨干的双层嵌套网络结构。

亚洲、非洲等发展中国家城市在全球城市体系中崛起，城市人口将占主体。由于当前发达国家基本已经完成城市化过程，未来发达国家面临的主要挑战是人口增长率较低甚至出现了负增长的情况。根据联合国《世界人口展望 2022》数据，当前欧洲已经进入人口负增长阶段，到 2063 年前后，欧洲人口增长率将降至最低值，为 -0.428%，平均每年人口将减少 288 万人左右。因此，未来发达国家城市人口占全球总人口的比重将逐渐下降。与此相反，亚洲、非洲城市化还有很大潜力。例如，作为人口大国的印度在 2021 年城市化率仅为 36%、非洲城市化率仅为 43%，都显著低于全球平均水平，尚处于城市化的中期，未来仍将有大量人口由农村转移到城市。同时，2022 年非洲的人口增长率达到了 2.73%，是当前全球人口增长最快的区域。随着未来全球城市化的推进，亚洲、非洲等以发展中国家为主体的区域的城市将崛起。根据联合国预测，2050 年全球将有 122 个人口在 500 万人以上的特大、巨型城市，其中属于亚洲、非洲的城市数量分别为 58 个、30 个，分别占比 48%、25%。在特大、巨型城市数量中亚洲与非洲总共占比超过了 70%，具有明显的主体地位。而北美洲、南美洲、欧洲与大洋洲分别只有 19 个、8 个、5 个与 2 个。从国家分布来看，2050 年全球巨型、特大城市中，中国将占据 15 个，印度占据 14 个，美国占据 11 个，墨西哥占据 7 个，巴西、尼日利亚和巴基斯坦各占据 4 个；日本受人口低出生率与老龄化的影响，其最大的都市圈——东京都市圈将减少 400 万人口，孟买（预计人口将超过 4200 万人）将取代东京成为全球第一大都会区，而大阪的人口规模可能会萎缩到 1000 万人。因此，到 2050 年，以亚洲、非洲巨型、特大城市为代表的发展中国家城市的崛起将改变全球城市体系的人口分布，使全球城市体系的人口重心由当前美—欧—亚城市主导的格局演变为亚—非—美城市主导的格局。

表 6-1　　　　2050 年全球人口最多的 50 个城市/都会区　　　　（单位：人）

排名	城市/都会区	2050 年人口预测
1	孟买	42403631
2	德里	36156789
3	达卡	35193184

排名	城市/都会区	2050 年人口预测
4	金沙萨	35000361
5	加尔各答	33042208
6	拉各斯	32629709
7	东京	32621993
8	卡拉奇	31696042
9	纽约	24768743
10	墨西哥城	24328738
11	开罗	24034957
12	马尼拉大都会	23545397
13	圣保罗	22824800
14	上海	21316752
15	拉合尔	17449007
16	喀布尔	17091030
17	洛杉矶	16416436
18	金奈	16278430
19	喀土穆	15995255
20	达累斯萨拉姆	15973084
21	北京	15972190
22	雅加达	15923577
23	班加罗尔	15619514
24	布宜诺斯艾利斯	15546223
25	巴格达	15087672
26	海得拉巴	14611856
27	罗安达	14301327
28	里约热内卢	14287336
29	内罗毕	14245579
30	伊斯坦布尔	14175543
31	亚的斯亚贝巴	13212273
32	广州	12996279
33	艾哈迈达巴德	12431006
34	吉大港	12211707

排名	城市/都会区	2050 年人口预测
35	芝加哥	11925691
36	胡志明市	11860301
37	利马	11571387
38	波哥大	11555257
39	深圳	11196456
40	巴黎	11124389
41	曼谷	11079598
42	德黑兰	10998668
43	浦那	10923535
44	阿比让	10708876
45	卡诺	10444151
46	武汉	10255365
47	莫斯科	10235265
48	大阪神户	10188099
49	天津	10149945
50	萨那	10052562

资料来源：Daniel Hoornweg，Kevin Pope，"Population Predictions for the World's Largest Cities in the 21st Century"，*Environment & Urbanization*，Vol. 29，No. 1，2017。

全球城市体系内人口流动将更加频繁，但出现结构性分化。一方面，随着未来城市间高铁、轻轨、航空等交通设施的进一步完善和升级，人口在城市间迁移的经济与时间成本不断下降，未来全球城市间人口流动将更加频繁。另一方面，随着未来全球产业分工的进一步衍化，个人作为一个独立生产单元的情况将更加普及，这也扩大了人口流动的需求。预计到 2050 年，全球城市人口流动与规模将达到一个新的顶峰。但是，未来全球城市人口流动性的增强是结构性和非均质的，主要体现在基于知识与技术的产业分工将成为驱动城市人口流动的主要因素。具体来看，从事知识生产的少数人口主要从事复杂、抽象的知识创新活动。这部分人口往往属于高收入人群，将进一步向中心城市聚集，并且其流动范围是全球性的，会在全球不同中心城市间迁移以获取更高收益。从事具体的生产活动的人口，主要向中小城市、中心城市的边缘区域或者农村流动。这部分人口一般是中等收入群体。因此，未来全球城市体系内部的人口流动过程将是双向、多层次的。

全球城市人口将出现"创意阶层"与"无用阶层"的职业结构分化。随着人工智能技术的发展，大部分体力劳动、重复劳动以及部分创造性劳动都将被人工智能替代。因此，少数高技能人口从事创意、创造和治理性工作，成为"创意阶层"；[1] 而大量低技能人口的工作可能被人工智能技术替代，这类人口在劳动力市场上会处于弱势地位，甚至会导致人类社会出现一个全新的"无用阶层"。[2] 因此，智能时代全球城市的人口治理也面临着巨大挑战，特别是弥合"创意阶层"与"无用阶层"在收入、福利上的差距是一个重要的问题。

未来智能社会全球城市人口出现上述新趋势有两个来源。一是新技术的推动，特别是人工智能技术进步，人工智能技术所引发的技术革命与之前技术革命的最大区别在于几乎可以完全替代重复性、程序性的劳动，甚至可以部分替代人类从事思考性、创造性的活动，因此未来城市生产率将得到极大提高，创造出更多的物质财富，从而支撑城市化率进一步提高；由于不同国家、不同群体的人口技能水平存在显著差异，受智能技术进步的影响方向不同，未来城市中不同人口间的差距可能会变大。二是随着未来全球范围内人类对大城市治理水平的提高，人类能够以较低的成本来对大城市进行有效治理，这为城市规模的进一步扩大提供了可行性；同时，未来全球经济一体化的程度将进一步加深，随着产业、技术在全球范围内的转移与扩散，处于后发展地位的亚洲、非洲发展中国家城市也将逐步发展起来，当其完成城市化后，最终将在全球人口规模中占据主导地位。

二 智能技术进步对未来全球城市体系的影响

智能技术的进步使智力资源和数据资源的重要性上升，将非对称地

---

① ［美］理查德·佛罗里达：《创意阶层的崛起》，司徒爱勤译，中信出版社 2010 年版，第 77 页。

② ［以色列］尤瓦尔·赫拉利：《未来简史：从智人到神人》，林俊宏译，中信出版集团 2017 年版，第 288 页。

提高发达国家城市在全球城市体系中的支配地位。未来以智能技术为核心的新一轮技术革命将进一步提升人类采集、分析、应用数据信息的能力，拓展了人与人、人与物之间的连接范围和深度，这会将人类从重复性与程序性体力劳动中解放出来，主要从事分析性、创造性的劳动。这种创新本质上会引起生产函数的变化，特别是导致传统物质资本、劳动力、土地在生产中的相对重要性下降，而高质量的人力资本、智能化技术与数据要素在生产中的相对重要性上升。因此，未来不同城市参与全球城市体系的要素禀赋优势将会发生变化。在现有的全球城市体系中，发展中国家依靠自身在劳动力、土地、潜在市场潜力以及部分技术上的比较优势确立了自身在全球城市体系中的地位，而发达国家城市在研发创新与营销等高附加值环节具有比较优势。由于当前的智能技术革命仍然是发达国家引领的，目前发达国家城市在智力与数据资源上存在先发的比较优势。发展中国家城市在未来要实现对发达国家城市智力与数据资源的赶超，需要在资金、人才、数据基础设施、知识经验、核心技术、营商环境等方面加大投入，而这是一个较长时间的赶超过程。所以，未来智能时代生产要素相对重要性的变化对发展中国家城市而言是一个巨大的挑战。也就是说，拥有更多高素质劳动力和数据资源的美、欧、亚等地区的先进城市的全球领导者地位将更加巩固，而规模巨大但高素质劳动力与数据资源相对稀缺的大部分亚、非、拉地区的发展中国家城市在全球城市体系中处于被支配的地位。此外，智能技术进步还会引发全球城市体系中科技创新中心的分散化趋势。一方面，拥有顶级大学、科研院所的发达国家城市将更容易成为原始创新中心，主要从事基础性的科研活动；另一方面，拥有更强产业转化能力的新兴城市将更容易成长为集成创新中心，以对现有创新成果的组合应用为主。同时，智能技术进步可以使不同创新中心以很低的成本开展线上或者线下的人员互动与知识交流，这意味着不同创新中心在布局分散的情况下仍可以获得协同创新收益。

智能技术将会引起城市产业生产组织模式的革新。当前城市产业生产组织的核心是通过专业化分工降低生产成本、提高生产效率，并利用城市人口集聚形成的市场规模、多样化偏好等来获得集聚的规模报酬递增收益。因此，为了形成规模经济来降低成本，当前企业生产中特别依赖标准化产品的生产。但是，智能技术的进步将从以下方面引起城市产业生产组织模式变革。一是智能技术与现有生产模式融合，推动企业生产和管理流程智能化，降低企业内部的交易成本；同时，还可以减少传统要素投入，提高生产效率，重构企业的生产流程。例如，未来生产全过程中人们的交流与互动将主要集中在研发、营销、设计和服务方面，而生产环节与物流配送可以完全由智能技术来完成。二是智能化技术的普及可以使企业利用大数据技术等分析消费者的个性化需求，提高研发、营销的市场精准度，并通过定制生产来满足消费者对同一产品的个性化需求。三是智能化技术会降低企业内部的沟通成本，智能化的辅助决策技术可以减少管理的层次，引发组织内部的扁平化和精益化趋势。因此，智能化技术可以使企业在生产中获得更高的生产效率，从而引起城市产业分工水平的转型升级。

智能技术将引起城市治理能力的极大提升。智能技术在城市治理中的一个典型应用是"智慧城市"建设，其核心是通过引入智能化的城市规划、建设、管理与服务智慧化的新理念和新模式，促进城市产业发展、基础设施更新、城市管理与公共服务创新、政府职能转变等城市整体治理水平的提升。特别是为了应对城市人口规模的大型化趋势，智能化技术可以降低城市内部治理的交易成本，推动城市管理更精细、更智慧、更高效。例如，利用智能技术可以对巨型、特大城市交通体系进行规划与智能调度，通过对不同公共交通体系进行有效配置，减轻交通拥堵这一常见的大城市病。智能技术还可以提高城市管理的韧性，特别是提高对疫情、洪水、极端天气、特大事故等极端事件的应急管理水平。此外，智能技术的大规模应用可以对城市治理过程中形成的海量大数据资源进行挖掘与分析，使城市政府能更实时响应城市居民的热点需求，提高城市管理的反应能力，为城市居民提供更加精准和个性化的公共服务。同时，随着大都市区与城市群数量的增多，智能技术对于推动未来跨城市治理也具有重要作用。例如，智能交通技术的应用可以降低都市圈、城市群内的通勤与运输成本，促进都市圈与城市群在人口、产业与公共服务上的协同。

智能技术进步对未来全球城市体系将产生深刻影响。这是因为随着全球城市人口的进一步增长，巨型、特大城市数量不断增多，由此带来的交通拥堵、环境污染等集聚不经济的问题将更加严重。因此，未来全球城市人口不断增长的发展趋势迫切需要使用智能技术的新手段来变革城市生产组织模式，促进产业的智能化转型，提高城市集聚经济的效率。同时，智能技术还可以有效弥补巨型、特大城市治理过程中面临的信息不对称问题，提升人们居住在大城市中的福利水平。但是，由于发达国家城市目前已经在智能技术的研发、应用等方面形成了更加成熟的制度保障，因此未来在智能技术上处于后发展地位的发展中国家城市面临的挑战将会加剧。

三　制度因素对未来全球城市体系发展的影响

精神产品生产在未来全球城市体系中的重要性不断上升，并逐渐占据主导地位。在全球城市几千年的发展历史过程中，物质产品生产一直在城市发展中占据主导地位，也是城市的核心功能。但在未来智能社会，这一趋势可能会改变，这主要是因为未来精神产品与物质产品的生产分工将出现分离的趋势。随着人工智能技术的进步，人类的生产和消费结构发生重大变化，大部分物质产品的生产过程都会被人工智能技术替代；同时物质产品的生产率也得到极大提高，这会使物质产品生产进入极大丰富阶段，相对稀缺性下降，其附加值也变小。此时，人类在城市中的主要精力将是从事更具创造性与交互性的精神产品生产活动，围绕思想创造、文学艺术、制度创新、科学研究等方面进行更加细化的精神产品生产分工，而物质产品生产将处于从属地位。因此，未来一个城市的精神产品生产能力是未来影响其在全球城市体系中地位的主要因素。

精神产品生产将呈现出物理集聚与虚拟集聚并行的趋势。从人类城市文明发展历史的长线来看，城市一直是人类新思想与新文化等精神产品生产的中心，随着未来精神产品的重要性不断上升，城市作为人类精神产品生产中心的地位仍将进一步强化。这主要是因为思想、文化等精神产品的生产依赖人与人之间的交流与互动。城市作为人口密集集聚的区域，提供了更多不同思想与文化交流和碰撞的机会，更能促进新思路与新文化的产生。同时，未来精神产品生产将是高度专业化分工的，除了个人的灵感与才能外，城市政府或者企业在精神产品生产中有组织的分工与协作将会极大地提高精神产品生产效率。此外，城市还是未来智能基础设施最完善与物质产品供给最丰富的区域，可以为精神产品生产提供更方便快捷的交流、存储媒介以及更多的物质保障。因此，未来全球中心城市仍是全球思想与文化等精神产品的物理集聚中心，但是，未来精神产品生产也将呈现出虚拟集聚的趋势。一是线上精神产品的生产能力将得到极大提升。人类在最近几十年内创造的信息已经超过了过去几千年的总和，未来人类的信息生产能力将更强。特别是未来随着元宇宙、虚拟现实等新型线上社交媒体的普及，不同群体都可以发表自己的思想与观点，思想与文化生产的成本和门槛大幅下降，人们可以用很低的成本来传播自身的思想与观点，这会带来线上精神产品种类与数量的大爆发，此时人类创造的精神产品主要以数据的虚拟形式存储在互联网服务器中。二是精神产品的消费也将趋于线上。随着虚拟现实技术的发展，一些目前仍需要面对面交流的服务类产品消费（如远程医疗、线上教育等服务）在未来会完全在线上完成，这使人们在物理空间上不必集聚在一起。例如，取而代之的是人们可以在元宇宙中的虚拟空间上实现集聚。

随着亚洲与非洲的崛起，未来全球城市体系的政治中心与金融中心将会出现多极化趋势。在当前的全球城市体系中，政治与金融是影响全球城市资源配置的两大重要制度型因素。例如，目前联合国、世界银行、世界贸易组织等全球主要国际组织总部仍然主要位于欧美发达国家，在全球金融中心城市中发达国家也占据了主导地位，这反映了欧美发达国家在全球城市体系资源配置中的支配地位。但是，随着未来亚洲、非洲国家城市人口在全球城市体系中逐渐占据主体，更多的亚洲、非洲城市将会崛起，当前的全球城市政治与金融格局将会受到冲击；随着亚洲、非洲国家在全球城市政治、经济体系中话语权的不断提高，全球城市体系的政治与金融中心将出现多极化趋势。

驱动制度性因素影响未来全球城市发展的原因有二。一方面，智能技术的进步。未来智能技术的进步将在很大程度上解决人类物质匮乏的问题，此时为了满足人类的自我实现等高层次需求，需要生产出更多的个性化、差异化精神产品，因此精神产品生产将是城市的重要功能，但是，虚拟现实技术的发展也会将一部分精神产品的生产与消费由线下转移到线上，从而出现虚拟集聚的新趋势。另一方面，随着全球城市人口分布重心向亚洲与非洲转移，未来亚洲与非洲城市崛起将推动全球城市体系的政治与金融格局向多极化方向发展。

四　未来全球城市经济体系的演变趋势

大都市区、城市群将成为全球经济发展的发动机。当前大都市区、城市群等城市连绵区是全球经济增长的强大动力。美国智库布鲁金斯学会发布的《全球大都市监测报告（2018）》数据显示，2014—2016 年全球 300 个大都市区对全球就业增长、GDP 增长与人口增长分别贡献了 36%、67% 与 22%，特别是新兴经济体大都市区表现更为亮眼，在 60 个表现最好的大都市区中有 80% 来自新兴经济体。从目前全球城市化率来看，亚洲、非洲等新兴经济体的城市化水平显著低于全球平均水平，未来潜力很大，其大都市区与城市群人口规模仍有很大提升空间。同时，亚洲、非洲等新兴经济体的经济总量在未来也将显著增加。普华永道发布的《2050 年的世界》报告预测，在 2050 年，世界前七大经济体中将有六个是现在的新兴国家，美国排名将从第二滑落至第三，日本排名将从第四退至第八；即使是相对较小的经济体（如越南、菲律宾和尼日利亚），其经济总量也会出现极大的提升；中国、印度和新兴的亚太地区在全球经济格局中将占据优势。因此，随着未来亚洲、非洲经济总量的提升与城市化进程的加快，全球大都市区、城市群的规模与数量将出现进一步增长，从而对全球经济发展产生更强劲的拉动作用。此时，全球城市经济体系在空间上将更多地表现为由城市间经济、人口相互联系而形成的以城市群、都市圈、巨型城市化地区为代表的城市共同体之间的竞争与合作。

全球城市产业体系的上下游分工格局将出现调整，新兴大城市的市场潜力是影响未来全球产业分工重要的新因素。受智能技术进步的冲击，未来全球城市产业体系上下游分工的衍化可能会存在较强的异质性。其中，全球城市产业体系的上游分工可能会变得更具包容性。例如，智能辅助决策技术的应用会使上游研发、设计环节的进入门槛降低，同时跨区域信息传输与交流的及时性和快捷性的很大提高，为更多新兴城市通过参与产品上游的研发设计环节来提升自身产业分工地位提供了更多机遇。但是，对在劳动力、土地等传统要素价格上具有比较优势的新兴国家城市而言，其在全球城市产业体系下游制造环节上的地位可能会受到智能技术进步的负向冲击。这是因为智能技术进步可以在很大程度上替代人类从事的程序性、操作性工作，降低了对普通劳动力的需求，而且由于智能化生产设备可以突破人类的生理极限且生产率极高，可以获得更高的规模收益，此时拥有更多的高技能劳动力与创新资源、更好的营商环境的发达国家城市在下游制造环节可能重新获得优势。这意味着全球产业分工中的下游环节并不必然布局在具有要素成本优势的新兴城市，下游环节在未来也可能会回流到发达经济体城市，这也是未来新兴城市在全球产业分工中面临的重要挑战。

但是，新兴大城市巨大的市场潜力是其在未来全球产业分工中的新优势。根据世界数据实验室（World Data Lab）的预测，到2030年将有超过10亿亚洲人加入全球中产阶级行列，其中，中国和印度的增速最快，将占该新增中产阶级群体的3/4。同时，根据联合国预测，到2050年全球新增的巨型、特大城市将主要来源于亚洲与非洲。因此，未来全球城市新增的市场需求主要来自亚洲与非洲的新兴大城市。从全球城市的发展历程来看，中产阶级群体扩大导致的多样化、个性化需求增多与需求升级是推动城市产业升级的重要动力，也是影响跨国公司全球产业布局的重要因素。为了占领新兴大城市的市场，未来全球高端生产性服务业将会向新兴大城市转移。同时，部分制造业为了更加邻近消费市场，也会选择布局到新兴大城市。

未来全球城市经济体系的演变与全球城市人口增长的差异有关，随着当前欧美发达国家城市人口增长减缓甚至负增长，未来全球城市人口增长的动力主要来源于亚洲与非洲，因此全球大都市区、城市群仍然存在很强的增长潜力，仍然可以在未来为全球带来增长红利。但是，未来全球城市产业体系的调整仍然具有很大的不确定性，这是因为智能技术进步对处于产业分工不同环节的发达国家与新兴国家城市的影响存在差异性，特别是处于产业下游制造环节的新兴国家城市存在被替代的风险，但是，对新兴的大城市而言，其较大的市场潜力仍然是其在未来可以充分利用的相对稳定的优势。

五　未来全球城市空间的演变趋势

城市的实体空间边界将随着智能交通科技的进步而不断拓展。城市的空间规模与人们在城市中的通勤时间有关。根据"马切蒂常数"，人们能够接受的单程通勤时间为 30 分钟，这决定了城市空间半径的大小。因此，城市内部的通勤速度越快，城市的空间半径就越大。当前，随着地铁、轻轨等城市轨道交通的发展，城市的空间半径已经接近 50 千米。未来智能交通技术将会在城市交通规划、设计、分析、管控、运营、评价以及政策制定等方面得到全方位应用，提高城市内部的通勤速度，从而导致城市的空间半径进一步扩大。一是智能技术可以进一步提高现有城市公交、轨道交通等公共交通体系的运行频次与载客量，通过合理调度来降低运行成本，实现不同公共交通工具的无缝换乘。二是智能自动驾驶、无人驾驶技术的应用与普及可以优化城市道路分配，提高道路的通行效率，降低交通拥堵与事故率。三是智能交通技术可以进一步拓展城市的交通空间，例如未来无人机技术的发展可以开拓城市低空这一新的运输空间，从而降低城市地面空间的交通拥堵程度。因此，未来智能交通科技的进步将会在城市形成地面、地下甚至低空的多重交通运输体系，进而大幅降低传统城市的聚集不经济问题。这些因素致使中心城区的辐射半径又进一步扩大，极大地提高了城市的人口承接能力。四是智能交通技术可以进一步提高城市间高铁、快速铁路的通勤效率，这也会使都市圈或者城市群的空间面积进一步扩大，更多城市将连片发展组成巨型城市化区域，未来全球将会形成洲际航空网＋洲内超高速铁路网＋城市群内立体交通网的多层次立体交通体系。全球城市体系的空间距离被进一步压缩。

城市传统的居住、就业、消费、休闲功能的空间分布将发生变化。未来城市产业发展过程中随着精神产品生产与物质产品生产的分离，传统的城市功能空间分布将会发生变化。对于物质产品生产环节，由于其需要占据更多的空间面积、对当地劳动力的需求变小，因此将分散到土地价格较低的大城市周边或者中小城市进行布局，而在精神产品生产过程中，由于非标准化精神产品的生产仍需要人们面对面地交流与协作，因此非标准化产品仍会集聚在人口密度高的大城市以获取集聚带来的知识溢出与学习效应，但是，对于标准化的精神产品而言，将会根据行业特性在空间上分散布局，如选择环境优美、公共服务完善、社会包容性强的中小城市布局。由于大城市或者中心城市主要从事精神产品的生产，因此未来大城市或者中小城市的消费与休闲功能将进一步加强；中小城市主要从事物质产品的生产，因此其居住与就业功能将得到增强。此外，未来城市的空间尺度将不断变大，城市间的界限将更加模糊，人们在不同城市居住的福利水平差异将不断缩小，实现城市间的平衡发展。

未来城市将在物理与虚拟空间上实现多维延伸。一是在城市物理空间的扩展上，为了进一步提高集聚经济密度，增强大城市的规模收益，同时降低城市发展对资源环境的压力，未来人类在城市中活动的物理空间将大大延伸，从传统的地面、地下与低空进一步向中高空发展形成新的"垂直城市"。垂直城市是将居住、工作、生活、休闲、医疗、教育等城市的基本功能打包进一个建筑体里的巨型建筑类型，其优点是有极高的土地利用率，避免城市空间蔓延造成的效率损失，而且有利于集中应用生态节能技术以及集中规划高效的公共交通系统来减轻大城市病。二是在城市虚拟空间的扩展、元宇宙等虚拟现实技术进步的推动下，未来人类将在互联网虚拟空间中创造出新的城市空间，这是对数千年来人类创造的城市物理空间的重大延伸。"数字孪生"技术可以使现实城市空间中的所有物体都映射到虚拟城市空间中，从而实现对现实城市空间的复刻，形成一个与现实世界平行的、永续的、广覆盖的虚拟现实系统，在虚拟城市空间中创造出新的生活空间、生产空间等，会导致人们的工作与生活、产业发展与城市治理等发生巨大变化。在虚拟城市空间中，由于空间距离被压缩为零，人们之间的交流与互动更为频繁，城市真实物理空间中的功能可以在虚拟城市空间中实现，新的工作和生活方式的出现，将使城市线上线下的空间逐渐融合。三是在未来航天技术进步的推动下，人类也可能在外太空、其他星球建立新的城市，此时人类城市已经由地球空间拓展到星际空间。

未来人类城市空间的扩张，一方面是受全球城市人口增长的影响，为了应对未来越来越多的巨型、特大城市出现带来的人口压力，未来城市空间需要在经济、环境与社会效应之间取得平衡的情况下进一步提高人口承载力，此时城市的物理空间需要进一步向中高空甚至外太空等多维度拓展；另一方面，智能技术的进步可能会导致数千年来城市空间的颠覆性变化，除了智能交通技术引起的通勤时间变短导致城市空间半径扩大以外，虚拟现实技术可能会导致城市空间向虚拟空间延伸，而虚拟空间中承载的人们生活与生产功能的增多又会进一步引起现实城市空间功能的调整，未来真实与虚拟空间的融合将塑造出新的城市空间景观。

第三节　全球城乡体系：城乡一体的智能世界

进入智能化时代以后，城乡已经融合，城市人口规模和质量成为绝对主体，城市就是世界。城乡一体的城市世界，即全域范围里城市与乡村界限模糊、互相分享优点的一体化城市。社会结构与产业结构协调发展，城市经济活动占据绝对领导地位；中心城区与小城镇、乡村作为一个有机整体，城乡空间融合成为一体，乡村变成城市化地区；城乡居民在田园般优美的环境中享受着现代城市所提供的优质的教育、良好的医疗等公共服务以及便利的交通、高效的信息网络等基础设施，现代城市带给人们的便捷生活和乡村给予人们的惬意相融合，使人们得以从容享受高品质的生活。

纽　　约

纽约长期以来以建设创新引领型全球城市作为战略定位，其城市规划立足"创新人"的需求，借助发达的金融、高端制造、服务等产业优势着力营造城市创新生态。其先进的创新发展理念也为其他城市创新发展提供了借鉴。

一是创新与优质要素集聚为城乡智能一体提供基础。纽约是总部金融的代表，拥有其强大的金融科技实力，凭借其独特的金融、人才和基础设施的强势崛起，将科技创新资源和产业基础加以通盘考虑，高水平创新要素的持续集聚以及良好互动的创新生态环境助力纽约形成全面协同的创新行为和生产布局，并逐渐发展成为具有吸附效应的科技创新中心。纽约重视对科技、人才和资本高度聚合的创业生态圈的哺育，政府出台了应用科学计划、融资激励计划、设施更新计划、众创空间计划等科技创新促进计划，持续孵化着各类创新创业集群。在这种集聚效应下，信息、资源、人才、资金可以实现最低成本的高速自由流动，持续吸引众多的科技巨头企业在纽约踊跃落户，使纽约一跃成为全球领先的科技创新中心。2thinknow 评选的全球创新中心 100 强显示，目前的纽约已是仅次于硅谷的全球第二大创新中心。

二是高质量的产业创新体系成为提升城乡产业能级的重要保障。纽约通过创建共享工作空间，以网络连接为载体，帮助企业家从世界各地加快融入纽约初创社区。此外，纽约还设有纽约种子期基金和纽约合作基金，具备健康良性的科技融资机制，为产业活动营造良好环境。其产业创新生态系统创造了 29.1 万余个就业岗位，经济总量超过 1247 亿美元。2016 年纽约市的 7500 多家技术公司筹集了超过 96 亿美元的风险投资，在过去十年中技术部门的就业人数增长了 18%，仍旧处于技术领域创业发展的前沿。此外，纽约的产业生态创新环境为产业活动提供了良好的发展空间。通过吸引海外高端人才、建设学科交叉研究中心等方式，强化大学、研究机构与政府间的协作，围绕重点领域启动一批"都市技能活用型"产业振兴项目，强调缩短应用型研发和商业化的周期，促进产业技术尽快商品化、服务化，为产业创新活动营造了绝佳环境。

三是创新文化与灵活体制为城乡发展提供软硬环境支撑。首先，开放多元的移民文化为纽约聚集了世界各地精英为其服务，为广大公民提供了创新的沃土，另外，开拓冒险的精神也培育出了竞争文化，令纽约人民敢于创新、创业；其次，美国灵活的体制给了个人巨大的选择和调整空间，充分尊重市场规律，让市场在资源配置中起决定性作用；最后，政府重视创新发展，出台《一个新的纽约市：2014—2025》规划，提出将纽约打造成为"全球创新之都"的城市的发展定位。而在《一个纽约2050：建立一个强大且公平的城市》中更是提出要从活力的民主、包容的经济、活力的社区、健康的生活、公平卓越的教育、宜人的气候、高效的出现、现代化的基础设施八个方面为纽约未来发展提供方向。纽约计划的核心在于强调平等、增长、韧性、可持续性、多样性与包容性，战略强调赋予普通民众应有的权利是实现民主的必要条件，纽约市必须创造一个具有活力的民主政策，城市更加民主，成为民主的灯塔，所有人都可以参与到民主生活中；强调经济安全和平等环境对纽约解决长期不公平问题至关重要，确保每个纽约的人都能拥有适合 21 世界的技能、教育和工作机会；强调社区的重要性，建立多个安全、多样、丰富的社区，使人们在社区内更加安全和方便；注重医疗健康保障建设，强调医疗保障是每个人的基础权利；关注教育不平等问题，未来为所有人提供平等、良好的教育，强调优质教育是城市发展的根本；关注气候问题，强调未来发展全部用可再生能源，如风能、太阳能、水力发电等清洁能源，降低碳排放；强调城市交通网络更加现代化，新技术带来的交通方式更加安全和可靠，并增强与全球城市之间的联系；等等。

四是致力于构建绿色的、舒适的居住环境。首先，为应对全球气候变化给城市发展带来的影响，政府投资 40 亿美元治理气候问题，有效地减少了温室气体的排放量。其次，重视构建快捷高效安全的城市交通系统。一方面通过"交通零事故"计划降低了 45% 的行人死亡率，使纽约的街道成为自汽车诞生以来最安全的街道；另一方面通过"全市轮渡网络"改善纽约五区之间的交通状况。最后，针对社区安全，纽约将其监禁率、犯罪率降至最低，为保障居民的心理健康推出"Thrive NYC"计划，使纽约市民可以随时随地获取心理健康咨询。

一　人口：城市人口规模、质量成为绝对主体，城市就是世界

城市人口规模、质量成为绝对主体，城市就是世界。未来，城市已经突破城市自身的范围，而是与周边区域构成相互联系的一体化区域，并且通过"软联系"参与到全球城乡体系中形成城市世界。从城市化率来看，据联合国数据库统计，2020 年，全球的人口数量约为 75 亿人，其中城市人口占比为 55%。根据联合国数据库对未来人口规模扩张速度、生育率等相关数据的预测，预计到 2050 年，全球人口数量将达到 94.92 亿人左右，其中城市人口将有 64.45 亿人，农村人口将有 30.47 亿人，城市化率将达到 67.9%。这表明到 2050 年，全球城市人口规模将进一步增加，全球的城市人口将增加 13% 左右。随着工业化、城镇化的进一步深化发展，城市在就业、医疗、教育、公共基础设施等方面将持续领先于农村地区，在推拉力作用的影响下，城市将持续吸引农村人口的流入，而农村人口基于收入、教育等因素的考量也将持续向城市聚集，从而导致城市人口大幅增加，而农村人口将持续减少。

到 2050 年，亚非等区域的国家将继续加速并完成城市化。从各区域角度看，联合国数据显示（见图 6-1），2050 年，南美、北美、欧洲等区域的城市化率将分别达到 90.12%、88.96%、83.67%，处于城市化后期，农村人口仅分别为 0.49 亿、0.48 亿、1.17 亿人。在这一阶段，城乡

已经融合为一体并发展成熟，农村人口将持续减少并转为城市人口，经济进入高度发达水平。2050年，大洋洲、亚洲和非洲的城市化率将分别达到72.06%、66.18%和58.91%，其中亚洲和非洲等区域的国家将逐步进入城市化加速期并完成城市化。具体而言，非洲的城市化水平预计会从2008年的38%上升至2050年的58.91%，总体城市化率将上升20.91个百分点，2050年非洲的城市人口为14.89亿人，农村人口为10.39亿人；亚洲的城市化水平预计从2008年的43%上升到2050年的66.18%，总体城市化率将上升23.18个百分点，2050年亚洲的城市人口达到34.79亿人，农村人口为17.78亿人，亚洲、非洲成为城市化率增长最快的地区。此时，城市化进程会逐步放缓，政府有能力也有必要从政策上大力支持农业农村发展，加强农村基础设施投资，调节城乡发展收入差距，促进城乡融合和一体化发展。

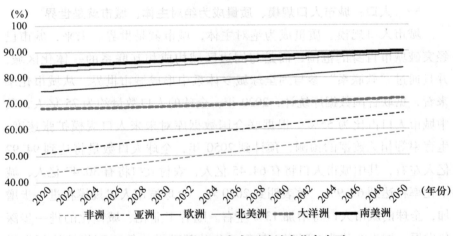

图6-1 预计到2050年各区域城市化率水平

资料来源：笔者根据 our world in data 数据库数据整理。

表6-2　　　　　　　　**全球及各大洲2050年城市化率和人口**

	全球	南美	北美	欧洲	大洋洲	亚洲	非洲
城市化率（%）	67.90	90.12	88.96	83.67	72.06	66.18	58.91
城市人口（亿人）	64.45	4.51	3.87	5.99	0.41	34.79	14.89

	全球	南美	北美	欧洲	大洋洲	亚洲	非洲
农村人口（亿人）	30.47	0.49	0.48	1.17	0.16	17.78	10.39
总人口（亿人）	94.92	5.00	4.35	7.16	0.57	52.57	25.28

资料来源：笔者根据 our world in data 数据库数据整理。

　　未来，从不同收入水平来看，发达国家实现高度城市化，同时人口聚集出现分散特征。总体而言，自 1950 年以来，西方发达国家在基本实现城市化的基础上，继续向更高水平发展，纷纷实现了高度城市化。如表 6-3 所示，据联合国数据统计，到 2050 年，发达国家总体的城市化水平将达到 86.6%，欠发达地区的城市化率也将达到 65.6%。除奥地利外，其余国家的城市化水平均达到 80% 以上，其中，日本、瑞典、新西兰、澳大利亚、英国的城市化水平超过了 90%。

表6-3　　　2020年和2050年主要年份发达国家城市化水平　（单位：%）

	2020 年	2050 年		2020 年	2050 年
世界	56.2	68.4	西班牙	80.8	88.0
发达地区	79.1	86.6	奥地利	58.7	70.9
欠发达地区	51.7	65.6	加拿大	81.6	87.3
英国	83.9	90.2	美国	82.7	89.2
法国	81.0	88.3	澳大利亚	86.2	91.0
德国	77.5	84.3	新西兰	86.7	91.1
意大利	71.0	81.1	日本	91.8	94.7
瑞典	88.0	93.2			

资料来源：笔者根据世界银行数据库数据整理。

　　在就业方面，人力资本将得到飞速提升，城市相关就业人口成为绝对主体，农村相关就业人口将持续减少。未来农业从业人口数量和占比都将显著降低。当前发达国家的农业从业人口占比在 5% 以下，如美国为 1.36%，英国为 1.05%，德国为 1.21%，日本为 3.38% 等；而发展中国家的农业从业人口占比仍然相对较高,如中国为 25.33%,印度为 42.6%,非洲国家的农业从业人口占比均在 50% 以上。未来随着知识经济的发展,人力资本将得到质的提升,预计到 2050 年未受教育的劳动力人口数量为 4.68 亿人左右,占比为 6.32% 左右,到 2100 年未受教育的劳动人口数量为 0.83 亿人左右,占比为 1.07% 左右,从而无论是数量还是占比都处于大幅降低状态,知识劳动力将成为绝对主体,农业就业人口将逐渐降低,特别是中国、印度等发展中国家的农业劳动力占比逐渐降低,将促使全球农业就业人口占比降到 15% 以下,甚至 10% 以下,其城市人口比例将显著领先于其他发展中国家。总体来看,未来城市世界会有 7 成以上的人口实现就业,城乡就业水平均得到提升。在全球层面,未来城市世界整体的就业水平持续增长。一方面,根据 UNI 全球联盟和新经济基金会的报告,随着劳动力年龄的增长,到 2050 年全球将需要 18 亿个新的就业机会,就业水平将达 75%。另一方面,到 2050 年全球老龄人口持续增加,人口结构的变化可能会带来全球 5100 万—8300 万个就业机会。因此,到 2050 年,未来城市世界可能会因人口结构的变化而增加更多就业机会,全球就业水平将进一步提升。在城乡格局层面,随着城乡一体化的发展,未来城市世界的城乡就业水平均得到较大幅度提升。一方面,城乡一体化把农村富余的劳动力向城乡非农产业转移就业的过程,减轻了农村就业压力;另一方面,这种转移弥补了城乡劳动力的结构性短缺,城乡一体化将对非农就业岗位具有明显的扩增效应。人口普查显示,"乡—城"迁移人口的劳动力参与率和失业率低于城镇本地人口,这种转移减少了农村隐形的失业人口数量。预计到 2100 年,未来城市世界的全球城市人口持续增长,但城市人口增速将放缓。

表 6-4 　　　　　　　历年受教育情况人口数量及占比　　　　（单位:亿人,%）

年份	高等教育	高中	初中	小学	小学未毕业	文盲	总体人数	无教育经历人数占比
2020	8.42	15.99	12.86	9.59	3.12	7.35	57.34	12.82
2030	10.98	19.67	13.99	9.88	2.93	6.59	64.05	10.29

续表

年份	高等教育	高中	初中	小学	小学未毕业	文盲	总体人数	无教育经历人数占比
2040	13.85	23.30	14.40	9.87	2.62	5.68	69.71	8.14
2050	16.88	26.62	14.05	9.55	2.21	4.68	73.98	6.32
2060	19.98	29.52	13.07	8.96	1.76	3.66	76.95	4.75
2070	23.03	31.70	11.61	8.16	1.32	2.71	78.53	3.45
2080	25.86	33.02	9.94	7.21	0.93	1.91	78.87	2.43
2090	28.40	33.55	8.30	6.17	0.64	1.29	78.34	1.64
2100	30.64	33.30	6.80	5.13	0.42	0.83	77.12	1.07

资料来源：笔者根据 our world in data 数据库数据整理。

但是，随着人口、制度文化、环境变化、信息技术发展等方面出现新特点，未来城市化发展也可能呈现以下特征。

第一，城市人口外流会使城市收缩甚至消失。城市收缩绝不是一个新现象，当前全世界有 350—400 个收缩城市，其中大部分在后工业化的西方世界，即欧洲国家和美国，但也有的在日本。这可以追溯到几千年前的城市，例如罗马——地球上第一个特大城市，以及 2000 年来多个帝国的首都伊斯坦布尔。而未来，一方面由于人口向城市过度聚集，另一方面由于出生率的降低和老龄化的加剧，各国的人口均将出现一定程度的下滑，城市人口更是如此。当前全球约有 19.84 亿人生活在人口不足50 万人的中小城市，随着城市人口的收缩，部分城市会逐渐消失。特别是到 2050 年，大部分城市和国家面临人口收缩压力，预计到 2050 年有20% 的城市面临收缩的问题，预计 2050 年后中国和许多亚洲国家将面临城市人口下降的巨大压力，与世界其他国家相比，中国无疑将面临最严峻的城市人口下降压力。南美和几乎所有亚洲地区都将面临较大的城市人口下降压力，而欧洲和北美国家将面临更大的城市人口下降压力。虽然城市面临消失的压力，但是随着其逐渐转型，会出现再城市化的趋势，城市会重新吸引人口，经历人口转型、经济和城市化的新周期。总体而言，城市过度聚集和城市收缩带来的经济社会问题不容小觑，如果处理不当会带来城市污染加剧、城市交通拥堵、城市犯罪率上升、城市不平等和社会紧张加重等问题。

　　第二，国与国、城与城、城与乡之间的制度文化认同影响城市化率。制度文化的认同感不仅包含国与国之间的思想文化认同，而且包含城市与城市，特别是城市与农村之间的文化认同。未来随着人口的不断转移，身份认同问题将更加明显，这些问题使接收移民的国家和城市出现社会分化，并可能加剧种族冲突。政府能力与公众期望之间的矛盾可能会扩大，导致更多的政治动荡、两极分化、民粹主义和抗议浪潮，并可能会出现政治极端主义、暴力和内部冲突的加剧，甚至可能导致国家崩溃，直接影响城市化率的提升，甚至会导致城市化率降低。而且城市作为所有主义的集合体，会不断吸纳和放大各种主义，加强冲突。这迫切需要协调一致的全球合作行动，并全力促进更高和更具包容性的增长。截至2020年，全球有18亿人（约占世界人口的23%）生活在脆弱的环境中，即治理薄弱，安全、社会、环境和经济条件恶劣。2030年，这一数字预计达到22亿人，约占世界总人口的26%。在此条件下，全球战争威胁将会逐步加剧，全球恐怖袭击数量从2008年以后开始迅速增加，从之前的年均3000—4000次，增加到当前的年均12000次以上，而这造成的死亡人数也在急剧增加，达到了3万人以上。主要的全球中心城市均发生了严重程度不同的恐怖袭击事件，如伦敦地铁爆炸、纽约"9·11"事件、巴黎"11·13"事件等，威胁着城市安全发展环境。随着种族冲突、极权主义矛盾的加深，笔者预测未来恐怖袭击的数量将会增加。

　　第三，全球面临气候变暖等诸多挑战，影响全球城乡人口体系。气候变化的影响可能在未来20年，特别是21世纪30年代加剧——更多的极端干旱和风暴、冰川和冰盖融化、气温上升导致的海平面上升等。它将对发展中国家和较贫穷地区产生影响，并与环境退化交织在一起，造成新的脆弱性，加剧经济繁荣、粮食、水、健康和能源安全的风险。加速恶化的气候将会严重影响粮食生产，破坏沿海城市的安全，威胁经济金融体系的稳定，并且可能造成大量的"气候难民"，甚至完全抵消世界在过去50多年中取得的进步，从而在全球范围内引发一场剧烈的系统性危机。资料显示，全球距离沿海150千米以内的地区共集聚着世界44%的人口与80%的大城市，而这些城市多位于自然灾害频发地区，自然灾害成为影响人类生存的主要危险因素之一。有学者分析了世界上最大的

616 个城市和地区的灾害潜势，认为东京—横滨、菲律宾马尼拉、中国珠三角和上海、大阪—神户、雅加达、洛杉矶等城市会遭受地震、海啸、风暴潮等自然灾害的影响。同时，全球气候变暖，气温上升带来海平面上升、山火频发，对沿海地区城市造成较大风险。不仅造成严重的环境污染，其烟尘还影响到城市空气质量，增加了全球城市自然灾害风险，需要全球协作积极应对。

第四，信息技术的发展将逐步替代低端甚至高端人才，影响城市人口发展。技术进步在给人类带来便利和价值创造的同时，可能也会对人类造成威胁。未来存在机器人替代人、征服人的威胁。随着时代的进步，科技也进入了高速发展的时代，其中以机器人为首的人工智能正在以我们想象不到的速度发展着。不少企业都开始引进工业机器人，机器人开始出现在不同的工种当中，取代了一些人类的工作。未来随着技术进步，生产和运营的自动化、速度、准确性和成本效益得到了极大的提高，而且人工智能在重复性任务中的表现优于人类，从包装到组装汽车，重复性任务现在由机器人执行，这一进步使相关行业从业人员失业。麦肯锡全球研究所分析了 46 个国家的约 800 个职业，估计到 2030 年机器人自动化将取代 4 亿—8 亿个工作岗位；牛津大学的分析也表明未来 25 年，近一半的工作岗位将被机器人接管。联合国经社部发布的数据显示，2050年，全球人口预计将达到 98 亿人，其中超过 60 亿人将处于工作年龄。2050 年，人工智能将在各种经济活动中占 50% 以上，机器人可能会完成几乎所有的人类工作，而且多种形式的智能机器人可以一直工作，不需要工资、食物、假期或医疗和退休福利，人工智能和机器人系统犯的错误要少得多，并且可以在比人类能够处理的复杂得多的条件和人类无法忍受的环境条件下工作，从而对替代人类的影响可能要比当前我们预期的还要严重。此外，未来还存在机器人战争的威胁。随着科学技术的发展，将会有越来越多的机器人投入战争之中，且这些机器人也会越来越先进。机器人对人类造成的威胁已经不容置疑，特别是人工智能，将显著影响各个阶级。一旦机器人达到能够自我进化的关键阶段，我们无法预测它们的目标是否还与人类相同。一般来说，发明者总是对其发明拥有最终控制权，但人工智能可能并非如此。一旦人工智能变得自主和超级智能，可能就会摆脱其发明者的指导，从而对人类造成威胁。

二 技术

未来，随着人们发展型、享受型等重化产品需求得到满足，科学技术和制度又会带来新的需求，推动需求、技术和制度的轮动发展，城市需求体现为服务产品、知识产品和精神生活产品。从而在2020—2050年，人们因为想要更好的文化、娱乐、服务环境，促使城市产业多样化、城市功能多样化。未来人类在物质和劳务得到基本满足后，将进一步扩大对知识产品的需求，导致新一轮技术和制度的变化，这必定对城市的规模、结构和内涵产生新一轮的影响。

首先，城市活动内容因为信息革命又一次发生了改变。城市经济方式由单极转为多极，服务业、智能制造业等多极产业引领城市发展。从人类活动的内容来看，以前人类活动的内容主要就是工作，除此之外很少有其他经济活动。信息技术和智能技术革命的发展，促使人类活动的内容也变得丰富多彩，包含电话、短信、旅游、视频、电影、游戏、金融等方方面面。城市经济增长方式也由重化工业制造转向高端制造业、服务业、人工智能制造业等，如半导体、互联网、电脑、手机、物联网、空调、人工智能等新技术产业会带动城市经济发展，如美国的硅谷、中国的深圳、印度的班加罗尔等都是科学技术带动经济发展，改变城市内涵。

其次，城市功能也发生改变，智慧城市因此诞生。智能制造导致人类生产智能化，使人类更加轻松地工作，虽然会增加城市就业压力，但也为新的就业空间创造了条件。此外，货物生产、交换和消费转向知识信息生产、消费和交换，信息技术发展支持了产业的全球分工和扩散。

最后，第三次信息革命带来的科技创新加剧了人口聚集和人类活动，改变了城市空间规模和人口规模，多中心网络化城市体系形成，城市就是世界。全球城市化加速与信息技术发展等科技创新有重要关系，信息科技发展显著提升城市的产业结构，催生了电子商务、软件服务、电子娱乐等高新产业，大大吸引了人才的聚集，促进了城市化进程和城市经济发展。第三次信息革命以来，全球的主要科技发明涵盖人类的生活、社会、医疗、交通等各个方面，对城市功能、城市空间、城市格局都产生了较大的影响。从信息交通来看，地铁、高铁、飞机、卫星等信息基础设施的发展扩大了城市的空间内容，缩小了城市的时空距离，导致城市空间重塑，都市圈成为城市发展的方向。此外，生物医药提升了城市化的健康和寿命，创造了许多的就业机会，促进了健康产业发展，维生素、青霉素、传染病防治技术、基因技术的成熟和应用大大提高了医疗水平和人类的寿命，均扩大了城市空间形态。

三 制度

全球意识形态对抗变得动荡导致城乡体系发展不确定性加剧。当前逆全球化和贸易保护蔓延到经济社会生活的方方面面，逆全球化和贸易保护环境下，主要发达国家在战略性科技领域布局的同时，引导制造业回流，增强自身产业供应链自给自足的能力，将会导致全球新分裂出现。全球化进程短时期内将遭遇技术"脱钩""断链"等带来剧烈冲击，逐渐演变成贸易摩擦、分割市场等不确定状态，这严重阻碍了全球城乡体系深化。此外，全球产业链体系不可避免进入深刻调整期，全球产业链阵营化、区域化、集群化、短链化趋势逐步显现。未来全球各国意识形态斗争会加剧，如在发展制度、价值观、种族歧视、宗教争端等方面对抗会变得更加激烈，而在信息网络技术的加持下可能更容易产生一个冲突和动荡的地缘政治环境，破坏全球城市发展的稳定性。未来随着高级管理阶层和大学精英阶层聚集在高收入的中心，其主导着政府、经济与文化，并与有关移民、贸易规则、环境和社会价值观的工人阶级相抵触。一方面是各个国家政治体制之间的竞争，另一方面是国家内部不同阶级的经济主体之间的竞争。政治决策将变得越来越狭隘。社会两极分化将变得更加极端，各国将争夺资本和人才。国际冲突将会增加不安全感和移民数量。全球共识的崩溃和分裂的世界、日益增长的民族主义和民粹主义，以及经济增长与社会进步脱节导致越来越多的人会架构自己的世界观。随着人们的幻想破灭，全球化、自动化和经济转变导致民粹主义抬头。与此同时，在过去的几十年中，现行政策无法解决经济和社会不公问题所引发的普遍不满，导致全球民粹主义的上升，预计在未来20年中，全球民粹主义的上升将会加剧。

四 部门分布（经济）：城市活动从主要到绝对的蜕变，知识产业成为主导

随着全球城市化进程的不断加快，农村人口不断向非农产业和城市转移，城市生产方式和生活方式显著影响着农村的经济和社会发展，城乡一体化深度融合，所有人类活动均离不开城市，城市活动从主要到绝对蜕变。未来所有的生产、消费、交互均将在以城市为主体的环境中发生。城市将代表最高的时代价值，知识城市将推动城市治理现代化、高效化发展。知识技术创新和制度文化更新是人类社会创新的两大基本形式，因此在城市产出中，需要知识技术创新和制度文化更新"两轮并驱"，才能确保未来城市世界持续进步和发展。2050年，随着知识经济的逐渐发展，人工智能、无人驾驶、量子通信以及纳米新材料、航空航天技术、生命科学技术均将成为现实。发达城市由于将率先运用最新的知识，各种核心技术将实现迭代突破，并实验新产品、新技术，从而将成为全球最高的知识主体。其他发展中城市在前沿技术及市场的引领下，或将在某些关键技术上取得领先，从而基本上所有的知识创新、技术创新都在城市中，城市代表了最高的价值。

预计到2050年，全球经济的80%将由数百个最发达的城市贡献，最发达的600个城市将为全球经济的80%提供保障。在此条件下，城乡产业将根据资源禀赋、制度环境和市场条件选择不同的产业政策，如以遵循城乡互惠共生为原则，通过城市带动农村、城乡一体化发展等策略来推动乡村社会的发展，以乡村资源为中心创造附加值，最终实现工业与农业、城市与农村的双赢局面；或以建设现代化的农业科技园为载体，最大限度地提高农业生产力；又或是立足当地资源禀赋，找准农业比较优势，做强主导产业，提升科技贡献率和农民组织化程度，形成具有全球竞争力的强势产业。而未来的产业分布将逐步转向小城镇，而不是大幅集中在大城市。因此，未来城市产业向郊区的转移促进了郊区经济的发展，随着产业、人口等在郊区的不断聚集，郊区变成了城市的外围区，或者在城市的周围形成卫星城。城市产业郊区化的结果并不是产业的非城市化，而是在产业转移推动下城市范围的进一步扩大，即把更多的原来属于农村的区域纳入城市的范围。城市产业向农村的转移会对农村的发展产生重要影响，改变农村的产业结构、就业结构和生活方式等，并最终使很多农村地区摆脱其作为农村的基本属性，实现城市化。

2050年，各区域间的产业化差异将不断缩小，特别是知识经济的发展使城乡形成一体。未来以5G、半导体、集成电路、人工智能等为代表的新技术迅速发展，知识经济成为全球经济的关键，2020年全球数字经济比重已经达到了43.7%，数字经济在国民经济中的核心地位不断巩固。数字乡村将是全球面向未来发展的一种先进的乡村形态。以知识技术引领的乡村产业也有较快发展，知识发展不仅影响乡村经济内部结构，同时也会催生出一批新的商业模式和发展形态，实现乡村内部的产业升级，并推动农业产业链条的延伸。从产值上看，虽然全球城市产业数字化产值将以倍数规模高于农村，但农村的价值仍将不可替代。从这个角度而言，未来的乡村产业将利用数据发展数字农业，城乡产业发展差距将进一步缩小。此外，未来城乡居民享受同等的政治经济待遇，在政治权利、社会保障和人员流动等政策上对城乡居民一视同仁。与此同时，考虑到知识经济存在显著的规模报酬递增属性，未来知识经济的价值将越来越大，其中人工智能技术预计将在2030年使全球国内生产总值增长14%。从国家、区域视角看，一方面，发展中国家知识经济增速远超发达国家。发展中国家知识经济体量较小，知识经济发展处于信息化普及的初级阶段，知识经济增长较快，而发达国家知识经济体量较大，知识经济发展正向深层次、高水平阶段迈进，知识经济高级阶段效果尚未显现，增速相对较慢。另一方面，从区域特征来看，东亚和西欧国家知识产业发展较快，各区域之间的差异在不断缩小。竞争力较强，非洲、拉丁美洲国家知识产业发展相对较慢，竞争力较弱，东南亚国家知识产业化呈快速发展态势。预计到2050年，各区域知识产业化发展保持现有状态，东欧和西欧国家较快，亚洲和拉丁美洲国家较慢，东南亚国家快速发展，但差距将逐渐减小。2100年，产业深入发展，知识产业化和产业知识化将成为全球、各区域、城乡发展的核心产业，知识价值化进一步凸显，数字时代全球一体化进程加快。

在城乡格局层面，一方面，城市将加强知识、技术在城市建设方面的基础研究，并对研究成果进行产业化试点应用与推广。城市基础设施进行实时数据的智能响应，提供基于区块链的基础设施服务。另一方面，未来在农村治理方面，乡村的基础数据将得到有效的整理、归档和长久保存。当前，全球农业的数据比较分散，无法形成有效整合。因此，预计到 2050 年，随着技术的完善，城乡都将可以成为开放市场中潜在的投资者。随着新一轮科技革命和产业大变革的来临，全球技术要素和市场要素配置方式将发生深刻变化，地区差异将会进一步加剧。从新材料市场来看，北美和欧洲拥有目前全球最大的新材料市场，且市场已经比较成熟，而在亚太地区（尤其是中国），新材料市场正处在一个快速发展的阶段。从宏观层面看，全球新材料市场的重心正逐步向亚洲地区转移。基于此，2050 年，亚太地区将成为新材料市场发展的前沿阵地，欧美俄等发达国家在经济实力、核心技术、研发能力、市场占有率等多方面占据绝对优势，未来仍将占据全球市场的主要地位。而对于生命科技领域，世界主要经济体加强生命科技领域战略布局，在项目部署方面重视前沿颠覆性技术。从全球来看，未来 30 年，各国在生物科技领域的竞争将日益加剧。现在各国都在开展基因工程，建立世界基因库，通过测序了解 DNA 片段主要控制的性状，从而在预防疾病、改良基因、保存物种等方面更上一层楼。

　　未来知识城市将推动城市治理现代化、高效化发展。城市制度是整合城市诸多要素的核心，其发展程度标示着一个城市的组织化、秩序化程度。能否以制度创新为动力推动社会发展是衡量社会发展自觉程度的重要标准。2050 年，知识城市建设与物联网、大数据、云计算等信息技术深度结合，未来知识城市将推动城市治理现代化、高效化发展，未来城市世界文化形式将更加多样，但是各国和各种文化继续保持多元化和各自的特点。城市文化是增强城市竞争力、繁荣区域经济的有效工具，一个城市如何提高知名度和美誉度，在很大程度上取决于城市文化。因此，制度文化刻画了未来城市世界的文明程度。预计到 2050 年，知识城市建设与物联网、大数据、云计算等信息技术的深度结合，将推动知识城市的技术优势与政府治理的制度优势实现有效结合，加快制度优势向治理效能转化，从而进一步推进城市治理现代化。在区域层面，未来发展中和欠发达地区通过建设知识城市，推动治理水平现代化潜力巨大。因此，2050 年，未来城市世界的知识城市建设将更加完善，尤其是发展中地区潜力巨大，或将引领城市治理向现代化方向发展。城市文化层面，在全球化加速背景下，全球城市的文化成果将呈现文化形式多样化与不

断增强的文化战略意识。一方面，在区域层面，未来城市世界文化形式
将更加多样，多元文化的共同发展将促进全球文化繁荣。未来 30 年，全
球文化的多样性将塑造一个更繁荣的城市世界。另一方面，未来城市世
界文化发展的突出特点是文化战略意识明显增强。从全球范围来看，许
多发达国家针对目前世界文化发展的新形势、新特点，纷纷制定相应的
具体文化战略，包括文化输出、文化自主、文化创意、文化整合等。因
此，2050 年，在不同文化发展战略的影响下，全球文化多样性更加凸
显。预计到 2100 年，更多孕育中的技术将转化为科技成果造福大众，
城市治理将更加凸显以人为本，科技文化将快速崛起并繁荣发展。3000
年，全球技术迭代速度加快，全球治理更加高效，科技文化将引领时代
发展。

　　未来，城市的智能制造将主导世界，在自动化发展迅速的情况下，
将来城市的很多重复性劳动力工作会被机器、数据和自动化等科技取代。
麦肯锡全球研究院（McKinsey Global Institute）在《失业与就业：自动化
时代的劳动力转型》报告中预测，到 2030 年，全球 8 亿人口的工作岗位
将会被机器取代，大约 70% 的公司将至少采用一种形式的人工智能，而
相当一部分大型公司将使用全系列技术，人工智能将为全球经济活动带
来 13 万亿美元的额外增长，它的贡献率可以与历史上的蒸汽机等变革技
术的引入相媲美，包括人工智能和机器人技术在内的自动化技术将为用
户、企业和经济带来明显好处，提高生产率并促进经济增长。未来产业
既有通过传统产业"互联网＋""大数据＋""人工智能"等方式实现发
展，如家电智能化、汽车网联化、制造数据化等，也有通过技术突破实
现一个全新产业的发展，如云计算、物联网、新能源等。这些产业的突
破发展往往通过开发或依赖于特定的集成应用场景，如网联汽车道路、
智能楼宇、智能家居系统、智能工厂等。未来，在信息科技的高度发达
下，城市将紧紧联系在一起，快速响应、数据共享、高效服务的智能城
市将主导世界。此外，根据普华永道预测，在人工智能的推动下，2030
年全球 GDP 将增长 14%，这意味着至 2030 年人工智能将为世界经济贡献
15.7 万亿美元，超过中国与印度两国目前的经济总量之和。

表 6 – 5　　　　　　　　2019 年全球城市长期发展前 30 名

排名	城市	排名	城市	排名	城市
1	伦敦	11	多伦多	21	休斯敦
2	新加坡	12	日内瓦	22	莫斯科
3	旧金山	13	悉尼	23	蒙特利尔
4	阿姆斯特丹	14	墨尔本	24	纽约
5	巴黎	15	苏黎世	25	台北
6	东京	16	柏林	26	杜塞尔多夫
7	波士顿	17	哥本哈根	27	布鲁塞尔
8	慕尼黑	18	维也纳	28	布拉格
9	都柏林	19	温哥华	29	华盛顿特区
10	斯德哥尔摩	20	阿布扎比	30	法兰克福

资料来源：笔者根据 2019 年全球城市潜力指数报告整理。

但是，未来人口、空间、制度等因素同样会对城乡经济体系造成影响。

第一，城乡人口老龄化加剧和生育率降低使城市经济负担过重。一方面，人口老龄化加剧，未来青少年人口占比不变，劳动人口占比降低，老龄人口占比上升。随着医疗水平的提升，虽然人体会存在极限导致人类预期寿命上升速度降低，但是总体上未来人类的预期寿命将会逐步上升。当前人类的平均寿命已经达到 73 岁左右，根据预测到 2050 年全人类的平均寿命将到 77 岁左右，到 2100 年全人类的平均寿命将达到 82 岁左右。从个体来看，百岁将可能成为常态。在此条件下，人口老龄化将变得非常严重。未来青少年人口总量将逐步维持不变，占比将逐渐降低，从 2020 年到 2100 年全球 5 岁以下儿童的数量将维持在 6.5 亿人左右，5—14 岁人口数量将维持在 13 亿人左右，15—24 岁人口数量将维持在 13 亿人左右，而 25—64 岁的劳动人口将从 2020 年的 39 亿人增长到 2050 年的 48 亿人，再到 2100 年的 54 亿人，65 岁以上的老年人口将从 2020 年的 7 亿人左右增长到 2050 年的 15 亿人左右，再到 2100 年的 25 亿人左右（见图 6 – 2）。老龄人口占比将会逐步上升，从 2020 年的 9% 上升到 2050 年的 16%，再到 2100 年的 23%，而劳动力人口占比将从 65% 逐步降低到 60% 左右。然而，当前和未来的老龄化模式存在重大区域差异，预计到 2050 年，欧洲仍将是老龄化程度最高的社会，亚洲（尤其是中国）老龄化人口大幅增加，非洲多数国家的人口大多为年轻人，而这些老龄人口主要在城市中。

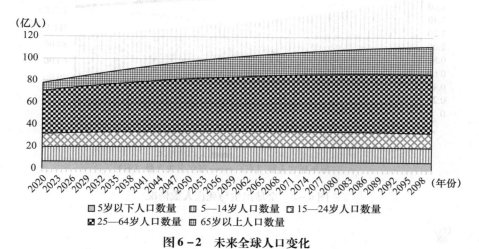

图 6 - 2　未来全球人口变化

资料来源：笔者根据 our world in data 数据库数据整理。

　　另一方面，生育率降低，缺乏欲望，直接减少城市经济发展的基础。与此同时，生育率和人口规模也发生了重大变化，未来生育率和出生率都将会逐渐降低。虽然最初的城市化可能会由于增加的富裕程度和获得医疗保健的机会而在一定程度上降低了死亡率（见图 6 - 3），但后来可能会导致女性对生活的控制力更强，从而导致生育率下降。然而，生育率下降与城市化之间的关系在地区之间存在很大差异。全球人口出生率在 2020 年已经降低到 1.79% 左右，到 2050 年已经降低到 1.44%，到 2100 年降低到 1.15%。生育率也同样如此（见图 6 - 4），全球生育率在 2020 年为 2.44，到 2050 年已经降低到 2.19，而到 2100 年降低到 1.93，逐渐降低并趋于平缓，进入低欲望时代。与此同时，人口抚养比则迅速上升，在 2012 年达到 53.77% 的拐点以后，逐渐上升，从 2020 年的 53.33% 上升到 2050 年的 59% 左右，继续上升到 2100 年的 66.77%。随着老龄人口的增加和生育率的降低，为了给大量人口提供优质的服务保障，必然加剧城市负担并可能会导致城市破产等问题。为此，城市政府，一方面可以创造合适的岗位让老龄人再就业，为城市创造价值；另一方面要制定政策，提高生育率，保持合理循环的年龄结构。

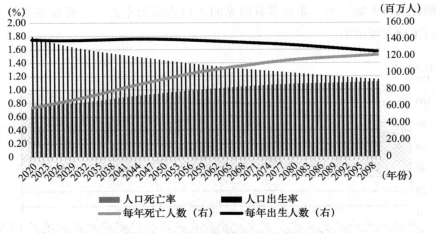

图 6 - 3   全球出生与死亡人数情况

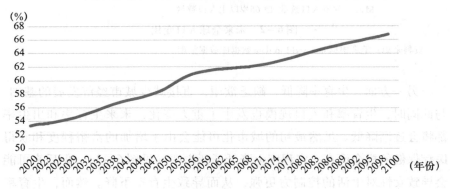

图 6 - 4   全球抚养比

注：抚养比为 15 岁以下人口和 65 岁以上人口占劳动人口的比例。

资料来源：笔者根据 our world in data 数据库数据整理。

　　第二，经济发展带来的不平等以及公共服务不匹配显著影响城乡经济的发展。全球收入不平等的未来可能由趋同力量和分化力量共同塑造。未来若分化力量占据主导地位，全球的不平等将会加剧，而城市作为大部分经济活动的主体，其不平等将会更大。未来随着经济的发展，将会出现大量的中产阶级。2050 年，世界上预计 84% 的人可能属于上层或中产阶级，大中产阶级的出现可能成为经济和社会发展的强大积极力量。2050 年，高收入国家将有 11 亿人居住在城市地区，中等收入国家将有 48 亿人居住在城市地区，低收入国家将有 7 亿人居住在城市地区。随着低收入国家城市人口的增长，城市贫困也在加剧。如果当前情况保持不变，2050 年将有近 20 亿人生活在类似贫民窟的城市地区。与越来越多的城市贫民相比，富裕城市居民的财富和物质资源的可用性又带来了更加截然不同的生活体验，从而导致更加不平等的城市未来。此外，随着越来越多巨型、特大城市的诞生，富人和穷人之间不断扩大的差距将在未来的特大城市中加剧。从城市经济发展角度看，未来全球的经济增长主要集中在头部大城市，预计 2050 年 GDP 5 强的城市分别为东京、纽约、上海、洛杉矶和伦敦，而头部城市之间也存在显著的差异，第一名东京城市的 GDP 是第 25 名城市的近 4 倍，更不用说其他城市与头部城市之间的经济差距。未来城市间不平等问题将成为主要挑战。这种不平等如果任其发展，将会破坏社会稳定以及城市发展的任何有利因素。当城市化快速发展时，犯罪率会随着街道不安全而增加。持械抢劫、盗窃、强奸和其他类型的暴力事件越来越多，会出现大量失业，全球的劳动者阶层和中产阶层将遭受严重打击，今后不同阶层之间的收入差距也会急速扩大，产生对立。

表 6 - 6　　　　　预测 2050 年 25 强城市生产总值　　（单位：百万美元）

排序	城市	预测生产总值	排序	城市	预测生产总值
1	东京	2784438	14	孟买	1088731
2	纽约	2304810	15	芝加哥	1030093
3	上海	2192111	16	德里	1011113
4	洛杉矶	1812103	17	达拉斯	919507
5	伦敦	1766380	18	成都	860275
6	巴黎	1695155	19	德纳卡	859337
7	深圳	1622747	20	武汉	857156
8	北京	1556735	21	青岛	773388
9	旧金山	1239093	22	南京	770373
10	广州	1215297	23	班加罗尔	762753
11	重庆	1150271	24	天津	727094
12	休斯敦	1121486	25	卡拉奇	711789
13	首尔	1090129			

资料来源：笔者根据 our world in data 数据库数据整理。

更为重要的是，虽然预期未来会出现大量的中产阶级，但是对上层阶级而言，将可能出现固化，上层阶级始终掌握着大量的财富。根据瑞士信贷《全球财富报告（2021）》，2020年全球12.2%的成人人口拥有84.9%的财富，财富差距极其悬殊。从全球收入高的1%人群占比来看，从1850年到1950年，主要占比为20%—25%，随后逐渐降低到1981年的15%左右，达到最低拐点以后迅速上升。到2016年全球1%的人口所占的收入份额已经达到了约23%，世界不平等状况正在加剧并处于历史最高水平。如果未来延续这一趋势，2050年，全球收入前1%的人口收入份额可能会增加到超过24%，而全球收入最低的50%的人口收入份额将下降到不足10%。在极端恶化情况下，2050年全球收入前1%人口的收入份额将进一步上升，达到28%左右；收入最低的50%的人口的收入份额将下降到6%。在相对好转的情况下，2050年全球收入前1%的人口的收入份额将下降至19%，而收入最低的50%的人口的收入份额将增加至13%（见图6-5）。但是总体而言，收入不平等仍然处于较高的水平。

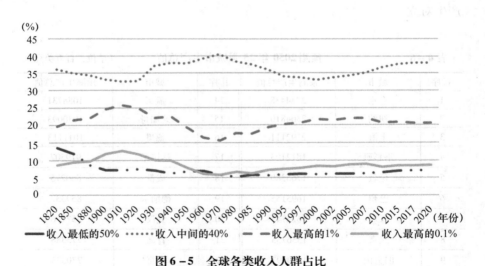

图6-5 全球各类收入人人群占比

资料来源：笔者根据 our world in data 数据库数据整理。

此外，少数城市与主体掌握着全球主要的资源和要素，这也加剧了城市间、城市内公共服务不匹配的问题。一方面是城市居民可以获得重要的城市服务和基础设施；另一方面是人口的增加，会更加缺乏自来水和卫生设施、电力、体面的住房、交通和其他便利设施的服务。随着成长医疗保健、养老金和社会福利的成本将需要被不断减少的劳动力覆盖，疾病和失业以大多数富裕的城市居民几乎无法理解的方式困扰着这些社区。城市将不得不调整其区域服务，例如医疗保健和流动性，以及公共基础设施、住房和社会政策。大多数城市居民已经受到城市服务短缺的影响，而且随着城市人口的增加，这一比例正在迅速上升。当期有超过12亿人生活在城市贫民窟，他们属于服务不足的群体，占全球城市居民的1/3左右，这一群体的2/3属于低收入国家。过去的解决方案可能不适用于这些充满挑战但又充满活力的环境，因此需要新的方法。在全球范围内，有超过20亿人在非正规经济中工作，而这些工人没有被社会安全网覆盖。在许多城市，不平等的服务机会和不稳定的就业迫使许多人每天都在为最基本的生活必需品而挣扎，并剥夺了他们改善生活的机会。那些得不到城市服务的人，更容易遭受各种威胁，包括经济冲击、环境退化和自然灾害。即使在正常时期，城市服务的鸿沟也会加剧不平等并影响那些被边缘化和弱势的人，从而损害每个人的生活质量。虽然有的城市已经在解决公共服务问题，但对于世界上绝大多数城市来说，这些解决方案并没有触及低收入或中等收入国家34亿城市居民中的大多数，并且全球各个城市大小、结构、环境等均存在显著的差异，一味地模仿其他城市可能会带来更大的问题，从而全球大多数城市都没有找到成功的前进道路。全球大部分城市人口均得不到城市提供的完整的教育、医疗、文化基础设施等公共服务。这些人必须依靠非正式或替代安排来获得核心服务，如住房、水、卫生、交通和能源等，而在城市中提供这些服务的人员不仅普遍存在，而且都是在没有政府监管或监督的情况下发生的。全球大城市中有50%—80%的就业为这一群体，并且全球有12%—29%的城市居民生活在贫民窟，而这往往又反过来扩大城市的公共服务需求，给城市带来更大的服务压力。例如，在全球范围内，面临水资源短缺的城市人口预计将迅速增加，到2050年将达到2.065亿（1.693亿—2.373亿）人，比2016年增加121.3%（81.5%—154.4%）。预计840万（476万—905万）人将面临长期缺水的困境，1.225亿（0.902亿—1.647亿）人将面临季节性缺水的困境。印度缺水地区的城市人口增长预计远高于其他国家，到2050年将达到5.5亿（3.76亿—

6.44 亿）人，26.7%（19.2%—31.2%）的世界城市人口面临水资源短缺的困境。预计到 2050 年，世界上近一半的大城市将位于缺水地区。2050 年，至少在一种情景下面临水资源短缺的大城市数量预计将增加到292 个（55.5%）。在至少一种情景下面临水资源短缺的特大城市数量预计将增加到 19 个（63.3%），其中包括 10 个新的特大城市，即开罗、达卡、雅加达、利马、马尼拉、孟买、纽约、圣保罗、上海和天津。

第三，全球城市经济竞争加剧可能带来全球化停滞不前或逆全球化问题。当前全球经济力量正在发生从西向东、从北向南的重大转移。2050 年，在某些情况下，当今的发展中国家可能占全球产出的 70%。全球治理需要转变以反映这种新格局。2017 年按照购买力平价理论，亚洲的 GDP 占比达到 42%，而到 2040 年亚洲的 GDP 占比有望达到 52%；相应地，欧洲的 GDP 占比将在 2040 年降低到 22%，北美的 GDP 占比将在2040 年降低到 18%。但是，若当前的全球贸易体系和全球化有所破坏，未来将会出现另一番趋势。从全球化变化趋势来看（见图 6 - 6），其从1870 的 20% 左右波动上升到 2011 的 60% 左右以后，有显著的波动降低趋势，到 2019 年已经降低到 58%。从双边贸易、单边贸易和非贸易的变化趋势来看，单边贸易关系一直维持稳定在 15% 左右，双边贸易关系从10% 上升到 55% 左右以后，有降低趋势。世界各国对移民、贸易以及其他跨境流动的限制越来越多，中国在逐步形成以国内大循环为主体、国内国际双循环相互促进的新发展格局，美国也在强调制造业回流，而城市作为未来经济活动的主体，其规模、空间必然会受到重大冲击。

第四，环境气温及极端天气变化造成社会动荡甚至国际冲突。快速城市化给基础设施带来压力，加上与全球气候变化相关的更频繁和极端天气事件正在加剧环境威胁的影响。常见的环境威胁包括洪水、热带气旋、热浪和流行病，而快速城市化发展会放大诸如山洪暴发、瘟疫等环境危害的风险。由于城市的人口密度较大，此类威胁通常会导致毁灭性的经济损失和死亡。提高城市抵御这些环境威胁的能力是城市面临的最大挑战之一，需要紧急关注。城市产生多达 70% 的全球 CO_2 排放量，从空气中 CO_2 的浓度来看，虽然从古至今的浓度存在周期性波动，但是从近几百年来看，大气中 CO_2 浓度已经要比历史上任何时期都要高得多。未来，全球温室气体（GHG）排放量预计将增加 50%，主要是由于与能

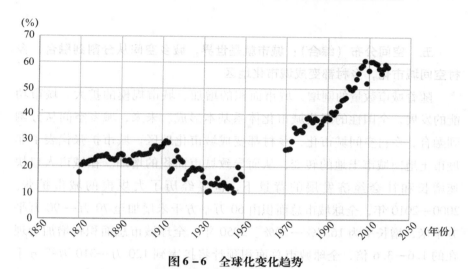

图6-6　全球化变化趋势

资料来源：笔者根据 our world in data 数据库数据整理。

源相关的 CO_2 排放量增加了70%。2050年，大气中温室气体的浓度可能达到百万分之685（ppm）CO_2 当量。随着碳排放的增加，2050年海平面将上升40厘米左右，2100年海平面将上升80—120厘米，而到2300年，海平面将可能会上升200—500厘米。近2/3的人口超过500万人的世界城市位于海平面上升的危险地区，近40%的世界人口居住在距海岸100千米以内。如果不采取行动，纽约、上海、阿布扎比、大阪、里约热内卢和许多其他城市的全部地区有一天可能会沉入水底，造成数百万人流离失所。此外，如果到2050年对气候不采取任何行动，预期全球气温在2050年会增加3.2℃，预期会缩减全球18%的GDP；如果采取一些行动，预期全球气温在2050年会增加2.6℃，预期会缩减全球14%的GDP。若在2050年全球气温上升2℃，预期会缩减全球11%的GDP；若在2050年全球温度上升幅度低于2℃，预期将会缩减全球4%的GDP。其中亚洲经济体将受到最严重的打击，甚至中国有可能损失24%左右的GDP，而世界最大经济体美国将损失10%左右的GDP，欧洲国家将会损失11%左右的GDP，法国将会损失13%左右的GDP，加拿大和英国都将会损失10%左右的GDP，芬兰或瑞士等经济体将会损失6%左右的GDP，气候变化对全球经济构成最大的长期威胁。在此条件下，城乡经济发展将会显著受到影响，进而影响城乡的稳定性，造成社会动荡甚至国际冲突。

　　五　空间分布（综合）：城市就是世界，城乡空间从分割到融合，乡村空间城市化，乡村都变成城市化地区

　　随着城市数量的剧增、城市面积的增加、城市规模的扩大、城市功能的发展，全国性的现代城市化体系基本形成。未来，城乡空间从分割到融合，乡村空间城市化，乡村都变成城市化地区。城市扩张代表了非城市土地向城市土地的转变，从而导致城市面积的增加。在城市人口快速增长和社会经济发展的背景下，世界经历了大规模的城市扩张。2000—2010 年，全球城市总面积由 60 万平方千米增加至 70 万—90 万平方千米，增长率为 16.7%—50%。2050 年，全球城市总面积将增加为现在的 1.6—3.6 倍，全球城市总面积预计将扩大到 120 万—310 万平方千米。从而到 2050 年将会有超过 60 万平方千米的土地转为城市地区，虽然随着城市空间的增加，城市的人口密度会降低，如在北美，城市人口密度总体上预计将从 2010 年的 2100 人/平方千米下降到 2050 年的 1000—2000 人/平方千米；在南亚，城市人口密度预计将从大约 19000 人/平方千米下降至 4800—17600 人/平方千米，但是这将会大幅挤占其他城市功能的用地空间。根据《世界城市化展望》报告预测，未来 50 年，城市土地面积的增长将主要发生在低收入（141%）、中低收入（44%）和高收入国家（34%），中高收入国家的变化预计相对较小（13%）。超过 2/3 的城市扩张将发生在亚洲和非洲，其中亚洲城市土地扩张为 48% 左右，非洲城市土地扩张为 20% 左右。此外，在亚洲有 20% 左右的城市土地扩张发生在中国，10% 左右的城市土地扩张发生在印度。从全球视角看，全球城市空间将实现进一步扩张，中东、亚洲东部和西南以及非洲部分地区城市扩张具备较大潜力。由于亚洲大部分国家及地区和非洲的城市化水平相对落后，因此在未来几十年，这些城市化水平落后地区将成为城市化潜力最大的地区。根据全球城市扩张可能性预测，2030 年，大部分的城市扩张可能会发生在亚洲东部（中国沿海地区）、亚洲西北部（土耳其、伊拉克等地）以及亚洲中西部（巴基斯坦、尼泊尔）和非洲（乌干达、刚果及科特迪瓦）等地。因此，预计到 2050 年，随着城市人口的增长，全球的城市面积将持续扩张，而当前城市化水平落后地区的城市化水平将大幅提升。

在城乡格局层面，农村土地将逐步转化为城市土地，城乡空间区域融合。预计未来 30 年，随着工业化、城镇化的进一步深化发展，发达地区城市的交通、医疗、教育、就业等基础设施将与农村共享，使人口向都市圈核心城市流动，大规模人口流动为未来城市世界带来了活力。而发展中国家的人口、资源将进一步向城市聚集，农村人口持续流出，人地矛盾也将越发突出。但随着城乡面积的相互转化、相互融合，城乡的总体布局也将出现变化，未来将重视城市化过程的总体布局，避免出现"城乡接合部"和"贫民窟"。城市规划以放射状大容量轨道交通为依托，沿轨道交通站点建设生活服务、文化娱乐和治安配套完善的居民区。由于规划合理、配套齐全且很多大城市带动了周边大片区域发展，城乡一体的都市圈地区将形成，大都市周围 100 多千米内，很难分清城市和乡村的界线，传统城乡接合部的工作环境和生活质量好于市中心。在空间布局上将形成以大城市群建设为主体，以中小城市（镇）建设为重点，大中小城市均衡发展，层次分明、定位明确、功能互补，大中小城市（镇）相互配合、错落有致的城市群（带），构建起多层次的城镇体系。随着中小城（镇）产业的扩张和企业数量的增加，城乡通过完善的交通基础设施，以点带面，渐次连片，在城镇群向都市圈和城市带的发展中消除城乡差别，推进区域城乡一体化、公共服务均等化，实现城乡空间一体。

在区域层面，发展中国家城市空间将迅速扩大。报告预测，2100 年，在高城市化情景下，世界所有地区，不仅仅是发展中地区，都将经历 4.5 倍以上的城市土地扩张。欧洲预计将扩大 27.5 万平方千米以上，超过非洲约 19.3 万平方千米的增长规模。可见，经济发达地区没有停止扩大新的城市面积，但发展中国家和地区（如亚洲、非洲）的城市土地增长率更高。

后　记

　　经过长时间的前期准备、迂回的创新写作和多次的修改提炼，《全球城市统一发展：理论与事实》终于付梓面世。作为城市统一发展经济理论研究的阶段性成果，本书不仅为作者进一步提炼更加系统规范的城市发展理论创造了条件，而且为读者理解全球城市发展的历史事实提供了新的视角。鉴于此，特作后记以解读本书的写作过程和内容安排。

　　在长期的国内外城市发展和竞争力的研究中，我们意识到，西方主流的城市经济学理论主要致力于城市内外空间的研究，很少涉及城市增长尤其是城市发展的全面分析，而且在城市、城市体系和城市化等方面也是割裂的。中国城市过去40年的奇迹般发展，以及全球城市数千年的经济变化，使我们认识到不仅国家的经济增长和发展重要，城市的经济增长和发展同样重要，并且具体构成国家的经济增长和发展，应该尝试将城市经济的焦点从资源空间配置转移到包括空间的经济发展上，同时将城市、城市体系和城市化即城乡体系一起来。因此，需要创造城市发展的理论框架。为此，我们从两个事实（即中国城市过去40年和全球城市数千年的经济发展）出发，同时在阅读和思考大量经济发展与城市经济理论基础上，希望提炼大致的中国城市和全球城市经济发展的理论分析框架，然后使用这个框架再重新梳理和解读中国城市过去40年和全球城市数千年的经济发展的历史事实，在此基础上，未来进一步提炼更加规范和完整的新城市发展经济学。2022年《中国城市统一发展经济学》的出版，标志着中国城市经济发展理论分析框架的初步完成，该书出版时，后记已对内容做了解读。

　　而关于全球城市经济发展更一般的理论框架研究，是从2016年开始准备的。2016 年，我们团队与联合国人居署联合开展《全球城市竞争力报告》的研究及发表。正是基于上述考虑，倒逼我们作出更高质量的长期研究，我们决定在进行年度全球城市竞争力评价的同时，再以全球城市的长期发展为报告主题进行连续研究，在探索和完善城市发展一般理论框架的同时，用不断发展的框架梳理当前及过去 50 年知识时代、过去300 年工业时代、过去 5000 年农业时代以及未来全球城市发展的特征事实。随着 5 部《全球城市竞争力报告》的完成，在连续 5 年阅读许多城市发展相关理论文献、持续探索更加完善的理论框架的同时，也广泛涉猎和梳理全球城市农业时代、工业时代和知识时代城市发展的表现和城市发展的影响因素。

　　基于此，我从 2021 年开始着手更加一般的经济发展理论的研究，并通过努力逐步形成更加一般的新的经济发展理论框架，即统一发展经济学框架。在此基础上形成空间经济发展理论框架，进而形成城市经济发展框架，包括典型城市发展、城市体系发展和城乡体系发展。这些虽然最初源自城市发展，但是建立在统一发展经济理论框架基础上的城市发展框架，创新了《全球城市竞争力报告》中的理论分析框架。本书所提炼的理论框架虽然具有统一发展的新基因，但总体还是城市统一发展理论的中间产品，主要还是基本思想的定性表述。未来将建立数学模型支撑，并进行严格的数理论证和经验验证。

　　如前所述，本书是使用新的理论框架来解释全球城市发展的事实。因此，本书的第一章介绍了城市发展的理论，即空间统一发展理论和城市统一发展理论。第二章到第六章分别介绍了不同阶段的全球城市发展，并明确各阶段全球典型城市、全球城市体系和全球城乡体系的特征。具体而言，第二章介绍了数字时代的全球城市发展，指出数字时代的全球典型城市为新型全球城市、全球城市体系为城市群的体系、全球城乡体系特征为城市化的世界；第三章介绍了农业时代的全球城市发展，指出农业时代的全球典型城市为全球的中心的中心、全球城市体系为从地方到洲际发展、全球城乡体系特征为城市化长期徘徊；第四章介绍了工业时代的全球城市发展，指出工业时代的全球典型城市为持续加速的增长与转型、全球城市体系为从小城为主到大城为主、全球城乡体系特征为城市化快速发展；第五章介绍了信息化时代的全球城市发展，指出信息化时代的全球典型城市为全球化与集群化的中心城市、全球城市体系为全球化与集群化的城市网络、全球城乡体系特征为加速迈向城市世界；第六章介绍了智能时代的全球城市发展，指出智能时代的全球典型城市为超级智能的全球城市、全球城市体系为智能一体的网络城市、全球城乡体系为城乡一体的智能世界。

本书从准备到出版历时 8 年，感谢联合国人居署给予的大力支持，原执行主任华安·克洛斯先生和迈穆娜·谢利夫女士，城市与金融局原局长马尔科·卡米亚先生，区域顾问杨榕先生和沈建国先生，中国项目主任张振山先生，知识管理与创新局张袆女士等。他们不仅给予知识的传授、视野培养和理论指导，也创造了研究和了解全球城市发展的机会，最重要的是倒逼我们奋力研究，出高质量成果，以匹配全球城市报告称谓。感谢中国社会科学院原院长王伟光教授，原副院长蔡昉教授以及国际合作局的领导和同事，财经院原院长高培勇教授和现任院长何德旭教授以及科研处的同事，他们无私的支持使全球城市合作研究得以顺利实施，也为本书写作和出版创造了条件。

倪鹏飞

2024 年 9 月